国家社科基金
后期资助项目

新发展格局下金融风险传染特征与机理研究

马若微 著

中国财经出版传媒集团
经济科学出版社
·北京·

国家社科基金后期资助项目
出版说明

后期资助项目是国家社科基金设立的一类重要项目，旨在鼓励广大社科研究者潜心治学，支持基础研究多出优秀成果。它是经过严格评审，从接近完成的科研成果中遴选立项的。为扩大后期资助项目的影响，更好地推动学术发展，促进成果转化，全国哲学社会科学工作办公室按照"统一设计、统一标识、统一版式、形成系列"的总体要求，组织出版国家社科基金后期资助项目成果。

全国哲学社会科学工作办公室

前　言

　　2016 年以来[①]，经济全球化遭遇逆流，单边主义、保护主义上升，2020 年来势汹汹的新冠疫情更是加速了国际格局演变。2020 年，党中央根据我国发展阶段、环境、条件变化提出要构建新发展格局，此背景下的金融风险传染在爆发源头、传染途径与渠道等方面均呈现出现了新特征。从风险源头看，相比以往将研究视角锁定在短期、突发性外部冲击事件所带来的影响，现阶段更应警惕国内各经济部门以及金融市场内部爆发的"由点及面"式金融风险传染；从传染途径来看，经济三部门与金融业的风险传染更趋复杂，地方政府、企业、银行和家户部门的金融风险有进一步传染和积聚的趋势。同时，随着金融市场层次和产品愈发复杂，各个金融子市场的关联更为紧密，金融机构间的相互渗透以及交叉业务不断加深，风险在金融市场、金融机构之间的传染都更趋复杂；从传染渠道看，在强调产业链、创新链融合的背景下，原本银行间的资产负债联系愈加紧密，数字科技的迅猛发展也使得信息溢出更加严重。现阶段以及今后一段时期，金融风险将脱离以往传统模式，以更加隐蔽、多元、复杂的方式进行传染，因此，研究新形势下金融风险的传染特征及机理是刻不容缓的重要任务。

　　基于此，本书以新发展格局下金融风险传染为研究对象，分别从经济三部门及金融业、金融市场、金融机构多角度检验金融风险的传染机理，并重点分析其沿银行间的风险传染。具体而言，首先，刻画新发展格局下经济三部门及金融业的风险传递特征，检验政府、企业、家户部门风险向金融业风险传导的机制。其次，从金融业的两个重要组成部分，即金融市场和金融机构角度分别构建风险传染复杂网络模型，探讨金融市场不同子市场之间以及金融机构各行业间的风险溢出特征。再次，以银行为关键风险监测点，构建银行间基于同业拆借渠道与信息渠道的风险传染网络，并通过节点间的耦合关系，构建出一个能有效度量金融风险双渠道交叉传染

[①] 20 世纪 90 年代至 2015 年全球化高歌猛进标志性事件 WTO 成立、中国入世、供应链深度整合，但 2016 年内英国脱欧与特朗普当选美国总统同时发生，标志着全球化进程的重大转折。截至 2025 年，尽管全球经济部分复苏，但地缘政治紧张（俄乌冲突、巴以冲突）与供应链重构仍在延续这一趋势。

效果的复杂网络；进一步地，本书将在复杂网络的基础上设计基于系统重要性银行和中小银行的风险阻断方案，并分析和比较危机银行不同的救助方法。最后，就新发展格局下金融风险传染的防范提出相关政策建议，以期能够为维护我国金融环境稳定提供参考。

本书得到的主要结论包括：第一，以内循环为主的新发展格局下经济三部门与金融业间的联系更加紧密，金融风险有加快积聚与叠加的趋势。第二，金融市场风险溢出呈现出明显的跨市场特征，并具有不稳定性、方向非对称性、随机性以及时变特征。第三，金融机构间风险关联愈加紧密。我国金融机构的总体关联水平具有明显的时变特征，金融系统网络的总体关联性显著增强，系统性风险在不断积聚。第四，银行间基于拆借市场的风险具有明显的传染性。随着银行间拆借市场不断发展壮大，各银行基于同业业务的资产负债关联愈发紧密，一旦银行间市场成员遭受外部冲击而破产，风险可能会因这种同业拆借渠道传播至其他银行，最终可能导致大规模银行陷入困境并形成银行系统性风险。第五，银行间基于信息渠道的风险溢出具有复杂性、隐蔽性。数字技术的发展使得信息传递变得更加便捷、迅速，这加剧了银行之间基于信息渠道的风险溢出，且相比于传统直接传染渠道，信息渠道风险传染更加隐蔽、复杂。第六，金融风险双渠道交叉传染提高局部风险转变为系统性风险的可能性。金融风险除了在同业拆借渠道、信息渠道下分别传染，也会因为耦合节点而导致不同渠道间交叉传染，这会放大风险传染效果，提高局部风险转变为系统性风险的可能性。第七，差异化的银行风险防控机制可有效阻断风险传染。对于系统重要性银行，可通过传染病模型、防火墙机制、调整网络的节点和连边等方式来阻断风险的传染。对于中小银行，应采取综合策略，即在同业拆借渠道和信息溢出渠道两方面进行风险防范。当监测及预警机制和网络调节机制均不能有效阻断银行风险时，有必要启动救助机制进一步阻断银行风险。

针对上述结论，本书从经济三部门及金融业、金融市场、金融机构角度给出相应的政策建议。在经济三部门及金融业方面，强调部门联动，重视对政府、企业、家户部门风险的防范。在金融市场方面，加强重点市场监管，完善金融市场间风险传染防控体系。在金融机构方面，实施差异化监管机制，健全金融机构间风险传染防控体系。针对银行间风险传染，加强对银行间拆借市场风险传染源头的管控、降低银行间信息渠道下金融风险溢出的概率、构建银行间双渠道网络模型风险传染阻断机制、建立全面的银行风险预警体系。

目 录

第 1 章 导论 ... 1
- 1.1 研究背景 ... 1
- 1.2 研究目的与意义 ... 4
- 1.3 研究内容与思路 ... 9
- 1.4 研究方法与技术路线 ... 13
- 1.5 特色与创新 ... 15

第 2 章 新发展格局下金融风险传染的新特征 ... 19
- 2.1 新发展格局概念的提出及其内涵 ... 19
- 2.2 金融风险的定义及特征 ... 20
- 2.3 我国金融风险传染的新环境 ... 22
- 2.4 经济三部门与金融业风险溢出新特征 ... 27
- 2.5 金融风险传染特征 ... 31
- 2.6 本章小结 ... 36

第 3 章 新发展格局下经济三部门向金融业风险传染研究 ... 37
- 3.1 经济三部门与金融业风险现状 ... 37
- 3.2 经济三部门与金融业间风险传染研究 ... 38
- 3.3 经济三部门向金融业风险传染理论分析 ... 41
- 3.4 经济三部门与金融业风险传染实证研究 ... 43
- 3.5 实证结果与分析 ... 48
- 3.6 本章小结 ... 53

第 4 章 金融市场风险传染复杂网络分析 ... 55
- 4.1 金融市场风险现状 ... 55
- 4.2 金融市场风险研究基础 ... 59
- 4.3 金融市场风险传染理论分析 ... 63
- 4.4 金融市场风险传染效应模型构建 ... 66

4.5　金融市场风险传染实证分析 ……………………………… 67
　4.6　本章小结 …………………………………………………… 76

第5章　金融机构风险传染与复杂网络构建 …………………… 77
　5.1　金融机构风险的现状 ……………………………………… 77
　5.2　金融机构风险传染机制 …………………………………… 83
　5.3　金融机构风险传染网络的构建 …………………………… 86
　5.4　金融机构风险传染实证分析 ……………………………… 90
　5.5　本章小结 …………………………………………………… 104

第6章　基于同业拆借渠道的银行风险传染研究 ……………… 105
　6.1　银行间沿同业拆借渠道风险传染现状 …………………… 105
　6.2　相关文献综述 ……………………………………………… 107
　6.3　同业拆借渠道下银行间风险传染的研究基础 …………… 113
　6.4　同业拆借渠道下网络模型的构建 ………………………… 118
　6.5　实证研究与结果分析 ……………………………………… 126
　6.6　本章小结 …………………………………………………… 135

第7章　银行间风险传染沿信息渠道的实证研究 ……………… 137
　7.1　银行间信息渠道下风险传染现状 ………………………… 137
　7.2　相关文献综述 ……………………………………………… 139
　7.3　信息溢出网络中金融风险传染的研究基础 ……………… 145
　7.4　我国上市银行信息溢出网络的构建 ……………………… 151
　7.5　实证研究与结果分析 ……………………………………… 156
　7.6　本章小结 …………………………………………………… 175

第8章　银行间风险沿双渠道交叉传染实证研究 ……………… 177
　8.1　银行间双渠道下风险传染现状 …………………………… 177
　8.2　相关文献综述 ……………………………………………… 179
　8.3　双渠道下金融风险传染的研究基础 ……………………… 184
　8.4　双渠道下网络模型的构建 ………………………………… 189
　8.5　实证分析 …………………………………………………… 194
　8.6　仿真模拟 …………………………………………………… 201
　8.7　本章小结 …………………………………………………… 206

第 9 章 银行风险的识别、阻断与救助 · 207
9.1 系统重要性银行的风险识别 · 207
9.2 系统重要性银行的风险阻断 · 211
9.3 中小银行风险防控与阻断 · 217
9.4 危机银行的救助选择 · 224
9.5 本章小结 · 240

第 10 章 研究结论、政策建议及展望 · 242
10.1 研究结论 · 242
10.2 政策建议 · 247
10.3 不足与展望 · 254

附录 · 256
参考文献 · 270

第 1 章　导　论

1.1　研究背景

2018年以来,中美贸易摩擦、新冠疫情等事件导致我国外部经济环境不断恶化,结构性、体制性、周期性问题的相互交织影响了国内经济的平稳运行。2020年以来,以习近平同志为核心的党中央多次强调要推动形成以国内大循环为主体、国内国际双循环相互促进的新发展格局。这一方面是对我国经济发展战略的重大改进和完善,另一方面也对我国实现更有质量、更有效率的发展以及促进全球经济繁荣产生深远影响。虽然我国持续推进全面深化改革,不断化解经济运行中的各种风险挑战,增强了应对危机的能力和韧性。但是,面对充满不确定性的国际国内环境,我们更应加强对金融安全的把控,小心甄别风险源头,警惕金融风险沿各类关联渠道在各参与主体间的不断传染与扩散。

以内循环为主的新发展格局下,国内各部门与金融业间的联系越发紧密,金融风险有加快积聚与叠加的趋势。从企业部门来看,第一,高质量的内循环强调有效竞争和优胜劣汰,这意味着以往长期受地方政府保护的少部分企业可能会逐步被市场所淘汰,这部分风险会通过与金融业的联系传递至金融机构,引发金融风险。第二,后疫情时代,世界经济复苏进程缓慢且区域差异明显,部分发达国家和发展中国家市场规模呈现出明显萎缩的趋势,这导致了全球供需的结构性失衡。从供给端来看,国内部分高新技术企业,典型代表如半导体和手机行业在很大程度上受到了供给约束,而从需求端来看,大量出口型企业在市场整体萎缩下面临着需求不足的困境,总体而言,全球的产业链呈现出被动重塑的趋势,企业部门承受着效益下降的压力,整体违约风险不断增加。第三,我国最终消费率和居民消费率都明显低于发达国家水平,2022年我国居民消费占GDP比重为

38.19%，远远低于美国（68.54%）、英国（62.89%）、德国（51.17%）及法国（53.82%）。① 与此同时，受疫情影响国内居民消费升级趋势受阻放缓，这既使出口企业的过剩产能难以在国内市场得到有效释放，又会拖累国家的供给侧结构性改革和产业升级战略，进一步叠加金融风险。从政府部门来看，为应对疫情影响，政府遵循财政政策更加积极有为的策略，采取减免或延迟征收企业税费，发放居民消费补贴，扩大重点项目投资等方法以拉动内需，保障就业，财政赤字率突破3.2%，财政压力骤然加剧。2022年，全国人大批准安排新增地方政府专项债券4.75万亿元，由此，新冠疫情的冲击导致的地方财政支出增加和财政收入减少问题还未得到缓解，地方政府债务规模的快速攀升又进一步带来了防范化解债务风险的巨大挑战。从家户部门来看，我国住户部门杠杆率由2008年的18.2%上升至2020年的72.6%，2021年虽有小幅下降，但是总体来看杠杆率增幅的绝对水平仍然较高。② 受新冠疫情影响，2020年我国社会消费品零售总额出现罕见下降，比2019年下降3.9%，2021年和2022年虽有所回升但是幅度不大，最终消费率降至36.33%。③ 这种高杠杆、低消费的局面不仅对双循环下提高内需极为不利，还会进一步带来信用风险。同时，我国居民的高杠杆率水平往往与脆弱的房地产市场联系紧密，其中蕴含的风险进一步增大了金融业的压力。

新发展格局下，伴随着我国金融自由化进程的不断加速及跨市场金融工具的不断涌现，货币市场、资本市场、外汇市场等各金融子市场间的关联性日益紧密、复杂，这使得风险的溢出呈现出十分鲜明的跨市场特征，且各子市场间的风险共振导致其自身风险极可能在跨市场中被放大，从而提高整个金融市场发生崩溃的可能性。2023年，中央金融工作会议指出，要维护金融市场稳健运行，规范金融市场发行和交易行为，也必须关注跨境跨区域跨市场的联动风险。

与此同时，金融机构间风险传染呈现出新的特征，风险存在增大的可能。随着金融创新的不断涌现，金融业混业经营已成为大势所趋，金融机构间的业务交叉和相互渗透不断加深，部分国内大中型商业银行纷纷介入了保险、证券、信托等行业。然而，混业经营在带来金融开放的优势、增加金融机构业务种类的同时，也加强了各金融机构之间业务的关联性，各金融机构之间错综复杂的关联关系为金融风险的快速扩散提供了条件。此

---

① 资料来源于司尔亚司数据信息有限公司（CEIC）全球数据库。
② 资料来源于2022中国金融稳定报告。
③ 资料来源于国家统计局。

时，当某一金融机构的资产负债质量不断恶化陷入危机时，与其有直接业务关联的机构必然受到牵连，最终引发系统性金融风险。另外，数字技术、金融科技已成为新发展格局下实现金融业高质量发展的重要抓手，在信息、科技时代下，金融机构间信息渠道的风险溢出更为明显。一旦宏观经济基本面下行时，投资者的风险厌恶情绪上升，这一情绪在信息的作用下将会被快速放大，使得非理性的羊群效应更加凸显。当某一金融机构股票价格出现偶然下跌时，信息犹如传染病一样在金融市场上迅速蔓延扩散，引发投资者抛售整个金融类股票，最终导致金融机构股票价格出现集体下跌。

作为金融机构的重要组成部分，银行间的关联方式也更加隐蔽、复杂，风险传染渠道更趋多元化。就同业拆借渠道来看，由产业链国际循环转向国内循环需要金融业发挥支持作用，资源配置重新调整会导致金融风险的增加。当前围绕产业链部署创新链、围绕创新链布局产业链的"双链融合"模式，一方面要求以商业银行为代表的金融机构将信贷资金等各种资源进行重新配置，新机遇的同时也蕴含了新的风险，要警惕这些风险沿资产负债渠道的传染；另一方面，在支持小微企业融资方面更具优势的金融科技平台迅猛发展，其对大数据的依赖和算法的趋同增加了市场波动的同步性，以蚂蚁金服为代表，这些机构同时向具有某类相同数据特征的金融消费者提供信贷支持，累积了大量的共债风险，且蚂蚁金服通过循环发债的形式进行资本无序扩张，使自身风险与银行系统紧密关联，不同金融机构之间的业务与风险联系更加紧密，"多米诺骨牌"效应更加明显。从信息关联渠道来看，数字技术的"双刃剑"作用给金融业注入新活力的同时也提升了基于信息关联渠道的风险传染概率。数字技术的发展加快了信息传递的速度，使金融市场上构建起了一个联系紧密的信息网络，无形之中加剧了信息溢出[①]。这种由信息在金融市场间的扩散和传递所导致的风险传染，在金融科技平台的加持下，会使金融风险的传染波及范围更广、更加迅速，传染后果也被成倍放大。因此，全面考虑金融风险的传染渠道极为重要，需要分链条分层次剖析其风险传染机制，并研究多渠道叠加状态下的风险传染特征。

---

① 根据强有效市场假说，在一个有效市场中，一切有价值的信息均能反映在股价上。本项目将信息溢出定义为：在不放松有效市场假设的条件下，当外部冲击来临，单个金融机构的股票价格大幅波动并使其在险价值低于某一特定水平时，表示该机构陷入经营困境或遭遇危机，若这种困境或危机基于市场上金融机构间的股票关联传递至其他机构，使与之关联的个体有同样陷入困境或遭遇危机的可能性，那么我们认为金融风险沿着信息渠道进行了传染，也就是信息溢出引致金融风险传染。

近年出现的复杂网络模型可以更好地刻画金融风险的传导路径与传染效果，为描述金融机构或不同金融市场参与者之间的复杂关系、分析金融风险的传染特征提供了新的工具。我们前期研究发现，在金融风险传染与阻断的相关研究中，静态的网络结构特征可以描述风险关联，更进一步地，非对称有向加权的网络结构可以更好拓扑现实中复杂的关联特点，进而通过不同渠道网络的连接和拓展，将资产负债表、信息传递等任意渠道设定为网络节点间的耦合，网络模型可以从单渠道向双渠道网络演变，这种双渠道网络的结构特性可以刻画并解释更加复杂的金融风险传染过程。

因此，本书将以经济三部门向金融业风险传递作为研究起点，重新梳理新发展格局下金融风险传染的特征，首先，刻画新发展格局下经济三部门的风险传递特征，检验政府、企业、家户部门风险向金融业风险传导的机制。其次，从金融业的两个重要组成部分，即金融市场和金融机构角度分别构建风险溢出模型，探讨金融市场不同子市场之间以及金融机构各行业间的风险溢出特征。再次，鉴于银行在金融体系中占据重要地位，以银行为关键风险监测点，构建银行间基于同业拆借渠道与信息关联渠道的风险传染单渠道网络，并通过节点间的耦合关系，构建出一个能有效度量金融风险双渠道交叉传染效果的复杂网络；进一步地，本书将在金融风险传染网络的基础上，对系统重要性银行和中小银行分别提出风险的识别和阻断方案，并比较分析危机银行的救助选择。最后，本书就新发展格局下金融风险传染的防范提出相关政策建议，以期能够为维护我国金融环境稳定提供参考。

1.2 研究目的与意义

1.2.1 研究目的

本书的最终目的是要防范金融风险的传染，避免系统性金融风险的发生。为完成该目标，本研究拟从以下三个方面入手：一是厘清新发展格局下经济三部门与金融业间的风险传递新特征。检验政府、企业、家户部门向金融部门风险传导的机制，验证金融业处在风险传导的核心位置，以此说明在内循环为主的背景下各部门风险向金融业积聚，并通过金融业"由点及面"式地迅速扩散，最终有可能形成系统性金融风险。二是分析新发展格局下金融市场风险传染特征。构建金融市场风险溢出模型，挖掘在内循环背景下金融市场各子市场之间的风险溢出及风险传染网络变化趋势。三是探讨新发展格局下金融机构间风险传染特征。首先，构建金融机构间风险溢出模型，考察金融机构间风险溢出特征；其次，深度分析我国银行间风险传染机制，以银行作为网络节点，分别构建同业拆借渠道、信息渠道的风险传染单渠道网络模型，进一步利用节点间的耦合关系，构建出双渠道复杂网络，在此基础上深入研究并分析银行间风险交叉传染机制；最后，本书分别探讨了系统性重要银行和中小银行的风险识别和阻断方法，并比较了当银行处于危机时不同的救助选择，从而为控制银行风险传染，维护我国金融环境稳定，防范金融风险提供参考。

1.2.2 研究意义

防范化解金融风险，是金融工作的永恒主题，本研究在系统分析总结金融风险传染的理论成果、实务经验的基础上，结合以国内大循环为主体、国内国际双循环的新发展格局背景，搭建了一个金融风险传染的分析框架，通过对不同视角下金融风险传染的特点、路径进行分析，深入探索目前我国金融风险现状，本研究的理论意义和现实意义主要体现在以下几个方面。

（1）理论意义。

第一，分别梳理了新发展格局下经济三部门与金融业间的风险传递机制、各金融子市场之间风险溢出特征、各金融机构间的风险溢出特征，实现基于经济三部门与金融业视角的风险传染新特性的描述与分析。

首先，在新发展格局下政府、企业、家户、金融业之间具有更强的关联性，且政府、企业、家户部门的金融风险有进一步向金融业积聚的趋势，同时由于各地区金融业之间的高度关联，很可能使得金融风险通过金融部门"由点及面"式地迅速扩散。本研究希望通过对经济三部门与金融业间风险传染机制的梳理，验证金融部门在风险传染中的关键作用，并以金融业为研究对象构建风险溢出及传染网络模型，分析金融风险的传染机制。

其次，随着全球金融一体化与贸易开放程度的提升，金融市场层次和产品越发复杂，各个金融子市场的关联也更为紧密，风险溢出呈现出明显的跨市场特征，这进一步放大了金融系统的脆弱性，也显著提升了系统性金融风险爆发的可能。系统性金融风险不仅影响金融稳定，也关系到国民经济的安全。本书构建了金融市场间的风险溢出模型，通过刻画风险传染网络中不同子市场间的风险溢出强度可以动态观测金融市场风险的时变特征。

最后，金融创新的不断涌现使得金融业混业经营的趋势越发明显，金融机构间的相互渗透以及交叉业务不断加深，这种混业经营模式虽然在很大程度上满足了市场对金融产品及金融业务的需求，但是也加强了各个金融机构之间的关联性，使得各金融机构间形成一个复杂的网络机构，这为金融风险的快速扩散提供了条件。与此同时，数字经济、信息技术与新发展格局理念协同发展，在信息、科技时代下，金融机构之间信息渠道的风险溢出也更为明显。本书构建了以银行为核心的金融机构间风险溢出模型，可以动态监测金融机构间风险溢出时变特征，为防范金融机构风险传染提供依据。

第二，以银行作为金融机构体系的重点观测对象，分别建立银行间同业拆借、信息传递等风险传染途径的非对称有向加权网络，拓展了以往以借贷关系为途径的单一渠道。

以往的金融风险传染网络结构模型多集中于全国性的市场，从银行间的借贷渠道着手，考虑单一的金融风险传染渠道，这种方式主要是以借贷关系作为研究主线，仅考虑了同业拆借渠道的金融风险传染路径，可能忽略了网络中其他途径下的传染效果。随着数字技术的改革与发展，信息的传播模式和格局发生了很大变化，社会化媒体、移动终端技术的普及和发展使得信息传播逐渐呈现出了大众化、移动化、关系化、个人化的特点。信息传播的加速促使金融市场上各主体联系更加紧密，也在一定程度上加剧了信息传递而导致的风险溢出。故本书拓展了以往以银行间借贷关系为途径的单一渠道，拟同时构建同业拆借与信息渠道下金融风险传染网络。另外我们发现，由于银行之间的关联程度不同、关联方向也有所不同，因此构建非对称有向加权网络模型能更加真实地体现银行间的复杂关系。

基于此，本书以国内银行为节点、银行间拆借头寸为连边权重、资金流向为连边方向，构建同业拆借渠道下的非对称有向加权网络；以我国上市银行为节点、信息溢出强度为连边权重、溢出方向为连边方向，构建信息渠道下的非对称有向加权网络。本研究致力于更接近现实的金融风险分析，将复杂网络模型由单渠道扩展至双渠道，并分别探究金融风险沿不同渠道的传染机制与效果。

第三，在银行间网络中构建了同时引入同业拆借渠道与信息渠道的双渠道复杂网络模型，考虑了金融风险的交叉传染。

在以内循环为主体的新发展格局下，我国金融主体间借贷往来更加频繁，数字技术的发展又加快了信息的传递速度。正向信息的传导可能促成借贷交易，交易的达成也往往向外界传出当前经济繁荣、金融稳定的正向信号；反之，负向信息的传导可能会阻碍借贷交易，交易的终止则会表现为当下经济低迷、金融振荡的负向信号。同业拆借渠道与信息渠道之间的相互影响使得金融风险跨网络传染成为可能。

资产负债渠道与信息渠道因存在相同银行节点（耦合节点）而导致网络相互连接，形成双渠道复杂网络。金融风险除了在固有同业拆借渠道、信息渠道下分别传染，也会因为耦合节点而导致渠道间交叉传染，这可能会放大风险传染效果，提高局部风险转变为系统性风险的可能性。本书将贴近现实分析风险传染机理，构建包含两种传染渠道的复杂网络模型。

（2）现实意义。

第一，构建了新发展格局下的金融风险传染模型，全面立体地刻画金融风险的传染路径，为维护金融稳定提供保障。

习近平总书记指出，金融安全是国家安全的重要组成部分，是经济平稳健康发展的重要基础。金融活，则经济活；金融稳，则经济稳。必须充分认识金融在经济发展和社会生活中的重要地位和作用，切实把维护金融安全作为治国理政的一件大事，扎扎实实把金融工作做好。[1]

自党的十八大以来，在以习近平同志为核心的党中央坚强领导下，我国金融改革发展稳定取得了重大成就，在防范化解金融风险方面也取得了较为显著的成效。总体上来看，当前阶段我国的金融风险整体可控，但是，我们也要清醒认识到，在世界百年未有之大变局加速演进，我国发展进入战略机遇和风险挑战并存、不确定难预料因素增多的时期，金融体系内部风险隐患可能"水落石出"，金融发展存在的一系列结构性问题亟待解决，外部冲击风险明显增多，要求我们必须持之以恒做好重大金融风险防范化解工作[2]。尤其是在当前以内循环为主体的新发展格局下，企业部门竞争加剧，政府部门债务压力增大，家户部门杠杆率高居不下，金融业信贷规模扩大，可能导致各部门风险向金融业风险进一步积聚。同时，随着金融市场层次和金融产品越发复杂，各金融子市场的关联更为紧密，金融机构间的相互渗透以及交叉业务也不断加深，金融风险溢出呈现出明显的跨市场、跨机构传染特征。2023年中央金融工作会议中也特别指出，

---

[1] 习近平经济思想研究中心［EB/OL］．https：//www.ndrc.gov.cn/xwdt/ztzl/srxxgcxjpjjsx/yjcg/202303/t20230301_1350469.html.

[2] 习近平经济思想研究中心［EB/OL］．https：//www.ndrc.gov.cn/xwdt/ztzl/srxxgcxjpjjsx/yjcg/202303/t20230301_1350469.html.

要维护金融市场稳健运行，规范金融市场发行和交易行为，必须关注跨区域跨市场的联动风险，要合理引导预期，防范风险跨区域、跨市场传递共振。

因此，本书在新发展格局下构建我国金融风险传染模型，全面立体地刻画我国金融风险的状况与传染路径，描述经济三部门与金融业间风险新特点，有助于监管部门识别防范金融风险，守住不发生系统性风险的底线，为我国构建新发展格局奠定坚实基础。

第二，设计了系统重要性银行和中小银行的风险阻断方案，并分析和比较了危机银行不同的救助方法，为全方位加强金融监管、有效控制金融风险的传染效果提供保障。

2023年中央金融工作会议全面总结了党的十八大以来的金融工作，分析金融高质量发展面临的形势，部署当前和今后一个时期的金融工作，同时会议中特别突出一个重点，即全面加强金融监管、防范化解金融风险。党的十八大以来，在以习近平同志为核心的党中央坚强领导下，我们经受住一系列严重风险冲击，成功避免若干全面性危机，金融治理体系和治理能力现代化持续推进，但是现阶段我国金融监管仍然面临着较大挑战：一是百年变局和世纪疫情交织叠加，国内外经济金融环境发生深刻变化，不稳定不确定不安全因素明显增多，金融风险诱因和形态更加复杂。我国发展进入战略机遇和风险挑战并存时期，各种"黑天鹅""灰犀牛"事件随时可能发生。二是现代科技的广泛应用使金融业态、风险形态、传导路径和安全边界发生重大变化。[①] 当前，加强产业链与创新链的深度融合是我国迈向经济高质量发展的关键举措。双链融合增加了参与主体的数目、加强了链上各主体间的竞争与合作，链上竞争增加了各参与主体行为的不确定性，很可能导致金融风险的进一步累积，链上合作加强了各参与主体之间的关联性，抬升了金融风险传染的概率。此外，数字技术的发展提高了信息传播的速度、扩大了传播范围，强大的信息网络将所有个体连接起来的同时，也在一定程度上加强了金融风险的传染性。这些都迫切需要健全银行风险识别、阻断和救助的机制安排，实现银行风险防范全链条全领域全覆盖。

因此，本书将在金融风险传染网络的基础上，对系统重要性银行和中小银行分别提出风险的识别和阻断方案，并比较分析危机银行的救助选

---

① 郭树清. 加强和完善现代金融监管（全文）[EB/OL]. (ce.cn) http：//www.ce.cn/xwzx/gnsz/gdxw/202211/03/t20221103_38208402.shtml.

择。具体来说，对于系统重要性银行风险的阻断，本书从同业拆借渠道、信息溢出渠道以及整个系统重要性银行的复杂网络进行分析。对于中小银行的风险管理，本书先阐述中小银行当前的风险现状，并从同业拆借渠道和信息渠道提出风险阻断建议。对于危机银行的救助方案，本研究先比较了不同的救助选择并发现接管模式更优，接下来通过实证的方法对"基于银行活跃度的接管模式"和"基于银行间连锁债务关系的接管模式"进行比较。我们的最终目的是能够对银行风险进行及时识别和阻断，全面加强金融监管，控制金融风险传染的速度，缩小风险传染的范围，以此降低金融风险造成的损失，为维护金融体系安全、防范金融风险的传染提供参考。

1.3 研究内容与思路

1.3.1 研究内容

本书主要以新发展格局下金融风险的传染及其阻断防范为研究对象。防范金融风险的基本前提是了解并厘清金融风险的本质、传染的特征、风险生成机制及其风险程度等。本研究的基本思路是：首先，从理论上分析新发展格局下金融风险的传染特征；其次，分别从经济三部门与金融业角度检验金融风险的传染机理；最后，根据中国新时期的经济金融发展特点、金融风险传染新特征及发展趋势，借助复杂网络模型，提出防范和阻断金融风险传染的思路和具体措施。研究内容共分10章，研究模块共有两大块。

第1章"导论"。主要介绍本研究的研究背景、研究目的与意义、研究方法等。

第2章"新发展格局下金融风险传染的新特征"。本章重点阐述新发展格局下金融风险传染的相关理论。具体来说，首先，介绍新发展格局概念的提出及其内涵以及在新的环境下金融风险的定义与特征。其次，系统梳理新发展格局下我国金融风险传染的新环境。再次，以企业部门、政府部门、家户部门为研究对象分别讨论新发展格局下三部门向金融业风险溢出新路径，然后分别以金融业中的金融市场、金融机构为研究主体，分析金融市场中各子市场之间及金融机构各行业之间的风险溢出新特征。最后，以金融机构中的银行作为重点研究对象，探讨银行间在以传统的同业拆借渠道下和以信息传导的渠道下金融风险传染特征，并将同业拆借渠道和信息渠道同时纳入研究范畴，分析在双渠道下金融风险的交叉传染。本章的目的是在前人研究成果的基础上，全面系统地考察新发展格局下金融风险的概念、金融风险在金融市场、金融机构中的传染特征，为后续研究做一个坚实的理论铺垫。

第3章"新发展格局下经济三部门向金融业风险传染研究"。本章基于中国31个省（区市）的面板数据，首先，通过熵权法构建金融业压力指数，并采用耦合协调度模型度量各个省份的内循环水平。其次，建立面板固定效应模型考察政府、企业、家户部门对金融业风险的影响。再次，引入内循环指数，检验内循环发展水平在三部门影响金融业风险过程中的调节作用。最后，在前述检验的基础上考察不同地区经济发展程度异质性所带来的影响。

第4章"金融市场风险传染复杂网络分析"。本章主要探寻金融市场风险溢出特征，首先，从理论上分析我国金融市场风险溢出的形成机理。其次，通过构建溢出指数法测度不同市场之间风险相互影响的强度，并据此建立各市场之间的风险传染网络。最后，得出目前我国金融市场风险溢出不稳定、方向非对称性及随机性、风险溢出效应具有明显的时变特征、风险传染网络变得更为紧密、各子市场之间风险溢出效应都明显增强等结论。

第5章"金融机构风险传染与复杂网络构建"。本章主要探寻金融机构风险溢出特征，首先，阐述当前我国金融机构风险传染的现状，并就风险传染的机制进行分析。其次，构建金融机构间的关联网络。再次，针对网络结构从金融机构系统性风险动态变化、金融机构总体关联水平、金融机构间关联水平等方面展开分析。最后，得出我国金融机构总体关联水平具有明显的时变特征、银行风险溢出效应的输出强度最大等结论。

第6~9章，这四章以金融机构中的银行部门作为重点研究对象，分别构建银行间同业拆借渠道、信息渠道、双渠道风险传染网络模型，并据此设计银行风险的识别、阻断与救助策略，具体内容如下。

第6章"基于同业拆借渠道的银行风险传染研究"。本章构建基于同业拆借渠道的银行间非对称有向加权金融风险传染复杂网络，考察在同业拆借渠道下的金融风险传染路径、特征及效果。具体来说，首先利用最大熵原理构建了银行间拆借额度矩阵；其次通过分析银行借贷行为构建了银行间拆借关系矩阵并生成银行间拆借网络；最后针对网络结构仿真模拟了网络在各违约损失率下当一家银行破产时网络上的风险传染效果。

第7章"银行间风险传染沿信息渠道的实证研究"。本章构建基于信息渠道的银行间非对称有向加权金融风险传染复杂网络,考察在信息渠道下金融风险传染的路径、特征及效果。在研究思路上,首先通过选取我国上市银行的股票收益率时序数据作为研究样本,使用分位数回归方法计算各机构之间的信息溢出值;其次,将溢出值转换为距离矩阵构建网络;再次,将各机构的节点个性指标与网络结构指标形成综合指标,度量节点的风险传染调节能力及风险承受调节能力;最后,给出信息渠道下风险传染的判别条件并模拟分析传染效果。

第8章"银行间风险沿双渠道交叉传染实证研究"。本章将同业拆借渠道和信息渠道同时纳入复杂网络模型中,并基于两种渠道之间存在的耦合节点构建出双渠道网络,借此将单渠道网络结构扩展至双渠道网络结构,进一步考察双渠道共同作用下金融风险交叉传染的特征。具体来说,首先,在第6章与第7章构建的单渠道金融网络的基础上,根据耦合性,将两个单渠道网络进行耦合,重新构建出一个双渠道复杂网络。其次,梳理金融风险在双渠道网络中交叉传染的逻辑,探寻当银行资产负债表的风险暴露时,如何将风险通过信息渠道进一步叠加传染,以及当银行负面信息暴露并产生信息溢出时,这部分风险通过何种机制反映到银行的同业拆借渠道中,并将风险在双渠道中进一步传染。再次,计算在双渠道网络中,各个节点的网络拓扑结构特征指标以及网络密度等整体网络分析指标。在双渠道复杂金融网络下,重新测度每个节点的风险传染能力与风险承受能力。最后,通过 Matlab、Python 等软件进行仿真模拟。先将双渠道网络中的某个节点设置为陷入困境状态,然后通过仿真模拟观察在双渠道网络中有多少数量的节点会受到"多米诺骨牌"效应的影响而陷入同样的困境,并分析金融风险在双渠道共同作用下的传染路径及特征。

第9章"银行风险的识别、阻断与救助"。本章主要探讨了系统重要性银行和中小银行的风险识别和阻断,并分析了危机银行的救助选择。首先,对于系统重要性银行的风险识别,可通过加强风险监测并构建预警模型的方式进行。对于系统重要性银行风险在同业拆借渠道和信息溢出渠道出现的情况,可分别采用传染病模型和防火墙机制进行风险阻断。此外,还可以从整个银行复杂网络入手,通过调整节点和连边来降低传染率、加强免疫率和降低免疫失效率,以及增减节点或改变连边的方法调节网络结构,减小银行风险的传染。其次,对于中小银行的风险管理,应重视交易行为和实施有效的监管。在同业拆借方面,中小银行可通过风险定价和定量分析确保同业交易的合理性,制定严格的同业风险管理政策。在信息层面，中小银行需建立高效的信息共享和内部沟通机制，提升监管层面的信息优势，确保数据安全和客户隐私的保护。最后，当上述方法均不能有效阻断银行风险时，有必要启动救助机制进一步阻断银行风险。当某家银行遭遇危机后，有两种接管模式较为常见：基于银行活跃度的接管模式与基于银行间连锁债务关系的接管模式。本章基于我国2021年具有代表性的23家银行的同业交易数据与核心资本数据作为实证研究的样本，从复杂网络的生成、风险管理的效果等方面对现实中两种不同的银行接管模式进行了深入分析。

第10章"研究结论、政策建议及展望"。本章主要从针对前面各个章节所得的结论提出新发展格局下金融风险防范的政策建议。

1.3.2 研究思路

本书的具体研究思路如下：从经济三部门与金融业角度探讨新发展格局背景下金融风险的传染特征。首先，以经济三部门与金融业风险传递作为研究起点，检验内循环背景下政府、企业、家户部门向金融业风险传染的路径。其次，从金融业中的金融市场视角出发，探讨金融市场中各子市场间的风险传染特征。再次，从金融业中的金融机构视角出发，分析金融机构各行业间的风险传染特征。最后，借助复杂网络模型，本书重点考察了银行之间同业拆借渠道、信息渠道风险传染，并进一步考察了双渠道风险交叉传染特征。

本书的研究思路如图1.1所示。

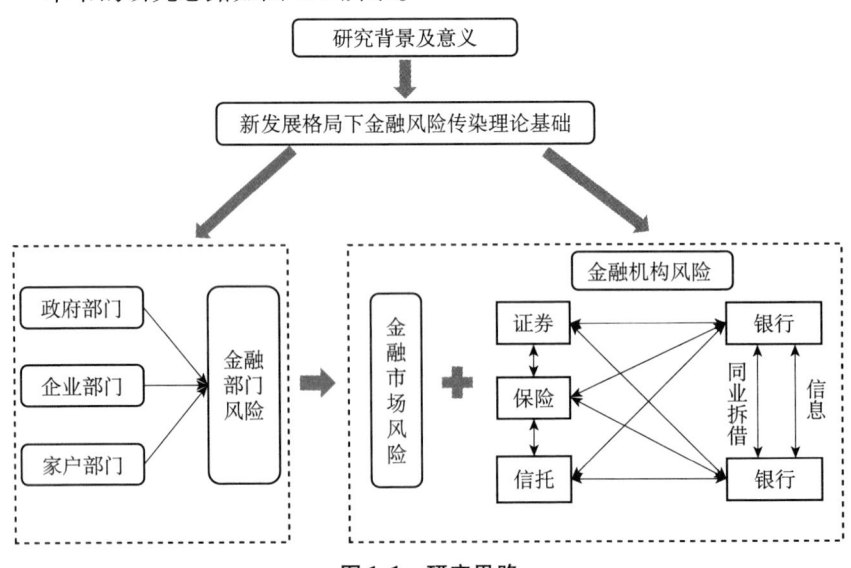

图1.1 研究思路

1.4 研究方法与技术路线

1.4.1 研究方法

本书拟采用跨学科融合、具体研究方法交汇的多层次、综合性的研究技术。具体包括定性研究方法和定量研究方法两大类，其中，定性研究方法主要包括：文献分析法、演绎与归纳相结合法；定量研究方法包括实证与规范分析相结合法、复杂网络模型、数值模拟法以及传染病模型。

（1）定性研究法。

第一，文献分析法。本书首先对相关文献资料进行搜集和整理，搜集渠道包括：一是北京工商大学图书馆馆藏图书和电子数据库；二是 Wind 数据库、RESSET 数据库、CSMAR 数据库、各大银行年报等各种渠道公布的有关资料和报告；三是相关公司及其合作伙伴在其官方网站或其他网络媒介上发布的企业相关信息。通过上述渠道，能够搜集到有关本书的最新国内外相关研究成果，并采用 NoteExpress 软件进行分析，为本研究奠定理论基础。对于文献分析法的使用体现在本研究的第 2~9 章，在这些章节中每一章都介绍了相关文献。

第二，演绎与归纳相结合。本书将在总结和归纳相关理论及相关领域对金融风险研究的基础上，借助复杂网络模型建立新发展格局下金融风险传染模型，为维护我国金融环境稳定、防范金融风险提供参考。在对金融风险的概念进行界定时，通过对新发展格局下金融风险传染特征的分析，如经济三部门与金融业在内循环背景下金融风险传染的变化等，采用归纳法给出新发展格局下金融风险的概念及其传染的特征，主要体现在本书的第 2 章。

（2）定量研究法。

第一，实证与规范分析相结合。在研究过程中我们将遵循这样的一般步骤来展开：首先进行文献综述，其次是理论分析和研究假设，最后针对不同的研究阶段选取不同的实证方法进行分析。在实证分析中，本书主要涉及的有线性回归模型、复杂网络模型构建、传染病模型等。其中，线性回归模型主要为了检验经济三部门与金融业间的风险溢出效应，复杂网络模型主要是为了研究金融风险传染的路径、特征，传染病模型是为了探讨不同免疫策略下金融风险在网络中的传染特征，并依此设计风险阻断机制。本研究对于该方法的使用贯穿全文，每一章都采用了该研究范式。

第二，复杂网络模型。为了研究金融系统中存在的复杂的关联性，本书选择通过构建复杂网络模型解析金融风险的传染机制。正如前文分析所言，政府、企业、家户部门的金融风险都会向金融业积聚传染，银行在金融体系中占据重要地位，是风险重要输出点，而风险在银行间的传染渠道既包括如同业拆借等直接渠道，又包括如信息溢出等间接渠道。在本研究中，金融风险不仅可以在单个渠道的网络中进行传染，还可以通过耦合节点进行渠道间风险传染。综上所述，本书组拟构建的复杂网络不仅包含同业拆借渠道和信息渠道的单渠道复杂网络，还同时包含同业拆借渠道以及信息溢出渠道的双渠道复杂网络。在双渠道复杂网络中，两个渠道之间的节点逐级递减，同业拆借渠道与信息溢出渠道的耦合节点是上市银行，作为节点最少的渠道，信息溢出渠道的全部节点都是耦合节点。在具体模型的构建中，重要的一环是网络拓扑结构指标的计算，主要包含节点的测度、边的测度和层的测度。对于复杂网络模型的使用主要体现在本书的第 6~8 章。

第三，数值模拟法。本书在构建同业拆借渠道、信息渠道、双渠道金融风险传染复杂网络以及金融风险传染阻断机制的研究过程中，采用复杂网络结构分析并利用 Matlab 等软件编程，通过数值模拟对模型变量进行一系列的量化处理，在此基础上加以演算和分析，使用仿真模拟结果对风险传染的机制和效应进行分析。对于该方法的使用的也主要体现在本书的第 6~8 章。

第四，传染病模型。传染病模型最初主要应用于医学，用来研究传染病的传播速度、传播范围等问题，现在也有学者将其应用于金融风险的研究当中。本书拟在多渠道复杂网络中引入传染病模型（SIRS）来分析金融风险阻断机制中的救助策略，主要体现在第 9 章。

1.4.2 技术路线

本书的技术路线主要包括以下几个阶段：首先，前期研究阶段。此阶段对以往搜集的文献和资料运用 NoteExpress 和 Stata15 软件进行初步统计分析，以提炼出本书的核心研究问题，进而界定研究内容和研究目标。其次，理论分析阶段。此阶段根据本书的研究内容选取并完善研究方法，接着通过理论推理提出假说。再次，实证分析阶段。此阶段选取合适的样本及数据将本书前期构建的相关理论模型进行实证拟合并检验假说，然后通过仿真的方式分析实证结果。最后，策略凝练阶段。此阶段是针对本书所获得的研究结论提出相关政策建议。具体技术路线如图 1.2 所示。

图 1.2　技术路线

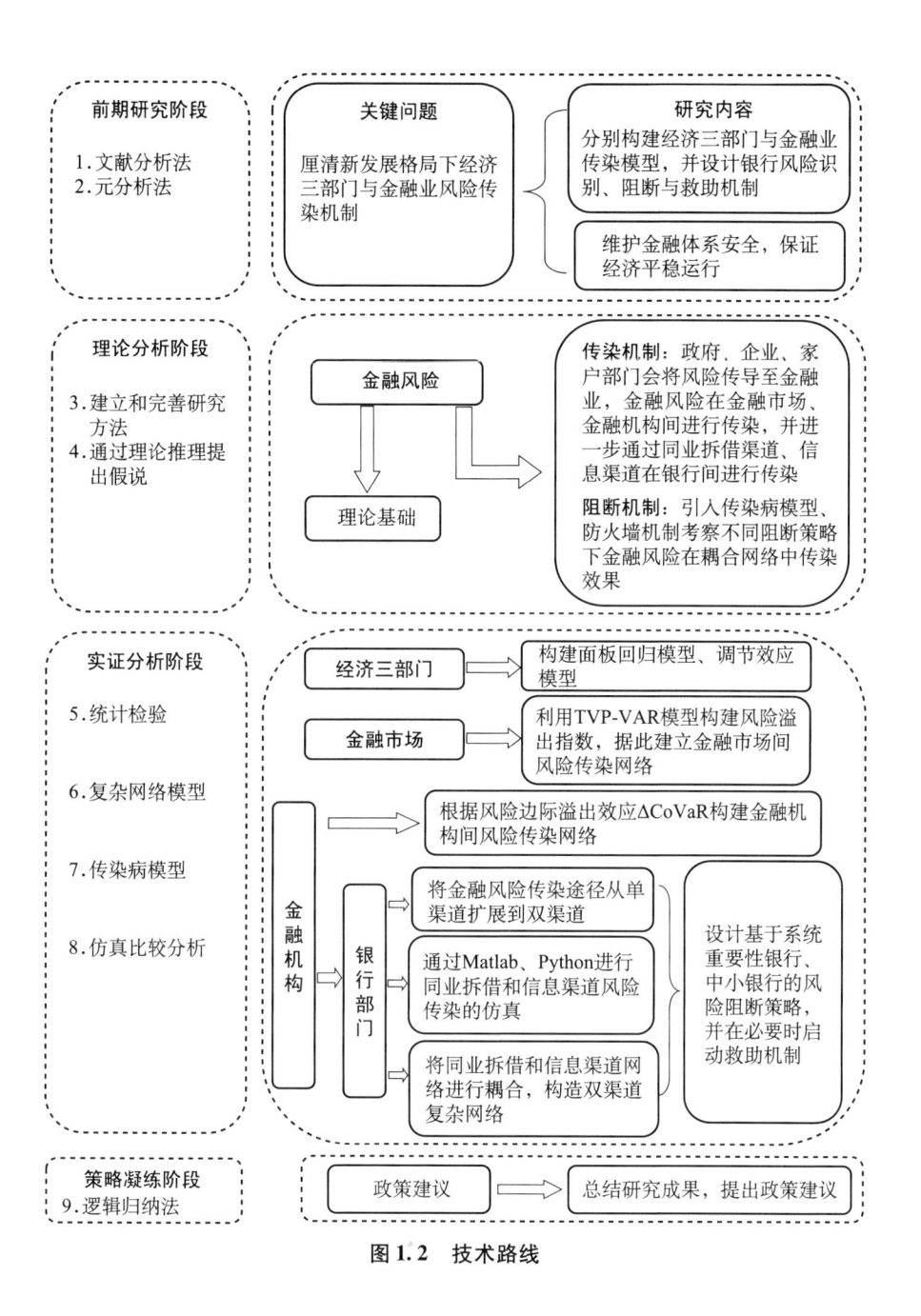

1.5　特色与创新

本书的特色主要在于全面系统地刻画了在新发展格局下经济三部门与

· 15 ·

金融业的风险传染特征。其中，在刻画金融机构中银行间风险传染特征时探索性地将复杂网络模型引入应用经济学领域，分析新发展格局背景下两种传染渠道共同作用的金融风险传染特征，并依托复杂网络模型设计了风险阻断机制。具体创新之处如下。

1.5.1 研究内容上的创新

本研究创新性地立足于以国内大循环为主体、国内国际双循环的新发展格局背景考察了金融风险的传染特征。

2020年5月14日，中央政治局常委会首次明确提出"构建国内国际双循环相互促进的新发展格局"，这对我国实现更有质量、更有效率、更为安全的发展以及促进全球经济繁荣，会产生重要而深远的影响。随着我国全面深化改革的不断推进，经济运行中的各种风险已得到了一定程度的化解，但是面对充满不确定性的国际国内环境，我们仍应加强对金融安全的把控，牢牢守住不发生系统性风险的底线。在新发展格局下，政府、企业、家户、金融业之间具有更强的关联性，政府、企业、家户部门的金融风险有进一步向金融业积聚的趋势，且由于各地区金融业之间的高度关联，很可能使得金融风险通过金融业"由点及面"式地迅速扩散。就金融业来看，伴随着利率市场化改革的不断深化，在信息技术的加持下金融市场间的联动性不断加强，联系日益紧密，金融市场间的风险传染性愈演愈烈，风险溢出呈现出明显的跨市场特征。与此同时，在新发展格局下，金融科技和金融创新已成为推动中国金融市场转型升级的新动力，然而，金融科技的快速更新也为金融机构内部风险的累积和传播提供了更多渠道。

综上所述，立足双循环这一宏观背景，探讨具有时代烙印下的金融风险传染新特征，是本书在研究内容上的创新。

1.5.2 研究视角上的创新

本书创新性地以经济三部门与金融业为主线建立了三类金融风险传染理论框架，分析并验证了其在新发展格局下金融风险传染的新特点。

在当今新发展格局的背景下，本书重新梳理了政府、企业、家户部门与金融业之间、金融市场各子市场之间以及金融机构各行业间的风险传染路径及传染特征。从经济三部门与金融业角度来看，新冠疫情给全球经济带来前所未有的冲击，各国的贸易投资不断萎缩，同时部分国家保护主义和单边主义盛行致使经济问题与政治问题相互关联，使我国经济外部不确定性激增，企业生存环境更加艰难。在这种情况下，大部分涉外企业业务回调会使国内市场竞争加剧，政府扶持政策逐渐退出使相关企业压力剧增，中国高储蓄低消费的传统无法消化市场庞大的供给，产能过剩的局面初见端倪，企业债务违约概率上升，风险可能传导至金融业。而政府部门受疫情冲击所出现的财政赤字尚未完全解决，为拉动内需再次大规模发债的举措使得地方政府债务问题凸显，防范债务风险已成为政府工作重点。家户部门高杠杆率所蕴含的信用风险不容忽视。

从金融市场风险传染来看，随着全球金融一体化与贸易开放程度的提升，金融市场层次和产品越发复杂，各个金融子市场的关联也更为紧密，风险溢出呈现出明显的跨市场特征。从金融机构风险传染来看，金融创新的不断涌现使得金融业混业经营的趋势越发明显，金融机构间的相互渗透以及交叉业务不断加深，加强了各个金融机构之间的关联性。除此之外，产业链、创新链"双链融合"要求银行机构重新配置资源，数字技术的发展致使信息风险溢出严重，金融风险的传染已不能用传统手段衡量分析。因此，本书审时度势，结合新发展格局背景重新梳理经济三部门及金融业间金融风险传染的新特点，将研究视角从传统的关注短期、突发性冲击事件对我国金融环境所带来的影响转变为，在我国金融市场中某一风险源头引发的"由点及面"式风险传染。

1.5.3 研究方法上的创新

本书在研究方法上的创新具体如下。

第一，创新性地基于风险双向传递特征构建了非对称有向加权银行间风险传染复杂网络。传统基于同业拆借渠道对金融风险传染的研究在当前形势下稍显不足，本书通过分析我国上市银行间信息溢出的方式及风险传染途径拟同时构建同业拆借与信息渠道下金融风险传染网络。在此过程中我们注意到，由于我国各银行的规模、风险程度等指标都存在较大差异，因此每两家银行之间的相互溢出程度也有可能不同。在以往学者们构建的复杂金融网络中，大部分确定连边的做法是采用两个节点之间的相关系数确定连边权重，得到两点之间的唯一连线，但本书认为这种方法会损失一部分溢出效应，不能准确衡量两个节点之间的溢出关系，也会因此低估金融风险的传染程度。为了使研究更加贴近现实情况，本书创新性地保留银行之间的双向非对称溢出关系，即在保留网络加权有向性质的同时，考虑两个银行之间出现两条方向相反、权重不同连边的情况来构建双渠道下金融风险传染复杂网络模型。

第二，创新性地运用双渠道复杂网络探索了银行间风险在不同渠道下交叉传染的路径及特征。由于一般性的复杂网络要求节点与连边具有相同性质，这无法满足分析现实中多种渠道并行下金融风险传染特征的需求，因此本书将以同业拆借渠道为代表的直接风险传染渠道与以信息溢出为代表的间接风险传染渠道同时引入复杂网络模型中，构建双渠道下金融风险传染复杂网络。同时，本书分析了不同渠道之间存在的风险关联性，结合耦合性的特征，认为金融风险可以通过渠道之间的耦合节点跨网络传播，也即在本研究构建的双渠道网络中，渠道之间的连接不仅仅具有形态上的关系，更具有现实意义。在此基础上，本书创新性地探索在复杂网络中，金融风险在不同渠道共同作用下进行交叉传染的路径及特征。

第 2 章　新发展格局下金融风险传染的新特征

2.1　新发展格局概念的提出及其内涵

当前，西方主要国家民粹主义盛行、贸易保护主义抬头，经济全球化遭遇逆流；新冠疫情影响广泛深远，逆全球化趋势更加明显，全球产业链、供应链面临重大冲击，风险加大[1]；国内需求结构和生产函数发生重大变化，生产体系内部循环不畅和供求脱节现象显现，"卡脖子"问题突出，结构转换复杂性上升。在此背景下，2020 年 5 月 14 日，习近平总书记在中共中央政治局常务委员会会议上首次提出"要深化供给侧结构性改革，充分发挥中国超大规模市场优势和内需潜力，构建国内国际双循环相互促进的新发展格局"[2]。随后，总书记在会议中多次强调"要以畅通国民经济循环为主构建新发展格局，加快形成以国内大循环为主体、国内国际双循环相互促进的新发展格局"。推动形成新发展格局是应对逆全球化趋势的必然选择、应对新冠疫情的应然之策、应对经济发展转型的实然之举（蒲清平和杨聪林，2020），是重塑我国国际合作和竞争新优势的战略抉择。

具体而言，"双循环"新发展格局的内涵主要体现在以下方面。

第一，"双循环"而不是单循环。新发展格局并不是要闭关锁国，摒弃外循环，而是要在充分发挥大国优势的基础上，以稳固的基本盘为着力点，通过强大的内部循环体系吸引全球资源的积极参与，实现更高水平的对外开放，构建外循环与内循环相互促进合作共赢的新格局。

---

[1] 刘鹤. 加快构建以国内大循环为主体、国内国际双循环相互促进的新发展格局 [N]. 人民日报，2020－11－25（6）.

[2] 中共中央政治局常务委员会召开会议 习近平主持 [EB/OL]. [2020－05－14]. http：//cpc. people. com. cn/n1/2020/0514/c64094－31709431. html.

第二,"双循环"要以"内循环为主"。在当前逆全球化盛行致使贸易受限、疫情泛滥导致出口不足的形势下,我们要牢牢把握住扩大内需这一战略基点,在国内市场中全面打通生产、分配、流通、消费等各个环节,保持国内市场供给和需求的动态平衡。

第三,"产业链""供应链"是"双循环"新发展格局的核心。完善的产业链和供应链体系是保障国民经济平稳运行以及国家在全球经济中地位的前提,也是推动国内循环与国际循环相互促进的重要抓手,要不断推动供应链产业链优化升级。

第四,科技创新是"双循环"新发展格局的动力之源。创新是发展的第一动力,要以科技创新作为畅通国内大循环的关键,集中力量打好关键核心技术攻坚战,尤其在云计算、人工智能、清洁能源、芯片技术等领域加大攻坚力度,提升我国先进技术自主创新能力。

第五,新基建是"双循环"新发展格局的驱动力。大力推进5G基站、城市轨道交通、大数据中心、人工智能等现代化的新型基础设施建设,以新基建驱动国内巨大需求的释放,畅通国内循环,进一步助力构建新发展格局。

2.2 金融风险的定义及特征

金融风险主要表现为在信息不对称下金融资产的持有者所遭遇损失的可能性,主要具有如下特征。

(1) 客观性。

金融风险的客观性主要体现在无论是什么形式的金融活动,只要发生就会有风险的存在,在现实生活中基本不存在没有风险的金融活动。

(2) 隐蔽性。

由于我国金融市场并非完全有效,金融机构和市场融资者、投资者之间都存在着极大的信息不对称性,金融机构无法对融资者的信息做到完全掌握,投资者对金融产品的信息也难以全面了解,由此导致金融风险具有很大的隐蔽性。一般情况下,金融危机的爆发并非一蹴而就,而很有可能是在各种因素的作用下使得隐蔽的风险不断累积集聚,最终无法掩盖集中爆发。这些因素包括:一是由于银行具有发行信用货币的职能,因而可以使得原本属于当期金融风险的后果,在借新还旧、通货膨胀等各种金融活动的作用下被掩盖并不断累积到后期;二是在政府的干预和行政特权下,可能会使得已初步显现出来的金融风险被人为的掩盖和压制。尽管金融风险的隐蔽性可以在短期内使得金融机构有缓冲的机会,但是一旦累积到一定程度无法控制,最终也会引发金融危机。

(3) 传染性。

金融风险的传染性主要是指单个金融机构或者金融市场发生风险,会在金融机构和金融市场间迅速扩散,带来整个金融体系的风险。例如,从金融市场角度来看,伴随着我国金融自由化进程的不断加速以及跨市场金融工具的不断涌现,货币市场、资本市场、外汇市场等各金融子市场间的关联性日益紧密、复杂,这使得风险的溢出呈现出十分鲜明的跨市场传染特征,且各子市场间的风险共振导致其自身风险极可能在跨市场中被放大,从而提高整个金融市场发生崩溃的可能性。从金融机构的角度来看,随着金融创新的不断涌现,金融业混业经营已成为大势所趋,金融机构间的业务交叉和相互渗透不断加深,部分国内大中型商业银行纷纷介入了保险、证券、信托等行业。然而,混业经营在带来金融开放的优势、增加金融机构业务种类的同时,也加强了各金融机构之间业务的关联性,各金融机构之间错综复杂的关联关系为金融风险的快速扩散提供了条件。当某一金融机构的资产负债质量不断恶化陷入危机时,与其有直接业务关联的机构必然受到牵连,最终引发系统性金融风险。

(4) 破坏性。

金融风险的破坏性主要体现在金融风险一旦发生,不仅会使得金融市场中的广大参与者蒙受损失,也会给社会再生产的各个环节带来影响,阻碍社会再生产的顺利进行,降低社会生产效率,最终影响经济的可持续发展。

(5) 可控性。

金融风险的可控性主要是指,虽然金融风险是客观存在、难以避免的,但是可以通过特定的方法对其进行控制。一般而言,尽管金融风险的发生具有很强的偶然性,但是也总是有规律可循的,因此,在对历次金融风险的特征和表现进行总结分析的基础上,可以在早期对其进行干预,例如通过建立有效的风险识别机制,及早发现信用风险、市场风险、操作风险等各类潜在威胁,预防金融风险的发生。这种风险识别机制不仅有助于保护金融机构自身的资产和利益,还能提高监管机构和市场对金融机构稳健经营的信心,促使金融体系更为健康和可持续地发展。因此,风险预警机制不仅是一种管理手段,更是维护金融系统稳定运行和促进经济可持续发展的重要保障。也正是由于金融风险是可控的,风险预警机制的建立才能发挥出现实意义。

关于金融风险的准确定义,学界尚未形成统一观点。通过梳理相关文献可以发现,目前对金融风险的定义大致可以归纳为两类:一是从金融稳定的角度出发,克罗克特(Crockett,1996)认为金融风险主要是源于金融机构资产负债表的恶化或者金融资产价格的异常波动而引致的金融体系脆弱,进而影响整个经济层面的正常表现。这个定义更偏向于系统性风险,此定义下的金融风险强调全局影响性,不再局限于对少量金融机构稳定性的威胁。从来源上,金融风险起源于某个冲击事件,通过体系内的所有部分或大多数参与者的联动影响金融市场,使信息的传导受阻,金融体系信心崩溃,提升金融系统的不确定性(Minsky,1995;De Bandt and Hartmann,2000;Kaufman and Scott,2003)。二是从风险本质的角度出发,克罗和霍恩(Crowe and Horn,1967)将风险定义为有感知的实体遭受损失的可能性,戴蒙德和迪布维格(Diamond and Dybvig,1983)提出了著名的戴蒙德—迪布维格银行挤兑(D-D)模型,他们指出,存款者对流动性要求的不确定性是导致金融体系脆弱的重要因素。国内学者大多认为金融风险本质上是一种不确定性,在经济活动中会导致资金的融通过程可能产生损失(戴国强等,2000;王元龙,2004;邹小芃等,2008;李愚泰和史番,2019)。这种不确定性是因为参与金融活动的行为主体的主观预期与客观实际背离的可能性(仲彬等,2002)。

总体来看,目前关于金融风险的定义不尽相同,观点并不一致。在当前我国以内循环为主的新发展格局背景下,国内各部门与金融业间的联系更加紧密,风险溢出效应明显,金融风险有进一步积聚的趋势。鉴于此,本书拟从风险本质的角度对金融风险进行定义,即本书的金融风险主要是指某一风险源头经过各种关联渠道"由点及面"式地不断扩散和放大,这些因素通过串联传播进而给各参与主体带来损失的不确定性。

2.3 我国金融风险传染的新环境

2020年以来,我国金融风险呈现结构性分化特征,主要隐患集中于以下领域。

2.3.1 地方政府债务风险不容忽视

党的十八大以来,全国人大、国务院和财政部实施了一系列防控措施，地方政府债务风险得到了有效缓释，然而，2020年新冠疫情暴发后，为应对疫情冲击，在国家复工复产新一轮积极财政政策推动下，我国地方政府债务规模迅速扩张。根据财政部2022年12月地方政府债券发行和债务余额情况，截至2022年12月末，地方政府债务规模已高达35.06万亿元，地方政府债务风险再次凸显。具体而言，地方政府债务风险所蕴含的风险主要体现在以下方面。

首先，地方政府债务资金来源单一，抗风险能力不足。当前我国金融体系尚不完善，仍是以银行为主导的间接融资结构体系。对于地方政府而言，尽管其可以借助地方融资平台进行筹资或者发行债券在金融市场中募集资金，但是究其根本，资金的来源方还是各家银行。如根据Wind数据库数据显示，2021年融资平台债务资金中有66.83%来源于银行借款，中国债券信息网数据显示，商业银行持有的地方政府债券比例高达80%。由此，地方政府债务资金对银行资金的大量占用形成了债务风险向银行风险传导的客观条件，一旦出现问题，会对银行的资产负债表造成巨大冲击，最终对我国的金融体系带来重创。

其次，以土地收入为主的地方财政难以持续。就我国现实经济运行来看，地方政府债务的偿债资金主要来源于以税收收入为主的一般预算收入以及以土地出让金和项目收益为主的政府性基金预算收入，一般而言，税收收入受预算约束的限制能够发挥的作用有限，而地方政府债务资金多投资于周期长的大型基建类项目，短期内难以产生收益，因而，土地出让收入已成为大多数地方政府偿还债务的主要来源。财政部数据显示，2020年，全国土地出让金高达8.4万亿元，占到地方政府财政总收入的84%。2021年5月21日，财政部、自然资源部、税务总局、人民银行，发布了土地出让金等四项政府非税收入划转税务部门征收的通知，将由自然资源部门负责征收的上述四项政府非税收入，全部划转给税务部门负责征收，2022年1月1日起全面实施征管划转工作。一方面，这对严重依赖土地财政的地方政府的偿债能力无疑带来了巨大冲击，一旦以地方财政作为担保的债务集中到期，由此引发的金融风险不容小觑。另一方面，随着房地产政策的陆续出台，我国房地产市场价格已逐渐趋于平稳，在实施房地产市场平稳健康发展长效机制的政策背景下，土地出让收入随之回落，这无疑也在很大程度上为严重依赖土地财政的债务偿还带来了新的风险。

2.3.2 房地产风险持续加大

监管部门持续加强对房地产金融的监管，在一定程度上有效缓解和遏制了房地产和实体经济失衡的问题,但是,房地产领域的风险仍然较为突出,尤其是2021年以恒大地产为代表的多家知名房地产企业相继爆雷,更是使得我国对房地产领域风险的防范化解工作面临巨大挑战。房地产已成为现阶段我国金融风险方面最大的"灰犀牛"(郭树清,2020)。

房地产行业与金融体系的强关联性是房地产业向金融业风险溢出的重要原因。从房地产企业与银行直接关联性的视角来看,由于房地产业是一个资金密集型行业,在我国房地产市场的实际运行过程中,房地产开发企业的自有资金往往不足,因此其大多采用高财务杠杆经营模式,资金来源主要来自银行信贷的支持。国家统计局数据显示,2022年中国房地产开发企业资金来源共14.84万亿元,其中自筹只有5.25万亿元,64.62%的资金需要通过其他方式获得,这些方式中来自银行业的资金是最主要的一个渠道,因此,一旦房地产业出现危机,将直接对这一部分信贷资金带来巨大冲击,严重影响银行业的稳定。从居民的视角来看,房地产业与银行业的关联还体现在房地产消费信贷中。中国人民银行发布的《2022年金融机构贷款投向统计报告》显示,2022年末金融机构人民币各项贷款余额213.99万亿元,同比增长11.1%;其中房地产贷款余额占各项贷款余额的比例为24.8%,而房地产贷款中,个人住房贷款约占房地产贷款余额的73%。当房价下跌或者失业率上升时,居民违约风险将会迅速攀升,进一步波及金融领域。从非房地产企业视角来看,除了房地产开发与消费环节的直接影响外,房地产业与金融业还通过其他行业间接关联,比如,房地产业的兴衰直接影响着水泥、钢材等行业,而这些建筑建材行业的企业也与银行业有着直接的借贷关系,房地产行业的突然停滞或减速,还会对众多与其关联的上下游行业产生难以预测的冲击,进而对金融体系产生巨大冲击。

2.3.3 非金融企业债务高企

企业部门的杠杆率是我国宏观杠杆率的重要组成部分,占比保持在3/5左右,因此,我国实体经济的高杠杆主要体现在企业部门的高负债上。2020~2023年,我国企业部门风险通过市场化、法治化方式得到有序化解,我国企业部门风险得到有序释放,然而,2020年以来,在经济复苏进程中,企业部门杠杆率呈现结构性分化特征:一方面,工业企业资产负债率持续回落;另一方面,部分行业如房地产和基建类企业仍面临较高债务压力。这种结构性特征使得企业部门继续成为影响宏观杠杆率走势的重要因素。据《中国金融稳定报告2023》,2022年末,从总体来看企业部门杠杆率达到了159.4%，较上年末增长了6.6个百分点；从结构来看，企业贷款与GDP之比对企业部门杠杆率增长贡献率超过100%，中长期贷款、短期贷款以及票据融资分别拉动企业部门杠杆率上升5.7个、0.8个和2.0个百分点。

非金融企业杠杆率攀升及债务高企为金融风险的爆发埋下了又一层隐患。一旦遭受外部冲击，高杠杆率的非金融企业很容易出现资金链断裂，带来债务违约。一方面，企业之间的高关联性将会使得单一企业的违约风险传导至上下游企业，带来系统性违约风险；另一方面，债务违约引致的债务风险会在很大程度上导致商业银行资产负债表恶化，最终体现在金融体系的风险上升，进而加大金融风险爆发的可能性。

2.3.4 新型金融现象诱发金融风险新挑战

改革开放以来，伴随着经济的快速发展，我国金融也不断发展，为经济发展提供了强大的支撑动力。然而，由于受多方面因素的影响，在金融发展的过程中催生出了很多新型的金融现象，影响了金融业的稳定。

第一，非法金融活动不断涌现。随着信息技术的快速发展、新媒体自媒体的不断膨胀以及社会公众对金融服务需求的不断增强，各类金融产品营销方式五花八门，非法集资、金融传销等非法违规金融活动不断涌现。一些贷款公司、投资公司在未取得金融牌照的情况下，通过打电话、发传单、网上销售等方式违规向大众发放贷款、出售理财产品及证券基金，夸大宣传甚至虚假宣传产品收益；部分互联网平台利用网络效应及线上场景的便捷优势不规范开展金融活动，带来市场的垄断和竞争性失衡，同时，一些平台借助互联网金融的名义，将市场由线下转为线上，以金融创新之名行金融诈骗之实，借助移动支付端实施诱导、欺骗行为；一些网络直播平台依托媒体效应，采取通过邀请所谓的专家和明星为金融产品代言的方式进行营销，误导甚至欺骗消费者的现象屡见不鲜。

第二，金融机构同业业务快速发展。利率市场化改革的深入及监管政策的不断出台和实施使得商业银行依托传统存贷款业务获取利润的业务模式不断受到冲击，基于此，各银行采取了一系列金融创新活动，并开始大力发展同业业务。同业业务大大促进了金融机构之间的资金交流和融通，目前已成为银行的重要业务之一，并日益成为其新的利润增长点。然而，商业银行在发展同业业务的过程中违规操作层出不穷，导致金融监管困难重重，风险隐患点与日俱增。具体而言，当前银行同业业务主要有以下几种模式：一是违规通过与金融机构合作，隐匿资金来源和底层资产。根据监管当局对金融机构同业业务的规定，"金融机构同业投资应严格风险审查和资金投向合规性审查，按照实质重于形式原则，根据所投资基础资产的性质，准确计量风险并计提相应资本与拨备"，然而，商业银行为了提高收益，通过设计金融创新产品，借助同业投资业务绕过监管指标来降低资本计提，导致金融机构的实质风险无法得到准确的计量和监测。二是同业投资存在大量期限错配现象。在同业市场中，银行大多依靠短期负债来获取低成本资金，之后将其投入收益较高的应收投资、买入返售等长期资产中。这种同业资产与同业负债的期限错配能够为银行带来较大的利润，但是当同业市场资金趋紧时，过度期限错配将致使银行难以在市场中获得拆借资金，风险敞口显著提升，引发市场恐慌甚至"钱荒"。三是违规签订"抽屉协议""阴阳合同"等。"抽屉协议""阴阳合同"的签订使得各银行在同业业务中利益输送错综复杂，风险传染也更加隐匿多元化。

第三，随着大数据、区块链、人工智能、云计算等新兴科技的发展，这些新技术在金融领域的应用也更加深刻广泛，金融科技呈现飞速发展态势。金融科技在促进普惠金融业务开展、提升金融服务质量和效率、满足多元化投融资需求等方面发挥了积极作用，展现出了很大的市场空间和发展潜力。然而，其在为金融业注入活力的同时也带来了一系列新的风险点，为金融稳定运行带来了较大的挑战。一是在金融科技平台迅猛发展的趋势下，其对大数据的依赖和算法的趋同增加了市场波动的同步性，这些机构同时向具有某类相同数据特征的金融消费者提供信贷支持，累积了大量的共债风险；二是由于金融科技公司大多游离在金融监管之外，规模扩张的欲望较强，一些金融科技平台公司通过循环发债的形式进行资本无序扩张，使自身风险与银行系统紧密关联，不同金融机构之间的业务与风险联系更加紧密，"多米诺骨牌"效应更加明显；三是数字技术的快速发展加快了信息传递的速度，使金融市场上构建起了一个联系紧密的信息网络，无形之中加剧了信息溢出。这种由信息在金融市场间的扩散和传递所导致的风险传染，在金融科技平台的作用下，会使金融风险的传染波及范围更广、更加迅速，传染后果也被成倍放大。因此，金融风险伴生于金融科技的发展变得更为复杂、隐蔽，新发展格局下需持续关注和监测金融科技领域的风险。

这些新型的金融现象在很大程度上扰乱了金融市场的正常运行，凭借网络与信息技术，许多金融活动早已突破了地域、行业限制，对金融市场所带来的负面影响不容小觑。

2.4 经济三部门与金融业风险溢出新特征

按照经济学和社会性质的角度，学者们将经济体系划分为政府、企业和家户三大部门和金融业，其中，政府部门是国家治理体系的重要组成部分，是国家行使行政权力的主要承载体；企业部门主要是指能够向社会公众提供商品和服务，并以盈利为目的、自负盈亏的独立经济组织；家户部门是由家庭单位普通民众构成的，既是金融市场上重要的资金供应者也是金融机构产品主要的认购者和投资者；金融业主要是指从事金融相关活动的机构。当前形势下，国内各部门与金融业间的联系更加紧密，金融风险有加快积聚与叠加的趋势。

2.4.1 企业部门向金融业风险溢出

企业在推动国民经济发展，促进社会稳定的过程中发挥着基础力量，是经济系统中不可缺少的主体之一。作为生产经营性部门，与金融业建立信贷关系是企业获取资本等生产要素，实现生产进一步扩大的主要途径，企业与金融业之间的信贷联系也成为企业部门风险向金融业风险溢出的重要原因，企业运营状况将直接影响到金融机构承担的风险。与此同时，由于企业运营状况与宏观经济水平息息相关，因此金融风险在不同经济周期下也会呈现出不同特征。具体体现为在经济上行时，企业和银行倾向于增加投资和信贷力度，银行信贷规模呈现出不断扩张趋势；而当经济发展不断放缓，甚至开始下行时，根据金融加速器理论，企业的经营状况和资产负债表的健康状况会加速恶化，企业破产违约的概率增加，风险开始逐步向金融业传导。

当前，在我国以内循环为主的新发展格局背景下企业部门的风险进一步累积，向金融业的风险溢出效应将更加明显。具体而言：

第一，全球市场萎缩的外部环境提高了企业部门的违约概率。2020年新冠疫情给全球经济带来了前所未有的冲击，全球贸易投资萎缩，加之部分国家保护主义和单边主义盛行致使经济问题与政治问题相互关联。外部经济环境的变化使我国经济外部不确定性激增，给企业部门带来了严峻的考验，企业生存环境更加艰难。在这种情况下，大部分涉外企业业务回调使国内市场竞争加剧，政府扶持政策逐渐退出使相关企业压力剧增，中国高储蓄低消费的传统无法消化市场庞大的供给，产能过剩的局面初见端倪，企业债务违约概率上升，风险可能传导至金融业。此外，境外输入防疫的巨大压力直接冲击国内经济供需两侧，负增长概率加大。

第二，优胜劣汰的竞争机制抬高了企业部门风险。高质量的内循环强调有效竞争和优胜劣汰，这意味着以往长期受地方政府保护的少部分企业可能会逐步被市场所淘汰。当前我国金融市场尚不完善，银行类金融机构与企业之间存在着高度的信息不对称，对于金融机构而言，由于无法全面掌握融资企业运营、管理、投资等各方面的信息，因此，其在提供信贷支持时往往更倾向于与信用更强、有政府保护的企业建立信贷关系，在拓展业务时也更倾向于将资金投放给有政府信用背书的企业。当这一部分企业在高质量内循环情境中被淘汰后，这部分风险也将会通过与金融业的联系传递至金融机构。此外，为了促进高质量发展，鼓励企业发展与创新，金融业也将进一步加大对优质企业的投资及信贷力度，这在一定程度上加强了企业部门与金融业的风险关联性，一旦企业经营不善或者出现危机将提升金融业的不良贷款率，加大金融风险。

第三，居民低消费率加重了企业部门风险积聚。我国最终消费率和居民消费率都明显低于发达国家水平，2022年我国居民消费占GDP比重为38.19%，远远低于美国的68.54%，英国的62.89%，德国的51.17%，以及法国的53.82%。[①] 与此同时，受疫情影响国内居民消费升级趋势受阻放缓，这既使出口企业的过剩产能难以在国内市场得到有效释放，又会拖累国家的供给侧结构性改革和产业升级战略。随着过剩产能企业偿债能力的减弱，一方面直接冲击至银行的资产负债表，将风险扩散到金融业；另一方面企业应付账款相应增加，下游企业难以及时获得相应回款，导致现金流紧张，进一步叠加企业违约风险。

2.4.2 政府部门向金融业风险溢出

当前，在我国以内循环为主的新发展格局背景下，政府部门的地方政府债务规模不断攀升，由此引致政府部门与金融业之间的联系更为紧密，风险溢出也明显增强。具体而言：

第一，疫情冲击、财政压力导致地方政府债务问题再次凸显。自2020年疫情暴发以来，为应对疫情影响，我国地方政府债务规模有所扩张，如2020年，全国人大批准安排新增地方政府专项债券3.75万亿元，中央结算公司发行抗疫特别国债1万亿元。同时，在全球经济下行，实体经济增

---

① 资料来源为司尔亚司数据信息有限公司（CEIC）全球数据库。

速不断放缓的形势下，政府遵循财政政策更加积极有为的策略，采取减免或延迟征收企业税费，发放居民消费补贴，扩大重点项目投资等策略以拉动内需，保障就业。财政支出的增加和财政收入的减少使得地方财政自给能力明显不足，地方政府债务违约风险不断攀升。地方政府债务的主要购买方为商业银行、保险公司等金融机构，根据中国债券信息网数据显示，2022年末，商业银行持有政府债券的比例高达80%，由此，地方政府债务违约风险的上升将会直接对该部分银行的资产负债表形成冲击，而银行最终会将自身的风险转嫁给市场，进而对我国的金融安全产生影响。

第二，政府投资进一步扩大了地方政府债务规模。在坚持扩大内需的战略基点，加快培育健全的内需体制过程中，政府投资在国民经济循环中不可或缺，由此引致的债务规模扩大将进一步带来风险的集聚。面对外部环境的不利，产业改革和结构调整势在必行，以国内大循环为主体旨在充分释放国内的内需潜力，驱动国内企业强化技术创新。"新基建"能够满足产业升级、促进经济高质量发展，同时助力技术创新和消费升级。总体而言，"新基建"是构建国内大循环的关键。一般而言，"新基建"的投资以市场为主，政府为辅，但有一部分"新基建"包含传统基建建设，运作不能完全商业化，缺乏市场投资动力，因此仍需要政府承担主要建设责任。此外，出于幼稚产业发展考虑，有些"新基建"仍需政府投资引导。政府为满足大量资金需求，在财政资金不足的情况下不得不通过发债获取资金，由此导致政府债务规模迅速扩张。杠杆率的提高，融资力度的加大，政府与各金融机构之间建立起更加紧密的业务联系，一旦地方当局不能够按时归还到期债务，以政府权力信用为根基的融资平台和政府债券等将面对资不抵债的违约风险，该风险极易经过债权债务链条传导至金融业，使之蒙受严重的经济损失，引发金融风险。

2.4.3 家户部门向金融业风险溢出

家户部门由家庭单位普通民众构成，一方面，家户部门为金融市场提供资金；另一方面，也是金融市场产品和服务的主要购买者。家户部门与金融业之间的存贷款合同是两部门之间最主要的纽带，也是家户部门风险向金融业风险溢出的重要路径。

当前，在我国以内循环为主的新发展格局背景下，复杂多变的经济环境、居高不下的杠杆率，都会使得家户部门风险向金融业风险加快积聚与叠加。具体而言：

第一，高杠杆低消费带来了家户部门违约风险的上升。从家户部门的杠杆率来看，国家统计局数据显示，2008年末我国家户部门杠杆率为18.2%，到2019年末这一比例上升到65.1%，年均增长4.3个百分点。2020年，家户部门杠杆率上升了7.4个百分点，增幅比2008~2019年年均增幅高3.1个百分点，增幅的相对水平和绝对水平都较高。同时，2020年，我国社会消费品零售总额出现罕见下降，比2019年下降3.9%，2021年和2022年虽有所回升但是幅度不大，最终消费率降至36.33%%。这种高杠杆低消费的局面不仅对双循环下提高内需极为不利，还会在扩大内需拉动经济的同时对居民偿债施加压力，同时，受国际国内环境复杂多变、疫情冲击不断等超预期因素的影响，居民收入的下降将进一步带来家户部门违约风险的上升，由此增加了风险通过与金融机构之间的借贷链条积聚传递到金融业的可能性。若家户部门忽视收入增长速度持续负债，将会诱发债务链断裂，导致风险爆发。

第二，脆弱的房地产市场增加了家户部门的风险。我国家户部门的高杠杆率水平往往与脆弱的房地产市场联系紧密，其中蕴含的风险进一步增大了金融业的压力。从家户部门加杠杆的主客观动因出发，居民加杠杆行为的绝大部分产生于住房贷款，这种不断加杠杆现象存在三方面潜在风险，一是导致住房价格过度泡沫化而对金融稳定性产生冲击；二是过高杠杆使居民部门过度负债而提升债务违约风险；三是家户部门利用加杠杆以满足购房需求，会透支和挤兑其他消费需求，妨碍了居民对正常生活的投入和升级。房地产作为基础产业和先导产业，在我国国民经济中占有重要地位，在金融稳定中起到重要作用。房地产预期前景较好时，银行等金融机构扩张对房地产开发商的信用贷款规模，开发商重资本投入房地产开发项目。大量资本投入推高土地价格，市场对房价有较高的价格预期，同时消费者片面追求房地产高利润进行买房和炒房，从而进一步带动房价的提升。然而，房地产投资极不稳定，一旦房地产泡沫破灭，居民偿债能力下降，银行很难收回已经发放的贷款，不良贷款增多，银行资产负债表随之恶化。同时，随着房价的下跌，政府土地财政收入也会随之下降，各种风险叠加交织在一起，最终酿生系统性金融风险的爆发。

第三，金融资产配置的多元化加剧了家户部门的风险累积。在以内循环为主的新发展格局下，为更好地助力内循环，金融市场发展不断完善，家户部门与金融业之间资金流、收入、支付等循环路径变得更加紧密，除借贷业务联系外，其他形式的业务往来也日趋增多。随着经济的发展，财富的增加，理财意识的增强，家庭的资产结构逐渐由多元化配置取代单一储蓄，金融负债逐渐增多，其中蕴含的风险可能会向银行等金融机构集中，加剧家户部门风险向金融业风险的传导。

综上所述，新发展格局下政府、企业、家户部门的风险都有向金融业集聚的趋势，金融业处在风险传导的核心位置。鉴于我国的金融业包括金融市场和金融机构两部分，接下来，本项目将分别从金融市场和金融机构的角度进一步分析金融风险传染的特征。

2.5 金融风险传染特征

金融风险包括金融市场风险和金融机构风险。伴随着我国金融自由化进程的不断加速以及跨市场金融工具的不断涌现，各个金融子市场风险的溢出呈现出十分鲜明的跨市场特征，风险共振极可能在跨市场中被放大，从而提高整个金融市场发生崩溃的可能性。金融机构的风险传染即指风险在各金融机构之间的溢出，在当前我国以内循环为主的新发展格局背景下，金融机构间风险传染呈现出新的特征，风险存在增大的可能。

2.5.1 金融市场和金融机构风险传染特征

新发展格局下我国金融市场和金融机构风险传染呈现出以下特征。

一是顺周期性。金融市场的顺周期性主要体现为在经济周期中，金融变量围绕着经济变量上下波动的倾向。在经济繁荣时，金融市场也呈现出繁荣的状态，信贷规模不断扩张和膨胀，而当经济衰退陷入低迷状态时，债务人还款能力下降，债务风险上升，金融信贷资产的质量急速恶化，抵押品的价值也快速下跌，金融机构的流动性和资本充足率都将陷入危机状态，此时金融信贷也会出现全面的紧缩，而这又会进一步加剧经济的衰退和萎缩。

二是异质性。金融市场之间存在风险溢出效应，溢出程度具有异质性。不同时期不同金融市场间传染效应存在差异，这种差异主要源自在不同时期下所发生的经济金融事件，如2015年的股灾、2018年的中美贸易摩擦等。历次的经济金融事件有其各自的特征，因而对金融市场所带来的影响也有所不同（周爱民和韩菲，2017；刘超等，2024）。我国系统性金融风险呈现周期性波动特征，各子市场指数在整体趋势上具有趋同性，但其波动特征存在异质性。

三是小世界性和无标度性。金融机构风险传染网络实质上是由大量金融机构为节点所构成的复杂网络，虽然整个金融机构体量很大，但是每个机构之间的关系往往非常紧密，每个节点之间的特征路径长度较小而聚合度较高，这种结合了规则网络和随机网络的部分特征的特点往往被称为"小世界性"。与常规网络相比，在小世界网络中，传染效应更明显，风险也更容易传播（宫晓莉等，2020）。无标度网络是一种网络节点度数是异质的网络，即多数节点只有很少的连接，而很少的节点有大量的连接，网络中节点的连接数表现出严重的不均匀，数量很少的节点在网络运行中其中主导性的作用，无标度网络表现出对随机冲击的健壮性和针对特定冲击的脆弱性。

四是不稳定性。金融市场的风险溢出具有不稳定性、方向非对称性的特征。具体而言，货币市场、黄金市场、金属市场对其他市场的风险溢出效应较大，而股票市场、债券市场、外汇市场和房地产市场受到其他市场风险溢出的影响更大。金融机构内的风险传染网络由多个网络形式构成，这是一个复杂网络，一小部分关键节点的风险承担情况发生改变，会对系统性金融风险爆发的概率产生极大影响。换言之，当一小部分重要金融机构受到冲击并爆发经营风险时，这种风险会迅速通过连接传递到其他金融机构，最终形成系统性金融风险。这就是金融机构内风险传染网络的脆弱性。然而，由于存在无标度性，这种风险很难通过较大规模的金融机构外溢。

五是时变特征。由于不同时期会发生不同风险事件，使得我国金融系统风险溢出具有较为明显的时变特征。通过对金融子市场风险溢出强度进行分析发现，突发事件会影响金融市场间的风险溢出关系。我国金融机构的风险传染网络的变化不是随机的，其风险传染的速度和金融机构之间的关联程度随时间逐渐递增，造成这种现象的原因主要有以下几点：保险、证券等业务创新多的机构风险来源的角色在强化，银行向信托、证券业的风险溢出有所上升（庞念伟和郭琪 2020）。金融科技的发展速度越来越快，金融机构对数据和信息的依赖程度进一步加深，冗余信息模糊了金融机构联系之间的线性关系，隐性连接数量日益增长。

六是传染网络更紧密。金融机构之间存在着多种形式的网络联系，如信息交换、债务债权和股权交易。在危机期间，这些复杂的网络连接会变得更加紧密，机构之间的溢出效应也会增强，进而加剧风险传染的程度。对于上述特征，有一种解释是当一家金融机构陷入危机时，其资产质量和基本面恶化，可能会对其他机构产生影响。这种影响可以通过多种途径传播，例如共同的债权人、共同的投资者以及金融商品和市场的互联性。最终，这导致了机构之间共同风险暴露的增加，也加强了它们之间的实质性联系。此外，由于信息技术的快速发展，金融市场上存在大量无用的"噪声信息"。这些信息在金融风险爆发时干扰了投资者的判断。与此同时，风险爆发期间投资者的避险意识增强，加剧了非理性羊群效应和信息不对称问题，进一步增强了整个金融机构的信息溢出效应。

2.5.2 银行风险传染特征

银行业是金融体系核心，在有效配置资产的同时，也是经济持续发展、社会稳定的基础。中国人民银行发布的统计数据显示，2022年末，我国金融业机构总资产为419.64万亿元，其中，银行业机构总资产为379.39万亿元，占金融机构资产总额的90%以上，可见确保银行业的稳定是防范系统性金融风险的基础。2008年金融危机引发学者们对银行系统性风险的广泛关注。现如今，新发展格局背景下，银行业各参与主体之间的关联方式更加隐蔽、复杂，风险传染渠道更趋多元化，同时经济增长放缓、互联网金融飞速发展、低利率环境等现象都有可能提升银行系统性风险的发生概率。

银行之间的相互关联是风险传染的原因，也是银行系统性风险发生的必要条件。一般而言，银行间的关联渠道可以分为直接渠道和间接渠道，此外，银行业各参与主体之间还往往表现出多渠道关联关系，因此，接下来本小节将从直接渠道、间接渠道以及多渠道三个方面具体阐述银行风险传染特征。

(1) 直接渠道下银行风险传染特征。

直接渠道指银行主体通过同业拆借、支付结算体系等方式形成资产负债的关联关系，也可称之为资产负债渠道。当单个银行受到冲击时，其遭受的资本损失（信用违约损失+流动性损失=资本损失）大于其核心资本规模，我们认为该银行遭遇危机，若此种危机沿着资产负债渠道传递给其他银行，使其有同样陷入危机的可能性，即为通过直接渠道引致金融风险。

以内循环为主的新发展格局下，银行业资产负债直接渠道下风险传染可能呈现出新的变化和特征，具体表现在以下方面。

第一，产业链、创新链的调整蕴含了新的风险点。以国内大循环为主体，就是要打通国内经济的"供需梗阻"，围绕产业链部署创新链，围绕创新链布局产业链，积极推动各要素健康有序循环运转。一方面，产业链、创新链的调整会涌现出很多新的动能及战略性新兴产业，这些产业和动能可能是具有创新性的产品技术抑或是高附加值的服务，既符合持续的增长能力要求，又符合新发展理念，需要银行等金融机构给予重点资金支持。当以商业银行为代表的金融业将信贷资金等各种资源要素进行重新配置调整时，新机遇的同时也蕴含了较大的风险，要警惕这些风险沿资产负债渠道的传染。另一方面，伴随着新发展动能的不断出现，产业链的不断调整优化，各产业之间的融合度及紧密度不断增强，对资金的需求也使其与银行之间的关联也更趋紧密，在此背景下，产业融合水平的提高将使得风险传染渠道更为复杂，一旦某一环节出现问题，该风险将沿着产业链及与银行间的资产负债渠道迅速扩散和蔓延，最终将风险快速转嫁到银行业。

第二，金融科技的快速发展提高了风险波动同步性。新发展格局下，为更好地促进国内循环，发挥金融业对实体经济的输血作用，金融科技呈现出飞速发展态势。然而，金融科技在提升金融服务效率、为小微企业融资提供更多普惠性金融支持的同时，其对大数据的依赖和算法的趋同也在很大程度上增加了风险波动的同步性。大量金融科技平台，以蚂蚁金服为代表，这些机构同时向具有某类相同数据特征的金融消费者提供信贷支持，累积了大量的共债风险，且蚂蚁金服等金融科技平台通过循环发债的形式进行资本无序扩张，使自身风险与银行系统紧密关联，不同金融机构之间的业务与风险联系更加紧密，"多米诺骨牌"效应更加明显。

第三，银行同业业务为风险的快速传播创造了条件。随着利率市场化改革的不断推进及金融创新的不断涌现，银行同业业务得以迅速发展。然而，同业业务在为银行业带来更多流动性及利润增长点的同时，其在银行市场间所形成的错综复杂的资产负债关联也为风险的快速扩散创造了条件。《中国金融稳定报告（2021）》显示，当银行间市场上最大的5家交易对手违约时，将会使整个银行体系的资本充足率下降2.89%。由此可见，一旦市场上某家银行遭受冲击而发生违约时，很可能引发多米诺骨牌效应，在整个银行间市场上产生系统性风险。

（2）间接渠道下银行风险传染特征。

间接渠道主要指银行主体间根据银行股价、CDS价格等市场数据形成的关联关系，也可称之为信息溢出间接渠道。根据强有效市场假说，在有效市场中，一切有价值的信息都反映在股价上，基于市场数据的股价信息不仅能反映银行的关联性而且高频、有效、富有前瞻性。当单个银行的股票收益率大幅下降使其在险价值低于特定水平时，我们认为该银行遭遇危机，若此种危机沿着股票关联网络传递给其他银行，使其有同样陷入危机的可能性，即为通过信息溢出间接渠道引致金融风险。

当前，在信息处于爆炸式增长的新发展格局背景下，风险沿信息等间接渠道所进行的传染不容忽视。

第一，数字技术的"双刃剑"作用给金融业注入新活力的同时也提升了基于信息关联渠道的风险传染概率。随着数字技术的改革与发展，信息的传播模式和格局发生了很大变化，社会化媒体、移动终端技术的普及和发展使得信息传播逐渐呈现出了大众化、移动化、关系化、个人化的特点。信息传播的在银行系统中构建起了一个联系紧密的信息网络，无形之中加剧了信息溢出。一旦某一银行股票价格出现剧烈波动，大量信息将沿着网络迅速蔓延和扩散，手机银行、线上论坛及金融App等工具提高信息传递效率的同时，也会造成信息质量的参差不齐，干扰市场参与者的理性决策，使得信息渠道的银行风险传染特征更为突出，具体表现在其风险传染波及范围更广、传染更为迅速和复杂，传染后果也被成倍放大。

第二，信息溢出引致的"羊群效应"大大提高了银行机构成为风险爆发点的概率。随着大数据时代的到来，依托底层的大数据、人工智能等新兴技术，传统的金融服务模式被重塑，以往由于自身规模与抵押物不足而长期被银行拒之门外的中小微企业被纳入服务范围，具有数量优势的长尾效应得以充分发挥。然而，银行在为长尾客户提供服务的过程中，由于长尾客户的专业投资知识较为欠缺、投资技术水平低，容易作出非理性投资，"羊群效应"较为明显。数字技术的快速发展为金融市场提供了更便捷的信息交流平台与资金交易系统，个体的非理性投资在信息的快速传播下很容易演变成群体的非理性投资，市场参与者的"羊群效应"愈加明显，更容易造成抛售或轧空，挤兑现象也更容易产生，由此提高了银行成为风险爆发点的概率。

（3）双渠道下银行风险交叉传染特征。

现实经济活动中，银行业各参与主体之间除了会通过资产负债直接渠道和信息溢出间接渠道独立进行风险传染外，还往往表现出多类型多渠道关联关系，并在不同关联关系相互作用下进行风险的交叉、叠加传染。尤其在以内循环为主的新发展格局下，银行间风险传染渠道更加复杂，叠加、交叉传染特征也更趋明显。比如，当银行资产负债表的风险暴露时，在数字技术的推动下，这种经营状况的改变会迅速反映到该银行股票收益率上，并借助信息网络将该风险进行快速扩散，该负向信息的传导反过来会进一步恶化银行的资产负债表，阻碍银行间的借贷交易；与此同时，当银行负面信息暴露并产生信息溢出时，在信息不对称的前提下，"模仿效应"和"羊群效应"将加剧风险的传导范围，此风险在数字技术的加持下同样会反映到银行的资产负债表中,并进一步向外界传递出负向信号。由此可以看出,资产负债渠道和信息渠道的相互影响将使得风险传染不仅可以通过单一关联渠道在金融网络中进行传染,而且可以在不同的渠道中进行交叉传染,这可能会放大风险传染效果,提高个体局部风险转变为系统性风险的可能性。

2.6 本章小结

通过对新发展格局下我国金融风险传染的环境、经济三部门向金融业风险溢出、金融市场风险传染特征、金融机构风险传染特征以及银行间风险传染特征的梳理可以看出,总体而言,当前阶段下,国内各部门与金融业间的联系更加紧密,风险在金融市场和金融机构间有加快积聚与叠加的趋势,风险传染在爆发源头、传染方式、途径与渠道等方面出现了新特征。

从风险源头看,相比于以往将研究视角锁定在短期、突发性外部冲击事件所带来的影响,现阶段更应警惕的是国内各经济部门以及金融市场内部爆发的"由点及面"式金融风险传染;从传染方式看,数字经济的迅速发展、产业结构调整、重大区域战略的不断深化,为金融风险传染的具体方式提供了新的可能;从传染途径看,我国经济三部门与金融业的风险传染更趋复杂:新冠疫情在全球的蔓延使得不确定风险急剧增加,外部经济环境进一步恶化。而国内宏观经济增长压力日现,实体企业的盈利能力未明显改善,信用债市场违约数量明显上升,家庭部门信用消费与政府过高举债带来的债务风险日益凸显,地方政府、企业、银行和家户部门的金融风险有进一步传染和积聚的趋势。同时,随着金融市场层次和产品越发复杂,各个金融子市场关联也更为紧密,金融创新的不断涌现使得金融业混业经营的趋势越发明显,金融机构间的相互渗透以及交叉业务不断加深,风险在金融市场、金融机构之间的传染都更趋复杂;从传染渠道看,在强调产业链、创新链融合的背景下,原本银行间的资产负债联系愈加紧密,而数字科技的迅猛发展使得信息溢出更加严重。因此,现阶段以及今后一段时期,金融风险将脱离以往传统模式,以更加隐蔽、多元、复杂的方式进行传染,且可能存在叠加效应。

第 3 章 新发展格局下经济三部门向金融业风险传染研究

本章将在前两章的基础上,首先阐述当前经济三部门与金融业风险现状,接着结合现有文献就经济三部门与金融业风险传染机理进行介绍,然后通过对部门间风险传染理论分析提出本章的研究假设,最后根据研究假设进行实证设计并检验。

3.1 经济三部门与金融业风险现状

作为现代化经济体系的血脉和核心,金融有助于进行资源配置和实现宏观调控。党中央也多次强调要"以金融活促进经济活,以金融稳促进经济稳",营造更为安全的金融环境。在新发展格局下,金融工作更需要将自身作用发挥出来,为畅通国内外双循环提供更好的支持。然而受多重不利因素影响,我国金融业面临的内外部环境依然复杂多变,金融市场大幅动荡,市场违约数量的明显上升以及家户部门的信用消费与政府过高举债带来的债务风险日益凸显等问题也给我国经济社会发展带来了前所未有的挑战。企业、地方政府、银行和家户部门的金融风险有进一步传染和积聚的趋势,一旦积聚的风险溢出,极易形成全国性系统风险。

当前背景下,我国经济三部门与金融业的风险呈现出了新特点。

首先,企业部门的债务违约概率可能上升。2020 年新冠疫情给全球经济带来前所未有的冲击,我国经济外部不确定性激增,企业生存环境更加艰难。在这种情况下,大部分涉外企业业务回调会使国内市场竞争加剧,政府扶持政策逐渐退出使相关企业压力剧增,中国高储蓄低消费的传统无法消化市场庞大的供给,产能过剩的局面初见端倪,企业债务违约概率上升,风险可能传导至金融业。

其次，政府部门的地方政府债务问题再次凸显。疫情的冲击导致地方财政支出增加、收入减少，政府部门受疫情冲击所出现的财政赤字尚未完全解决，为拉动内需再次大规模发债的举措使得地方政府债务问题凸显，同时，在加快培育健全的内需体制过程中，政府投资需发挥重要作用，由此引致的债务规模进一步扩大。地方政府债务规模的快速上升带来巨大债务风险，防范债务风险已成为政府工作重点。

再次，家户部门蕴含的风险不容忽视。对于家户部门，高杠杆低消费的局面不仅不利于在内循环下提高内需，还会带来信用风险，且我国家户部门的高杠杆率水平往往与脆弱的房地产市场联系紧密，其中蕴含的风险进一步增大了家户部门的风险。此外，家庭的资产结构逐渐由多元化配置取代单一储蓄，金融负债逐渐增多，其中隐藏的风险可能会向银行等金融机构集中，加剧家户部门风险向金融业风险的传导。

最后，金融业的风险传染更为复杂、隐蔽。就金融业内部而言，随着全球金融一体化与贸易开放程度的提升，金融市场层次和产品越发复杂，各个金融子市场的关联也更为紧密，风险溢出呈现出明显的跨市场特征。同时，金融创新的不断涌现使得金融业混业经营的趋势越发明显，金融机构间的相互渗透以及交叉业务不断加深，加强了各个金融机构之间的关联性，这种关联性在各金融机构间形成一个复杂的网络机构，加快了金融风险的传染和扩散。此外，在强调产业链、创新链融合的背景下，银行间的资产负债联系也愈加紧密，数字科技的迅猛发展使得信息溢出更加严重，风险在银行之间通过同业拆借渠道、信息渠道进行传导和扩散，且风险可以在银行间不同的关联渠道中进行层间交叉传染。

可以说，我国金融风险防控仍面临严峻挑战，尤其是在世界百年未有之大变局加速演进，我国发展进入战略机遇和风险挑战并存、不确定难预料因素增多的时期，经济金融环境发生深刻变化，面对内忧外患，我们应加强对金融风险的识别和预警，明确金融风险传递的特征，准确刻画描述金融风险的传染路径，对维护我国区域金融环境的稳定运行、防范系统性金融风险的发生具有重要的现实意义。

3.2 经济三部门与金融业间风险传染研究

关于金融风险传染的研究对象，早期大多集中于探讨国家与国家之间的风险传染，近年来，开始有学者将研究视角转向国内，考察在国内各个省份之间或者区域之间的风险传染机制。艾伦等（Allen et al., 2002）首次从经济学和社会性质的角度将经济体系划分为政府、企业、家户三大部门与金融业。之后，学者们开始依托经济部门之间的金融关联分析区域层面金融风险的传染性。国内王丽娅和余江（2008）最早对部门间风险的关联性研究，证实存在着企业部门—金融业—政府部门、金融业—政府部门、私人部门—金融业—政府部门等多条传染路径，并认为在政府部门和银行部门之间的风险传染最终会向政府部门累积。之后，很多学者证明了金融风险在不同经济部门间存在传导机制。如宫晓琳和卞江（2010）通过部门间资产负债表，探究风险关联性，证实了存在着企业部门、家户部门—金融业、企业部门—家户部门的风险关联路径。裴棕伟和顾伟忠（2019）、丁述军等（2019）同样验证了经济三部门与金融业之间的风险关联性。此外，也有一些学者在分析区域层面金融风险的传导路径时从地方政府债务、房地产市场、金融市场等多个方面着手。例如，熊琛和金昊（2018）、马万里（2020）均指出，地方财政风险会外溢到金融系统，带来金融风险的累积集聚。刘等（2020）、莫克和鹤田友宏（2021）等学者认为房地产价格的变化是造成金融不稳定的原因之一，房地产若过度繁荣，将会在一定程度上加剧金融膨胀，引致金融风险。常和程（2016）、帕夫利迪斯等（2020）以金融市场作为观测对象，检验了股市、债市间的风险联动性。

政府部门、企业部门与金融业间的风险关联是相对直观的，因此研究也相对更为深入。作为社会的主体政府部门的债务（通过政府杠杆率衡量）对金融业的信贷影响渠道分别为挤出渠道、金融抑制渠道和风险渠道。政府债券的发行量提高导致国家金融体系作为承销商持有过多的国家债券，减少了贷款发放，市场流动性紧张进一步导致经济发展受到抑制。而不同区域企业部门的不信用行为提高并差异化地区银行的不良贷款率（易纲，2005），使得部分区域金融业风险暴露抬升，积聚风险。现有学者的研究普遍认为，企业部门和政府部门是金融业风险的主要来源，存在着企业部门—金融业、政府部门—金融业等风险溢出路径（宋凌峰和叶永刚，2011；吕勇斌和陈自雅，2014；沈丽等，2019）。而在金融业内，不同区域商业银行等金融机构之间的相互关联程度不仅为资金流动提供渠道，分散单个金融机构的金融风险，还加剧了银行之间的风险关联性。

由于个体的差异性，关于家户部门在金融风险传染的参与机制分析多数从整体的加杠杆行为着手，而居民加杠杆行为的绝大部分产生于住房贷款，即与房地产市场存在关联。一般而言，居民不断加杠杆的现象主要存在三方面的潜在风险：一是导致住房价格过度泡沫化而对金融稳定性产生冲击（张江涛，2018；张斌等，2018）；二是过高杠杆使居民部门过度负债并带来信贷紧缩，提升了债务违约风险（Hall，2011）；三是居民部门利用加杠杆以满足购房需求，会透支和挤兑其他消费需求，妨碍了居民对正常生活的投入和升级（鲁存珍，2019）。此外，已有研究表明，家户部门去杠杆能够在很大程度上降低来自其部门内部负面冲击的传染乘数，减弱金融系统的风险传染性（刘勇和白小滢，2017）。

部门关联导致的风险溢出最终都会汇集到金融业中，同时金融风险在金融业间累积并发生溢出效应，因此金融业在关联性研究中更值得关注。如裴棕伟和顾伟忠（2019）、丁述军等（2019）分别从理论和实证角度分析了政府部门、企业部门、家庭部门可能存在的风险源，指出三部门所积累的风险通过不同的传导路径积聚到金融业，金融业在金融风险传染机理中处于核心地位。李志辉和王颖（2012）、沈丽等（2019）的研究表明金融机构的关联性是金融风险区域差异形成的重要原因。

通过对相关文献梳理发现，目前围绕新发展格局和经济三部门与金融业间风险传染的研究已取得了丰硕的成果，但是仍存在以下不足：一是学者们已证实了经济三部门与金融业间风险传染路径的存在，但是从新发展格局视角研究部门间风险传染的文献尚不多见。在以内循环为主的新发展格局下，经济部门之间的资金流、要素、收入、支付等循环路径变得更加紧密，在扩大我国内需的同时也加强了各部门之间的关联性，可能导致各部门风险的积聚与传递。因此，有必要对新发展格局背景下经济部门与金融业风险传染进行进一步研究。二是现有关于新发展格局的研究多为定性分析，从定量的角度对新发展格局进行量化表征并作为变量引入模型的研究还比较缺乏。

鉴于此，本章将立足于以国内大循环为主体、国内国际双循环的新发展格局背景探讨经济三部门与金融业风险传染。通过文献整理发现，学者们按照经济学和社会性质的角度，将经济体系划分为政府、企业和家户三大部门，而金融风险的跨部门传染已经成为一个日益重要的研究方向，许多学者也已经在考量短期、突发性冲击事件给金融环境带来影响的基础上证明了我国部门金融风险传染路径的存在。在当前我国以内循环为主的新发展格局背景下，国内各部门与金融业间的联系更加紧密，风险溢出效应明显，金融风险有进一步积聚并向系统性金融风险演变的趋势，因此不可小觑。此外，已有的关于国内大循环的发展多集中于理论分析，只有少数学者通过投入产出模型或耦合协调度模型对其进行定量分析，本章将借鉴耦合协调度模型对内循环发展程度进行量化，不仅可以直观地体现我国多方促进内循环发展的效果，还能基于此构建检验模型，研究结论更直观，更具现实意义。

与此同时，在面对复杂的外部环境时，国内区域发展问题也不容忽视。在先天资源和发展能力以及后天经济环境存在差异的影响下，我国各个省份形成了符合自身条件的，具有差异性的内循环，这些看似独立的小循环是组成国内大循环必不可缺的部分（陆岷峰和周军煜，2020）。如果要推动形成以内循环为主的新发展格局，就必须将其有效地与区域发展战略对接，发挥经济高质量发展在打通生产、分配、流通、消费环节过程中的基础性作用（伍山林，2020）。故此，本章将以省级层面数据为样本研究内循环发展水平对金融风险三部门与金融业间传染的调节效应。

3.3 经济三部门向金融业风险传染理论分析

3.3.1 政府部门、企业部门、家户部门对金融业的风险传染

政府部门作为公共部门最主要的成员，通过建立投融资平台进行融资，为城市基础设施投资建设提供资金保障。虽然地方融资平台数量众多，但是在我国以银行为主导的间接融资体系下，各融资平台的资金来源主要还是银行等金融机构。由此，一旦地方政府债务出现问题，极易对金融机构造成冲击，将风险传递至金融业。作为生产经营性部门，企业部门与金融业建立信贷关系是企业获取资本等生产要素，实现生产进一步扩大的重要途径。金融机构向企业融资是一种市场行为，企业运营状况将会直接影响到金融机构承担的风险。当企业生产经营受到冲击时，其经营状况和资产负债表的健康状况会不断恶化，导致其盈利能力下降，破产违约的风险增加。此时，金融业则需要承担由企业违约所引致的信用风险，风险从企业部门传递到了金融业。更进一步地，金融机构为了减少和摆脱不良负担，可能会做出不少突破风险底线的行为，进一步增大金融业的风险。家户部门既是金融市场上重要的资金供应者也是金融机构产品主要的认购者和投资者。家户部门与金融业以借贷业务建立联系，以债务人和投资者双重身份参与到金融活动中，涉及房地产和汽车消费贷款、传统的储蓄存

款业务以及理财和结构化存款等创新金融产品。居民主要依托可支配收入偿还债务，可支配收入的高低决定了居民偿还债务的能力，毫无疑问，失业率的上升将直接造成家庭收入的减少，甚至导致还款来源被强行切断。不同于银行可以按照相关法律对因破产而无法偿还债务的企业，采取债务重组等措施来处理债务，我国还没有针对家庭偿还债务困难的情况制定完善的处置措施。因此，难以保护债权人的合法权益不受损害，无法有效化解大面积违约产生的风险，其中蕴含的风险可能会向银行等金融机构集中，进一步增加了金融业压力。

基于上述分析，提出如下假说。

假设3.1：经济三部门与金融业间存在政府部门—金融业、企业部门—金融业、家户部门—金融业的风险传染路径，金融业为风险关联的核心组成部分。

3.3.2 新发展格局下三部门风险向金融业风险传染特征

为推进高质量国内大循环的形成，需要提高消费能力，拉动内需，促进有效需求；大力提高自主创新能力，加快供给侧结构性改革，提高有效供给；还需要完善协调机制，实现供需动态平衡，畅通国内大循环（彭攀和张杰，2021；武素云，2021）。

在当前我国着力推动形成以内循环为主的新发展格局背景下，政府、企业、家户及金融业之间资金流、要素、收入、支付等循环路径变得更加紧密，在扩大我国内需的同时也加强了各部门之间的关联性，可能导致各部门风险的积聚与传递。就政府部门而言，面对全球经济下行，政府部门为拉动内需扩大投资规模，而金融业在利润驱使下更加倾向于向地方政府放贷，这就提升了政府部门与金融业之间的风险关联，一旦地方政府因财政缺口率扩张而无法偿还贷款，债务风险极有可能传导至金融业；就企业部门而言，为促进高质量发展，鼓励企业发展与创新，企业与金融业将加大投资及信贷力度，由此加强了企业部门与金融业的风险关联，企业经营不善将提升金融业的不良贷款率，加大金融风险；就家户部门而言，随着居民收入的上升，家户部门与金融业以存贷款为主的业务联系更加频繁，其风险关联也更加紧密，居民高杠杆消费也加大了金融风险由家户部门向金融业传递的可能。

基于上述分析，提出如下假说。

假设3.2：新发展格局下政府部门、企业部门、家户部门与金融业之间的风险关联更加紧密，金融风险传染效应有增大的趋势。

3.4 经济三部门与金融业风险传染实证研究

3.4.1 样本选择与数据来源

选取2010~2020年中国31个省（区、市）（不含中国澳门、中国香港和中国台湾）经济三部门与金融业的年度数据。在省级层面上，金融业主要包括各省份的银行、保险、证券等机构以及股票、房地产等市场。样本数据跨度为11年，数据主要来自中国信房地产信息网、国家统计局网站、Wind数据库、国民经济和社会发展统计公报与区域经济统计年鉴。

3.4.2 变量选取

（1）被解释变量的选取。

本章选取金融业风险水平作为被解释变量。梳理相关文献发现，国内的学者在研究金融风险的过程中，大量使用了构建金融压力指数的方法。本文借鉴已有研究（丁述军等，2019；沈丽等，2019）并考虑数据的可得性，采用熵权法，从银行、保险、股票、房地产四大市场的维度构建金融风险压力指数。该方法的优点是在保持初始变量明确的含义的前提下，还将多维度量化考量指标作为一个整体来考虑。具体指标选择及计算方法如表3.1所示。其中，不良贷款率、房屋销售价格指数为正向指标，即与金融业风险正相关；存贷比、保险深度、股票市值为逆向指标，即与金融业风险负相关。信贷膨胀率为适度指标，适度指标表示指标数值越偏离指标均值则金融风险概念便越大，即数值过高或过低都可能被认为积累风险扩大。

表3.1 我国金融业风险的基础指标

行业	指标名称	计算方法	指标性质
金融业	不良贷款率	不良贷款/贷款总额	+
	信贷膨胀率	贷款增长率/GDP增长率	适度
	存贷比	银行贷款总额/存款总额	−
	保险深度	保费收入/GDP	−
	股票市值	股票总市值/GDP	−
	房屋销售价格指数	住宅销售价格/销售面积	+

在构建压力指数时,需要正向标准化处理所选取的风险指标,然后得出与风险水平正相关的指标值,这主要是规避因各项指标的量纲和幅度的差异造成结果偏差。最后按照熵权法为各个指标分配权重,从而计算出的综合评估值大小即表征金融业风险水平。

(2)解释变量的选取。

政府部门风险水平。政府部门的债务大多来源于银行等金融机构,因而政府部门的债务风险极易通过银行信贷渠道传导至金融体系(陈守东等,2020;马树才等,2010)。参考现有学者的做法,主要选取财政缺口率衡量政府部门风险水平,用 Gas 表示。

企业部门风险水平。企业部门的违约会带来银行不良贷款率的上升,抬升金融业风险。同时,个体企业违约也会通过上下游企业的关联关系在不同区域间传导扩散,将风险溢出到区域外部。选取企业资产负债率、亏损率衡量企业部门的风险水平,其中,企业资产负债率用 Lev 表示,该指标越大,表示企业部门风险水平越高;亏损率用 Loss 表示,该指标同样为正向指标。

家户部门风险水平。家户部门的风险主要表现在居民收入增速与负债增速的不匹配,若负债增速大于收入增速,极易导致债券债务链断裂引致金融风险(巴曙松,2016;张江涛,2018)。参考现有文献的做法,主要采用人均收入增长率和失业率衡量家户部门风险水平,其中失业率为正向指标,人均收入增长率为逆向指标,分别用 Unem、Pgdp 表示。

(3)调节变量的选取。

新发展格局以内循环为主体,并不是要闭关锁国,摒弃外循环,而是要在充分发挥大国优势的基础上,通过强大的内部循环体系吸引全球资源的积极参与,实现更高水平的外循环,因此,新发展格局应包含内循环和外循环两个层面。然而,根据上文理论分析,当前我国经济三部门与金融业间风险的集聚和爆发可能主要集中于内循环层面,故本书选取内循环指标作为新发展格局特征的代理变量,并将其作为调节变量,重点考察在内循环水平调节作用下经济三部门与金融业间风险传染特征的变化。

关于内循环的解释,徐奇渊(2020)从国民经济核算的角度出发,把内循环解释为"国内需求"。汤铎铎等(2020)从资源供给和产品市场的角度出发,认为内循环即是利用国内的生产要素并向国内市场提供产品服务,最终实现国内经济循环。那么何为经济循环,马克思的政治经济学中指出,在一个完整的经济循环中,包括生产、分配、交换和消费四个环节，其中，生产为循环的起点，消费为循环的终点，分配和交换为循环的中间环节。这四个环节相互影响相互交叉，最终形成了国民经济循环。由此，内循环至少包括四个相互联系和作用的环节，即国内生产、分配、流通和消费。以内循环为主体，则意味着要打通这四个环节，只有环节间顺利衔接，协同发展，我国内循环水平才能得到有效提升（王嵩等，2021；沈坤荣和赵倩，2020）。本章参考相关研究成果（王嵩等，2021；张旭等；2021），运用耦合协调度模型对生产、分配、流通和消费四个环节进行整体量化，借以评价各地区内循环发展水平。即：

$$L = \sqrt{D \times C} \tag{3.1}$$

在式（3.1）中，$D = \sqrt[4]{\dfrac{\alpha_1 \times \alpha_2 \times \alpha_3 \times \alpha_4}{(\alpha_1 + \alpha_2 + \alpha_3 + \alpha_4)^4}}$ 为耦合度，其中 α_i 代表内循环过程中生产、分配、流通和消费四个环节，对于生产环节采用规模以上工业企业资产总额来度量，分配环节采用可支配收入来表示，流通环节采用社会消费品零售总额来衡量，消费环节采用消费水平来表征；$C = a\alpha_1 + b\alpha_2 + c\alpha_3 + d\alpha_4$ 是每个环节的综合指数，因本章视这四个环节的重要程度相同，故定待定系数 $a = b = c = d = 0.25$。结果如表3.2所示。

表3.2　　　　　　　我国各省份内循环发展水平

省份	2010年	2011年	2012年	2013年	2014年	2015年	2016年	2017年	2018年	2019年	2020年
北京	66.73	70.67	74.59	78.92	78.92	87.96	91.34	94.39	97.09	99.71	98.29
天津	53.52	57.38	60.79	63.14	63.14	65.76	67.51	67.20	68.52	69.17	66.99
河北	57.01	61.24	64.84	69.00	69.00	71.96	74.58	77.02	78.98	79.16	79.91
山西	49.62	53.74	56.99	60.28	60.28	63.77	65.72	67.93	70.20	70.38	71.10
内蒙古	51.32	55.73	59.61	62.86	62.86	64.93	66.28	68.20	69.48	69.54	68.65
辽宁	60.69	64.53	68.54	73.20	73.20	73.43	74.96	75.85	77.13	78.04	76.48
吉林	47.32	50.80	54.38	57.10	57.10	57.06	58.84	60.13	61.06	59.70	59.09
黑龙江	47.16	50.43	55.33	57.14	57.14	57.02	58.15	59.28	60.91	61.37	60.53
上海	68.63	72.36	75.05	79.74	79.74	87.09	90.51	93.82	96.88	99.31	99.63
江苏	76.38	82.35	87.38	92.60	92.60	100.45	104.35	107.70	111.00	111.66	112.83
浙江	74.39	79.34	83.21	87.80	87.80	94.14	97.34	100.65	104.91	107.31	108.69
安徽	51.39	56.02	60.21	62.64	62.64	70.87	74.50	77.39	80.46	81.37	82.87
福建	56.71	60.89	64.94	68.20	68.20	75.99	79.19	82.31	85.60	87.29	87.94
江西	44.89	48.21	51.42	54.60	54.60	61.83	64.81	67.09	70.31	71.22	72.88
山东	72.96	77.87	82.84	86.65	86.65	92.46	95.72	98.88	100.93	99.29	100.51

续表

省份	2010年	2011年	2012年	2013年	2014年	2015年	2016年	2017年	2018年	2019年	2020年
河南	57.92	62.76	67.30	71.71	71.71	78.74	81.82	84.66	85.30	88.11	84.25
湖北	56.60	60.64	64.70	68.03	68.03	75.09	78.55	81.22	84.72	88.46	82.64
湖南	52.69	56.91	60.52	64.67	64.67	70.09	73.32	76.53	78.75	82.13	80.41
广东	81.19	85.70	89.93	91.83	91.83	100.11	105.03	109.31	112.94	118.27	116.36
广西	46.53	49.77	53.05	55.33	55.33	59.01	61.11	63.66	65.43	67.54	66.02
海南	30.33	32.69	35.04	36.93	36.93	40.66	41.64	43.20	45.11	46.77	45.59
重庆	46.69	50.42	54.04	56.58	56.58	64.17	67.47	69.63	71.40	74.52	73.91
四川	57.14	61.60	65.74	69.70	69.70	75.91	78.71	81.71	84.49	88.46	86.38
贵州	38.74	42.02	45.16	48.33	48.33	56.80	59.75	62.30	63.80	65.79	63.61
云南	45.08	48.48	52.04	55.11	55.11	61.76	64.31	66.72	69.35	72.01	69.51
西藏	20.75	21.96	24.02	25.77	25.77	30.37	32.56	34.86	36.85	38.67	36.53
陕西	49.26	53.39	57.36	60.14	60.14	66.20	68.93	71.58	73.82	77.45	74.27
甘肃	38.42	41.56	44.82	47.88	47.88	51.93	53.95	55.38	56.93	58.71	55.46
青海	29.40	31.36	33.65	36.85	36.85	40.61	42.33	43.72	44.77	46.06	44.48
宁夏	31.36	34.14	36.47	38.68	38.68	44.42	46.21	47.90	49.35	51.30	49.06
新疆	39.53	42.72	46.47	50.66	50.66	56.25	58.58	60.58	62.14	64.27	60.04

（4）控制变量的选取。

根据已有文献，本章控制变量主要包括：GDP、对外贸易投资、固定资产投资、产业结构、通货膨胀率、人口密度、城镇化率，如表3.3所示。以上控制变量指标皆是适度指标，其值应当控制在一定的范围之内。

表3.3　　　　　　　　主要变量及说明

变量名称			符号	计算方法
被解释变量	金融业风险		Risk	熵权法
解释变量	政府部门风险	财政缺口率	Gas	财政缺口/GDP
	企业部门风险	资产负债率	Lev	总负债/总资产
		亏损率	Loss	企业亏损额/总资产
	家户部门风险	失业率	Unem	—
		人均可支配收入	Pgdp	—
调节变量	内循环水平		Incir	耦合协调度模型

续表

变量名称		符号	计算方法
控制变量	GDP	GDP	—
	对外贸易投资	Ext	进出口总额/GDP
	固定资产投资	Fix	固定资产投资/GDP
	产业结构	Indu	第三产业增加值/GDP
	通货膨胀率	CPI	CPI 指数
	人口密度	Poden	人口数/平方公里
	城镇化率	Urban	城镇人口/总人口

3.4.3 模型设计

（1）主效应回归模型。

为考察政府、企业、家户部门对金融业风险的影响，首先设定如下主效应回归模型：

$$\text{Risk}_{it} = \alpha + \beta_1 \text{Gas}_{it} + \beta_2 \text{Lev}_{it} + \beta_3 \text{Loss}_{it} + \beta_4 \text{Unem}_{it} + \beta_5 \text{Pgdp}_{it} + \gamma \text{Controls}_{it} + \mu_{it} \quad (3.2)$$

在式（3.2）中，被解释变量 Risk_{it} 为第 t 年第 i 个省份的金融业风险水平，解释变量 Gas_{it} 为第 t 年第 i 个省份内财政缺口率，用以衡量政府部门风险积累状况；Lev_{it}、Loss_{it} 分别为第 t 年第 i 个省份内企业资产负债率和企业亏损率，用以衡量企业部门风险积累状况；Unem_{it}、Pgdp_{it} 分别为第 t 年第 i 个省份内的失业率和人均收入增长率，用以衡量家户部门风险积累状况。Controls_{it} 为一系列控制变量，μ_{it} 为随机误差项。

（2）调节效应回归模型。

在调节效应检验中，本章建立模型（3.3），使用内循环发展水平和政府、企业、家户部门变量的交互项，检验内循环发展对风险在部门间传染效应影响。调节效应的原理是：解释变量（三部门风险）对被解释变量（金融业风险）的影响是否受到调节变量（内循环发展水平）的干扰。即如果因变量和自变量的关系因第三个变量的变化而变化，则表明第三个变量因变量和自变量之间起调节作用，此时称第三个变量为调节变量。

$$\text{Risk}_{it} = \alpha + \beta_1 \text{Gas}_{it} + \beta_2 \text{Lev}_{it} + \beta_3 \text{Loss}_{it} + \beta_4 \text{Unem}_{it} + \beta_5 \text{Pgdp}_{it} + \varepsilon_1 \text{Gas}_{it} \times \text{Incir}_{it} + \varepsilon_2 \text{Lev}_{it} \times \text{Incir}_{it} + \varepsilon_3 \text{Loss}_{it} \times \text{Incir}_{it} + \varepsilon_4 \text{Unem}_{it} \times \text{Incir}_{it} + \varepsilon_5 \text{Pgdp} \times \text{Incir}_{it} + \varphi \text{Incir}_{it} + \gamma \text{Controls}_{it} + \mu_{it} \quad (3.3)$$

在式（3.3）中，若交互项（$Gas_{it} \times Incir_{it}$、$Lev_{it} \times Incir_{it}$、$Loss_{it} \times Incir_{it}$、$Unem_{it} \times Incir_{it}$、$Pgdp_{it} \times Incir_{it}$）呈现出显著性，则表明内循环水平对金融业风险和政府、企业、家户部门风险之间的关系具有调节作用。为了避免加入以上交互项后会产生共线问题从而对回归结果产生影响，首先会对自变量和调节变量采取中心化处理。

3.5 实证结果与分析

3.5.1 主效应检验分析

表3.4列示了政府、企业、家户部门对金融业风险影响的回归结果。其中，（1）列为仅考虑政府部门因素的回归结果，可以看出，财政缺口率（Gas）的回归系数为0.322，在1%水平上显著为正，表明政府部门对金融业存在显著的风险传染效应，当政府部门的财政缺口率提升时会对金融业产生正向风险传染。（2）列为考虑企业部门因素的回归结果，结果显示企业部门的两个指标均通过了显著性检验，表明企业部门对金融业同样存在显著的风险传染效应，企业资产负债率和亏损率的提升均会对金融业产生正向风险传染。另外，从回归系数大小来看，企业亏损率（Loss）的系数相比企业资产负债率（Lev）的系数较大，说明企业亏损率对金融业的冲击更大。（3）列报告了家户部门对金融业风险影响的结果，可以看出，家户部门失业率（Unem）系数显著且为正，表明家户部门失业率的提升会对金融业产生显著的正向风险传染。而家户部门的另一个指标人均可支配收入（Pgdp）未通过显著性检验。（4）列为同时考虑政府、企业、家户部门因素的回归结果，可以看出，政府、企业、家户部门风险都会向金融业传染。同时，相比（1）列、（2）列、（3）列，模型的 R^2 有了显著提升，表明这些因素可以较好地解释金融业风险来源。从各个因素来看，企业部门对金融业风险的影响最大，其中亏损率指标的系数达到了0.446，政府部门对金融业风险的影响次之，财政缺口率指标的系数为0.297，家户部门对金融业风险的影响最小，且仅有失业率指标通过了显著性检验，系数大小为0.004。以上结果说明，政府、企业、家户部门风险都会向金融业传递，金融业处于核心位置。当政府、企业、家户部门对金融业共同作用时，企业部门对金融业的冲击最为显著，这与丁述军等（2019）的研究结论一致。

表 3.4　　　　　　　　　　基准回归结果

变量	Risk (1)	Risk (2)	Risk (3)	Risk (4)
Gas	0.322 *** (0.014)			0.297 *** (0.014)
Lev		0.558 *** (0.045)		0.279 *** (0.030)
Loss		1.366 *** (0.395)		0.446 * (0.244)
Unem			0.026 *** (0.006)	0.004 * (0.003)
Pgdp			0.015 (0.105)	0.010 (0.104)
GDP	0.025 *** (0.003)	-0.022 *** (0.004)	-0.021 *** (0.004)	0.010 *** (0.003)
Ext	0.020 ** (0.009)	0.001 (0.012)	-0.001 (0.016)	0.019 ** (0.009)
Fix	0.004 *** (0.001)	0.005 *** (0.001)	0.008 *** (0.001)	0.002 *** (0.000)
Indu	0.231 *** (0.036)	0.004 (0.046)	-0.128 ** (0.061)	0.143 *** (0.036)
CPI	-1.076 *** (0.371)	-1.377 *** (0.527)	-1.571 *** (0.579)	-1.298 *** (0.321)
Poden	0.000 (0.000)	-0.000 (0.000)	0.000 (0.001)	-0.001 ** (0.000)
Urban	-0.017 (0.017)	-0.014 (0.024)	-0.049 * (0.027)	0.006 (0.015)
Constant	4.704 *** (1.725)	6.927 *** (2.448)	7.549 *** (2.690)	6.004 *** (1.494)
R^2	0.819	0.701	0.568	0.892

注：***、**、* 分别表示在1%、5%和10%水平上显著，括号内为标准误。

3.5.2 调节效应检验分析

接下来，本小节将重点考察内循环水平的调节作用，即分析"金融业风险积累在受政府、企业、家户部门影响的同时是否会受到内循环发展水平的调节作用以及该调节效应是正向还是负向的"。为此，在模型（3.2）的基础上加入调节变量——内循环发展水平。表 3.5 显示了引入调节变量后的回归结果。其中,(1)列、(2)列、(3)列为分别考察政府、企业、家户部门单独作用下的回归结果,(4)列是将三部门同时纳入模型的回归结果。可以看出,无论是单独作用还是共同作用,除了家户部门人均可支配收入×内循环发展水平不显著外,各部门其他指标与内循环发展水平的交互项均显著为正,即内循环在各部门风险影响金融业风险过程中呈现出了正向调节作用。这一结果表明随着内循环水平的提升,会促进各部门与金融业之间的关联性,部门间风险传染上的联系也越发紧密,由此强化了政府、企业、家户部门对金融业的风险传染效应。原因主要在于,在我国以内循环为主的新发展格局背景下,优胜劣汰的竞争机制、长期的居民低消费率、全球市场萎缩的外部环境,都会使得企业部门的风险进一步叠加。疫情冲击使得财政收支矛盾进一步突出,地方财政减收增支压力明显增加,给政府部门带来巨大债务风险。另外,疫情的暴发使家户部门已存在的消费持续低迷、债务率高的问题更加突显,极易引发信用风险。企业、政府、家户部门蕴含的风险最终都会通过与金融业的联系传递给金融业,增加其风险压力水平。

表3.5　　　　　　　　　　调节效应回归结果

变量	Risk (1)	Risk (2)	Risk (3)	Risk (4)
Gas	0.779 *** (0.029)			0.568 *** (0.038)
Gas × Incir	1.450 *** (0.084)			0.771 *** (0.118)
Lev		1.588 *** (0.094)		0.585 *** (0.075)
Loss		4.573 *** (1.346)		−0.961 (0.763)
Lev × Incir		1.968 *** (0.166)		2.932 ** (1.280)
Loss × Incir		6.649 *** (2.277)		0.875 *** (0.104)
Unem			0.026 *** (0.008)	0.017 *** (0.003)
Pgdp			−0.064 (0.115)	0.013 ** (0.006)
Unem × Incir			0.076 *** (0.023)	0.021 ** (0.009)

续表

变量	Risk (1)	Risk (2)	Risk (3)	Risk (4)
Pgdp × Incir			0.077 (0.170)	-0.039 (0.064)
Incir	0.150*** (0.030)	0.761*** (0.092)	0.170* (0.095)	0.521*** (0.062)
GDP	0.047*** (0.006)	-0.073*** (0.009)	-0.030** (0.012)	0.033*** (0.007)
Ext	-0.007 (0.007)	-0.032*** (0.012)	-0.003 (0.017)	-0.015** (0.007)
Fix	0.000 (0.000)	0.001 (0.001)	0.008*** (0.001)	0.000 (0.000)
Indu	0.275*** (0.028)	0.056 (0.045)	-0.075 (0.062)	0.185*** (0.026)
CPI	-1.162*** (0.269)	-0.799* (0.417)	-1.694*** (0.576)	-0.710*** (0.225)
Poden	-0.000 (0.000)	0.001* (0.000)	-0.001 (0.001)	-0.000 (0.000)
Urban	0.004 (0.013)	0.008 (0.019)	-0.052* (0.027)	0.009 (0.010)
Constant	4.991*** (1.249)	5.109*** (1.936)	8.318*** (2.683)	3.290*** (1.046)
R^2	0.906	0.819	0.583	0.951

注：***、**、*分别表示在1%、5%和10%水平上显著，括号内为标准误。

3.5.3 异质性分析

考虑到我国外贸区域分布不均衡，由东到西梯度递减的态势。沿海是东部地区一大优势所在，也因此这些省市经济发展量质并举，拥有便利的交通和优越的外贸条件，而中部和西部地区基础设施建设和外贸水平略低于东部地区，经济基础相对薄弱。这些区域差异可能造成内循环发展程度对风险传染产生不同程度的影响，因此本章将31个省（区、市）以东部、中部与西部划分，分样本回归研究内循环背景下政府、企业、家户部门对金融业风险传染的影响。分样本回归结果如表3.6所示。

表 3.6　　　　　　　　　三大区域样本回归结果

变量	东部地区 主效应	东部地区 调节效应	中部地区 主效应	中部地区 调节效应	西部地区 主效应	西部地区 调节效应
Gas	0.087 (0.082)	0.037 (0.705)	0.287*** (0.069)	0.313** (0.131)	0.279*** (0.021)	0.506*** (0.107)
Lev	0.060* (0.034)	-0.029 (0.307)	0.170*** (0.033)	0.037 (0.190)	-0.533*** (0.054)	-0.735*** (0.164)
Loss	0.335 (0.306)	2.332 (2.381)	0.290 (0.326)	5.831*** (2.122)	0.634* (0.354)	1.485 (1.637)
Unem	0.004 (0.004)	0.008 (0.026)	0.009*** (0.003)	0.030*** (0.009)	0.007 (0.005)	0.002 (0.020)
Pgdp	0.011 (0.012)	-0.052 (0.047)	0.012*** (0.003)	0.028*** (0.008)	0.028** (0.013)	0.013 (0.017)
Gas × Incir		0.140 (1.178)		-0.140 (0.194)		0.690** (0.297)
Lev × Incir		0.083 (0.428)		-0.224 (0.238)		1.040*** (0.311)
Loss × Incir		-3.321 (3.691)		8.348*** (2.848)		-1.950 (3.046)
Unem × Incir		0.075 (0.055)		0.018** (0.009)		0.008 (0.028)
Pgdp × Incir		-0.002 (0.039)		0.034*** (0.011)		0.000 (0.034)
Incir		-0.095 (0.356)		0.185 (0.162)		0.518** (0.253)
GDP	-0.008 (0.009)	-0.035 (0.023)	0.002 (0.003)	0.008 (0.009)	0.001 (0.006)	0.002 (0.018)
Ext	0.011 (0.045)	-0.073 (0.076)	0.013* (0.008)	0.004 (0.008)	0.076** (0.038)	0.027 (0.036)
Fix	0.001 (0.002)	-0.001 (0.002)	-0.000 (0.001)	0.001 (0.001)	0.001 (0.001)	-0.000 (0.001)
Indu	0.066 (0.047)	-0.028 (0.083)	0.215*** (0.028)	0.168*** (0.035)	0.166 (0.105)	0.085 (0.103)
CPI	0.415 (0.522)	0.484 (0.542)	0.187 (0.259)	-0.084 (0.271)	-1.578*** (0.438)	-0.915** (0.433)
Poden	0.002 (0.002)	0.003 (0.002)	-0.001*** (0.000)	-0.001*** (0.000)	0.006* (0.003)	0.002 (0.003)
Urban	-0.010 (0.016)	0.003 (0.017)	0.024** (0.011)	0.017 (0.011)	0.012 (0.025)	0.014 (0.022)

续表

变量	东部地区 主效应	东部地区 调节效应	中部地区 主效应	中部地区 调节效应	西部地区 主效应	西部地区 调节效应
Constant	-1.926 (2.443)	-1.869 (2.573)	-0.901 (1.204)	0.158 (1.261)	7.478*** (2.027)	4.530** (2.006)
R^2	0.531	0.564	0.854	0.882	0.969	0.978

注：***、**、*分别表示在1%、5%和10%水平上显著，括号内为标准误。

从表3.6可知，在引入调节变量——内循环发展水平后，相比于东部地区，中西部地区政府、企业、家户部门风险指标与内循环水平交互项都呈现出极显著性。该结果意味着内循环水平的提升对经济和对外贸易水平不同的地区的影响程度也不同，经济较为发达，对外贸易水平较高的东部地区，政府、企业、家户部门所积累的风险对金融业风险的影响受内循环发展水平的干扰不显著，而在经济、外贸较不发达的中西部地区，内循环发展水平的提升在金融业风险和政府、企业、家户部门风险之间起到调节作用，且存在显著的正向调节作用，即随着内循环水平的不断提升，各部门与金融业之间的联系越发紧密，加强了各部门对金融业的风险传染。原因可能主要在于东部贸易较中西部地区而言更为开放，这也表示当外循环受到冲击时，东部的产业链和供应链会受到更大的影响。而内需一直都是中西部地区经济发展的主引擎，不仅会承接东部的一部分产业转移，还会将过去外循环的产业链和供应链落到中西部，进一步扩大内需，加快国内循环。这也意味着，中西部地区在以内循环为主的双循环新发展格局中有着举足轻重的地位。

3.6 本章小结

本章基于2010~2020年中国省级面板数据，采用固定效应模型实证检验了政府、企业、家户部门对金融业的风险传染效应，并利用耦合协调度模型构建内循环指数考察了内循环水平在风险传染中的调节作用，最后进一步考察了经济发展程度、外贸发展程度的异质性影响。通过理论与实证分析，主要得到了以下结论。

第一，经济三部门与金融业间存在着政府部门—金融业、企业部门—金融业、家户部门—金融业的风险传染路径，即政府、企业、家户部门都对金融业风险有显著传染效应，具体而言，当财政缺口率越高、企业资产负债率和亏损率越高、家户部门失业率越高，金融业风险越大。

第二，内循环水平在同一地区内政府、企业、家户部门对金融业风险传染中起着正向调节作用。这主要是由于随着内循环水平的提升，部门间风险传染上的联系也越发紧密，风险溢出效应更明显。

第三，在外贸发展程度不同的地区，内循环的调节作用呈现出异质性特征。本章的实证结果表明：在内蒙古、云南、广西、贵州、西藏、四川、陕西、青海、重庆、新疆、甘肃、宁夏、山西、河南、湖南、安徽等外贸条件不优越、对外开放程度较低的中西部地区，内循环水平的提升所带来的调节作用其影响比东部地区更加显著。

第4章　金融市场风险传染复杂网络分析

前文运用金融业压力指数反映了金融业的风险程度，验证了政府、企业、家户部门对金融业风险传染的影响作用。本章则重点关注金融市场风险的传染，为准确刻画金融市场风险传染效应，选取了货币市场、资本市场等六个一级金融市场的日度交易数据，利用TVP-VAR模型构建了传染指数，分析了金融市场间风险传染效应的静态特征及动态特征，之后构建了金融市场的风险传染网络，分析了2017~2022年以及新冠疫情前后金融系统风险传染效应的变化情况。

4.1　金融市场风险现状

我国金融市场运行总体平稳。2014年以来，中国人民银行选取股票市场、债券市场、货币市场和外汇市场典型指标分别构造相关市场压力指数，并在此基础上合成金融市场压力指数。2022年，金融市场压力指数震荡上升，但仍处于相对温和水平，如图4.1所示。

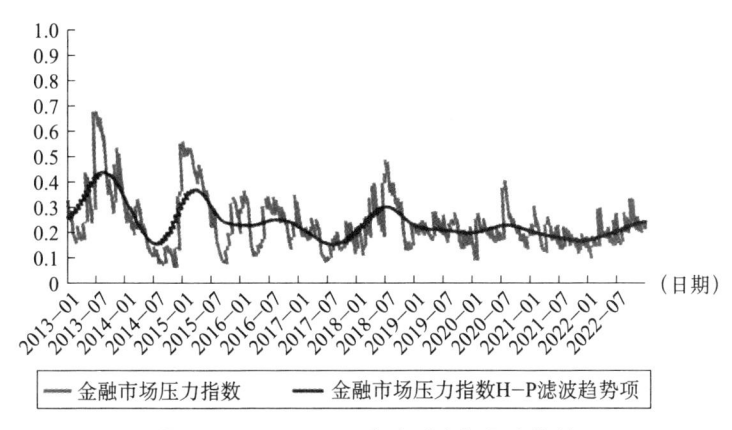

图4.1　2013~2022年金融市场压力指数

资料来源：中国人民银行发布的《中国金融稳定报告（2023）》。

(1) 货币市场。

我国货币市场是一个相对较新的市场,其发展时间较短,但发展迅速。货币市场的主要功能是提供短期融资和资金清算服务。然而,货币市场也存在一些风险。首先,流动性风险是货币市场面临的主要风险之一。在某些情况下,市场流动性可能会突然枯竭,导致金融机构无法及时清算或融资,特别是在市场不确定性增加时,可能导致投资者难以顺利买卖短期货币工具。其次,信用风险也是不容忽视的。在货币市场中,金融机构之间的借贷关系较为复杂,一旦某个机构出现信用问题,可能会引发连锁反应,对整个市场造成影响。利率风险也是货币市场的主要挑战之一,央行货币政策的调整和经济数据的变化可能导致短期利率的波动。这对投资者的资产配置和收益预期造成直接影响。此外,操作风险和市场风险也是货币市场面临的风险之一。

货币市场流动性合理充裕,利率低位波动,中枢下行。除跨月、跨季等特殊节点外,全年货币市场利率整体先下后上维持震荡格局,7天质押式回购加权平均利率(DR007)在1.5%~2.5%波动,流动性保持合理充裕。2022年全年,DR007平均为1.98%,较上年下行40个基点。货币市场利率中枢下行,市场压力总体下降。2022年,货币市场流动性合理充裕,资金利率中枢下行,压力水平下降。受春节居民现金需求上升、3月和6月季末监管考核、10月地方专项债集中发行叠加缴税缴准等特定事件影响,相关时点货币市场资金面短期偏紧,波动性和流动性风险阶段性抬升,其他大部分时间市场波动和流动性风险总体呈现下降趋势,如图4.2所示。

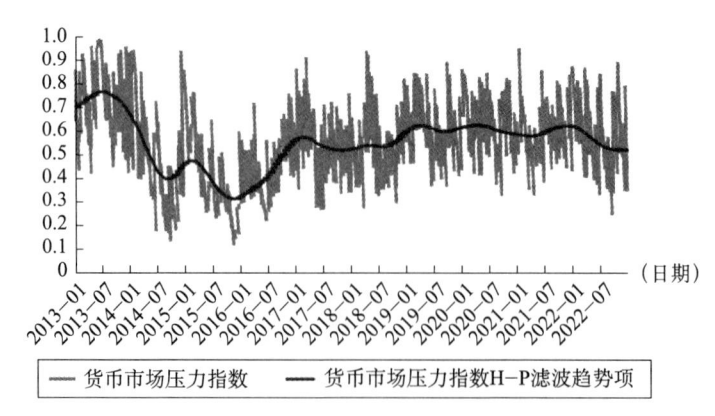

图 4.2 2013~2022 年货币市场压力指数

资料来源:中国人民银行发布的《中国金融稳定报告(2023)》。

(2) 债券市场。

我国债券市场是全球第三大债券市场,其发展迅速,但也存在一些风险。首先，信用风险是债券市场面临的主要风险之一。随着债券市场规模的扩大，违约事件时有发生，对企业和投资者造成了损失。其次，市场波动风险也是不容忽视的。由于债券市场的价格波动受到利率、宏观经济等多种因素的影响，因此市场波动可能会对投资者造成损失。随着全球利率环境的变动，债券价格可能出现波动，影响投资者的资本收益。信用风险是投资级别债券和高收益债券市场的主要考虑因素，经济不景气时企业违约可能增加。此外，监管风险也是债券市场面临的问题。目前，中国债券市场的监管体系尚不完善，存在一些监管漏洞和不足之处。

债券市场压力年末略有上升。2022 年 1~10 月，受经济增速放缓、通胀水平较低等因素影响，债券收益率持续下行，债市波动性风险和信用风险溢价下降。11 月中旬，受经济预期向好、债券收益率上升等因素影响，部分理财产品净值下跌，引发投资者集中赎回，在一定程度上增加债市调整压力，债市压力快速攀升。12 月，随着债市回暖，理财赎回压力下降，债市压力逐步趋稳，如图 4.3 所示。

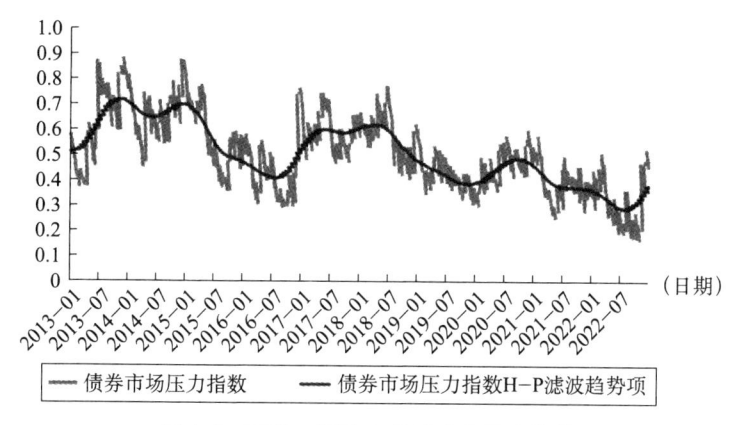

图 4.3　2013~2022 年债券市场压力指数

资料来源：中国人民银行发布的《中国金融稳定报告（2023）》。

（3）股票市场。

我国股票市场在过去几十年中得到了快速发展，市场规模不断扩大。然而，股票市场也面临着一系列风险。首先，市场波动风险是股票市场面临的主要风险之一。由于股票市场的价格波动受到多种因素的影响，包括宏观经济、政策调整、国际市场等，因此市场波动可能会对投资者造成损失。其次，信息披露风险也是股票市场面临的问题。一些上市公司可能存在信息披露不透明、不规范等问题，这可能对投资者造成误导或损失。此外，政策风险也是股票市场面临的一个重要风险。政府对股票市场的调控政策可能会对市场产生重大影响，如市场准入、资本流动等。

我国股票市场震荡下行，整体波动幅度加大。2022年，受新冠疫情、俄乌冲突、美联储加息等多重因素影响，市场情绪波动较大，上证综指两度跌破3000点。年末上证综指收于3089.26点，较上年末下跌15.1%[①]；深证成指收于11015.99点，较上年末下跌25.9%[②]。市场估值风险处于合理偏低水平，年末上证综指、深证成指、创业板指和科创50市盈率分别为12.34倍、24.58倍、38.91倍和40.98倍[③]。

我国股票市场压力水平先升后降。2022年，A股市场主要指数回落，成交量同比减少。总体来看，全年A股市场压力水平先升后降，其间3~4月，A股受俄乌冲突、美联储加息等因素影响，北向资金净流出，市场出现较大波动，投资者预期较悲观，市场压力水平出现阶段性上升。5月开始，A股有所反弹，投资者预期逐步修复，估值水平处于历史较低位置，市场压力水平有所下降，如图4.4所示。

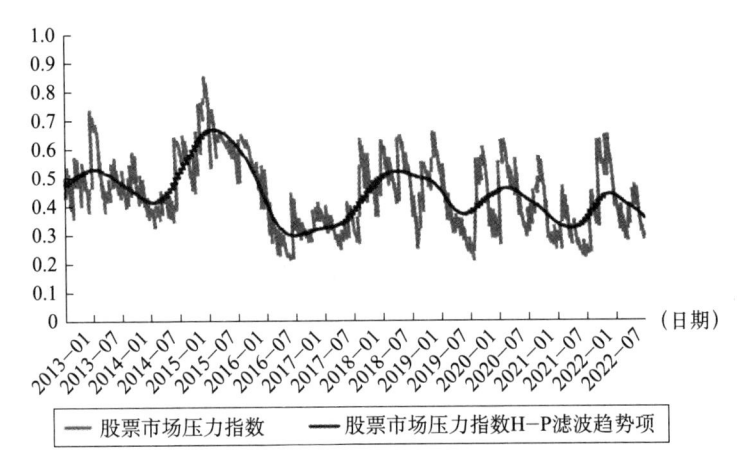

图4.4　2013~2022年股票市场压力指数

资料来源：中国人民银行发布的《中国金融稳定报告（2023）》。

（4）外汇市场。

我国外汇市场是全球第二大外汇市场，其交易规模和活跃度不断上升。然而，外汇市场也面临着一系列风险。首先，汇率风险是外汇市场的主要风险之一。由于人民币汇率受到多种因素的影响，包括国际经济形

---

① 上海证券交易所.2022年市场运行情况报告［EB/OL］. http://www.sse.com.cn/market/overview/data/annual/.
② 深圳证券交易所.2022年度证券市场统计数据［EB/OL］. http://www.szse.cn/market/periodic/year/index.html.
③ 2023中国金融稳定报告［EB/OL］. http://www.pbc.gov.cn/goutongjiaoliu/113456/113469/5177895/2023122217072818365.pdf.

势、货币政策、政治事件等，因此汇率波动可能会对投资者造成损失。其次，政策风险也是外汇市场面临的一个重要风险。政府对外汇市场的调控政策可能会对市场产生重大影响，如资本流动、人民币国际化等。此外，国际经济形势的变化也可能对外汇市场产生影响。例如，国际贸易摩擦、全球经济复苏情况等都可能对人民币汇率产生影响。

我国外汇市场压力有所上升，如图4.5所示。2022年，主要发达经济体央行快速加息，全球外汇市场波动加剧。4月中下旬至11月初，受美联储激进加息、中美利差倒挂等因素影响，人民币对美元有所贬值，对一篮子货币汇率保持基本稳定。外汇市场压力有所上升，保持中高位震荡。

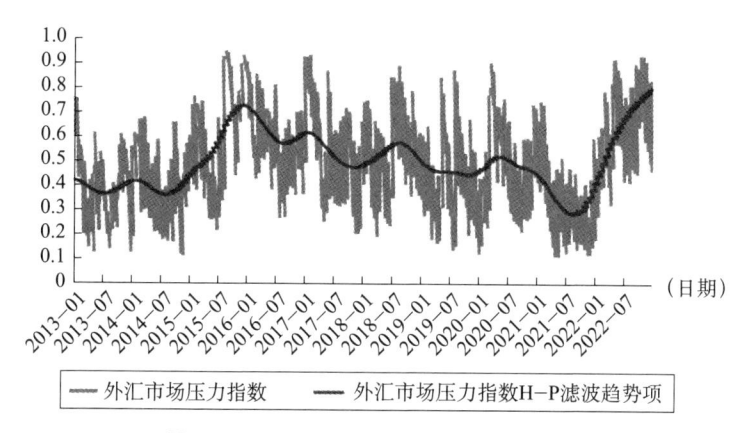

图 4.5　2013～2022 年外汇市场压力指数

资料来源：中国人民银行发布的《中国金融稳定报告（2023）》。

（5）黄金市场。

我国黄金市场在近年来得到了快速发展，成为全球最大的黄金消费国之一。然而，黄金市场也面临着一系列风险。首先，价格波动风险是黄金市场的主要风险之一。由于黄金价格受到多种因素的影响，包括国际政治经济形势、货币政策等，因此价格波动可能会对投资者造成损失。其次，市场风险也是不容忽视的。由于黄金市场的投资品种和交易方式较为单一，因此市场规模和流动性可能相对较小，这可能对投资者造成限制或损失。此外，监管风险也是黄金市场面临的问题之一。目前，中国黄金市场的监管体系尚不完善，存在一些监管漏洞和不足之处。

4.2　金融市场风险研究基础

风险的传染是系统性风险发生时最典型的特征，研究金融风险的跨市场传染效应,对于防范与治理金融风险,实施宏观审慎监管具有重要意义。关于金融市场风险的研究,本章从两方面进行,第一是金融市场风险传染效应的衡量,总结了测度风险传染效应的各种方法。第二是风险传染网络的研究,介绍了构建传染网络的方法以及如何运用网络进行风险传染的分析。

4.2.1 金融市场风险传染效应的衡量

金融市场的风险传染效应一直是金融风险研究领域的关注点。在这方面,Copula 和 CoVaR 模型被广泛用于衡量。贾沃斯基等(Jaworski et al., 2013)使用 Copula 函数分析了金融危机后英国、法国等欧洲国家金融市场之间的风险传染关系。沈悦等(2014)等采用 GARCH-Copula-CoVaR 模型,测度银行、证券等四个金融子市场对整个金融系统风险的贡献水平,并研究了各子市场之间的风险关联。周爱民和韩菲(2017)使用 GARCH－时变 Copula-CoVaR 模型研究了内地股市、香港股市、离岸人民币市场以及在岸人民币市场之间的风险传染关系,发现同一类型的金融市场存在显著的风险传染关系,但不同地区且不同类型的市场之间的关系并不明显。赵林海和陈名智(2021)以 33 家上市金融机构为研究样本,利用滚动窗口动态 Copula 模型对金融机构与金融系统之间相依关系的时变结构与时变系数进行双时变拟合,测度了金融机构的系统性风险溢出和贡献,从宏观、行业和机构层面分析了系统性风险贡献的影响因素。欧阳资生等(2022)基于文本挖掘技术构建反映投资者情绪的网络舆情指数,然后将所构建的网络舆情指数嵌入到系统性风险传染效应度量模型,得到修正的单指标非对称 CoVaR 模型,对中国金融机构系统性风险传染效应进行实证分析。杨科等(2023)基于 TVP-FAVAR 和 TVP-VAR 模型对全球 16 个主要国家的系统性金融风险水平进行测度,进一步探究风险溢出效应。

国内外对金融市场间风险传染效应的研究取得了显著进展,但也存在一些限制。由于金融体系涵盖多个市场,市场之间相互关系错综复杂,仅考虑两个或三个市场的风险传染关系已不足以满足风险防范的需求。学者们越来越多地运用传染指数的方法来研究多个金融市场之间的风险传染效应。

迪博尔德和伊尔马兹(Diebold and Yilmaz, 2012)采用向量自回归模型和方差分解预测误差方差技术,构建了总体和方向性的波动率传染指数,并通过方差分解进一步测度了金融机构之间的关联程度。杨和周(2017)建立了基于波动率的风险传染网络,并利用风险传染指数考察了美国债市、股市和商品市场在不同时期的风险传染强度，发现货币政策的量化宽松能解释美国风险传染加剧的现象。刘超等（2018）从信息传染的角度出发，将中国的金融体系划分为货币、资本、大宗商品、外汇、黄金和房地产等市场，通过构建传染指数，静态和动态地测度了一个金融市场的风险对其他市场的风险贡献，并构建了金融危机前后的风险传染网络，分析了金融市场风险传染网络的特征。唐勇等（2018）选取股票、债券、期货和外汇四个金融市场的高频数据，首先分析了这四个市场之间的同期因果关系，然后通过 VAR 模型提取传染指数，测度了四个市场之间的非对称风险传染效应。叶莉等（2019）以尾部风险传染思想为基础，利用 2007~2017 年周收益率数据，运用 CoVaR 模型测度了银行、证券、保险和房地产四个行业 40 家上市公司之间的风险传染效应，并结合系统性风险指数，得出各机构风险吸收与扩散能力的排名。宫晓莉等（2020）首先计算各金融市场的特质性波动率，然后在 TVP-VAR 模型的基础上测算各市场之间的风险传染指数，并通过复杂网络方法对中国金融市场的波动传染效应进行了研究。巴里戈齐（Barigozzi et al., 2021）针对高维度时间序列，提出了一种新的时变广义动态因子模型，发现金融机构间关联性的大幅增加与主要的金融动荡有关。白兰和魏宇（2024）运用 TVPVAR 的动态溢出指数法，探究了我国从公共卫生事件前到事件爆发并快速蔓延，再到防控常态化的三个不同阶段下投资者关注与我国不同行业股票市场间的信息动态溢出方向及其强度。

4.2.2 金融市场风险传染网络的研究

"太大而不能倒"长期以来一直是国内外学者们关注的研究焦点。随着金融网络的不断复杂化，研究兴趣逐渐从这一倾向性演变为对金融网络结构"太关联而不能倒"的关注。将金融体系看作一个关系复杂的网络系统，对其中的风险传染网络效应进行研究，有助于直观而有效地展示所研究对象之间的相关程度和网络关联性。这种研究方法弥补了过去研究中难以把握个体间关联度和合作方向，以及无法衡量整体网络结构特征的不足。

通过格兰杰因果法结合 VAR 模型构建关联网络，并采用网络分析方法测度系统性风险传染的方法比利奥（Billio et al., 2012）逐渐成为基于复杂网络理论对系统性风险研究的主流。然而，这种方法要求所有的时间序列数据必须是平稳的，否则可能出现伪回归现象。比利奥等（2012）采用主成分分析法结合格兰杰因果法，构建了银行和保险公司的风险传染网络并进行了网络分析。迪博尔德和伊尔马兹（Diebold and Yilmaz，2014）结合VAR模型与网络，对危机时期金融机构间的风险传染网络及其中的动态关联性进行了研究[252]。最小生成树被用于研究风险最有可能的传染路径，欧阳红兵和刘晓东（2015）采用MST构建了股票市场网络，对不同时期的网络关系和动态演变过程进行了研究[95]。纳伊姆（Naeem et al.，2022）量化了美国前十大行业之间的系统性风险溢出，构建出的复杂网络将制造业确定为风险溢出的中心。张宗新和陈莹（2022）基于金融压力指数法进行系统性金融风险动态测度，构建跨部门风险溢出网络，论证多维风险因子对系统性金融风险驱动作用的结构性差异和系统重要性。

复杂网络分析方法在研究金融风险传染网络及网络效应方面得到广泛应用，其中学者们常使用关联网络分析方法。李政等（2016）基于DY关联指数法构建金融机构间的关联网络，对关联特征以及微观数据对关联性的影响进行了分析。刘超等（2017）建立了我国货币、外汇和资本等金融市场间的风险传染网络[19]。杨子晖和周颖刚（2018）从整体网络视角出发，对全球系统性金融风险的动态变化和未来走势进行了研究。李政等（2019）运用TENET方法，从经济金融关联网络视角出发，基于构建的金融行业加权有向尾部风险传染网络，对风险传染水平及传导结构进行分析，研究发现在整个传染网络中金融和房地产间存在双向风险传染。恩根（Ngene，2021）通过构建复杂网络研究了时变和方向连通性通过部门内和部门间波动溢出效应。哈尼夫（Hanif et al.，2023）考察了加密货币、主要股票（美国、英国、欧元区和日本）和大宗商品（黄金和石油）市场之间关联性，为金融风险管理提供相应的建议。

部分学者选择采用社会网络方法来分析系统性风险传染网络。王营和曹廷求（2017）首次采用社会网络分析方法将区域的金融风险关系进行空间化和网络化，弥补了"单位金融风险局部金融风险系统性金融风险"的研究断点。杨子晖和周颖刚（2018）基于空间关联性，对全球系统性金融风险的动态变化过程和风险未来走势进行了分析。刘海云和吕龙（2018）通过构建全球股票市场系统性风险传染网络，分析网络的整体特征，对网络效应进行了探究。阮等（2021）运用LASSO分位数完全尾部风险连通网络的回归构建与分析整个美国工业体系，还研究了美国产业之间的投入产出联系和尾部风险溢出。李政等（2024）采用LASSO分位数回归构建我国金融与实体行业间的尾部风险网络，利用复杂网络分析法对行业间尾部风险溢出进行测度分析，并从时空两个维度探讨行业尾部风险溢出的驱动因素。

综上所述，随着全球金融关系的日益密切和金融危机频繁发生，采用网络分析方法对系统性风险传染进行研究分析已成为主流方法。在防范系统性风险方面，需要关注整个经济金融关联网络，特别是那些在网络中占据主导地位的金融板块，并根据其重要程度进行差异化监管。虽然较少有研究基于金融市场关联性形成的网络对金融市场极端风险传染及其网络效应的影响，但本章旨在通过网络分析的方法对金融市场的极端风险传染网络效应进行研究，以更直观地呈现金融主体之间的关系，澄清金融市场间风险的传染关系，对于防范系统性风险具有重要意义。

4.3 金融市场风险传染理论分析

金融市场和金融机构之间的联系以及网络拓扑是导致系统性风险传染的关键要素。当单个金融机构或某个金融市场遭受冲击时，其产生的负面影响会快速扩散至其他市场，从而对整个金融体系的运行造成不利影响。随着不确定性的增加，金融市场上的人们的预期可能会出现同方向变动，因此对市场信心的缺失会进一步加剧冲击，给整个金融市场和实体经济带来难以估量的损失。这种相互关联和传播效应在金融领域需要谨慎关注，以维护整个体系的稳定性。金融市场中的系统性风险传染通常指的是某金融子市场的异常波动向其他子市场传播，从而触发这些市场价格的波动。本章就金融市场风险传染理论进行总结。

4.3.1 信息不对称理论

信息不对称理论研究的核心是市场参与者在信息获取和处理上存在差异，从而导致交易中的信息分布不均衡。该理论强调市场中某些个体拥有更多或更好的信息，而其他个体则面临信息不足的情况，这种不对称的信息分布可能导致市场效率降低、资源分配不足以及不合理的价格形成。

信息不对称理论的发展可追溯到 20 世纪 60 年代，由经济学家乔治·阿克洛夫、迈克尔·斯彭斯和约瑟夫·斯蒂格利茨（George Akerlof, Michael Spence and Joseph Stiglitz）提出。这一理论的主要关注点之一是不完全信息下的市场交易和博弈，其研究范畴涉及各个领域，包括保险、信贷市场、劳动市场和产品市场等。

在信息不对称的情况下，市场参与者的决策受到不完全信息的制约，从而引发了一系列的经济现象。其中之一是"逆向选择"（adverse selection）现象，指的是在交易开始前，信息不完整的一方倾向于选择对其有利的合同，而这种选择可能导致市场上存在低质量的产品或不良资产。例如，在保险市场上，存在购买保险的人更可能是那些更容易发生意外的人，这会导致保险公司难以评估风险，最终可能导致市场的失败。此外，信息不对称还引发了另一个重要的问题，即"道德风险"（moral hazard）。这一概念指的是在交易完成后，信息不完整的一方可能会采取行为，其风险由对方承担。在金融领域，道德风险可能表现为投资者对于投资项目的监督不足，因为他们知道一旦出现问题，损失将由他人承担。

信息不对称理论的研究为政府干预、监管和合同设计提供了理论基础。政府可以通过提供更多的信息或监管制度来改善市场中的信息不对称问题，以促进更有效的资源配置。此外，合同设计的创新也是应对信息不对称的一种方式，例如，通过设置契约条件、激励机制和惩罚机制来减轻不对称信息对市场的不良影响。

总体而言，信息不对称理论深刻揭示了市场中信息分配不均衡的本质，为经济学家、政策制定者和企业家提供了洞察市场行为和设计机制的理论工具。通过深入理解信息不对称的机制，我们可以更好地理解市场的运作方式，为经济体系的稳定和改进提供有力的理论支持。

4.3.2 金融经济周期理论

金融周期理论是经济学领域中用于解释和分析金融体系长期演进和短期波动的一系列观点和框架。这一理论认为金融体系在经济运行中扮演着关键角色，其波动和变动对整个经济产生深远影响。首先，奥地利学派的金融周期理论强调货币和信贷的波动对经济的影响。该学派认为，由于中央银行的干预和货币供应的波动，经济将经历人为刺激的繁荣和人为制约的萧条。货币和信贷扩张导致经济繁荣，但最终会引发资源配置的失调，从而导致衰退。这种周期性的波动被看作是由货币政策引起的，奥地利学派主张避免政府对货币的过度控制，以减缓金融周期的波动。

其次，实物经济周期理论强调实体经济领域的生产和投资决策对金融波动的影响。这一理论认为，经济周期是由实体经济中生产过程的非均衡性导致的。投资和创新活动引发了繁荣期，而生产能力的不足和资源配置的问题则导致了经济的收缩。实物经济周期理论强调供给和需求的不平衡对经济波动的贡献，并提倡通过政府政策来促使经济的平衡。

最后，现代货币经济学中的金融加速器理论关注金融市场对实体经济的影响。该理论认为金融市场的波动会被传导到实体经济，进而影响生产和就业。当金融市场出现紧缩，信贷难以获得时，企业和消费者的支出受到限制，从而对实体经济产生负面影响。金融加速器理论强调金融体系的脆弱性对经济波动的传导作用。

经济周期的波动是金融风险传染的重要原因之一。回顾历史上的几次较大规模的金融危机，都会引起金融风险的传染。同时在经济危机发生后，为了减缓由经济周期波动引发的金融风险传染效应，政府会采取一系列措施。

4.3.3 金融脆弱性与不稳定假说

金融脆弱性理论和不稳定假说是经济学中两个重要的概念，用以解释金融体系中的不稳定性和脆弱性。这两者共同关注金融市场和机构的演化过程中可能出现的问题，并试图揭示这些问题如何影响整体经济。

首先，金融脆弱性理论强调金融体系在面对外部冲击或内部扰动时可能表现出的脆弱性。这一理论认为，金融体系的演进可能导致它对不同类型的冲击变得更加敏感，从而增加了系统性风险。其中的关键因素包括机构的杠杆率、资产质量、流动性状况等。例如，当金融机构高度依赖短期融资并持有高度复杂的金融工具时，它们更容易受到市场信号的扭曲，从而导致系统性风险的积聚。

其次，不稳定假说关注的是金融市场和经济体系中的不稳定性来源。这一假说认为，金融市场和经济体系是不断变化的复杂系统，其内在动态性可能导致无法预测的不稳定性。不稳定假说的关键观点之一是市场参与者的行为可能呈现非理性和群体效应，从而导致市场价格和交易量的剧烈波动。这种不稳定性可能加剧经济周期的波动，对实体经济产生深远的影响。

在理解金融脆弱性和不稳定性的框架下，一些学者提出了金融不稳定的"自我实现"特征。这表示，金融市场中的投资者的预期和行为可能导致一些不稳定性的局面被"自我实现"，即市场参与者的信念和行为本身对市场波动的发展具有影响。例如，由于群体效应，市场参与者可能会集体采取相似的投资或卖出策略，从而引发连锁反应，加剧市场的不稳定性。

最后，金融脆弱性理论和不稳定假说为我们提供了理解金融市场和经济体系中不稳定性的两个重要视角。金融体系的演变和市场参与者的行为可能导致系统性的风险和不可预测的不稳定性。在实践中，政策制定者需要采取措施来监测和管理金融脆弱性，以确保金融体系的稳定和可持续的经济增长。

4.4 金融市场风险传染效应模型构建

迪博尔德和伊尔马兹（2012）利用广义方差分解法构建传染指数，克服了正交分解结果对变量次序的影响。与传统研究方法相比，传染指数可以表明传染方向且能显示风险传染的强度以及规模，可以为金融监管提供具备参考价值的研究结果。另外，通过对样本数据进行滚动分析，还可以了解风险传染的时变特征，通过时变特征来观测不同经济环境下的风险传染强度变化。下文首先对金融市场风险传染指数进行模型构建，进而构建风险传染网络模型。

4.4.1 金融市场风险传染指数模型构建

迪博尔德和伊尔马兹（2014）提出了一种利用 VAR 模型进行方差分解的方法，通过这一方法构建了传染指数。传染指数方法被用来直观地衡量不同市场之间风险相互传播的强度。为了分析传染效应的时变特征，迪博尔德和伊尔马兹（2014）采用了滑动窗口 VAR 方法，通过该方法得到了在不同时期的传染指数。

过程 N 阶的 TVP-VAR 过程可以表示为：

$$y_t = a_0 + A_1 y_{t-1} + \cdots + A_p y_{t-p} + \varepsilon_t \tag{4.1}$$

其中，y_t 表示 N 个金融市场的波动率，a_0 表示截距，$A_1, \cdots, A_p$，表示 n×n 的矩阵，ε_t 是扰动项。

方差贡献度通过对投资组合方差的分解，识别并度量各个资产或因素对总体方差的影响，从而为投资者提供了对风险来源的深入理解，预测方差贡献是提取传染指数的重要环节[38]。

$$d_{ij}(h) = \frac{\sigma_{ii}^{-1} \sum_{h=0}^{H-1} (e_i' A_h \sum e_j)^2}{\sum_{h=0}^{H} (e_i' A_h \sum A_h' e_i)^2} \tag{4.2}$$

其中，$\sum$ 表示 ε_t 的标准差，e_j 的除第 j 元素是 1 外，其余为 0，并且 i, j, $\cdots$, N, i≠j。H 为预测期，h 为扰动向量的滞后期。方差分解矩阵

$D_{ij}(h)$ 用来衡量各金融市场之间的风险传染效应：

$$D_{ij}(h) = \begin{bmatrix} d_{11} & \cdots & d_{1N} \\ \vdots & \ddots & \vdots \\ d_{N1} & \cdots & d_{NN} \end{bmatrix} \quad (4.3)$$

方差分解矩阵中的非对角元素可以用于衡量市场之间的风险传染程度。在 GFEVD 框架中，由于变量之间不具备正交性，因此它们对于预测误差的总贡献度之和不一定等于 1。为了更加严谨地分析风险在各市场之间的传染情况，对方差矩阵进行标准化处理：

$$\tilde{d}_{ij}(h) = \frac{d_{ij}(h)}{\sum_{j=1}^{N} d_{ij}(h)} \quad (4.4)$$

基于上述分析，可构建 EPU 冲击下变量间的总风险传染指数 $S(h)$：

$$S(h) = 100 \times \frac{\sum_{i,j=1, i \neq j}^{N} \tilde{d}_{ij}(h)}{\sum_{j=1}^{N} d_{ij}(h)} \quad (4.5)$$

市场 i 对其他市场的风险传染指数为：

$$S_{to}(h) = 100 \times \sum_{j=1, j \neq i}^{N} \tilde{d}_{ij}(h) \quad (4.6)$$

其他市场对市场 i 的风险传染指数为：

$$S_{from}(h) = 100 \times \sum_{i=1, i \neq j}^{N} \tilde{d}_{ij}(h) \quad (4.7)$$

市场 i 对其他所有市场的净风险传染效应可表示为：

$$S_{net} = S_{to}(h) - S_{from}(h) \quad (4.8)$$

4.4.2 金融市场风险传染网络模型构建

风险会在不同金融市场之间相互传染，因此可以用网络表示风险传染的关系。运用复杂网络理论和方法，将金融市场中的各个子市场视为网络中的节点，不同市场之间的关系通过连边来表示，从而建立金融风险传染网络的模型。我们将方差分解矩阵作为邻接矩阵，将方差贡献度作为连边。将各市场为不同的节点，构建风险传染网络模型，从而可以深入分析金融风险在网络中的传播过程。

4.5 金融市场风险传染实证分析

本章基于上述理论分析以及模型构建，对金融市场风险的传染进行实证分析，首先选取变量，将金融市场划分为六个一级市场，然后对金融市场风险进行静态和动态两方面的分析,最后结合传染网络进一步对金融市场的风险传染进行分析。

4.5.1 变量选取与数据处理

(1) 变量选取。

为了深入研究我国金融体系的风险传染效应,根据金融市场的定义以及机构,本章将我国金融市场分为六个一级市场,并选择重要指标对各个市场进行风险度量。各个市场的指标选取情况如表4.1所示。

表4.1 金融系统市场划分及指标选取

一级市场	二级市场	解释变量
货币市场	同业拆借市场	银行间7天同业拆借利率
资本市场	股票市场	沪深300指数
	债券市场	中证综合债指数
	基金市场	中国基金总指数
大宗商品交易市场	金属市场	南华金属指数
	能源市场	南华能化指数
	农产品市场	南华农产品指数
外汇市场		美元兑人民币汇率
黄金市场		AU9995黄金现货价格
房地产市场		房地产板块指数

货币市场在金融体系中扮演着商业银行等金融机构进行短期资金配置和流动性管理的核心角色,同时也是央行实现基础货币平稳增长的关键平台。而货币市场中的同业拆借市场和回购市场则反映了整个银行系统资金的供求情况。

资本市场中的沪深300指数是股市中的一个跨市场指数,覆盖了沪深市场中大部分流通市值,反映了沪深两个市场的整体走势,流动性强;中证综合指数是债市中的权威指数,衡量交易所债券市场的表现。

我国大宗商品交易市场由金属市场、能源市场和农产品市场这三个市场组成。大宗商品价格指数为月度数据和周度数据,为保证数据在时间和频率的一致,本书选择南华金属指数、南华能化指数以及南华农产品指数这三个指标分别代表金属市场、能源市场、农产品市场,从而综合衡量大宗商品交易市场。

外汇市场的衡量需要综合性的汇率指标以满足人民币国际化进程的加

快，本书选取美元兑人民币汇率作为我国外汇市场的衡量指标。

黄金市场是一个复杂而重要的金融体系组成部分，包括黄金交易市场、金融衍生品市场和黄金产业链。该市场涵盖黄金的现货交易、期货交易、金融衍生品交易以及相关金融工具。黄金市场在中国金融体系中扮演着重要的避险和投资角色，受到国内外经济、金融政策和全球金融市场变动的影响。同时，中国黄金市场也与实体经济、货币政策等多个层面密切相连，为金融体系的稳定与发展贡献着重要作用。本研究选取 AU9995 黄金现货价格作为黄金市场的衡量指标。

房地产市场是一个复杂的经济体系，包括住宅、商业和工业用地的买卖、租赁和开发等多方面活动，与多个方面相互交织。房地产市场波动受到经济周期、政策调控和土地供应等因素的影响，对宏观经济和金融体系的稳定都有深远的影响。由于国防景气指数为月度数据，为保证数据在时间和频率的一致，本书用房地产板块指数代表房地产市场。

（2）数据处理。

本章参考迪博尔德和伊尔马兹（2009），通过构建 VAR 模型（向量自回归模型），进而进行方差分解，用收益率标准差衡量金融市场的风险，表达式为：

$$\tilde{\sigma}_{it} = 0.361[\ln(P_{it}) - \ln(P'_{it})]^2 \tag{4.9}$$

其中，第 i 个市场指标在 t 日的最高价格用 P_{it} 表示，在 t 日的最低价格用 P_{it}^{min} 表示。

金融市场波动率的表达式为：

$$\tilde{\sigma}_{it} = 100\sqrt{365 \times \tilde{\sigma}_{it}^2} \tag{4.10}$$

本章研究样本为 2010 年 7 月 1 日至 2023 年 6 月 30 日。通过对数据进行平稳性检验，各金融子市场的指标波动率在 1% 的显著性水平上都平稳。

4.5.2 基于传染指数的金融市场风险传染效应

（1）金融市场风险传染的静态效应。

表 4.2 反映了各个金融子市场之间的风险传染程度。From 列表示该子市场能够接受其他子市场溢出风险的程度。To 行表示该子市场的风险传染给其他子市场的程度。其中各列的数值越大，表示该子市场对其他子市场的影响程度越大；各行的数值越大，表明该子市场接受其他市场影响的程度越大。

表4.2　　　　　　　　我国金融子市场风险传染效应矩阵　　　　　　单位:%

金融子市场	货币市场	股票市场	债券市场	基金市场	金属市场	能源市场	农产品市场	外汇市场	黄金市场	房地产市场	From
货币市场	81.8	1.4	1.7	1.7	2.7	2.1	1.9	2.9	1.9	1.9	18.2
股票市场	3.8	76.6	1.6	2.2	3.4	2.5	2.5	2.7	1.6	3.2	23.4
债券市场	2.3	2	76	3	2.2	2.6	2.3	3	4.1	2.6	23.4
基金市场	2.6	2.1	2.9	65.2	3.7	3	2.5	1.8	1.9	14.3	24
金属市场	3.5	2	1.6	2.5	51.5	22.1	10.5	2.4	1.4	2.3	48.5
能源市场	2.2	1.2	1.9	2.3	23	50.3	12.8	2.2	2.1	2	49.7
农产品市场	2.4	2.2	2.1	2.2	11.9	13.4	59.5	2	2.4	1.9	40.5
外汇市场	5.9	1.7	2.6	2.1	4.4	3.3	2.4	73	2.8	1.8	27
黄金市场	1.7	1.2	1.6	1.5	1.5	2.3	1.5	1.5	85.8	1.4	14.2
房地产市场	2.9	2.2	2.1	15.4	3.3	2.6	1.7	1.5	1.7	66.5	33.5
To	27.3	16.1	18.1	36.9	56.2	53.8	38.2	19.8	20	31.3	313.7
净传染	9.2	-7.4	-5.9	-1.9	7.7	4	-2.3	-7.1	5.8	-2.2	

下面对表4.2进行分析,可以得出一些重要的结论。

不稳定性:风险传染表现出不稳定性,这可能反映了金融市场的动态性和脆弱性。市场参与者可能受到各种因素的影响,导致风险传导关系随时间变化。

非对称性:各金融市场之间的风险传染方向是非对称的。货币市场和黄金市场对其他市场的风险传染效应较大,而股票、债券、房地产等市场受到其他金融市场的风险传染效应的程度较大。

随机性:风险传染表现出随机性,这可能反映了金融市场中众多因素的复杂相互作用。市场的不确定性和随机性使得风险传导难以准确预测。

风险传染方向:通过比较可以发现,金属市场对其他市场的风险传染效应最强,占比达到了56.2%的程度。这表明金属市场可能对其他市场具有较大的风险传导影响。

风险承受方向:能源市场受到其他市场传染风险的影响程度最强,除能源市场外,金属市场和农产品市场受到其他市场的风险传染的冲击也较强,可以分析得出,能源市场可能是风险在金融各市场传染时的重要接收方。

总体而言,这些发现强调了金融市场之间相互关联性的复杂性和多样性。不同市场在风险传导方面表现出不同的特征,这对投资者、监管机构以及政策制定者具有重要的启示，需要更全面地理解金融市场的风险传导机制，以更有效地管理和防范系统性风险。

从不同市场间的风险传染效应可以看出一些重要的关联关系。

货币市场与外汇市场：货币市场对外汇市场的影响较大：货币市场的波动对外汇市场有较大的影响，表现为5.9%的传染效应。这可能反映了货币市场的变动对外汇市场汇率等方面产生的显著冲击。货币市场也受到来自外汇市场的影响。

基金市场与房地产市场：基金市场对房地产市场的传染效应较强：基金市场对房地产市场的风险传染效应较为显著，为15.4%。这可能反映了基金市场的变动对房地产市场产生的较大冲击。房地产市场对基金市场的风险传染效应也相对较大，为14.3%。这说明房地产市场的波动同样会对基金市场产生显著影响。

金属市场与能源市场：金属市场对能源市场的传染效应较强：金属市场对能源市场的风险传染效应较为显著，为23%。这可能反映了金属市场的波动对能源市场产生的显著冲击。能源市场的波动同样会对金属市场产生显著影响。

农产品市场与能源市场：农产品市场对能源市场的传染效应相对较强：农产品市场对能源市场的风险传染效应较为显著，为12.8%。这可能反映了农产品市场的波动对能源市场产生的显著冲击。能源市场的波动同样会对农产品市场产生显著影响。

外汇市场与债券市场：外汇市场对债券市场的传染效应相对较强：外汇市场对债券市场的风险传染效应较为显著，为3%。这可能反映了外汇市场的波动对债券市场产生的一定冲击。债券市场受到货币市场的影响：债券市场也受到货币市场的风险冲击，表现为对货币市场的净传染效应为1.7%。这说明货币市场的波动同样会对债券市场产生显著影响。

（2）金融市场风险传染的动态效应。

图4.6为金融市场风险的总体传染指数，可以发现中国金融市场经历过三次显著的波动。

2009年底欧洲债务危机：该危机导致了全球金融市场的动荡，人民币大幅升值。这对中国出口经济形成了一定的冲击，因为升值的人民币使得中国对欧洲的贸易出口成本增加，进而影响了贸易总额。

2013年2月房地产市场调控：为了抑制房价过快上涨，中国政府采取了调控措施，稳定市场。这一时期市场整体较为稳定，风险相对减小。

图 4.6　金融市场风险传染指数时变

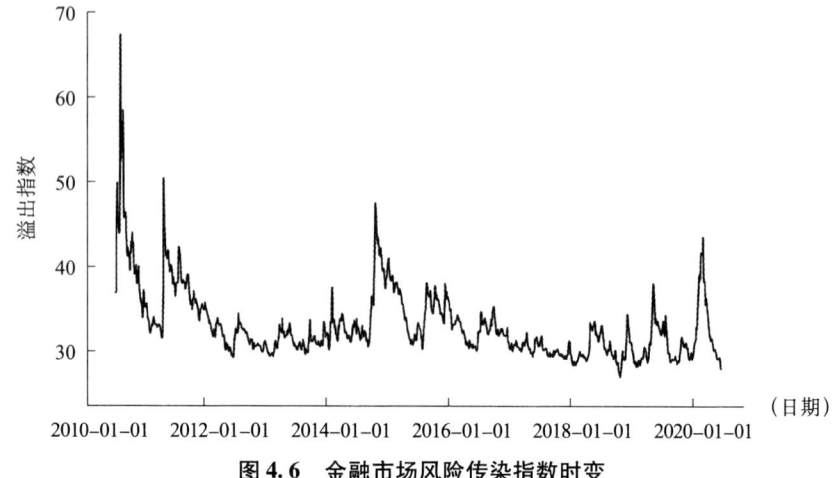

资料来源：中国人民银行发布的《中国金融稳定报告（2021）》。

2013年6月中国银行体系流动性危机：这一事件导致了货币市场的流动性紧张，影响了整个金融市场，股市多次创下新低。流动性危机使得金融市场波动加大，风险传递效应显著。

2015年金融市场大幅震荡：这一时期A股市场发生了严重的股灾，政府采取了多项政策措施来稳定市场。这一时期流动性趋紧，信用事件频发。

2017年及2018年金融监管加强：政府推出一系列监管金融行业的政策。这一时期金融市场流动性趋紧，点对点网络借款（P2P）行业爆雷。

2019年中美贸易摩擦不断升级：中美贸易摩擦不断升级对中国的进出口形势带来了不利影响。在这段时间内，金融市场呈现不稳定的运行状态，表现为债券市场的波动和股票价格的较大波动。

2020年新冠疫情暴发：全球新冠疫情的蔓延对全球金融市场造成巨大冲击，中国的各金融市场也在不同程度上受到了影响。整体风险水平显著上升。股票市场相对稳定，但实体企业面临外需拖累和产业链、资本链的影响。

每个时期的金融市场波动与政策调控密切相关，国内外经济形势、政治因素等都对市场产生了深远的影响。

4.5.3　金融市场风险传染效应的复杂网络分析

根据先前计算的方差分解矩阵，建立风险传染网络，其中利用矩阵元素作为网络的连接边，从而研究金融市场风险在不同时期的动态传染效应。

图 4.7、图 4.8、图 4.9 分别为各个时期风险动态传染网络。节点越大代表净传染效应越强，节点在网络中的地位越重要；节点间连线的颜色越深，代表市场之间的风险传染关系越明显。

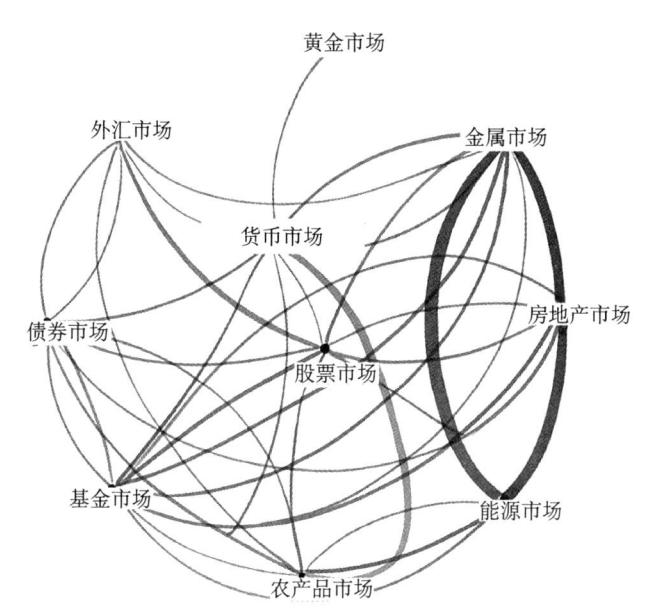

图 4.7　2016~2020 年风险传染网络

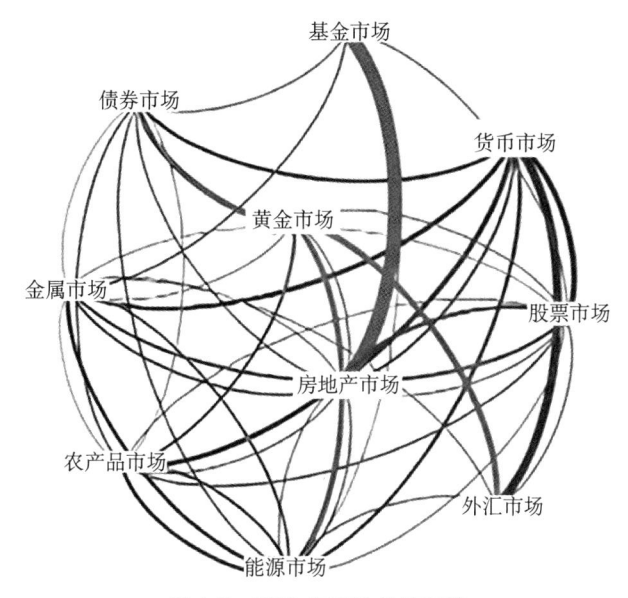

图 4.8　2019 年风险传染网络

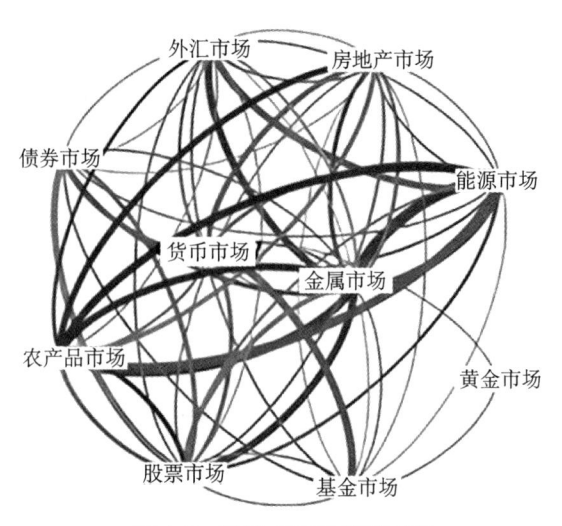

图 4.9　2020 年风险传染网络

通过图 4.7 的分析，可以得到以下几个结论。

金融风险传染网络紧密：2016~2020 年，中国金融市场的金融风险传染网络相对紧密，不同市场之间有明显的关联关系。货币市场和股票市场处于风险传染网络的中心，对其他市场的影响较大。货币市场尤其位于核心，可能是因为货币政策对金融市场具有引导和调控的作用。金属市场、能源市场和农产品市场之间风险传染情况联系紧密。金属市场和能源市场之间的风险传染强度大，可能因为金属和能源市场的供需关系存在一定的交叉影响，金属市场和能源市场通常都受到一些共同的宏观经济和地缘政治因素的影响，如全球经济增长、政治紧张局势、自然灾害等。这些因素的变动可能导致两个市场之间的风险同步变化。房地产市场与基金市场之间风险也相互传染，表明这两个市场之间的变化对彼此都有一定的影响。黄金市场与货币市场之间的风险传染效应较强，可能表明在某些情况下，投资者倾向于将黄金视为避险资产，与货币市场具有一定的联动性。

通过图 4.8 的分析，可以得到以下几个结论。

比较 2016~2020 年的风险传染网络，可以发现，2019 年，我国金融市场的风险传播网络呈现出相对疏散的特征。这或许是由于中国监管机构的有效监管措施产生了积极作用，阻止了风险在市场间的过度传播，减缓了金融市场之间的风险传染。尽管网络稀疏，但可以发现该时期风险传染中心仍然是货币市场。货币市场在金融市场中的地位仍然显著，可能是因为货币政策的调控作用在此时仍然较为明显。在 2019 年，黄金市场和房地产市场的作用明显增强。房地产市场呈现向下波动的态势，这可能受到宏观经济下行和政府对房地产业调控措施的影响。黄金市场与外汇市场之间的关联性显著增强，或许是受中美贸易战影响。由于汇率不稳定，黄金作为重要的避险资产，因而两市场之间的联系更为紧密。该时期基金市场和房地产市场之间的风险传染关系有加强，表明这两个市场之间的变化对彼此都有较大的影响。

通过图4.9的分析，可以得到以下几个结论。

在这个时段，风险传染网络显现出更紧密的趋势，各子市场之间的风险传染效应显著增强，金融市场之间的紧密联系加强，整体风险水平上升。与此同时货币市场仍然是风险传染的中心，这可能是因为货币政策的调控在金融市场中的传导机制仍然十分重要，货币市场的变化对其他市场产生了较大的影响。三个大宗商品市场之间的风险传染效应仍然较强，疫情防控期间，全球原油价格的剧烈波动对国内原油价格产生了影响，同时也对国内能源市场产生了冲击。股票市场、债券市场、基金市场等在风险网络中更加重要，更加活跃。这表明疫情对这些市场产生了较大的冲击，从而使得市场产生较为显著的波动。在该时期，相对于其他市场，黄金市场受到的影响相对较小。这可能是因为黄金是一种较为稳定的资产，不易受到市场波动的影响。

本书计算了金融市场发生波动的时间段，各个金融市场的点度中心度指标，如表4.3所示，从而刻画不同时期金融市场在风险网络中的地位。

表4.3 风险传染网络点度中心度指标

金融市场	2016~2020年 出度中心度	2016~2020年 入度中心度	2019年 出度中心度	2019年 入度中心度	2020年 出度中心度	2020年 入度中心度
货币市场	1	0.22	1	0	1	0.22
股票市场	0.56	0.56	0.56	0.67	0.44	0.78
债券市场	0.33	0.78	0.11	0.78	0.33	0.78
基金市场	0.67	0.78	0.56	0.56	0.78	0.89
金属市场	0.78	0.56	0.67	0.78	0.89	0.78
能源市场	0.78	0.33	0.67	0.78	0.89	0.67
农产品市场	0.56	0.67	0.44	0.67	0.56	0.67
外汇市场	0.11	0.89	0	0.56	0.78	0.89
黄金市场	0	0.11	0.89	0	0.11	0.11
房地产市场	0.33	0.44	0.67	0.67	0.78	0.78

4.6 本章小结

在本章，我们利用 2010 年 7 月至 2020 年 6 月的日度交易数据，通过 TVP-VAR 模型计算风险传染矩阵。之后，采用指数模型分析了各金融市场之间的风险传染过程，并通过构建风险传染网络，深入探讨了金融市场网络结构的特征。主要得出以下结论。

第一，金融市场的风险传染表现出不稳定性、方向的非对称性以及随机性。各个金融市场受到自身滞后效应的影响最为显著。通过分析两个市场间的风险传染效应，货币市场、金属市场、能源市场、黄金市场对其他市场的风险传染效应较强，股票市场、债券市场、外汇市场和房地产市场接受其他金融市场的风险传染影响更大。

第二，金融市场的风险传染效应有一定的时变性。主要是因为我国金融市场经历了几次较大波动。通过分析各金融子市场的风险接受能力、风险传染能力，观察到各金融市场的风险接受能力和风险传染能力呈现出反向变动趋势。不同的风险事件会影响金融市场间的风险传染程度。

第三，从动态传染效应来看，不同时期不同金融市场间传染效应存在差异，这种差异性主要归因于不同时期的经济金融事件，如 2011 年欧债危机、2015 年汇率改革以及股灾、2018 年中美贸易摩擦。不同事件对金融子市场的影响不同，所以造成不同时期各个市场间的风险传染强度不同。

第四，要进一步坚持市场化改革，不断推进我国金融市场的开放程度。加强金融法律法规的完善，提高透明度，建立更加清晰的市场规则和制度。通过鼓励金融机构提高服务水平、创新金融产品，提高竞争力，推动市场更好地发挥资源配置的作用。积极推动人民币的国际使用，提高人民币在全球贸易和金融交易中的份额，增强金融市场的国际影响力。提高股票、债券市场的对外开放程度，吸引更多国际投资者参与，促使中国资本市场更加国际化。同时强化金融监管体系，提高监管的透明度和有效性，保障市场的公平竞争和投资者的权益。鼓励金融科技创新，提高金融服务效率，同时保障金融系统的稳定性和安全性。

第5章 金融机构风险传染与复杂网络构建

第4章从金融市场方面分析了风险的传染效应，本章则重点分析金融业内金融机构的风险传染。选取了我国33家上市金融机构作为研究对象，涉及银行、证券、保险、信托行业，构建了我国金融机构体系的关联网络，在此基础上分析了金融机构关联水平以及各机构风险之间的关系，测度和把握金融机构之间、跨部门间以及金融系统整体等不同层次的关联水平。

5.1 金融机构风险的现状

新发展格局的不断推进，使我国金融业爆发出巨大的发展韧性和发展潜力。随着金融业资产规模的扩大和金融机构产品的丰富，金融风险的类型趋向多元化，其隐蔽性更高，在金融机构中通过不同渠道溢出和累积，再加上新冠疫情等一系列负面冲击，不但增加了我国金融监管机构的风控压力和管控成本，还严重威胁着我国金融机构发展环境的安全。因此本节内容将从银行业和非银行业两个方面对我国金融机构的风险现状进行研究分析。

5.1.1 银行业风险现状

银行作为金融风险传导的核心枢纽，其资产负债规模持续扩张。根据图5.1的统计数据显示，截至2022年末，我国银行业金融机构总资产规模达373.88万亿元（同比增长10.0%），总负债规模为342.24万亿元（同比增长10.3%），增速较2021年分别回落1.3个和1.1个百分点。图5.2为我国银行资产占整个金融业资产的比例，截至2023年末，除2012年和2014年银行资产占整个金融业的资产在80%以下，其他年份均在80%以上，且基本保持增长态势。这两项数据都表明，银行部门在我国金融机构中占有重要的地位，我国宏观经济政策的独特性使银行在政府实施货币政策的过程中扮演着关键角色，成为我国金融体系的核心支柱。所以相较于其他金融机构,银行不仅拥有更丰富的金融资源和客户信息资源,而且与实体经济的债务债权关系极为紧密,呈现不断加深的趋势。当实体经济由于新冠疫情等一系列外部冲击出现经营困难的问题时,这些风险往往会通过以信贷为主的风险传染渠道传导给银行部门,其风险输入的强度也会随银行部门规模的扩张而逐渐加强。

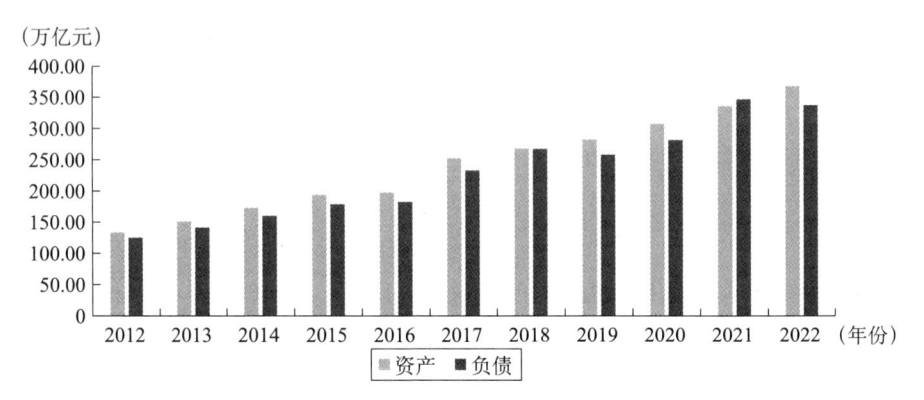

图 5.1 银行业金融机构资产负债情况

资料来源:银保监会发布的 2022 年商业银行主要监管指标情况。

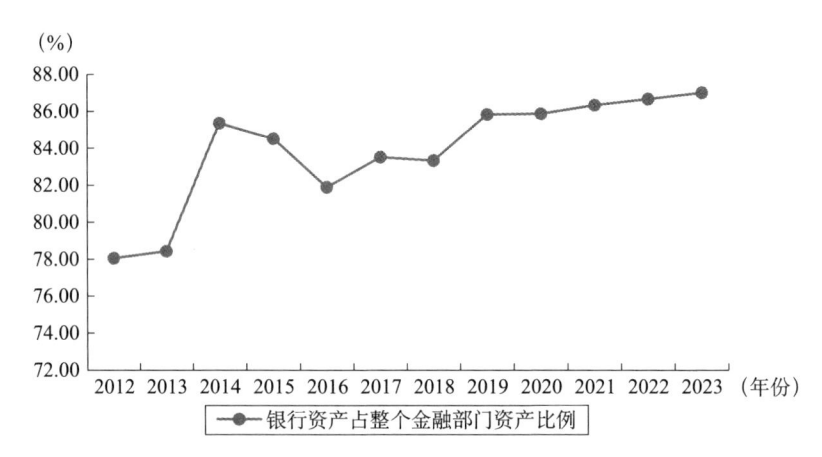

图 5.2 2012~2023 年银行资产占整个金融部门资产比例

资料来源:Wind 数据库及中国人民银行发布的 2018~2023 年金融业机构总资产。

银行规模和实体经济增速不匹配。在我国经济高速发展的时期,由于外部经济的正向刺激使得实体行业资金需求量大,银行部门的整体规模也在快速增长,根据不同时期各银行的核心度指标,网络中的核心银行数量显著上升,大型银行与原本处于边缘位置的银行建立了更多的业务联系(杨科等,2024)。从 2001 年中国加入世界贸易组织至今,我国银行业整体规模扩大了 10 倍,这一阶段,快速增长的银行规模和实体经济发展速度相匹配，其风险敞口较小。但在新发展格局的构建阶段，由于新冠疫情等一系列突发事件影响，我国经济增长速度逐渐放缓，实体经济资金需求收缩，银行资金供给端收窄，银行业规模的增长速度却没有显著下降。包括商银行、锦州银行、恒丰银行以及甘肃银行等一批中小银行被接管处置的风险事件不断出现，除了公司治理问题外，导致这些爆雷事件的主要原因就是银行规模的无序扩张使其流动性风险管理能力下降。在这种情况下，我国银行部门杠杆率增速过快，流动性紧张，不良贷款率上升，资产规模与 GDP 增速不匹配等问题逐渐暴露，不但削弱了我国银行业服务实体经济的职能，也加大了我国银行部门整体特别是中小银行的风险暴露。

新发展格局下银行利率市场化改革进程加快，波动下降的利率在短期内会降低银行贷款收入，导致银行资产的收益价值相对于负债的成本和价值发生不平等变化，不但使银行累积了较高的利率风险，还增加了危机期间国家援助问题银行时的成本（Wang L et al., 2024）。图 5.3 为我国 2019~2023 年 LPR 的变化趋势。可以看出，新发展格局下，我国监管部门对利率的调控进一步加强，央行几次下调 LPR 降低融资成本，让银行为实体经济让利。这些政策在长期内虽然可以帮助银行形成稳定的客户流，提升实体经济活力，但降低了短期内银行的贷款收入。对银行短期金融风险特别是利率风险的管控提出了更高的要求。截至 2023 年 3 月，政府工作会议报告已确定全年宏观政策走向。低利率市场环境改变了企业的资产负债行为，再加上信息不对称等问题的存在，带来了以利率风险和流动性风险为主的一系列金融风险。对一些银行来说，当较低的利率降低了银行短期营收水平，利率风险和流动性风险很可能导致其经营出现困难，进而将这类风险在银行部门进行累计，难以进行分散化应对。

金融科技的发展对银行业务带来了深刻变革，然而，这种技术的迅速进步也给银行业风险带来了新的负面影响。图 5.4 为我国 2016~2020 年金融科技市场的规模变化情况，从图中可以看出虽然我国金融科技市场规模同比增长率在下降，但是整体市场规模仍然呈增长态势。首先，金融科技加剧了银行的竞争压力，导致部分银行在追求业务创新和市场份额的过程中忽视了风险管理。为了与新兴的金融科技公司竞争，一些银行可能过于冒进地推出新产品或服务，而这些新产品或服务可能没有经过充分的风险评估和测试，从而增加了银行的运营风险。其次，金融科技的应用使得银行业务更加依赖于信息系统和网络基础设施，然而，随着网络攻击和数据泄露事件的频发，银行的信息安全和网络安全面临着严峻挑战。一旦发生系统故障或网络攻击，不仅可能导致银行业务中断，还可能造成客户资金损失和信誉受损。此外，金融科技的发展也增加了银行的合规风险。随着金融创新的不断涌现，监管政策也在不断调整和完善。然而，一些银行可能在追求业务发展的同时忽视了合规要求，导致违规行为的发生。这些违规行为不仅会引发监管处罚，还会损害银行的声誉和客户信任。金融科技对银行的信贷风险也产生了影响。再次，一些基于金融科技的信贷评估模型可能过于依赖历史数据和算法预测，而忽视了宏观经济环境和借款人个人情况的变化。这可能导致信贷决策的失误和不良贷款的增加，从而加剧银行的信贷风险。最后，金融科技使得信息流动加速，金融机构关联性进一步加强，当遇到较大的危机时会出现较强的共同操作行为，对经济形势和市场变化做出类似决策，加强了风险传染性（陈宇峰等，2024）。

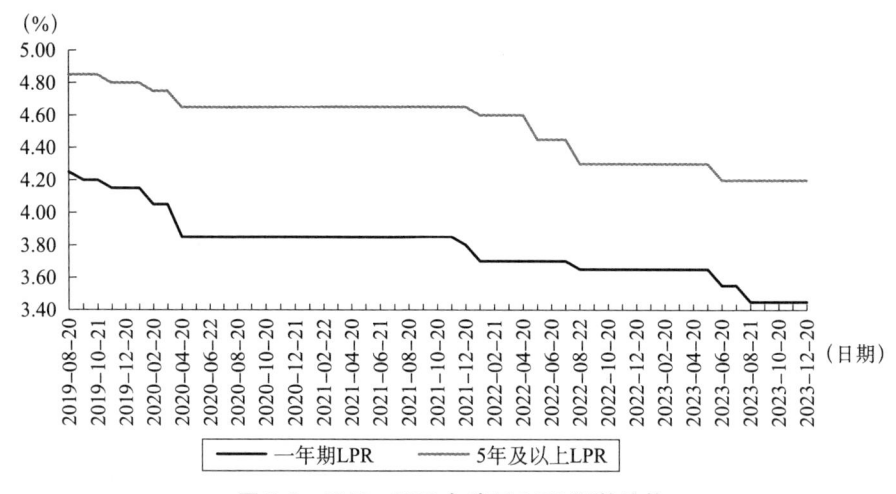

图 5.3　2019~2023 年我国 LPR 调整趋势

资料来源：中国人民银行 2022 年中国金融统计数据报告。

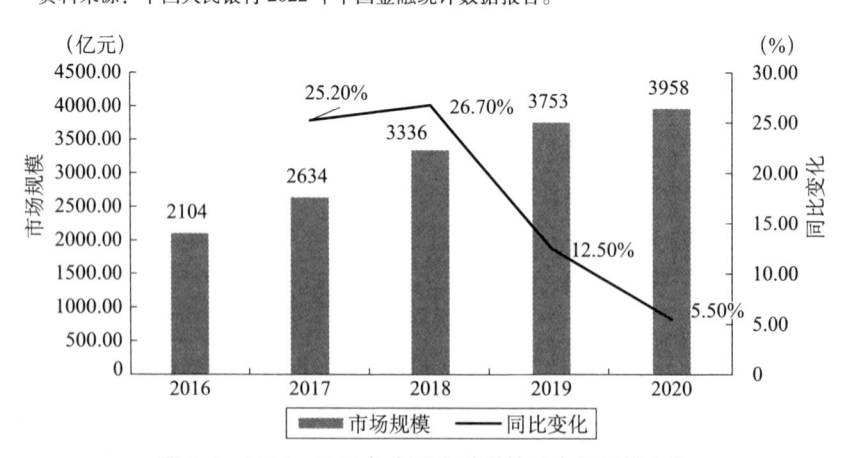

图 5.4　2016~2020 年中国金融科技及市场规模变化

资料来源：前瞻数据库，2016~2020 年中国金融科技市场规模数据。

5.1.2 非银行金融机构风险现状

非银行金融机构包括金融资产管理公司、企业集团财务公司、金融租赁公司、汽车金融公司、货币经纪公司、消费金融公司以及境外非银行金融组织驻中国办事处等。相较于银行机构，非银行金融机构的风险特征更为复杂，资金运作杠杆比例更高，货币和期限错配程度更深，传染与外溢冲击效应更强，已成为全球金融体系最主要的风险来源之一（熊启跃和初晓，2024）。我国证券、保险和融资租赁机构的业务存在较高的重合度，彼此持有大量相互关联的金融产品，积累了大量的共债风险和信用风险。同时，随着金融科技的过度发展，这些机构之间的联系变得更加紧密、复杂和隐蔽，增加了识别这些金融机构之间风险传染网络的难度。由此导致我国非银行金融机构频繁发生爆雷事件。以2020年7月17日的××集团为例，由于资不抵债、偿付能力不足等一系列问题，该集团旗下的金融机构由中国银行保险监督管理委员会和证监会控制。2020年，多家信托公司相继出现了大量信托产品集中违约，导致了大规模的信托项目违约问题。

这些爆雷事件无不表明我国非银行金融机构具有较强的风险传染能力。

（1）证券业。

后疫情时代，全球经济不确定性显著上升，我国证券部门经受住了新冠疫情等一系列复杂环境下的外部冲击，仍然保持快速发展和不断创新的状态，然而，受市场整体行情的影响，我国证券行业收入出现了明显波动，证券机构风险传染日益凸显。证券经营集团化，国际化发展趋势日盛，导致外部冲击引起的风险输入强度越来越高，一方面，境外资本涌入我国市场，另一方面，我国证券机构也积极参与国际市场。这种跨境联系使得我国证券机构在全球金融市场波动中更易受到冲击，风险传染的渠道变得更为复杂。再加上证券市场行情下行，我国证券机构核心业务增长压力较大，业绩压力下，证券行业信用风险不断提升。

（2）保险业。

我国保险业是金融体系不可或缺的重要组成部分，其健康发展直接关系到国家金融系统的稳定和经济的良性运行。然而，随着新发展格局的深入推进和金融市场的日益复杂化，我国保险机构面临的风险问题引起了更广泛的关注。

保险业之间的相互关联度不断加深。首先，由于保险行业主要通过保费投资获取盈利，各家保险公司通过部门外投资、相互投资以及再保险等方式加强了内外部的联系，形成了错综复杂的风险传递网络。一家公司的风险问题可能迅速扩散至其他相关联的机构，甚至对整个行业产生影响。其次，随着新发展格局对保险产品创新的需求增加，保险产品的多样化带来了新的风险传播途径，一些新产品的风险特征增大了保险机构整体风险面临的不确定性。最后，保险公司资本补充面临较大压力，根据国家金融监督管理总局发布的数据显示，由于权益市场波动加剧，2023年保险机构投资财务收益率较2022年下降了1.53%，是2018～2024年的最低水平。从图5.5可以得出明显的结论，我国保险深度在2011～2017年呈现增长趋势，但在2020年新冠疫情发生之后我国保险深度呈现波动下降趋势，投资收益的下滑导致保险机构资本补充面临持续增加的压力，整体性违约风险进一步加强。

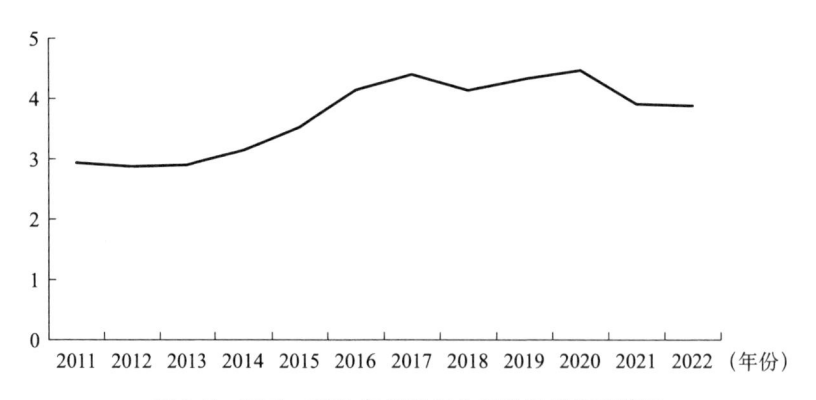

图5.5 2011～2022年保险行业保险深度变化情况

资料来源：中国保险业风险评估报告。

（3）其他金融机构。

首先，相较于银行、保险和证券部门，我国其他金融机构规模较小，资产质量相对较低，且融资模式相对单一。由于其资产质量容易受市场波动的影响，这些机构在处理外部冲击导致的金融风险方面面临较大挑战，尤其是在宏观经济波动较大的时候，这些机构面临的风险更加显著。由于其规模较小，难以与其他相关机构建立联系，这些金融机构受到冲击后的风险往往无法在机构内部相互传播，而是将这些风险传递至与其密切相关的银行、保险和证券部门。当多个机构面临风险时，银行、保险和证券三个部门的应对与救助压力不断增加。

其次，我国融资租赁类的中小金融机构准入门槛相对较低，导致整个市场已趋于饱和。这种闭塞的市场环境使得此类金融机构业务同质化问题严重，转型难度较大，流动性风险极高。市场竞争的激烈和利润压力可能导致这些机构采取过度风险的战略。为了争夺更多市场份额，一些公司可能会降低风险管理标准，扩大业务规模，从而增加了市场和信用风险的面临程度。

5.2 金融机构风险传染机制

对金融机构风险传染的研究，首先要对其传染机制进行总结，本章从五个方面分析了金融机构风险传染机制，分别是信贷传导机制、情绪传播机制、重要性传染机制、网络结构的直接影响机制以及金融机构个体风险的传递机制。

5.2.1 信贷传导机制

当前的学术界普遍认为，信贷传导机制与对手方违约传导机制存在紧密联系，二者均以一方违约作为风险蔓延的起点。然而，从概念上来看，对手方违约传导机制通常被视为信贷传导机制的一个子集。由于银行在我国金融机构中占主导地位，信贷业务是其主要经营范畴之一，因此在银行网络中，信贷传导机制更为常见。根据卡瓦列罗和希姆塞克（Caballero and Simsek，2013）的观点，由于信息不对称的存在，银行难以在复杂网络中准确评估对手方资产的风险敞口。当一家银行由于对手方违约而面临信用风险时，其他银行可能对其经营状况表示怀疑，市场可能会提高其融资成本，要求更高的风险溢价，减少对其共同资产的持有或贷款。这可能导致该机构面临流动性困境，引发信贷紧缩，同时增加整个市场的金融紧张，甚至可能导致其他与该银行有大量业务往来的机构也陷入类似问题。信贷传导机制可通过市场传导实现，当金融机构面临风险时，其融资成本上升，从而影响整个市场的信贷条件。

5.2.2 情绪传播机制

信贷传导机制和情绪传播机制是两种通过不同渠道传播风险的机制。前者通过直接融资渠道传播，而后者通过间接融资渠道以金融机构信息网络为媒介传播。在新发展格局下，许多金融机构通过大数据和互联网技术开发创新型金融产品，构建以信息和情绪为核心的连接网络。随着移动信息技术的广泛应用，多重突发事件的舆情传播呈现出"强化情绪，弱化事实"的特征。个体散乱的情绪通过社交媒体传播成典型的群体聚合情绪，最终形成更加广泛而稳定的社会心态，引发整体性社会行为倾向（赵云泽和薛婷予，2023）。互联网技术的快速发展产生大量零散噪声信息，加剧了恐慌情绪在金融机构中爆发的可能性。金融机构陷入经营困难后，负面恐慌情绪通过信息网络传播，媒体负面情绪导致存款撤离迫使银行提高同业拆借，增加了银行的负债成本，促使银行从事风险较大的同业业务，从而加大了银行等金融机构尾部风险和系统联动性（Fang et al., 2024）。影响风险机构及其关联机构的股价和信用评级。资本市场反身性放大风险带来的损失，形成恶性循环。风险机构相关机构也可能由于损失陷入经营困难，进而传播风险，加剧金融体系不稳定性。

5.2.3 重要性传染机制

重要性传染机制是金融机构风险传染的一种方式。一些机构因其在金融体系中的关键地位而被视为系统性重要机构，也被称为"牵一发动全身"。当这些机构面临风险时，问题可能通过供应链、合作伙伴等途径向其他机构传播，从而引发更广泛的风险传播，安吉莱拉（Angilella，2022）通过应用超越排序的多准则决策方法，考察了银行全局系统重要性的多准则评价与银行失败风险之间的关系，认为系统重要程度和银行风险传染能力及违约概率成正相关。前文已经提到，商业银行是我国金融机构的主体，也是我国实体经济融资的主要渠道，较多的系统重要性银行虽然在促进整个金融体系安全方面发挥着重要作用，但随着传染渠道的增加，这些系统重要性银行也成为一些新风险传播的核心枢纽（Longmiao Q et al., 2022）。新发展格局对商业银行数字化转型和服务实体经济提出了更高要求，进一步强化了商业银行作为融资中介和各项金融活动平台的作用，也提高了商业银行通过重要性传染机制进行风险传播的能力。

5.2.4 网络结构的直接影响机制

复杂网络理论正逐渐成为研究系统性金融风险传染的主流工具，学者们将金融机构相互联系看作一个复杂金融网络，并试图解释系统性金融风险是如何通过网络传导的。金融网络由银行等金融机构相互联系形成，在特定条件下可以传递和放大最初的冲击，最后造成了整体风险。换言之，系统性金融风险在网络中传染所导致的损失深度和广度，在很大程度上与金融机构间相互联系所形成的网络拓扑结构有关。而关于银行网络结构对系统性金融风险影响的具体效果和机制，是目前争议最大的问题。

有一种观点认为网络中机构联系相对分散，连接边分布相对均匀的网络结构最终会引起更小的系统性金融风险。与分散化投资的想法类似，持有这种观点的学者强调网络的风险分担机制。他们指出网络中每个机构认为网络中的每一家机构若与更多机构联系，出险后的损失将更为平均地由多个机构分摊，个体实际遭受风险冲击将减小，从而有效降低系统性金融风险的网络传染效应（Allen F and Gale，2000）。另一种观点认为网络中机构联系相对集中，连接边分布更密切的网络结构反而会促进系统性金融风险的相互传染。单个银行的风险表面上可以由分散化投资行为来降低，但从金融网络整体联系来看，个体机构之间的风险相依性增强了，许多原来相对孤立的机构也可能被卷入网络的风险传染过程（Battiston et al.，2012）。因此，从金融网络的角度来看，分散投资并不必然会减少银行的风险。相反，从理论上证明，金融机构网络连通性越高其传染能力就越强，越能传染给更多的银行，而且传染的速度也就越快。（Lirimont，2004）。

尽管已有许多文献研究了银行网络结构与系统性金融风险之间的关系，但大多数关注了金融网络结构的某些方面。苏明政和张庆君（2015）、闻岳春和唐学敏（2015）从实证角度探讨了相关问题，但仅使用了连接紧密度和节点度等指标来表示金融网络结构。王蓉（2016）将宏观经济引入多层复杂网络模型中实际上，却只从银行和企业自身的角度以有限的指标分析了其对系统性金融风险的贡献能力。金融网络结构特征涵盖了多个角度和层次的衡量指标。例如，刻画节点中心位置的指标不仅包括度中心性，还包括介数中心性、接近中心性和特征向量中心性等。这些指标可能显著影响个体机构的风险传播。因此，过于依赖单一指标可能导致现有结论的多样性，有必要全面考察金融网络结构特征，以准确解释系统性金融风险网络传播机制的全貌。

在本章中，我们采用严谨的方法获取金融机构风险指标和网络结构指标。基于规范的实证方法，我们研究了网络结构对系统性金融风险传播效应的影响，并采用多种网络中心性测度指标，全面评价银行的网络结构特征。

5.2.5　金融机构个体风险的传递机制

为了防范系统性金融风险，《巴塞尔协议Ⅲ》采取了一系列措施，包括提出最低资本标准、引入逆周期资本缓冲和资本留存缓冲、附加资本要求等，以进一步加强资本监管的作用。资本监管对于防范系统性金融风险的效果一直是学术界争论的焦点。一些学者达成了一致看法，认为提高银行的资本要求可以减少银行的风险承担，从而减轻系统性金融风险的积累（Buch and DeLong，2008；Hart and Zingales，2009）。如果缺乏资本监管，银行风险承担和对系统性金融风险的贡献强度会随银行竞争激烈程度上升而显著增强，导致金融脆弱性越大（Heba A et al.，2023）。然而，另一方面，阿查亚等（Acharya et al.，2017）和巴思等（Barth et al.，2011）的研究发现，更严格的资本要求并不一定提高金融稳定性，而邢洋、马千惠（2024）的观点更进一步，认为资本监管的增强对银行的风险承担水平可以起到负向的影响，且经济不确定性会对这种负向的影响产生调节效应。

资本监管是否有效的问题实质上归结为银行个体风险对系统性金融风险的影响。如果降低银行个体风险同时也减少系统性金融风险，那么资本监管在抑制个体风险的同时也能够防范系统性金融风险。然而，如果降低银行个体风险导致系统性金融风险增加，这可能表明银行通过将风险转移至银行系统来降低个体风险，最终引发系统性金融风险。因此，资本监管是否能够有效防范系统性金融风险的问题尚未得到清晰解答，其中关键在于理清银行个体风险与系统性金融风险之间的关系。

从金融机构网络的角度来看，网络结构本身是一种组织安排，而不是风险的起源。在风险传染过程中，网络结构起到的是路径的作用，而不是直接导致风险的产生。系统性金融风险的起点通常是一个或多个金融机构受到风险冲击，进而将风险通过网络由个体层面传递到全系统。

因此，在金融风险传递机制的研究中，金融机构的个体风险在网络中扮演着风险源的角色，而网络结构则是风险传播的通道。为了更严谨地分析风险传染的机制，需要将金融机构的个体风险和网络结构特征结合在一起进行考察。本书将网络结构和个体风险纳入同一个实证分析框架中，综合探讨二者共同作用下的系统性金融风险传染机制。

5.3 金融机构风险传染网络的构建

本章根据上文的金融机构风险传导机制，并结合塞拉芬（Serafin，2014）等的研究思想，构建金融机构之间的关联网络，并对网络的特性进行介绍分析，进而探究我国金融机构风险的传染效应。以下主要从三部分进行，首先是对金融机构风险进行测度，其次对金融机构风险传染网络进行构建，进一步刻画及测度金融机构风险传染网络的特征，从而分析研究我国金融机构风险传染效应。

5.3.1 金融机构风险的测度

（1）ΔCoVaR 模型的构建。

使用 ΔCoVaR 来度量系统性风险，在金融机构发生尾部风险事件时，条件风险价值可以评估其他金融机构或整个金融系统所面临的风险。这种指标显示了金融机构在风险管理中所扮演的重要角色，以及其对其他机构或整个系统的风险传递程度。条件风险价值（$CoVaR_{q,t}^{i|j}$）是指金融资产收益率在不同条件下的分布，可以用第 q 分位数来衡量：

$$P_r(r_{i,t} \leq CoVaR_{q,t}^{i|j} | r_{j,t} = VaR_{q,t}^j) = q \tag{5.1}$$

在某个时间点 t，金融机构 j 发生尾部事件时，金融机构 i 的条件风险价值和 j 正常时 i 的条件风险价值之差可以以 1－q 的置信度来描绘金融机构 j 对金融机构 i 的边际风险传染效应。公式表示为：

$$\Delta CoVaR_{q,t}^{i|j} = CoVaR_{q,t}^{i|r_{j,t}=VaR_{q,t}^j} - CoVaR_{q,t}^{i|r_{j,t}=VaR_{50\%,t}^j} \tag{5.2}$$

边际风险传染效应是衡量金融机构 j 对风险传染的程度，绝对值越大表示金融机构 j 对 i 风险的贡献越显著。由标准化处理，即：

$$\Delta CoVaR_{q,t}^{i|j} = \frac{CoVaR_{q,t}^{i|r_{j,t}=VaR_{q,t}^j} - CoVaR_{q,t}^{i|r_{j,t}=VaR_{50\%,t}^j}}{CoVaR_{q,t}^{i|r_{j,t}=VaR_{50\%,t}^j}} \tag{5.3}$$

（2）ΔCoVaR 模型的度量。

本章介绍了一种用于评估金融机构之间风险传染的模型，即 DCC-GARCH 模型。该模型假设金融机构的收益率序列符合 AR（1）过程。因此，双变量 DCC-GARCH 模型可被表达为：

$$r_t = \mu_t + e_t \tag{5.4}$$

若残差满足正态分布，假设金融机构 j 发生尾部风险事件时，金融机构 i 的收益率仍然服从正态分布。即：

$$r_{i,t} | r_{j,t} \sim N\left(\frac{r_{j,t}\sigma_{ii,t}\rho_{ij,t}}{\sigma_{jj,t}}, (1-(\rho_{ij,t})^2)(\sigma_{ii,t})^2\right) \tag{5.5}$$

我们可以从 CoVaR 的定义公式中推导出结论：

$$P_r\left[\frac{r_{i,t} - r_{j,t}\sigma_{ii,t}\rho_{ij,t}/\sigma_{jj,t}}{\sigma_{ii,t}\sqrt{1-(\rho_{ij,t})^2}} \leq \frac{CoVaR_{q,t}^{i|j} - r_{j,t}\sigma_{ii,t}\rho_{ij,t}/\sigma_{jj,t}}{\sigma_{ii,t}\sqrt{1-(\rho_{ij,t})^2}} \middle| r_{j,t} = VaR_{q,t}^j\right] = q$$

$$\tag{5.6}$$

因为 $\frac{r_{i,t} - r_{j,t}\sigma_{ii,t}\rho_{ij,t}/\sigma_{jj,t}}{\sigma_{ii,t}\sqrt{1-(\rho_{ij,t})^2}} \sim N(0,1)$，金融机构 i 在金融机构 j 出现尾部风

险时的动态 $\text{CoVaR}_{q,t}^{i|j}$ 可以表示为：

$$\text{CoVaR}_{q,t}^{i|j} = \phi^{-1}(q) \cdot \sigma_{ii,t}\sqrt{1-(\rho_{ij,t})^2} + \text{VaR}_{q,t}^{j} \cdot \frac{\sigma_{ii,t}\rho_{ij,t}}{\sigma_{jj,t}} \quad (5.7)$$

机构 j 对机构 i 的标准化边际风险传染效应 $\Delta\text{CoVaR}_{q,t}^{i|j}$ 为：

$$\Delta\text{CoVaR}_{q,t}^{i|j} = \frac{\frac{\sigma_{ii,t}\rho_{ij,t}}{\sigma_{jj,t}}(\text{VaR}_{q,t}^{j} - \text{VaR}_{50\%,t}^{j})}{\phi^{-1}(q) \cdot \sigma_{ii,t}\sqrt{1-(\rho_{ij,t})^2} + \text{VaR}_{50\%,t}^{j} \cdot \frac{\sigma_{ii,t}\rho_{ij,t}}{\sigma_{jj,t}}} \quad (5.8)$$

5.3.2 金融机构风险传染网络的构建

基于上文述测算出的风险传染效应 ΔCoVaR，以它为矩阵中的要素，构造了金融机构在 t 时刻之间的风险传染网络矩阵。如表 5.1 所示。

表 5.1　　　　　　　　风险传染网络邻接矩阵

风险等级	r_1	r_2	……	r_n	From
r_1	0	d_{12}	……	d_{1n}	$\sum_{j=1}^{n}d_{1j}$
r_2	d_{21}	0	……	d_{2n}	$\sum_{j=1}^{n}d_{2j}$
……	……	……	……	……	……
r_n	d_{n1}	d_{n2}	……	0	$\sum_{j=1}^{n}d_{nj}$
To	$\sum_{i=1}^{n}d_{i1}$	$\sum_{i=1}^{n}d_{i2}$	……	$\sum_{i=1}^{n}d_{in}$	TC

其中，$d_{ij} = \Delta\text{CoVaR}_{q,t}^{i|j}$，表示 j 对 i 进行了标准化处理后的边缘风险感染效应。通过这一点，就能获得金融机构 j 的系统性金融风险总传染水平和金融机构 i 的系统金融风险的总溢入水平。将相邻矩阵中的各个要素进行标准化和加总，就可以得出整体的系统性金融风险水平 TC：

$$\text{TIC}_{\cdot \leftarrow j}^{\text{To}} = \sum_{i=1}^{n} d_{ij} \quad (5.9)$$

$$\text{TIC}_{i \leftarrow \cdot}^{\text{From}} = \sum_{j=1}^{n} d_{ij} \quad (5.10)$$

$$\text{TC} = \frac{\sum_{i,j=1}^{n} d_{ij}}{n} = \frac{\sum_{i=1}^{n}\text{TIC}_{\cdot \leftarrow j}^{\text{To}}}{n} = \frac{\sum_{j=1}^{n}\text{TIC}_{i \leftarrow \cdot}^{\text{From}}}{n} \quad (5.11)$$

通过对金融机构系统金融风险的传染程度、溢出程度进行分析，可以得出金融机构系统风险的净传染水平 NTIC：

$$\text{NTIC}_i = \text{TIC}_{\cdot \leftarrow j}^{\text{To}} - \text{TIC}_{i \leftarrow \cdot}^{\text{From}} \quad (5.12)$$

当这一数值为正值时，表明金融机构的风险传染程度高于其风险溢出程度，即为一个净风险传染机构；反之，若为负值，则意味着这个机构是一个净风险溢入方。

5.3.3 金融机构风险传染网络的特征刻画及测度

（1）关联度。

首先，针对整个金融体系统网络的关联水平，本书使用总体关联度（Total Connectedness，TC）这一指标进行测度。总体关联度TC将整个金融系统作为一个整体同时考虑每个节点的尾部风险传染效应，等于所有节点传染效应之和，总体关联度TC表示为：

$$TC = \sum_{j=1}^{N} \sum_{i=1, j \neq i}^{N} |\hat{D}_{jli}| \qquad (5.13)$$

其次，本书采用单个金融机构的行业输入强度（In-strength of Institution，ISI）和行业输出强度（Out-strength of Institution，OSI）来测度金融机构的关联水平。在有向关联网络中，其他金融机构以流入连线的方式对金融机构j的风险传染效应加总后被表示为金融机构j的输入强度，与此对应，金融机构j对其他金融机构的风险传染效应之和则被定义为输出强度。单个金融机构的输入强度（ISI）和输出强度（OSI）可用以下公式表示：

$$ISI_j = \sum_{i=1, i \neq j}^{N} |\hat{D}_{jli}| \quad OSI_j = \sum_{i=1, i \neq j}^{N} |\hat{D}_{ilj}| \qquad (5.14)$$

最后，本书采用了定义不同金融业及其内部关联水平的方法，即部门输入强度（ISS）和输出强度（OSS）。举例来说，A部门的输入强度是由所有属于部门AD的金融机构j的传染效应，通过流入连线的方式进行加总。

$$ISS_A = \sum_{j \in S_A} \sum_{i=1}^{N} |\hat{D}_{jli}| \qquad (5.15)$$

部门A的输出强度是指所有属于该部门的金融机构j对于所有其他金融机构i的传染效应的总和。

$$OSS_A = \sum_{i=1}^{N} \sum_{j \in S_A} |\hat{D}_{jli}| \qquad (5.16)$$

A部门所有的金融机构被分为1、2、3、4，分别代表银行、证券、保险和信托机构。

在此基础上，本书提出了部门间关联强度（Strength of Cross Sector，SCS）的概念，并以此为基础，对部门间的相关程度进行了进一步界定。

$$SCS_{B|A} = \frac{1}{N_B N_A} \sum_{i \in S_B}^{N} \sum_{j \in S_A} |\hat{D}_{ilj}| \tag{5.17}$$

(2) 无标度性。

网络的无标度性体现为其节点数的异质性，具有极少连接的节点占了网络节点的绝大部分，而极少部分的节点占有大量的连接这些节点称为集线器。这种不均匀的节点连接分布特征导致少数 hub 节点在网络中扮演主导角色，使得无标度网络对随机攻击具有很强的韧性，但对特定 hub 的攻击却显得非常脆弱。无标度网络节点的级别分布如下：

$$\log P(k) \propto -\lambda \log k$$

在金融网络领域，节点的度数分布被认为是一个恒定系数，即节点具有特定度数 k 的概率分布呈现固定特征。金融网络通常具有无标度网络的特点，这使得金融系统在受到外部冲击时，风险传播和系统性风险能够得到有效控制。然而，外部冲击对金融网络的中心节点（即 hub 节点）可能产生更为严重的影响，因此金融系统的稳定性主要取决于这些中心节点（金融机构）。

(3) 小世界网络特性。

复杂网络中的小世界特性表明，大多数节点之间并不是直接相连，而是通过少数中介节点来进行间接联系。在网络理论中，节点之间的最短路径被定义为节点之间的距离，而网络中所有节点之间的平均最短路径长度则被称为特征路径长度。小世界网络的特征路径长度在复杂网络规模为 n（总节点数为 n）时，大致上可以表示为 O（logn）。因此，如果网络的特征路径长度随着节点数量呈线性增长［符合 O（n）］，那么这种网络就被称为大世界网络。金融网络具有小世界网络的特性，意味着当系统性风险出现时，这些风险可以通过较短的路径传播到所有金融机构。小世界网络是一种结构疏松的随机网络，在网络中对节点和连接进行调整可以有效减缓风险传播的速度和程度。

5.4 金融机构风险传染实证分析

根据前文所述的传导机制和构建的风险传染模型，本章将进行实证分析。本章采用了我国 33 家上市金融机构为样本，进一步对金融机构的风险进行动态分析，然后对金融机构总体关联水平和金融机构间关联水平进行分析，从而从机构和部门两个维度上对我国金融机构的风险传染进行实证分析。

5.4.1 数据来源及变量选取

研究中选定了33家金融机构作为研究对象，样本数据覆盖了2013年1月1日至2023年9月30日的时间段。本研究在选取样本机构时，要求所选金融机构在上海或深圳证券交易所持续交易，并在样本期间内股票停牌时间不超过20个交易日。这些样本机构涵盖了银行、证券、信托和保险四个行业，其中银行机构有16家，证券机构有12家，保险机构有3家，信托机构有2家。样本数据为金融机构日度股票收盘价格，数据均来源于CSMAR数据库，样本机构名称及代码如表5.2所示。

表 5.2 上市金融机构类别及名称

银行		证券		保险		信托	
机构名称	机构代码	机构名称	机构代码	机构名称	机构代码	机构名称	机构代码
平安银行	A01	东北证券	S01	中国平安	I01	陕国投	E01
宁波银行	A02	国元证券	S02	新华保险	I02	安信信托	E02
浦发银行	A03	广发证券	S03	中国太保	I03		
华夏银行	A04	长江证券	S04	中国人寿	I04		
民生银行	A05	中信证券	S05				
招商银行	A06	国金证券	S06				
南京银行	A07	海通证券	S07				
兴业银行	A08	招商证券	S08				
北京银行	A09	太平洋证券	S09				
农业银行	A10	兴业证券	S10				
交通银行	A11	华泰证券	S11				
工商银行	A12	光大证券	S12				
光大银行	A13						
建设银行	A14						
中国银行	A15						
中信银行	A16						

5.4.2 描述性统计结果

本研究使用上市金融机构每日的收盘价计算得到上市金融机构的收益

率。上市金融机构日度收益率定义为 $R_{i,t}$，$R_{i,t} = \ln(P_{i,t}/P_{i,t-1})$，其中 $P_{i,t}$ 为机构 i 的每日收盘价。对机构的收益率数据进行描述性统计分析，结果如表5.3所示。

表5.3　　　　　　金融机构样本及其收益率描述性统计

机构名称	机构代码	样本量	均值	最大值	最小值	标准差	Jarque-Bera
平安银行	A01	1213	-0.0000	0.0956	-0.1051	0.0218	168.0087
宁波银行	A02	1207	0.0005	0.0954	-0.0705	0.0213	74.2344
浦发银行	A03	1213	-0.0005	0.0864	-0.0807	0.0127	2058.651
华夏银行	A04	1213	-0.0005	0.0924	-0.0689	0.0110	3805.945
民生银行	A05	1213	-0.0007	0.0808	-0.1942	0.0119	200006.1
招商银行	A06	1213	0.0001	0.0952	-0.0903	0.0194	175.7512
南京银行	A07	1213	0.0002	0.0956	-0.0832	0.0173	451.7477
兴业银行	A08	1213	-0.0001	0.0933	-0.0830	0.0175	431.9555
北京银行	A09	1213	-0.0005	0.0875	-0.0753	0.0102	7922.333
农业银行	A10	1213	-0.0002	0.0688	-0.0800	0.0105	5700.856
交通银行	A11	1213	-0.0003	0.0581	-0.0784	0.0105	7993.452
工商银行	A12	1213	-0.0003	0.0818	-0.0602	0.0116	2640.272
光大银行	A13	1213	-0.0003	0.0949	-0.0749	0.0140	2401.518
建设银行	A14	1213	-0.0002	0.0819	-0.0904	0.0140	2403.861
中国银行	A15	1213	-0.0003	0.0640	-0.0739	0.0096	7962.415
中信银行	A16	1213	-0.0003	0.0938	-0.0775	0.0138	4987.856
东北证券	S01	1213	-0.0003	0.0958	-0.1050	0.0219	1238.262
国元证券	S02	1207	-0.0005	0.0960	-0.1254	0.0232	1424.232
广发证券	S03	1213	-0.0002	0.0955	-0.1055	0.0222	1015.36
长江证券	S04	1213	-0.0005	0.0951	-0.1063	0.0210	1182.487
中信证券	S05	1196	0.0000	0.0954	-0.1055	0.0216	1045.706
国金证券	S06	1203	-0.0003	0.0958	-0.1057	0.0250	647.1653
海通证券	S07	1213	-0.0004	0.0957	-0.1055	0.0198	1464.968
招商证券	S08	1207	-0.0004	0.0955	-0.2042	0.0223	4549.522
太平洋证券	S09	1213	-0.0004	0.0972	-0.1054	0.0239	1209.004
兴业证券	S10	1207	-0.0003	0.0955	-0.1203	0.0242	841.8193
华泰证券	S11	1213	-0.0004	0.0955	-0.1054	0.0208	811.4008
光大证券	S12	1213	-0.0001	0.0958	-0.1070	0.0254	960.6322

续表

机构名称	机构代码	样本量	均值	最大值	最小值	标准差	Jarque-Bera
中国平安	I01	1213	-0.0003	0.0855	-0.0717	0.0180	162.3531
新华保险	I02	1213	-0.0006	0.0954	-0.1055	0.0228	382.434
中国太保	I03	1213	-0.0005	0.0954	-0.0917	0.0218	127.8463
中国人寿	I04	1213	0.0000	0.0955	-0.1236	0.0228	703.1548
陕国投	E01	1207	-0.0004	0.0968	-0.1062	0.0225	1458.217
安信信托	E02	1158	-0.0011	0.0964	-0.2305	0.0296	973.1617

各机构收益率的平稳性检验结果如表5.4所示。

表5.4　　　　　　　　平稳性检验结果

机构代码	ADF	临界值（1%）	临界值（5%）	临界（10%）	P值
A01	-34.12005	-2.566871	-1.941085	-1.616524	0.0000
A02	-36.40718	-2.566882	-1.941086	-1.616523	0.0000
A03	-35.57726	-2.566871	-1.941085	-1.616524	0.0000
A04	-35.88116	-2.566871	-1.941085	-1.616524	0.0000
A05	-34.41098	-2.566871	-1.941085	-1.616524	0.0000
A06	-34.66716	-2.566871	-1.941085	-1.616524	0.0000
A07	-35.81889	-2.566871	-1.941085	-1.616524	0.0000
A08	-34.80314	-2.566871	-1.941085	-1.616524	0.0000
A09	-35.05298	-2.566871	-1.941085	-1.616524	0.0000
A10	-34.24487	-2.566871	-1.941085	-1.616524	0.0000
A11	-35.05929	-2.566871	-1.941085	-1.616524	0.0000
A12	-18.10721	-2.566878	-1.941086	-1.616523	0.0000
A13	-34.55185	-2.566871	-1.941085	-1.616524	0.0000
A14	-33.46776	-2.566871	-1.941085	-1.616524	0.0000
A15	-34.8036	-2.566871	-1.941085	-1.616524	0.0000
A16	-35.24999	-2.566871	-1.941085	-1.616524	0.0000
S01	-37.44498	-2.566871	-1.941085	-1.616524	0.0000
S02	-34.81987	-2.566882	-1.941086	-1.616523	0.0000
S03	-35.72395	-2.566871	-1.941085	-1.616524	0.0000
S04	-35.7143	-2.566871	-1.941085	-1.616524	0.0000
S05	-35.00899	-2.566903	-1.941089	-1.616521	0.0000
S06	-34.3288	-2.566889	-1.941087	-1.616522	0.0000

续表

机构代码	ADF	临界值（1%）	临界值（5%）	临界（10%）	P值
S07	-34.50541	-2.566871	-1.941085	-1.616524	0.0000
S08	-34.82755	-2.566882	-1.941086	-1.616523	0.0000
S09	-17.37444	-2.566875	-1.941085	-1.616523	0.0000
S10	-33.09471	-2.566882	-1.941086	-1.616523	0.0000
S11	-34.55514	-2.566871	-1.941085	-1.616524	0.0000
S12	-16.54283	-2.566875	-1.941085	-1.616523	0.0000
I01	-34.99082	-2.566871	-1.941085	-1.616524	0.0000
I02	-35.57078	-2.566871	-1.941085	-1.616524	0.0000
I03	-35.05392	-2.566871	-1.941085	-1.616524	0.0000
I04	-34.05406	-2.566871	-1.941085	-1.616524	0.0000
E01	-33.43471	-2.566882	-1.941086	-1.616523	0.0000
E02	-27.46014	-2.566973	-1.941099	-1.616514	0.0000

从 ADF 检验结果来看 33 个序列的概率 P 值均为 0.000，在显著性水平为 5% 的情况下，P 值均小于显著性水平，因此认为序列不存在单位根。

ARCH 效应检验。对整个 33 家机构的对数收益率序列进行 ARCH-LM 检验，所得检验结果如表 5.5 所示。

表 5.5　　　　　　　　ARCH-LM 检验结果

机构代码	F 检验	Prob. F（1，1210）	Obs × R-squared	Prob. Chi-Square（1）
A01	9.539835	0.0021	9.480854	0.0021
A02	8.450198	0.0037	8.405206	0.0037
A03	8.812303	0.0031	8.763048	0.0031
A04	11.11653	0.0009	11.03354	0.0009
A05	0.277083	0.5987	0.277477	0.5984
A06	19.13224	0.0000	18.86557	0.0000
A07	8.191011	0.0043	8.149383	0.0043
A08	10.44514	0.0013	10.37286	0.0013
A09	4.112731	0.0428	4.105574	0.0427
A10	7.421278	0.0065	7.38823	0.0066
A11	2.707313	0.0129	16.12042	0.0131
A12	18.261	0.0000	18.01924	0.0000

续表

机构代码	F检验	Prob. F (1, 1210)	Obs × R-squared	Prob. Chi-Square (1)
A13	6.631476	0.0101	6.606231	0.0102
A14	8.104255	0.0045	8.063642	0.0045
A15	3.388065	0.0175	10.11268	0.0176
A16	7.517633	0.0062	7.483564	0.0062
S01	32.9721	0.0000	32.15051	0.0000
S02	58.10789	0.0000	55.52261	0.0000
S03	22.58339	0.0000	22.20626	0.0000
S04	72.92819	0.0000	68.89627	0.0000
S05	15.2631	0.0001	15.09514	0.0001
S06	27.29727	0.0000	26.73416	0.0000
S07	25.77905	0.0000	25.28301	0.0000
S08	22.5355	0.0000	22.15789	0.0000
S09	62.8136	0.0000	59.81243	0.0000
S10	47.02721	0.0000	45.33324	0.0000
S11	24.02506	0.0000	23.59626	0.0000
S12	159.6454	0.0000	141.2703	0.0000
I01	12.32644	0.0005	12.2223	0.0005
I02	22.0559	0.0000	21.69687	0.0000
I03	7.597257	0.0059	7.562333	0.0060
I04	53.85617	0.0000	51.64645	0.0000
E01	171.4253	0.0000	150.2937	0.0000
E02	36.7379	0.0000	35.66161	0.0000

5.4.3 金融机构风险传染的动态分析

利用我国金融业不同风险度量指标的平均值，来构建全面评估金融业系统性风险的指标。2017~2023年，金融机构系统性风险的演变在图5.6中得到展示。总体而言，2017年下半年的市场动荡主要集中在银行部门，波动较大。2020年7月，由于2018年中美贸易摩擦和2019年底新冠疫情的影响，金融机构的系统性风险达到顶峰，显示出系统性风险对宏观经济有一定的时滞性。从部门角度来说，银行部门的系统性风险在各部门中一直处于最高水平，特别是在疫情之后，这种系统性风险的波动比其他部门更加显著。

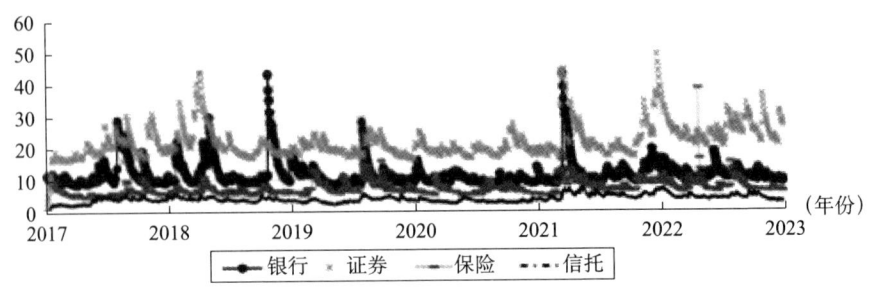

图5.6 2017~2023年系统性风险动态变化

我国金融体系在整个数据样本期间内波动传染效应较为显著，且表现出明显的时间变化特征。金融体系中存在明显的风险传染效应，各金融机构的风险水平受到自身因素的影响，同时也在很大程度上受其他机构的风险传染影响。风险总传染指数的周期性波动特征是由于重大风险事件的影响所引起的。在风险积累时，总传染指数迅速攀升，达到阶段性的高点后逐渐下降。根据波动周期的不同，这里将整个样本期分为四个不同的阶段。

第一阶段：2013年1月至2014年9月自2013年1月。金融机构的总传染指数在此期间持续迅速增长，并保持在较高水平，直至2014年6月。这一阶段，上海银行间同业拆借利率（SHIBOR）上涨，银行理财产品的收益率提升，流动性面临压力增加，金融市场出现流动性短缺，最终引发"钱荒"，致使整体风险传染指数急速飙升。

第二阶段：2014年10月至2017年5月。自2014年10月以来，总感染指数急剧上升。由于整体经济形势下行，资产风险不断增加，影子银行业务规模扩大，各类金融机构之间的业务整合增加，增强了金融机构之间的相互关联性。2015年6月，金融市场出现巨幅波动，导致证券行业承受了巨大压力，投资者情绪低迷，进一步加剧了金融机构之间风险传染的速度，风险传染指数持续维持在较高水平。

第三阶段：2017年6月至2020年1月。在这一期间内，金融机构之间的波动传染效应持续高涨，并在2017年保持在相对较高的水平。中美贸易摩擦的升级威胁了实体经济和金融市场，实体经济的不稳定性可能会进一步传播到金融行业，导致整个金融体系的风险不断扩大。2018年实施新的资产管理规定后，金融监管力度加大，金融体系的不稳定性增加。

第四阶段：2020年2月至2023年9月。自2020年开始，金融机构之间的波动传染效应逐渐增强，在2020年7月达到巅峰，随后逐渐减弱。由于新冠疫情席卷，2020年金融市场动荡不安，许多企业停止生产，导致债务违约问题频发，给银行的信贷资产质量带来不利影响，引发系统性风险蔓延加剧。

在金融机构风险传染的研究中，从频域角度看，总传染效应的变化趋势表明大部分时期受高频风险传染主导，但在极端风险时期，低频风险传染水平会显著上升，成为风险传染的主要来源。在极端风险事件爆发初期，低频风险传染会快速扩散，而高频传染的程度反而降低。在极端风险事件结束之后，低频风险传播减少了，而高频风险传播逐渐增加。

可能是因为极端风险事件的发生，给相关金融机构的股价带来了巨大冲击，进而对它们的经营产生了长期负面影响，导致这些机构之间的长期联系变得更强。在极端风险时期，金融市场波动更加剧烈，而金融风险不断积累，对投资者的影响也更为持久，从而增加了长期风险传染的可能性。2015 年，股市异常波动，导致沪深股市经历暴涨后持续暴跌，使投资者对股市产生了悲观预期，纷纷将资金撤出股市，给证券业带来了极大冲击。有些银行因为采用了融资融券的方式进入股市，导致他们的资金无法完全收回，从而增加了金融市场的长期不确定性。金融机构之间的同业合作频繁，使得风险得以在金融体系内传播、扩散，对整个金融系统造成更大的冲击。此时，长期合并感染在该阶段达到峰值。总的来说，我国近年来一直是一个系统，风险一直保持在较高水平。

5.4.4 金融机构总体关联水平分析

通过识别金融机构之间的信息传染关系，我们得到了样本期内各年度的关联网络。表 5.6 给出了 2016 年、2019 年、2020 年和 2023 年金融网络的总体关联特征。

表 5.6　　　　　　　　金融网络的总体关联特征

指标	2016 年	2019 年	2020 年	2023 年
直径	4	5	7	8
平均路径长度	2.9626	2.5313	2.1739	2.5244
密度	0.0904	0.1479	0.6325	0.7139
关联度	0.7395	0.8679	1.0000	1.0000

（1）小世界现象和无标度特性。

从结构特征来看，我国金融机构之间的信息传染关联网络呈现出复杂网络的特征，主要体现在"小世界现象"和"无标度特性"。首先，根据表 5.6，我们可以看到金融网络的平均路径长度和直径都相对较小。这表明我国金融机构的信息传染网络具有"小世界现象"。在小世界网络中，大多数节点通过短距离的关系迅速连接，使得网络中的信息传播更为迅速。虽然金融各机构之间的相互联系直接，信息在整个网络中能够快速传递。我国金融机构的关联网络呈现出较大的差异。尽管绝大多数节点只与很少的节点连接，但是一小部分关键节点却连接着许多节点，这揭示了该关联网络具有"无标度特性"。在具有无标度特性的网络中，存在着极少数连接度极高的节点，而大部分节点的连接度则相对较低。金融系统的稳健性和脆弱性之间存在一种特性，即虽然传染性违约的风险较小，但一旦发生，其影响将会广泛而巨大。系统的鲁棒性在于大多数节点之间的连接性相对较弱，这意味着随机冲击更可能对连接性较弱的节点产生影响。然而，系统的弱点在于如果某个或某些高度相关的节点受到冲击影响，整个网络就可能受到严重破坏。

其次，在危机期间，金融机构之间的信息传染效应变得更加显著，表现为关联程度的明显增加。在危机时期，33家金融机构之间通过有向边相互连接，促进信息传播。危机结束后，有向边的数量和网络密度并未显著减少，同时，考虑到直接和间接关联关系的关联度也有所提升。这表明在危机期间和危机后，金融机构之间的相关性显著增强，它们的网络联系更加紧密，系统性风险也更加显著。

这种增强的相关性可以解释为金融市场作为经济运行的"晴雨表"，金融机构的股价在一定程度上反映了企业的运营状况。在危机中，由于宏观经济基本面和金融机构资产质量的恶化，金融机构的共同风险暴露急剧扩大，它们之间的真实联系得到了增强。因此，在危机时期，各金融机构之间的联系更加紧密，风险扩散和信息外溢也更加显著。此外，当金融危机来临时，投资者的避险意识急剧增强，非理性的羊群效应和信息不对称问题越发突出。当一个金融机构的股价意外下跌时，会导致投资者大量抛售金融资产，这种行为在市场上迅速传播，不受基本面变化的影响，从而影响整个金融市场。

金融机构风险传染网络实质上是由大量金融机构为节点所构成的复杂网络，虽然整个金融机构体量很大，但是每个机构之间的关系往往非常紧密，每个节点之间的特征路径长度较小而聚合度较高，这种结合了规则网络和随机网络的部分特征的特点往往被称为"小世界性"。

金融机构风险传染网络是一个由大量金融机构构成的复杂网络。尽管金融机构数量庞大，但它们之间的联系通常非常紧密。节点之间的路径较短且聚合度较高，这种规则网络和随机网络的混合特征被称为"小世界性"。此外，中国的金融机构风险传染网络还具有无标度性的特点。这与中国金融行业的整体结构有关。正如前面已经提到的，中国金融体系仍以银行为主导，四大银行和大型上市银行占据核心地位。根据不同上市银行的总资产规模，我们可以将它们分为三个不同级别的经济实体。中国的主要银行中，第一梯队有6家，它们的总资产都超过10万亿元，分别是工商银行、建设银行、农业银行、中国银行、邮储银行和交通银行。第二梯队是指总资产规模达到1万亿~10万亿元的银行集团，这些银行包括招商银行、兴业银行、中信银行、浦发银行、民生银行和光大银行等。共有17家银行处于这个梯队当中。第三梯队银行是指总资产在1万亿元以下的银行，共有19家，包括成都银行、长沙银行、重庆银行、贵阳银行、郑州银行、青岛银行和苏州银行等，这些银行主要是地方性银行。四大银行及大型上市银行（15家中的工商银行代表）占据了超过60%的市场份额，这些数据反映了银行对中国金融机构的重要性。随着新发展格局的不断落实，中国银行业的规模将进一步扩大，为更多的连接提供了机会，这种少数节点占据大量连接的特点被称为无标度性。

（2）金融机构之间的关联程度。

我们成功获取了在样本期间内各年度金融体系的关联网络结构图，通过识别金融机构之间尾部风险传染效应。图5.7展示了金融体系整体联系程度在不同时间周期内的变化趋势。

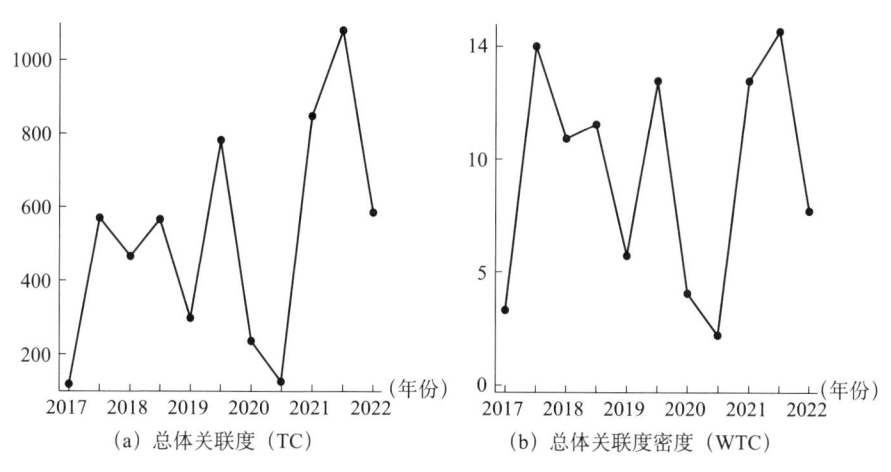

图5.7 上市金融机构总体关联度和总体关联密度

新冠疫情期间，金融机构尾部的潜在危险传播速度明显加快，导致整个金融系统内部联系更加紧密。2020年之前，33家金融机构的总体关联度为119.9；经过调研发现，在2020~2022年这段危机期间，这些金融机构之间的关联度发生了明显变化。然而，在危机爆发期间，金融系统的整体关联性急剧提高，远远超过450的水平。这意味着金融机构在危机时期之间的联系程度显著增加。在新冠疫情期间，由于中国经济增速明显放缓，金融机构资产质量不断下降，金融体系风险更大，金融机构关联度增加，导致极端事件风险传播更为显著。在金融危机中，投资者对资本市场失去信心，对风险更加厌恶，对负面信息更敏感，导致金融机构股价的正常波动可能引发大规模抛售，进而形成市场恐慌，加剧市场波动。到了2023年，后危机时代的开始使得金融系统的整体联系程度略有降低，但由于经济很难恢复到疫情暴发前的水平，金融机构之间的总体联系依然相对较高，联系更为紧密。

金融机构在不同年份上市的关联网络如图5.8所示，金融系统在危机期间的关联程度高于危机前的发展趋势。各金融行业之间的整体关联性显著，且具有明显的风险传染效应，特别是在新冠疫情暴发期间，关联水平有显著提升，总风险传染率从全样本期间的55.2%增至新冠疫情暴发期间的66.2%。到后危机时期，金融网络的关联程度在震荡中逐渐上升，到2023年，各项指标反映的金融机构关联程度甚至超过了危机期间的2020年，一直保持在较高水平。

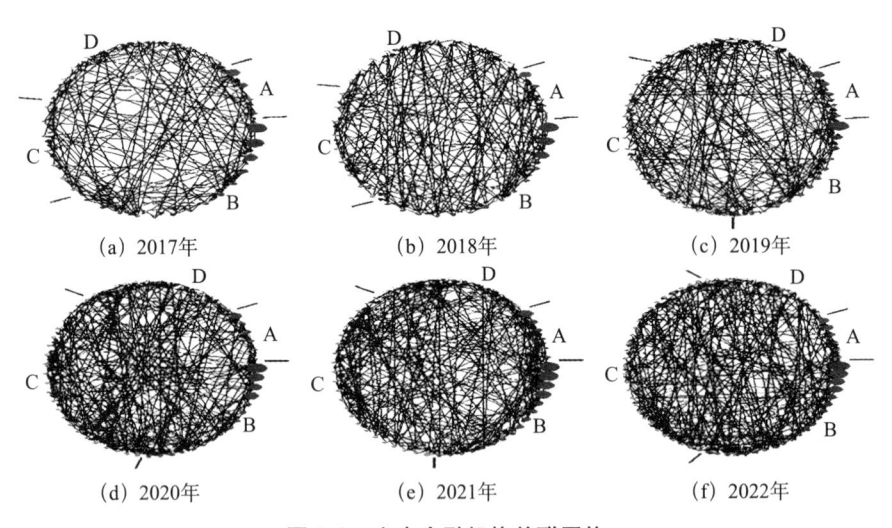

图5.8 上市金融机构关联网络

因此，在我国金融系统中，金融机构之间的整体联系程度在时间上表现出明显的变化趋势。我国金融系统的整体联系越来越密切，金融机构之间的联系日益紧密，系统性风险逐渐增加。

（3）稳健性和脆弱性。

金融机构内的风险传染网络具有稳健性和脆弱性，这是其第二个显著特征。该网络由多个形式复杂的子网络组成，呈现复杂网络的结构。由于存在小世界特征，信息在这个系统中能够以非常迅速的速度传播。关键节点的风险发生变化，即便是很小的一部分，都有可能极大地影响系统性金融风险爆发的概率。简言之，当一小部分重要金融机构受到冲击并经营风险爆发时，这种风险会通过连接迅速传递到其他金融机构，最终形成系统性金融风险，表现为网络的脆弱性。然而，由于存在无标度性，这种风险难以通过较大规模的金融机构外溢。因此，金融机构内的风险传染网络同时具有稳健性的特征。

（4）危机期间传染效应更强。

金融机构之间存在着多种形式的网络联系，如信息交换、债务债权和股权交易。在危机期间，这些复杂的网络连接会变得更加紧密，机构之间的传染效应也会增强，进而加剧风险传染的程度。对于上述特征，有一种解释是当一家金融机构陷入危机时，其资产质量和基本面恶化，可能会对其他机构产生影响。这种影响可以通过多种途径传播，例如，共同的债权人、共同的投资者以及金融商品和市场的互联性。最终，这导致了机构之间共同风险暴露的增加，也加强了它们之间的实质性联系。此外，由于信息技术的快速发展，金融市场上存在大量无用的"噪声信息"。这些信息在金融风险爆发时干扰了投资者的判断。与此同时，风险爆发期间投资者的避险意识增强，加剧了非理性羊群效应和信息不对称问题，进一步增强了整个金融机构的信息传染效应。

（5）具有时变特征。

我国金融机构的风险传染网络的变化不是随机的，其风险传染的速度和金融机构之间的关联程度随时间逐渐递增，造成这种现象的原因主要有以下两点。

保险、证券等业务创新多的机构风险来源的角色在强化，银行向信托、证券业的风险传染近年来有所上升（庞念伟和郭琪，2020）。

金融科技的发展速度越来越快，金融机构对数据和信息的依赖程度进一步加深，冗余信息模糊了金融机构联系之间的线性关系，隐性连接数量日益增长。

5.4.5 金融机构间关联水平分析

图5.9展示了样本期间不同部门输入和输出强度的动态变化情况。金融机构的总体关联度TC可以通过监测各部门的输入强度和输出强度的变化来解释，因为它们之和等于总体关联度TC。

(a) ISS (b) OSS

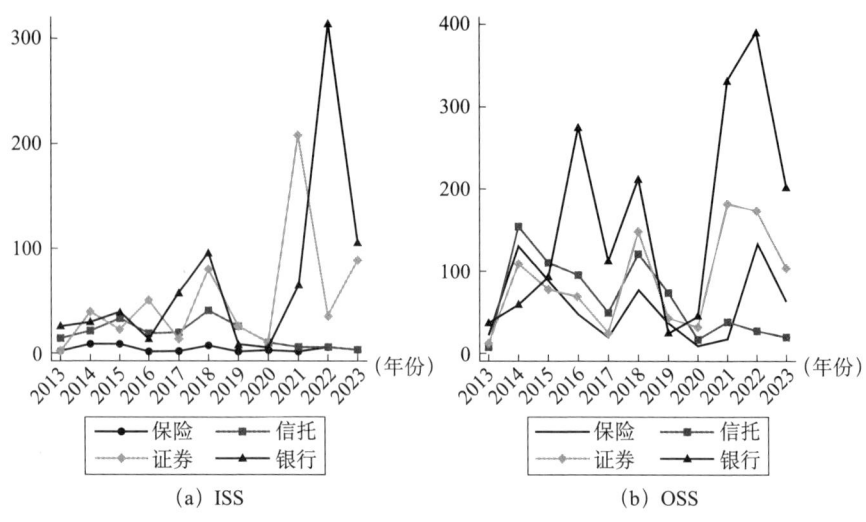

图 5.9　上市金融机构 ISS 和 OSS 的变化情况

通过监测证券部门输入强度 ISS 的波动，我们可以看出总体关联度 TC 在整个样本期间主要受到证券部门输入强度 ISS 变化趋势的影响。经过对不同时间段的研究发现，在 2013~2014 年，总体相关性 TC 的波动主要受到四个领域的共同影响，尤其是银行部门对其影响最为显著。2015 年，证券行业对金融机构整体关联度 TC 的增强起到了重要作用。2016~2017 年，银行业的影响是主要的原因。

金融体系的总体关联度 TC 在样本期间内主要受银行部门输出强度 OSS 变化趋势的影响。透过研究中国上市金融机构的关联网络，观察各部门的输入强度 ISS 和输出强度 OSS 与总体关联度 TC 的变化趋势，可以发现银行在尾部风险传染中扮演着输出者的主要角色，而银行和证券部门则是尾部风险传染的主要输入者。换句话说，银行在中国上市金融机构的关联网络中扮演关键角色，不仅传播尾部风险，也是主要的风险输入者之一。

因此，无论是从输出强度还是输入强度来观察，银行在中国金融领域中的地位是极为重要的。

图 5.10 呈现了在样本期间内金融体系内部以及不同部门之间联系程度的变化。在银行内部，各个部门之间的关联程度最高，高达 68.3，远超过了证券、保险和信托等其他行业内部的关联程度。总的来说，银行与其他三个部门相比，联系更加紧密。银行与证券机构之间的关联水平平均值为 102.3，远高于与保险和信托机构的关联水平分别为 17.1 和 42.2。在股票交易部门内部，内部联系的程度要比与其他部门之间的联系更紧密。

与其他业务部门相比,保险业和信托业与证券业之间的联系更加紧密。金融机构部门之间的网络关联性存在显著的不对称性,具体表现为银行、保险和信托对证券部门的平均关联度远超过证券部门对银行、保险和信托部门的关联度,分别为102.3、24.8和31.3。在中国金融系统中,银行部门更容易受到其他金融机构尾部风险传染的影响,这说明了金融体系中的关联网络在传播风险方面的重要性。

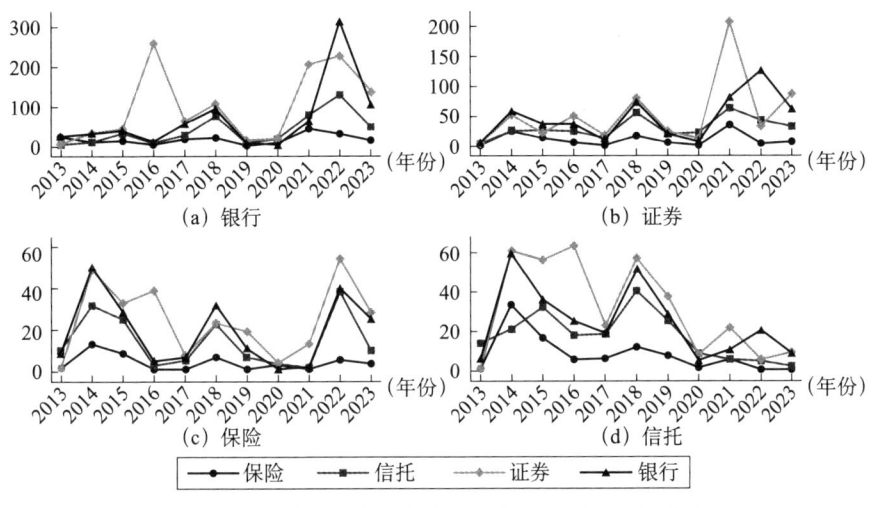

图 5.10 上市金融机构部门内和部门间关联水平变化

通过对图5.10结果进行深入研究,可以发现证券部门内的关联水平达到了四个部门中的最高水平,同时可以从时间角度进行观察。信托与其他部门之间的跨部门关系最为密切,其次是证券部门。自2014年开始,随着宽松货币政策的实施,各部门之间以及跨部门之间的联系日益密切。金融体系网络整体关联度不断提升,银行与证券部门之间、银行与证券部门之间的关联程度显著上升,成为影响的关键因素。2016年,房地产泡沫不断膨胀,导致银行部门与证券市场之间的联系达到前所未有的紧密程度,远远超过金融危机时期。尽管在2017年经历了多次调控,导致关联度下降,但房地产市场的关联度仍然保持相对较高水平。

通过对金融机构间关联水平的特征进行分析,我们可以发现近年来中国金融体系的整体关联水平不断增加,进而导致系统性金融风险的积累。银行和证券行业之间相互传染的风险增加,是系统性金融风险爆发的主要原因。在这个金融趋势中,银行是受到传染效应影响最大的金融机构,而受到影响最为显著的金融机构主要是银行和证券机构。在中国的金融领域中,银行是主要引发系统性风险的机构之一,同时也是受系统性风险影响最为显著的领域之一。所有金融系统中的银行扮演着至关重要的角色。

5.5 本章小结

总的来看，金融机构总体关联度在样本期间呈现了周期性的变化，从金融机构总体关联度的变化趋势来看，我国金融机构的总体关联水平具有明显的时变特征，并且机构间的关联性显著增强，金融机构的总体关联越来越紧密，风险传染效应不断增强。

分机构来看，自2014年以来，我国金融机构总体关联度一直处于高位；银行部门具有最强的风险传染效应，同时还与证券各个部门之间面临着其他部门最具威胁的风险传染效应。银行和保险行业在我国金融体系中扮演着关键角色，它们是金融风险传播的主要载体，同时也是最容易受到风险传染影响的行业。一些小金融机构虽然规模不大，但由于与其他金融机构高度关联，也可能成为金融风险的关键因素。

第6章　基于同业拆借渠道的银行风险传染研究

前文指出在我国的金融体系中,银行部门的风险传染效应最大,并结合我国以银行业为核心的金融体系的现实情况。因此,自本章起,本书将金融风险聚焦到银行部门,并详细探究金融风险将如何通过银行间不同的渠道进行传染。银行间风险传染渠道主要包括同业拆借、支付结算等具体业务形成的资产负债关联的直接渠道和基于信息溢出等处于资产负债之外的间接渠道(陈晓莉和成硕,2021;马若微等,2023)。相比之下,基于银行资产负债表关联的直接渠道会涉及更大规模的金融资产交易,更易引发风险传染。因此,本章将站在债权银行角度,通过建立同业拆借市场网络,研究直接渠道下银行间风险传染的特征。

6.1　银行间沿同业拆借渠道风险传染现状

党的十九大将防范化解重大风险确定为三大攻坚战之一,并强调金融风险为其中一个最突出的重大风险。而银行业作为我国金融业的核心,在有效配置资产的同时,也是发展可持续经济、稳定社会的前提。国际清算银行将银行风险定义为:银行系统中一家银行不能履行债务,进而引起关联银行违约的风险传染,最终致使金融系统崩溃。现如今,经济增长放缓、互联网金融飞速发展、低利率环境等现象都有可能提升银行风险的发生概率。2020年新冠疫情"黑天鹅"事件,对我国经济环境及金融市场均形成较大冲击。此次疫情引发经济暂停,货币当局迅速向市场投放大规模流动性,导致同业拆借利率的大幅下降,银行间交易越发频繁,提升了银行系统性风险出现的概率。

银行之间的相互关联是银行风险发生的必要条件,我国各大银行为满足资金的流动性或及时调整银行资产负债结构,主要依靠在银行间拆借市场上的资金借贷，以此建立了银行相互之间的资产负债关联。伴随着金融自由化程度的持续提升，同业业务成为银行增加收益的重要渠道（王文清，2021），银行间拆借市场的交易成员越来越多，各大银行间的业务往来也错综复杂，致使银行间资产负债的相关性不断加强，大多数学者认为强关联而成的银行间拆借网络将形成风险传染的载体，甚至会引发银行间风险传染的连锁反应，加大了风险的破坏程度（Iori and Jafarey, 2001; Mistrulli, 2011; 邓晶等, 2013; 黄玮强等, 2019; 李江和王一鸣, 2021）。银行间的关联渠道主要包括通过同业拆借（Aleksiejuk and Holyst, 2001; 王擎和田娇, 2016）、支付结算体系（Freixas et al., 2000; 黄聪和贾彦东, 2010）等方式形成资产负债关联关系的直接渠道和通过信息溢出建立关联关系的间接渠道（Nier et al., 2007; 欧阳红兵和刘晓东, 2015; 宫晓莉等, 2020）。相比于间接渠道，由于同业拆借、支付结算涉及更大规模的金融资产交易，故直接渠道更易引发银行间风险传染，其中银行间拆借市场可能成为银行危机传染发生根源（李宗怡和李玉海, 2005; Brunnermeier, 2009），对我国银行间拆借市场风险传染的研究具有重大现实意义。

因此，本章基于2016~2020年27家银行的真实数据，利用最大熵原理构建了银行间拆借额度矩阵，通过分析银行主体完全理性和有限理性下的借贷行为，分别构建了银行间拆借关系矩阵并生成完全理性、有限理性下银行间拆借市场网络，分析网络结构并仿真模拟两种网络在各违约损失率下一家银行破产时的风险传染广度、深度和速度的特征。

第一，分别构建完全理性下的放贷标准指标和有限理性下的放贷意愿指标，优化银行间交易矩阵。以往对于银行间拆借市场网络连边的筛选大多通过阈值法，其原理是给定一个固定值 c，若连边权重值大于 c，则保留连边，否则删去该连边。阈值的设定往往过于主观，容易低估或高估银行间风险的传染。本章通过熵权法构建放贷标准指标和放贷意愿指标，对利用最大熵原理构建的银行间拆借市场网络连边进行筛选，相比传统阈值法更加客观。

第二，首次对比分析完全理性下与有限理性下的风险传染特征，并进行了仿真模拟。以往关于银行间拆借市场风险传染的研究较少考虑银行主体的借贷行为，而债权银行的放贷行为与其主观决策密不可分，而在完全理性和有限理性下的主观决策的不同可能导致不同程度的风险积聚。因此，本章分析了银行主体在完全理性和有限理性下的借贷行为构建银行间拆借市场网络，通过网络上风险传染的仿真模拟对比分析了完全理性和有限理性下银行间风险传染的广度、深度和速度。

6.2 相关文献综述

6.2.1 银行间风险传染渠道研究

银行间风险传染的渠道可以分成直接渠道和间接渠道，其中，直接渠道主要包括银行间市场渠道和支付结算体系渠道等，间接渠道主要包括信息渠道等。

银行间市场风险传染主要是指银行间通过拆借交易融通资金，形成债权债务关系，进而将他们紧密关联起来，一旦债务银行受冲击而破产可能导致债权银行的倒闭（Grili et al.，2015）同业拆借市场则变成了风险传染的渠道，单家银行破产后，由于无法偿还贷款，可能会通过银行间关联将风险传染至其他银行，从而产生系统性风险（邓晶等，2013）。因此，银行间拆借市场的风险传染是形成银行系统性风险的主要因素（Martínez-Jaramillo et al.，2010）。在银行业中，银行同业市场资产也占据了较大的比重，因此银行间同业拆借市场渠道也成为直接渠道传染中的核心。利多普（Liedorp，2003）、德班特和哈特曼（De Bandt and Hartmann，2000）更是指出银行间市场可能成为引发银行危机的源头。帕尔塔利迪斯等（Paltalidis et al.，2015）采用最大熵法研究了系统风险以及金融传染如何在欧元区银行系统内传播。该研究捕捉了一个动态金融网络的多个快照，并使用反事实模拟来传播来自银行间的风险，结果表明这一渠道会引发严重的直接和间接损失和级联违约。因此，合理减小银行间关联性是降低风险传染的关键（宋凌峰和王治强，2020）。

银行支付结算系统使得银行间支付更加方便快捷，在支付结算系统运行时，资金划拨是在支付指令发出后进行的，在这时间间隔中存在着风险。孟格尔（Mengle，1995）和威尔斯（Wells，2002）分别研究了美国、英国银行间支付结算体系，前者发现美国银行体系较脆弱，而后者表明英国银行系统较稳定。黄聪和贾彦东（2010）最早使用我国银行间支付结算数据构建网络，研究发现该网络具备关键节点和局部社团结构共存的特点。胡志浩和李晓花（2017）基于我国大额支付系统数据构建中国金融市场网络，仿真风险传染及救援，还提出救护策略。此外，何奕等（2019）也探究了支付结算系统的脆弱性。

信息渠道是由于信息不对称等原因而造成银行间风险传染。欧阳红兵和刘晓东（2015）通过最小生成树法、平面极大过滤图法建立了信息溢出网络，进而探究了各机构的重要性。李政等（2016）以信息溢出的视角，通过 Granger 因果检验构建网络模型，分析了风险溢出下的网络结构与特性。黄玮强等（2018）也通过 Granger 因果检验，使用 VAR 模型构造我国已上市的金融机构溢出网络，并分析了金融机构之间风险传染效果。Granger 因果检验法是对股票收益率的条件均值进行分析，而股票收益率通常具有高峰厚尾的特点，因此使用 Granger 因果检验构建信息溢出矩阵可能存在一定误差。宫晓莉等（2020）基于分位数 ΔCoVaR 模型测算信息渠道的风险溢出矩阵，结合复杂网络分析法探究了上市银行间风险溢出的网络相关性。

6.2.2 银行间拆借市场网络风险传染研究

伴随着银行之间的关联性不断加强，国内外学者开始运用网络分析法构建银行间拆借市场网络（Cao et al., 2017；姚雯和唐爱迪，2020），进而探究其特征，这也为利用网络模型研究风险传染过程奠定了基础。

艾伦和盖尔（Allen and Gale, 2000）首次提出银行间的风险传染与网络结构相关。厄普尔和沃尔姆斯（Upper and Worms, 2004）、马君潞（2007）、方意（2016）、陈暮紫等（2021）利用银行报表披露的同业资产和负债总量，利用最大熵方法构造直接关联网络模型，能够捕捉到银行间拆借市场的风险传染。此后，尼尔等（Nier et al., 2007）、李守伟（2010）、罗旸洋和李存金（2020）通过阈值法，伊奥里和贾法瑞（Iori and Jafarey, 2001）、陈冀等（2014）、高磊和魏鹏飞（2020）等通过设定银行间连接概率来筛选网络连边，对所构建的网络结构做了进一步优化。另一类网络构建是基于金融机构的股价、信用违约互换这种市场数据，构建金融机构之间风险传染的网络关联模型，研究金融机构之间的风险关联情况，其中代表性的文献如迪博尔德和伊尔马兹（2014）。李守伟等（2022）在同业拆借关联模型的基础上，引入衍生品交易关联和持有共同资产关联，构建了银行动态多层网络模型。威廉姆森（Williamson, 2021）研究发现并得到银行间网络中的偿付能力困境传染风险对网络结构和该结构内的连通性程度都很敏感，相对于银行间风险敞口大小，高度直接关联的核心银行拥有更高的资本水平，因此能够更好地吸收传染风险，增强了网络的稳定性。从多层网络与媒体情绪的交叉视角出发，王等（2022）构建了内生的多层银行间流动性网络，进而构建了银行间流动风险传染的救援策略模型，发现在多层银行间流通性网络中，不仅可以通过全面调整媒体情绪因素来达到减少银行间流动性风险传染的目的，还可以通过综合调整媒体情绪和救援策略因素来快速抑制银行间流动风险的大规模传染。

此外，基于SIR模型已广泛应用于流行病学领域，并开始应用于各个领域。张（2022）利用SIR模型分析了银行系统中的风险传染。首先，基于所构建模型的微分方程表示了风险传染的动力学，计算了无病平衡数和基本繁殖数，以进一步分析该模型。结果表明，银行风险传染需要部分考虑和系统考虑。崔等（2023）建立了无标度网络模型，并利用SIS和SIR模型确定了风险传递阈值。其次，基于银行间债权债务关系建立矩阵，确定风险传染的条件。发现风险传染效应明显的银行通常是国有银行，中小银行的倒闭对市场影响不大。

随着研究不断深入，学者们指出了真实世界中银行间拆借市场网络的普遍特性。博斯（Boss et al., 2004）研究了奥地利的银行间拆借市场网络结构，指出该网络具有群落结构和层次结构。卡胡埃尔和塔巴克（Cajueir and Tabak, 2008）通过网络分析法探究了巴西的银行间网络特性，指出该网络具有群落特征和高度的异质性。随后，埃德森和孔特（Edson and Cont, 2010）发现此网络节点度还服从幂律分布，出度和入度的标度参数分别为2.84和2.46。此外，索拉马基等（Soramaki et al., 2007）指出美国的银行间拆借网络中的节点出度、入度的标度也服从幂律分布。

从网络的集中度出发，伊奥里和贾法里（Iori and Jafarey, 2001）利用假设各银行当中有无信用联系是服从矩形分布，结果表明若银行起始规模为同质，银行破产规模和市场集中度正相关。陈庭强等（2020）认为网络异质性的增加可以有效减弱风险的传染。而尼尔（Nier et al., 2007）指出银行随机网络集中度与风险的传染呈"U"形关系，起初集中度上升将加重风险传染，而当集中度超过某一阈值后风险传染效应将减弱。杨科等（2024）指出极端风险敏感且在银行网络中扮演核心角色的银行更倾向于向整个系统输出更多风险，通常在风险传染过程中起主导作用；在危机时期，网络密度通常会出现剧烈变化，关联网络的稳定性失衡进一步加速了系统性金融风险的传染。

从网络构建方法出发，阿帕尔等（Upper et al., 2004）首次运用最大熵的方法来构建银行间网络模型，最大熵方法假设关联网络是全连接的，即任意两两银行之间均存在借贷关系。但最大熵方法显然与现实存在偏差。阿南德和克雷格（Anand and Craig, 2015）指出，与真实关联网络下的风险传染结果进行比较，最大熵法会低估风险传染，而最小密度法则高估风险传染。真实的银行间市场风险传染结果，将处于最大熵法和最小密度法下所得到结果的区间内。黄玮强等（2019）运用最大熵法和最小密度法间接推断银行间借贷关联网络。对比分析两种网络的拓扑结构特征差异，以及两种网络下银行随机倒闭风险的网络间传染路径和程度。综合两种网络下的风险传染结果，分析了银行的系统重要性和抗风险能力。而丁等（2024）使用多智能体方法对银行间借贷网络进行建模，并通过双向匹配机制（BiMM）生成动态网络。并根据真实的银行资产负债表数据将银行分为三类。考虑到不同类别的银行表现出不同程度的传染，提出加权债务等级（W-DebtRank）。然后，利用 W-DebtRank 对动态网络中异质银行的风险传染进行了综合仿真分析。

从短期贷款角度出发，金等（2023）开发了一个动态的多层金融网络风险传递模型，该模型包含了传统的银行—公司贷款关系和动态的短期贷款。通过分析各种参数如贷款回收比率、交叉持股比率、网络结构、短期贷款比率，和攻击策略。动态短期贷款网络显著放大了系统风险，随着短期贷款规模的增加，这种放大效应不断增强。

从银行个体角度出发。伊奥里（Iori et al.，2008）构建意大利银行间拆借市场网络，并分别探究了在同质、异质情况下银行风险传染的结果，指出同质性会提升银行的稳定性。隋聪等（2017）从复杂网络社团角度出发，提出银行个体连接的异质性导致风险大多只在社团内部传染，很难传染到社团外。

从政府角度出发，王辉等（2021）将政府控股异质性所带来的银行议价能力差异量化为溢价倍数引入网络模型，加入银行受流动性冲击时保留价格的自相关性，构建了中国化银行业的内生均衡网络。并指出，事前对银行关联度进行适当限制可以提高政府救助政策效果。

从冲击视角出发。盖和卡帕迪亚（Gai and Kapadia，2008）研究系统冲击和特殊冲击对传染风险的影响。李守伟等（2010）基于复杂网络法研究了我国银行间拆借市场的稳定特征，利用阈值法建立有向网络模型，认为蓄意攻击时网络结构较不稳定，随机攻击下的网络结构较稳定。彭建刚和童磊（2013）通过压力测试法发现冲击加大时风险进一步蔓延，冲击减小时风险则会收敛。隋聪等（2017）认为初始受冲击银行数量与风险传染效果正相关。

从传染视角出发，大部分学者将传染定义为破产银行对其债权银行的信用违约，而使其债权银行遭受损失的过程（Upper and Worms，2004；隋聪等，2014），考虑了不同损失违约率下的风险传染大小。也有学者认为传染是破产银行对其具有关联性的银行带来流动性短缺，而促使关联银行变卖资产，资产价格下降带来的损失的过程（Gai and Kapadia，2008；

Davidovic and Kothiyal，2019；隋聪等，2020；Davydov and Vähämaa，2021；郭晨等，2022），研究了流动性趋紧下风险传染的规模。

6.2.3 银行借贷行为

在银行间市场上，拆借交易与银行主体借贷行为密切相关。部分学者认为银行主体的借贷行为是理性的（Rajan，1994；罗正英等，2011；张强等，2013），即银行会对借款方自身状况进行甄选后，选择发放贷款（Rajan，1994；叶李伟和李建建，2008；黄宪和熊启跃，2013）。也有学者认为银行借贷行为是有限理性的（Boyd and Nicolo，2003；Eisenbach and Schmalz，2015；王璐等，2020），即银行除了会筛选借款方状况外，还会在贷款发放时添加自己的主观决策。

（1）银行间的借贷行为。

同业拆借款主要是银行信用贷款，根据斯蒂格利茨和韦伯斯（Stiglitz and Weiss，1981）建立的信贷配给模型，银行更愿意向风险更低的对象发放贷款，表明银行主体符合"理性经济人"的假设，债权银行往往通过对借款者状况甄选后，选择向低风险对象进行放贷（Rajan，1994；叶李伟和李建建，2008；黄宪和熊启跃，2013），即考察借款者禀赋（如盈利能力、贷款偿还能力、经营风险等）识别信贷风险，挑选出信用更好的借款方（白俊和连立帅，2012）。

结合以往学者们的研究，债权银行会综合考虑债务银行的风险承受能力、贷款偿还能力、风险应对能力以及投资效率，选择风险更低的债务银行发放贷款（Rajan，1994；黄宪和熊启跃，2013）。风险承受能力衡量债务银行在自身不陷入困境的情况下所能承受的最大损失（Horvath et al.，2016）；贷款偿还能力是指债务银行对债务的偿还情况，当银行盈利状况良好、经营效率高时其对债务拥有更强的偿还能力（余明桂和潘红波，2010；Faulkender et al.，2012）；风险应对能力指债务银行面临风险时对于风险的处置能力，若银行资产管理能力越强则其风险处置能力也对应越强（陈燕等，2012）；投资效率反映债务银行运用贷款的投资能力，投资能力越高则表示债务银行使用贷款的潜在风险越低（王秀丽等，2014）。

（2）有限理性下的借贷行为。

由于市场上存在信息不对称，银行主体往往是有限理性的，债权银行除了会识别债务方特征外，其在发放贷款时往往会添加自身主观决策，进而影响其放贷决策（Boyd and Nicolo，2003；Eisenbach and Schmalz，2015），这种放贷行为有可能增加了债权银行自身的风险，甚至可能引发银行系统性风险（Harris and Raviv，2014）。学者们对银行贷款主观决策的研究大致可分为监管要求下、信息不对称下、管理者乐观情绪及流动性充足下四个方面。

监管压力会促使银行提升资本充足率（Rime，2001），而资本充足率的提升就会降低银行的贷款规模（Furfine，2000），银行的贷款行为就会受到限制（Peura and Jokivuolle，2004）。银行在资本约束下将主动减少放贷行为（吴玮，2011）。甘巴科尔塔和米斯特鲁利（Gambacorta and Mistrulli，2004）也指出银行借贷行为与资本水平相关。高资本充足率的银行倾向于扩大信贷规模，持有更多的高风险资产（陈伟平等，2015）。

道德风险方面，博伊德和尼科洛（Boyd and Nicolo，2003）认为大银行"太大而不能倒"特性，获得比小银行更多政府补助，这就加强了其冒险的动机，可能会发放更多贷款。随后，博伊德等（Boyd et al.，2004）出于道德风险的考虑，大银行倾向于向借款银行收取高利润，这导致了借方更高风险的经营行为，提高了违约风险。针对借方可能发生的逆向选择行为，叶李伟和李建建（2008）、黄宪和熊启跃（2013）认为银行在贷款前，对借款方进行甄选是解决逆向选择的重要手段。而这种对贷款申请的评估、甄选，会增加信贷融通成本，可能会造成银行"惜贷"行为（刘伟和张辉，2012）。此外，金融风险发生后，政府救助往往作为风险最后的稳定器和吸收器，但事后的政府救助措施也会增加银行事前的风险举动。埃卢尔和金（Ellul and Kim，2021）第一次实证研究银行网络内道德风险的互动所引发的内生风险行为，使用资本评估和压力测试报告中具有系统重要性的美国银行提供的场外交易市场的对手方数据，发现在这种紧密联系的网络中，银行更有可能与风险更高的交易对手进行联系，以获取最大的重大风险敞口，形成更密集的联系网络。

银行管理者存在乐观的心里表现，会高估自身应对不利条件的能力，具体表现为对未来更为乐观的展望，进而会影响银行资产定价、贷款发放（Eisenbach and Schmalz，2015）。银行管理者乐观情绪上升，会导致银行过度的放贷行为，进而提升了银行风险（王璐等，2020）。明斯基和海曼（Minsky and Hyman，1957）认为经济持续繁荣可能导致银行管理者乐观情绪上升，对风险容忍度增强，导致过度放贷。埃卢尔和耶拉米利（Ellul and Yerramilli，2013）提出薪酬绩效挂钩激励下，可能引发银行管理者乐观情绪高涨，过度扩张信贷。

商业银行自身流动性充足，即指其自身拥有更多闲散资金，这类银行往往面临更小的融资压力，更加倾向于扩大信贷规模和增加投资，充足的流动性导致银行本身的风险承受范围更广，也更加容易发放贷款（Cheng et al., 2011；黄隽和章艳红，2010）。

6.2.4 文献评述

由以上内容可知，银行风险传染效应的相关研究的方向主要有两个方面：风险传染渠道、网络结构在银行风险传染的应用。在银行网络中，大多数研究是利用复杂网络研究一个或多个银行风险传染的特征，以初始冲击作用于传染途径，通过资产或负债对银行进行关联分析。至今，该方面的研究仍有以下两点需要深入探讨。

第一，目前对银行有限理性与风险传染的研究主要集中于股票市场，因投资者的有限理性导致股价波动进而引发银行间的风险传染，最终可能造成系统性风险，但较少有文献探究银行间市场上银行主体行在为有限理性下的风险传染。然而，在银行间拆借市场上，由于市场上存在信息不对称，银行主体往往是有限理性的，债权银行可能除了识别债务银行特征外，还会在发放贷款时添加自身主观决策。债权银行处于有限理性下所选择的债务银行可能不同，导致债权银行所选择的同业交易对手不同，进而产生银行之间不同的债权债务关系，并连接出不同结构的拆借网络，在网络上的风险传染效果也应有所区别。因此，有必要将银行主体借贷行为与风险传染联系起来，比较不同借贷行为在同业拆借市场上的风险传染效果，以验证有限理性下的借贷行为更容易引发同业拆借市场上的风险传染。

第二，利用最大熵原理建立的银行间拆借市场网络是完全结构的，也就是说任何两家银行都具有拆借交易，然而现实中大多数银行仅与个别几家银行进行资金拆借，故需要对网络的连边进行合理筛选。

基于以上两点，本章利用 2016~2020 年我国 27 家银行的真实数据，在最大熵原理基础上，结合银行主体不同的借贷行为，估算了我国银行间交易矩阵并分别构建出银行间拆借市场网络。通过网络结构分析和两种网络下银行间风险传染的仿真模拟，对比研究了不同借贷行为下的银行间风险传染特征。

6.3 同业拆借渠道下银行间风险传染的研究基础

6.3.1 银行间风险传染特征

主要从银行间风险传染的特征、成因及传染机理等方面介绍银行间风险传染。银行间风险的特征主要有以下三方面。

（1）负外部性。

微观经济学将外部性表述为经济主体的行为对他人及社会获得额外收益或遭受更多损失，却没有获得补偿或承担成本，其中对其他人造成的损失即为负外部性。银行间风险的负外部性主要是指出现风险时，会对金融体系甚至全球经济造成重大负面冲击。造成这种负外部性的原因有：一是银行本质是高负债型的资本经营企业，一旦单个银行陷入困境，由于信息不对称造成的储户恐慌情绪会引发银行挤兑，则会导致更多银行陷入困境；二是银行之间基于业务紧密关联加大了银行间风险的负外部性，当单个银行遭到风险冲击时，风险必然会基于银行间复杂的债权债务关联传递给其余的银行；三是银行业是金融体系的核心，也是各国宏观经济的命脉，银行业爆发风险则会波及如证券、基金等其他金融机构，乃至重创实体经济，严重者可能导致整个宏观经济的崩溃；四是随着经济全球化和国内国际双循环的发展，各国经济贸易与金融都具有更高的关联性，这也提升了各国市场遭受风险传染的概率。

（2）传染性。

近年来，银行间拆借市场的迅速发展，银行之间拆借交易往来也更加繁杂，这种业务的关联形成了复杂的信贷网络的同时，也成为风险传染的载体，具体表现为单家银行出现危机所形成的风险能够基于银行间的债权债务关系传递至其余银行。

（3）放大机制。

银行间风险的放大机制主要是指由于负外部性和传染性的存在，起初微小的风险可能通过银行间不断的传播而累积放大，使得其他正常经营的银行陷入困境，增大了传染的规模。正如美国次贷危机的发生，从单家银行的倒闭最终变成全局性的金融危机。

银行间风险传染机理主要是指银行之间基于同业拆借等业务将其资产、负债紧密联系起来，进而形成了银行与银行之间债权债务关系，当单家银行陷入困境时，危机银行会通过与其他银行的资产负债关联，将风险传染给其他银行。银行间拆借市场上的参与成员数量不断增加，银行之间资产负债关联也更加紧密，这就提升了风险通过资产负债渠道传递的概率。当银行间拆借市场上流动性总需求小于总供给时，银行主体可以通过资金拆借获得流动性，以此提高了资金的使用效率。然而，当银行间拆借市场上流动性总需求大于总供给时，流动性趋紧的银行将无法获得充足资金弥补缺口，导致银行无法偿付借款，给其债权银行带来损失，此时风险将通过银行间同业拆借渠道传递给其他关联银行，最终可能引发银行系统的危机。

6.3.2 银行间风险传染成因

本章中银行间风险传染成因主要为金融市场脆弱性理论、风险溢出效应理论、理性人假说与信息不对称。

（1）金融市场脆弱性理论。

金融不稳定性假认为当经济的繁荣期过后，资本主义的金融结构将变得更加脆弱，即金融体系本质是脆弱的。当经济处于恢复时期，银行能够适度放松信贷，加大对实体经济的投资，推动经济发展。而当经济处于繁荣时期，银行的宽松信贷行为会促进企业的逆向选择，即将银行的贷款用于高风险和投机性用途，当信贷需求上升，利率随之提升，这一现象会导致高风险借款业务企业的财务恶化，一旦企业倒闭，由于不能偿还银行贷款，债务风险将急速传递至银行部门，严重者可能会形成金融危机。

（2）风险溢出效应理论。

某一金融机构遭遇冲击事件，风险能够迅速传染至其他机构或其他行业，进而形成系统性风险，这种传染往往是由风险溢出效应造成的。在银行系统内，单家机构遭受风险损失，往往会通过银行间业务的关联将风险传递出去，形成银行系统性风险，进一步引发金融体系的崩盘。因此，风险溢出效益本质就是风险的传染，这种传染能够进一步扩散并放大风险的影响，也加强了风险的破坏力度。

（3）理性人假说。

或经济人假说，属于微观经济学中最基础的假设条件。主要是对经济社会中参与经济活动的所有人一般特点的统一抽象，经济活动中的个体都是利己主义，其所参与的经济活动所采取的行为皆是为达到最大化获利的目的。主要特点是完全理性，所有人都能够对其所遇到的一切机会、目的和方法经过优化选择。具体来说，在信息完备的条件下，理性人知识完备、计算能力强且偏好稳定。在银行间拆借市场上，拆借资金也属于银行信用贷款，根据斯蒂格利茨和韦伯斯（Stiglitz and Weiss，1981）建立的信贷配给模型，银行更愿意向风险更低的对象发放贷款，也表明了银行主体符合理性人的假设。故在，债权银行将甄选借款银行的状况，即考察借款者禀赋（如盈利能力、贷款偿还能力、经营风险等）识别信贷风险，筛选信用好、风险低的借款方而后发放贷款。

（4）信息不对称。

区别于理性人假说下的信息完备，由于市场存在信息不对称的现象，完全理性人是不可能存在的,其只能作为一个理论上的抽象概念。信息不对称理论主要是说经济活动中的每个人所掌握的信息有所差异,也就是说市场当中的每个人都是有限理性的。对债权银行而言,由于其资本充足率高、流动性充足、拥有国家做信用背书而"大而不倒"及具有更加高涨的管理者乐观情绪等,这些都会影响其拆借款的发放,同时难以被监管部门察觉。因此,信息不对称前提下,债权银行的贷款行为是有限理性的,即债权银行将识别债务方特征,同时在发放贷款时添加自身主观因素,进而影响其放贷决策,这种放贷行为可能增加了债权银行自身的风险,甚至可能引发系统性风险。

6.3.3 银行间风险传染机制

(1) 风险传染基本假设条件。

为确保风险传染过程的严谨,本章提出以下五个假设条件。

第一,本章中的风险传染表示某银行遭受冲击而倒闭,基于银行间借贷关联而造成剩余银行不断陷入困境的过程,重点在于研究风险传染的过程及结果,不讨论初始冲击的类型。

第二,本章只关注信用违约造成的风险传染,即将初始倒闭银行仅被视为债务银行,因不能偿付债权银行的拆借资金而出现信用违约,招致债权银行遭受损失甚至陷入困境。

第三,忽略金融安全网的作用,即不存在第三方对金融机构的隐性担保、救助等情形,有助于充分考察银行间拆借市场风险传染的广度及深度。

第四,在风险传染过程中,银行不存在增加资本金情形,即网络中各银行的同业资产及同业负债规模不变。

第五,违约损失率(LGD)指危机中银行无法挽回的资产损失比率,在现实中是一个无法确定的值,为便于研究,本章设置违约损失率在[0,1]区间。

(2) 风险传染判定条件。

《巴塞尔协议Ⅲ》明确规定:当银行资本充足率不低于8%时,才能够满足可持续健康经营的条件,因此本章借鉴《巴塞尔协议Ⅲ》对银行资本充足率的要求,当银行资本充足率小于8%时即判定其为危机银行,同时将引发风险传染,具体判定公式如下:

$$CAR_i = \frac{E_i - \sum_j (LGD \times m_{ij} \times R)}{RWA_i - \alpha \sum_j (m_{ij} \times R)} < 8\% \qquad (6.1)$$

式 (6.1) 中，CAR_i、E_i 和 RWA_i 分别为银行 i 的资本充足率、资本净额和加权风险资产总额，LGD 为违约损失率，其数值的范围是 [0，1]，分母为银行 i 的同业资产遭受损失后对其风险加权资产调减后的数值，α 为银行间资产风险权重系数，参照《巴塞尔协议Ⅲ》标准，α 值取 0.25，b_{ij} 表示银行 i 对银行 j 的债权，特别地，R 为虚拟变量，$R = \begin{cases} 1, & \text{银行 j 陷入困境} \\ 0, & \text{银行 j 正常经营} \end{cases}$。当银行 j 陷入困境时，可由 R 值来判定其债权银行 i 是否会陷入困境并传递风险。

（3）风险传染过程。

图 6.1 为一个简化的银行风险传染图，其中有 5 家银行，银行 A 是银行 B、银行 C 的债务银行，银行 D 是银行 B、银行 C 的债权银行，银行 E 仅是银行 C 的债权银行。在初始时刻，银行 A 受到冲击致其资产受到严重损失而破产时，将导致银行 A 对债权银行 B、银行 C 的信用违约，即银行 B、银行 C 同业资产将受到损失。银行 B 的同业资产损失后其资本充足率依然高于 8%，则银行 B 不会破产，即风险将不会从银行 B 传染至债权银行 D。银行 C 的同业损失导致资本充足率低于 8%，此时银行 C 将陷入困境并成为新的传染源，将风险传染至银行 D、银行 E。银行 D 遭受损失后资本充足率高于 8%，则将风险吸收并不再进一步传染，而银行 E 由于损失使其资本充足率小于 8%，则能够将风险进一步传递下去。若在一个拥有 N 家银行的网络中，风险将在按上述方式传染，直至不再出现新的银行陷入困境，则由银行 A 破产引发的风险传染过程将终止。

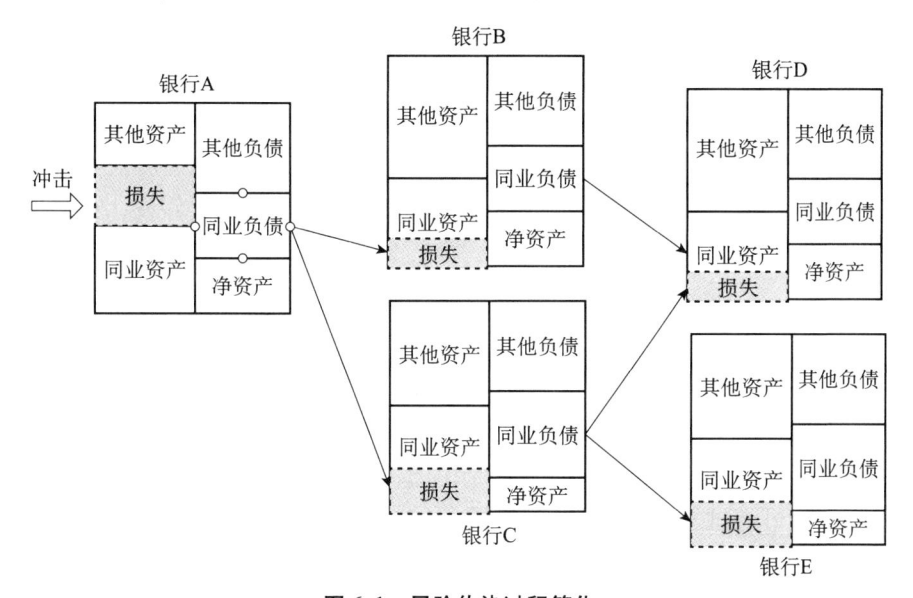

图 6.1　风险传染过程简化

为方便后文研究，本章参考潘小玉（2016）的做法，将风险传染过程按传染轮次划分。上述银行 A 破产导致其债权银行 C 陷入困境，为风险传染的第一轮，银行 C 导致其债权银行 E 陷入困境，为风险传染的第二轮。直到最后一轮再无新银行陷入困境时，才说明由银行 A 破产引发系统风险传染终止。按轮次风险传染情况如下。

第一轮，假设银行 j 为整个风险传染的触发银行，银行 j 破产后将对其所有债权银行 i 的对应同业资产 m_{ij} 违约，即给银行 i 造成损失 $LGD \times m_{ij}$。若银行 i 满足 $\dfrac{E_i - LGD \times m_{ij}}{RWA_i - \alpha m_{ij}} > 8\%$，则银行 i 不被传染，其剩余净资本变为 $E_i - LGD \times m_{ij}$；若银行 i 满足 $\dfrac{E_i - LGD \times m_{ij}}{RWA_i - \alpha m_{ij}} < 8\%$，则银行 i 被传染且将向其债权银行发生违约。

第二轮，触发银行 j 和第一轮受传染银行 i 将共同将风险传染至其他银行，即对它们的债权银行 k 造成损失，若银行 k 满足 $\dfrac{E_i - LGD \times (m_{kj} + m_{ki})}{RWA_i - \alpha(m_{kj} + m_{ki})} < 8\%$，则银行 k 也陷入困境同时发生违约，即本轮的传染过程将会使前一轮受影响而未被传染的债权银行的损失累加。

第三轮，将再次叠加前两轮的损失进一步传递风险。

第四轮，直到再无新银行遭遇困境，整个风险传染过程结束。

6.4 同业拆借渠道下网络模型的构建

在拆借市场上，银行主体借贷行为的不同会影响银行间的拆借关系，形成不同的债务链条，进而使得网络上风险传染的效果有所差异。本章将站在债权银行的角度，分析该情形下的借贷行为并提出研究假设，最终完成同业拆借渠道下网络模型的构建，为后文实证分析奠定基础。

6.4.1 复杂网络方法

复杂网络作为复杂性科学的关键分支，是解决有关复杂问题的新方法。在银行间拆借市场上，各银行之间错综复杂的借贷关系可视为复杂网络结构，其中各大银行对应为网络当中的各个节点，拆借头寸为节点之间连边，故可通过复杂网络理论构建银行间拆借市场网络来研究拆借市场上的风险传染情况。

网络理论是数学的一个重要分支，由节点和节点间连边构成，如今已被广泛运用于各大领域，例如，社会科学中的社会网络、经济学中的金融网络等。由于网络结构的特殊性，网络理论同样可用于传染问题的研究，例如，病毒的传染、社会科学中信息的传播以及金融学中风险的传染等。

目前，对于复杂网络的定义可以分成如下三个角度：一是对现实复杂系统的拓扑抽象；二是相比于随机网络，复杂网络结构更加复杂、网络拓扑结构指标的计算也更加繁杂；三是复杂网络主要是针对复杂系统问题的研究方法。

定义 N(P, L) 为单层复杂网络，其中 P 为节点的集合，L 为连边的集合。将节点 i 向节点 j 的连边定义为 $<p_i, p_j>$，同理，节点 j 指向节点 i 的连边定义为 $<p_j, p_i>$，在研究时可根据实际情况为节点间连边赋权。节点的连边个数总和被称为节点度，其中节点发出的连边个数总和是节点的出度，指向该节点的连边个数总和是节点的入度。

20 世纪末以来，复杂网络的研究逐渐受到各大领域学者们的关注。复杂网络的基本模型分为以下三类。

（1）随机网络。

随机网络中节点间的连接概率是完全相同的，即当概率值达到某一设定数值后，节点间的连边随机存在，节点度的统计特征服从泊松离散分布，这类网络整体的路径较短，几乎不存在聚类性质。

（2）小世界网络。

"六度分离"定律提出，世界上任何一个人最多需要通过 5 个人就可与世界上其他人建立联系。小世界网络处于随机网络和规则网络之间，其节点度也同样服从泊松分布，这类网络拥有相对较短的网络最短距离和聚集系数，如现实中交通网络。

（3）无标度网络。

此网络中少数节点的连边较为稠密，而多数节点的连边十分稀疏，且网络中的节点会随时间而增加，新的节点会优先与具有更多连边的节点相连。网络的节点度服从幂律分布，且存在中心节点，其连边数明显多于其他节点。

6.4.2 银行借贷关系分析

债权银行符合"理性人"假设，即追求利益的最大化，债权银行会在保证贷款安全性的情况下发放更多的贷款（Stiglitz and Weiss，1981）。结合以往学者们的研究，债权银行会综合考虑债务银行的风险承受能力、贷款偿还能力、风险应对能力以及投资效率，选择风险更低的债务银行发放贷款。风险承受能力用银行自身的核心资本充足率来表示（Horvath et al.，2014；邹伟等，2018），其数值越大表明银行本身风险承受能力越强。贷款偿还能力用息税前利润与资产总额比（余明桂和潘红波，2010；Faulkender et al.，2012）、成本收入比（Baele et al.，2007；刘忠璐，2016）、净利差三个维度衡量，息税前利润与资产总额比值越大表明银行盈利状况越好，成本收入比越小表示银行的经营效率越高，净利差越大表明银行资金交易效率越高。风险应对能力用总资产周转率来表示（陈燕等，2012），总资产周转率越高则说明风险应对能力越强。投资效率用不良贷款率来表示（王秀丽等，2014），其数值越小则说明债务银行投资的坏账可能更小、投资效率更高。

利用熵值法为以上指标客观赋权，合成债权银行对债务银行的放贷标准指标（B值），当债权银行对债务银行的B值高于系统内银行的平均水平时，则认定债务银行发生债务违约概率更低、贷款的安全性更高，此时债权银行会向该债务银行进行放贷。

有限理性下，债权银行贷款决策的理性是有限的，即债权银行可能除了识别债务银行特征外，还会在发放贷款时添加自身主观决策。结合学者们的研究，债权银行在有限理性下的借贷行为包括以下四方面："大而不倒"、所面临的监管压力小、自身流动性充足和管理者乐观情绪高涨。本章将基于以上四点构建"放贷偏好指标"，以衡量债权银行在有限理性下的贷款偏好程度。"大而不倒"指银行由于自身体量较大，一般有国家为其做信用背书，其贷款行为存在道德风险，会倾向于发放更多贷款，用银行资产占系统总资产比例表示（吴成颂等，2017），其数值越大则表示银行体量更大。面临较小的监管压力指监管部门往往会对资本充足的银行放松警惕，使得这类银行更容易发放更多贷款，用资本充足率表示（Sinkey，2006），资本充足率越高则表示银行面临的监管压力更小。自身流动性充足指拥有更多闲散资金银行面临更小的融资压力，故更倾向于扩大信贷规模，用贷存比来表示（顾海峰和于家珺，2019），贷存比越小则说明银行流动性更加充足。管理者乐观情绪高涨指当银行经营状况良好时，其管理者可能存在高涨的乐观情绪，其决策时往往表现出更加强烈的风险偏好，更容易增加银行的高风险信贷发放，用贷款增长率表示（Eisenbach and Schmalz，2015），贷款增长率越高越表明经济处于扩张状态，银行管理者的乐观情绪也更加高涨。

将以上指标利用熵值法合成债权银行主观决策的放贷偏好指标（L

值），同时结合债权银行评估债务银行风险程度的放贷标准指标，合成有限理性下债权银行的放贷意愿指标（W 值），当债权银行的 W 值高于系统内银行的平均水平时，则会向债务银行发放贷款。

6.4.3 研究假设的提出

进一步分析银行间风险传染情况。现假设银行 a、b、c、d 均为银行 i 的潜在债务银行，银行 i 仅对银行 a、b、c 的放贷标准指标高于系统内银行的平均水平，则银行 i 分别对银行 a、b、c 拆出资金 x_{ia}、x_{ib}、x_{ic}，即拆出总资金 $A_i^1 = x_{ia} + x_{ib} + x_{ic}$，而在有限理性下，银行 i 在添加自身主观决策后，银行 i 对银行 b、c、d 的放贷标准指标高于系统内银行的平均水平，此时银行 i 的拆出总资金 $A_i^2 = x_{ib} + x_{ic} + x_{id}$。两种情形下，银行 i 的拆出资金差额 $\Delta A_i = A_i^1 - A_i^2$，$\Delta A_i$ 可能小于 0 或大于等于 0。当 $\Delta A_i < 0$ 时，表明在有限理性下银行 i 的拆出总额度更大，则在风险传染过程中，银行 i 遭受风险的可能性更高；当 $\Delta A_i \geq 0$ 时，表明在银行 i 的拆出总额度更大，但是由于债权银行对债务银行资产状况筛选后，向风险较低的债务银行发放贷款，因此其债务银行 a、b、c 自身遭受风险传染的可能性更小，故向银行 i 传递风险的概率更低。

如上所述，债权银行处于有限理性下所选择的债务银行可能不同，导致银行之间会产生不同的债权债务关系，即形成不同的银行间拆借网络，其风险传染效应也应有所差异。银行主体借贷行为是债权银行对债务银行资产状况筛选后，向风险较低的债务银行发放贷款，形成的债务链条中存在的风险较低；而银行主体有限理性下的借贷行为添加了债权银行自身的主观决策，形成的债务链条中可能存在较高的风险，从而提升了整个银行系统的风险。因此，当单家银行破产而无法偿还借款，银行间出现信用违约时，债务银行具有较好的风险抵御能力，能在一定程度上吸收其他银行信用违约带来的风险并且不会再次传递风险；相比之下，有限理性下债务银行风险抵御能力可能较差，更容易遭受风险传染而陷入困境，进而向其债权银行传递风险，引起的风险传染效果更加显著。主要体现在风险传染的广度、深度和速度三个方面：风险传染的广度指银行系统内陷入困境的银行数目，数目越大则风险传染的范围越广；风险传染的深度指银行系统遭受资产损失程度，资产损失率越高则风险传染深度越深；风险传染的速度指银行系统内单位轮次陷入困境的银行数目，其数值越大则风险传染的速度更快。故本章从风险传染的广度、深度和速度三个维度衡量风险传染的效果，并提出假设 6.1、假设 6.2、假设 6.3。

假设6.1：有限理性下银行的借贷行为会扩大银行间风险传染的广度。

假设6.2：有限理性下银行的借贷行为会加深银行间风险传染的深度。

假设6.3：有限理性下银行的借贷行为会加快银行间风险传染的速度。

6.4.4　网络模型构建

本章的银行间拆借网络模型的建立主要分成三个步骤：首先，依据所得银行间拆借市场交易数据，利用最大熵值原理构造银行间拆借额度矩阵。其次，考虑银行自身的借贷行为的有限理性，依据可能存在的银行间借贷关系，计算出银行借贷关系矩阵。最后，结合上述得到的银行间拆借额度矩阵和银行借贷关系矩阵，生成最终的有限理性下银行间拆借市场网络。

（1）银行间拆借额度矩阵的构建。

测算银行间拆借市场上各银行间的风险传染时，首先需要考虑银行之间资金拆借额，这就需要获取交易银行之间的双边交易数据。但我国银行间拆借市场仅发布各银行一段时间的拆借资金总额，无法获得具体双边交易数据，故本章需借鉴最大熵原理测算交易银行的双边交易数据，以获取银行间拆借额度矩阵。

最大熵原理（Maximum Entropy）由杰尼斯（Jaynes，1957）提出，指在已知对象信息不完全的情况下，保持研究对象概率分布最大不确定性，确定最合理的概率分布（彭建刚和童磊，2013）。1998年，谢尔顿（Sheldon）和莫雷尔（Maurer）指出的在银行双边交易信息不完全下，应选择银行同业头寸分布信息熵最大化的分布，即最大化银行同业矩阵的无序程度。因此，最大熵原理估计银行之间的关联结构依然是目前最有效的方法。

假设在一个包含 N 家银行的拆借市场上，任意两家银行均存在同业拆借，则在拆借市场上的银行借贷额度可由矩阵 X 表示。矩阵中的元素 x_{ij} 为银行 i 对银行 j 的贷款额度，即 x_{ij} 为银行 i 对银行 j 的资金拆出，银行 i 为债权银行，银行 j 为债务银行。故矩阵 X 中第 i 行的行和表示银行 i 的总拆出额，用 a_i 表示，第 j 列的列和表示银行 j 的总拆入额，用 l_j 表示，即 $a_i = \sum_j x_{ij}, l_j = \sum_i x_{ij}$。由于现实中仅可获得各家银行对其所有交易银行的拆入、拆出总额，故 a_i 与 l_j 可得。而银行不能对其自身进行交易，即矩阵中对角线元素均为0，因此还需计算 $N^2 - 3N$ 个未知数，这就需要借助最大熵方法测算。

首先，整个系统需要满足总同业资产等于总同业负债，故本章借鉴吴念鲁和徐丽丽（2015）的方法，添加一个虚拟银行，赋予其拆借数据以满足系统内银行总资产等于总负债，但该虚拟银行不参与银行间风险传染。其次，需要对矩阵 X 标准化，使得 $\sum_{i=1}^{N} a_i = 1$ 和 $\sum_{j=1}^{N} l_j = 1$，将 a 和 l 视为分布函数 f(a) 和 f(l) 的对应实现值，则 X 可视为二者的联合分布函数 f(a, l) 的实现值，若 f(a) 和 f(l) 相互独立，则 $x_{ij} = a_i \times l_j$。最后，要满足矩阵主对角线元素均等于 0，故令矩阵 X 的主对角线元素等于 0 得到矩阵 X^0，则最终银行间拆借额度矩阵 X^* 的计算如下：

目标函数：

$$\min \sum_{i=1}^{N} \sum_{j=1}^{N} x_{ij}^* \ln\left(\frac{x_{ij}^*}{x_{ij}^0}\right) \tag{6.2}$$

约束条件：

$$a_i = \sum_{j=1}^{N} x_{ij}^*, \, l_j = \sum_{i=1}^{N} x_{ij}^*, \, x_{ij}^* \geq 0 \tag{6.3}$$

在式（6.2）、式（6.3）中，当 $i \neq j$ 时，$x_{ij}^0 = a_i \times l_j$，当 $i = j$ 时，$x_{ij}^0 = 0$，且当 $x_{ij}^0 = 0$ 时，$0\ln(0/0) = 0$。最后，运用 RAS 算法通过 Lingo11 进行迭代计算，得到了银行间拆借额度矩阵 $X^* = [x_{ij}^*]$，矩阵中元素即表示所对应交易银行间的具体拆借额度。

（2）有限理性下银行间拆借关系矩阵构建。

由上文的银行间拆借额度矩阵 X^* 知，系统中任意一家银行对其他 N-1 家银行均有拆借交易，而现实中的银行不可能与所有银行进行拆借交易。因此，学者们通过阈值法进一步筛选矩阵 X^* 中元素，其原理是给定一个固定值 c，若 x_{ij}^* 的值大于 c，则保留 x_{ij}^* 并默认银行 i 与银行 j 发生拆借，反之则令 x_{ij}^* 为 0，即认为银行 i 与银行 j 不发生拆借。本章认为两银行之间是否发生拆借交易，取决于银行主体的借贷行为。

假设在一个拥有 N 家银行的系统内，银行间拆借关系矩阵银行 j 发放贷款。因为银行不与本身交易，故矩阵 P 主对角线元素均等于 0。此外银行 i 对银行 j 发放贷款时 $p_{ij} = p_{ij}^1$，有限理性下，银行 i 对银行 j 发放贷款时 $p_{ij} = p_{ij}^2$。

银行的放贷行为主要是指债权银行是否对债务银行发放贷款取决于债务银行自身的资产情况，并最终倾向于向低风险的银行发放贷款。本章将结合国内外学者的研究，从风险承受能力、贷款偿还能力、风险应对能力以及投资效率等四个方面选取适当指标，最后利用熵权法合成最终银行的放贷标准指标（B 值）。

银行有限理性下的放贷偏好表示债权银行仅因其本身具有某种特性而不考虑债务银行的资产质量，而为债务银行发放贷款。这些特性主要包含:"大而不倒"、所面临的监管压力小、自身流动性充足和管理者乐观情绪高涨。最终利用熵权法合成银行的放贷偏好指标(L值),结合债权银行评估债务银行风险程度的放贷标准指标,合成有限理性下债权银行的放贷意愿指标(W值)。

结合前文理论分析,可得银行放贷标准指标体系如表6.1所示,有限理性下银行放贷偏好指标体系如表6.2所示。

表6.1 银行放贷标准指标体系

项目	指标	释义	属性
风险承受能力	核心资本充足率	核心资本/加权风险资产总额	正向
贷款偿还能力	利润率	息税前利润/资产总额	正向
	成本收入比	营业费用/营业收入	逆向
	净利差	生息率-付息率	正向
风险应对能力	总资产周转率	销售收入/总资产	正向
投资效率	不良贷款率	贷款拨备率/拨备覆盖率	逆向

表6.2 银行放贷偏好指标体系

项目	指标	释义	属性
大而不倒	资产规模占比	银行总资产/系统资产总额	正向
监管压力	资本充足率	资本净额/资产总额	正向
流动性	贷存比	发放贷款额度/吸收存款额度	逆向
管理者乐观情绪	贷款增长率	本年贷款增量/上年贷款总额	正向

基于表6.1、表6.2选择的指标,本章采用熵权法为各指标合理赋权,以获得银行放贷意愿指标及放贷偏好指标。具体步骤如下。

第一,对正向、负向各指标进行标准化处理:

正向指标标准化:

$$x'_{iq} = \frac{x_{iq} - \min x_{iq}}{\max x_{iq} - \min x_{iq}} \qquad (6.4)$$

负向指标标准化:

$$x'_{iq} = \frac{\max x_{iq} - x_{iq}}{\max x_{iq} - \min x_{iq}} \qquad (6.5)$$

其中,x_{pq}表示第i个银行第q项指标,i=1,2,3,…,m;q=1,2,3,…,n。x'_{ij}为标准化后的指标。

第二,对x'_{iq}进行归一化处理:

·124·

$$h_{iq} = \frac{x'_{iq}}{\sum_i x'_{iq}} \quad (6.6)$$

第三，计算第 q 项指标的熵值：

$$s_q = -\frac{1}{\ln m} \sum_{i=1}^{m} h_{iq} \ln(h_{iq}) \quad (6.7)$$

第四，计算第 q 项指标差异系数：

$$g_q = 1 - s_q \quad (6.8)$$

第五，计算第 q 项指标的权重：

$$\alpha_q = \frac{g_{iq}}{\sum_{i=1}^{m} g_{iq}} \quad (6.9)$$

第六，计算放贷意愿指标 B：

$$B_i = \sum_{q=1}^{n} \alpha_q h_{iq} \quad (6.10)$$

第七，计算放贷偏好指标 L：

$$L_i = \sum_{q=1}^{n} \alpha_q h_{iq} \quad (6.11)$$

第八，得到各年各银行的放贷意愿指标 B_i，计算出各年所有银行放贷意愿指标的算数平均值 $\bar{B}$，即可确定银行 i 对银行 j 发放贷款的概率 p_{ij}^1：

$$p_{ij}^1 = \begin{cases} 1, & B_i \geq \bar{B} \\ 0, & B_i < \bar{B} \end{cases} \quad (6.12)$$

即可得到各年各银行的放贷偏好指标 L_i，则有限理性下银行的放贷意愿指标 W_i 为 B_i 和 L_i 的均值，即 $W_i = \frac{L_i + B_i}{2}$，同样可计算出各年所有银行放贷意愿指标的算数平均值 $\bar{W}$，即可确定银行 i 对其他银行发放贷款的概率 p_{ij}^2：

$$p_{ij}^2 = \begin{cases} 1, & W_i \geq \bar{W} \\ 0, & W_i < \bar{W} \end{cases} \quad (6.13)$$

由上文已经获得 p_{ij}^1 和 p_{ij}^2 的值，故可以分别得出银行间拆借关系矩阵 $P^1 = [p_{ij}^1]_{N \times N}$、有限理性下银行间拆借关系矩阵：

$$P^2 = [p_{ij}^2]_{N \times N} \quad (6.14)$$

（3）网络生成。

至此，已通过最大熵原理估算出银行间拆借额度矩阵 X^*，基于熵权法得到银行同业拆借渠道下的对照指标 B 和有限理性下的指标 W，并将两个指标作为判定条件嵌入银行间拆借关系矩阵，分别得到对照矩阵和有限理性下的拆借关系矩阵 P^1、P^2。银行间交易矩阵 $M^1 = [m_{ij}^1]_{N \times N}$，$m_{ij}^1 = x_{ij}^* \times p_{ij}^1$ 表示银行 i 与银行 j 存在借贷关系下（$p_{ij}^1 = 1$），其发放贷款额度为

x_{ij}^*，有限理性下银行间交易矩阵 $M^2 = [m_{ij}^2]_{N \times N}$，$m_{ij}^2 = x_{ij}^* \times p_{ij}^2$ 表示在有限理性下银行 i 与银行 j 存在借贷关系下（$p_{ij}^2 = 1$），其发放贷款额度为 x_{ij}^*。在 Ucinet5.2 中导入各年银行系统的银行间交易矩阵 M^1、M^2，以银行为节点，m_{ij}^1、m_{ij}^2 为银行 i 指向银行 j 的有向连边，体现了银行间的借贷关系，x_{ij}^* 大小为该连边权重表示债务的规模，即可生成有限理性下银行间拆借市场网络，接下来可以分析网络的结构，并分析网络上的风险传染。

6.5 实证研究与结果分析

6.5.1 数据的选取及处理

由于我国银行业金融机构数目庞大，但多数非银行类金融机构规模小且区域性限制强，因此本章研究的样本银行仅限于国内银行机构。我国银行体系主要由国有商业银行、股份制商业银行、城市商业银行、农村商业银行、政策性银行等组成。区别于商业银行，政策性银行是国家宏观调控的工具，故不作为本章研究对象。

为全面探究我国大型、中型商业银行的风险传染情况，本章将选取所有国有银行和股份制商业银行为研究对象，考虑近些年来城商行与农商行的迅速发展，本章还将这两类银行中具有代表性的银行纳入样本。共选取 27 家银行（见表 6.3），其中包括 6 家国有商业银行、11 家股份制银行、总资产分别排名前 5 的城市商业银行和农村商业银行。截至 2020 年，样本银行占所有银行类金融机构资产总额的 64.9%，负债总额的 65.1%，具有较好的代表性。

表 6.3　　　　　　　　样本银行名称及编号

编号	银行名称	编号	银行名称	编号	银行名称
B1	中国银行	B10	中国民生银行	B19	渤海银行
B2	中国建设银行	B11	招商银行	B20	南京银行
B3	中国工商银行	B12	中信银行	B21	天津农商银行
B4	中国农业银行	B13	光大银行	B22	北京农商银行
B5	兴业银行	B14	华夏银行	B23	宁波银行
B6	广发银行	B15	上海农商银行	B24	中国邮政储蓄银行
B7	交通银行	B16	北京银行	B25	江苏银行
B8	浦发银行	B17	上海银行	B26	顺德农商业银行
B9	平安银行	B18	浙商银行	B27	江南农村商业银行

数据所选取的时间段为 2016～2020 年，27 家银行各年数据来源于国泰安、Wind 数据库以及相应银行披露的年报。特别地，借鉴肖崎和阮健浓（2014）的做法，银行的同业资产（a）为银行存放同业、拆出资金及买入返售的资金总和，而同业负债（l）为银行同业存放、拆入资金及卖出回购的资金总和。银行间拆借额度矩阵 X^* 由 Lingo11 运算得到，经熵权法为各项原始指标赋予权重，得到各年各银行的放贷意愿指标和放贷偏好指标（见附录1附表1-1、附表1-2），进而代入矩阵 P 得到银行间拆借关系矩阵 P^1、P^2，合成银行间交易矩阵 M^1、M^2，利用 Ucinet5.2 进行网络分析，通过 Matlab2016a 编程仿真模拟银行网络的风险传染过程。

6.5.2 网络结构比较

利用样本银行数据算得各年份系统银行交易矩阵 M^1、M^2，以银行为节点，m_{ij}^1、m_{ij}^2 为加权有向连边，得到基本组和有限理性下银行间拆借市场网络。为便于描述，基本组银行间拆借市场网络命名为网络1，有限理性下银行间拆借市场网络命名为网络2。在研究网络中银行间风险传染之前，本章利用复杂网络模型中的特征参量，对各年份网络进行密度、距离权重离散度计算并分析，探索银行间风险传染的特征。

（1）网络结构可视化。

首先将 2016～2020 年系统银行交易矩阵导入 Ucinet6，通过复杂网络模型就能够直观显示出网络1、网络2的基本拓扑结构，如图 6.2 所示。

2016年　　2017年　　2018年　　2019年　　2020年
(a) 网络1

2016年　　2017年　　2018年　　2019年　　2020年
(b) 网络2

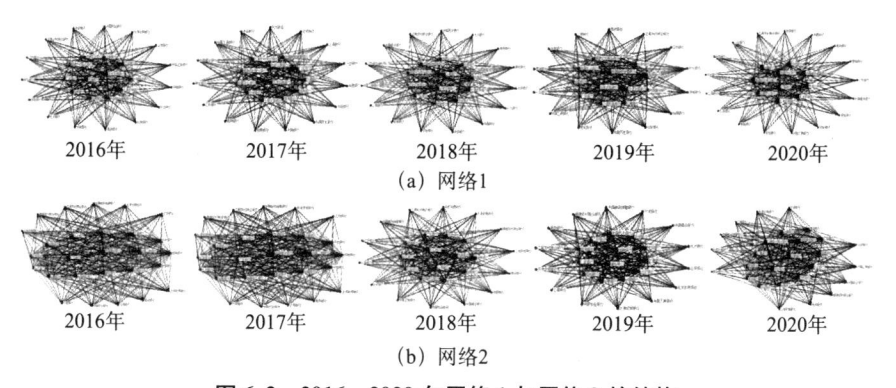

图 6.2　2016～2020 年网络 1 与网络 2 的结构

从图 6.2 可以看出银行间拆借市场网络的结构，处于网络 1 中心位置的节点均为放贷标准指标高的银行，这些银行由于风险承受能力、贷款偿还能力、风险应对能力以及投资效率水平整体更高，这些银行可以获得系统其他银行的贷款,即拥有更多的连边;处于网络 2 中心位置的节点均为放贷意愿指标高的银行,而这类银行由于存在"大而不倒"、银行管理乐观情绪高涨、面临监管压力小、自身资金流动性强等特点,在有限理性下,这些银行更偏好于向系统内其他银行发放贷款以扩大信贷规模,故也拥有更多连边。从图 6.2 中仅能大致观察网络结构,但网络的风险传染特性还需通过复杂网络理论进一步分析。

(2) 网络密度、网络距离权重离散度计算与分析。

网络密度是度量网络中节点的密集度的变量,体现了某一节点抵达其他节点的难易水平。在银行间拆借市场网络中,网络密度则表示银行间风险传染的难易程度,其数值越接近 1,表示更容易发生风险传染。网络距离权重离散度反映了网络节点间的距离,反映在银行间拆借市场网络上可表示为银行间整体借贷关联的强弱,该指数接近 1 则表明网络结构更加松散,银行间的借贷交易关联更低。由 Ucinet 计算出出各年银行间拆借市场网络的网络密度、网络距离权重离散度,如表 6.4 所示,N1 为网络 1,N2 为网络 2。

表 6.4　　2016~2020 年银行间拆借市场网络密度及网络距离测算结果

项目	2016 年		2017 年		2018 年		2019 年		2020 年	
网络类别	N1	N2	N1	N2	N1	N2	N1	N2	N1	N2
网络密度	0.444	0.593	0.444	0.593	0.444	0.482	0.482	0.482	0.370	0.556
网络距离权重离散度	0.556	0.407	0.556	0.407	0.556	0.519	0.519	0.519	0.630	0.444

在网络密度方面,各年网络 2 的网络密度较大,表明在有限理性下,银行主体间联系较紧密,这种密集的拆借交易能够提升市场资金的流动效率,但也在某种程度上加强了银行间的风险传染。2016 年、2017 年网络 2 密度最大,原因是 2016 年 2 月国务院取消《银行业金融机构进入全国银行间同业拆借市场审核规则》,同业拆借市场入市审批终结,使得银行主体在有限理性下的借贷行为更加活跃,拆借交易更加频繁,加强了银行主体间联系。在网络距离权重离散度方面,各年网络 1 的离散度更大,表明在对比组下,银行主体间保持着相对疏散的借贷交易,也削弱了银行间风险的传染。

综上所述,结合网络密度和网络距离权重离散度,本章可以初步推测网络 2 的银行间风险传染效应强于网络 1,即有限理性下银行间的借贷行为可能加强银行间的风险传染。为进一步验证,本章分别仿真模拟了网络 1 和网络 2 的风险传染情况。

6.5.3 风险传染仿真模拟比较

本章将模拟考虑了银行主体借贷行为在有限理性下的网络的风险传染效应,并结合风险传染情况,试图结合受传染银行数目、资产损失率、风险传染速度分别验证假设 1a、假设 1b、假设 1c。

(1) 风险传染广度。

首先,分析两种网络中不同触发银行作用下,不同违约率所对应的传染银行数目,受传染银行数目能够直观反映银行间风险传染的广度,其结果如表 6.5 所示。由于违约损失率小于 0.5,少有银行发生风险传染,故在表中未列出。整体来看,两种网络各年风险传染状况相似,2016 年受传染银行数目最多,风险传染最严重,2017 年银行间风险传染有所缓和,而 2018 年银行间风险传染极低,2019 年不发生风险传染,但 2020 年银行间风险传染现象再次凸显。这主要是因为整个系统各年的平均资本充足率分别为 10.42%、10.62%、11.29%、12.02%、14.27%,2016 年、2017 年各银行所持有的风险加权资产过多,拉低了银行的资本充足率,降低了自身抵御风险的能力,提高了银行陷入困境的概率,而自 2017 年 10 月党的十九大提出重视防范系统性金融风险后,2018 年、2019 年银行系统整体资本充足率均有所上升,加强了银行自身的抗风险能力,整个银行体系也更加稳定,2020 年银行间拆借规模达上一年的 2.43 倍,过大交易规模再一次提升了银行间风险传染的概率。从银行类别来看,当触发银行分别为国有银行、股份制银行、城商行和农商行时,受传染银行数目依次降低,这主要因为国有银行在银行间市场的总交易规模占整个系统的 40% 左右,过大交易规模导致四大行拥有更强的风险传染能力,股份制银行交易规模仅次于国有银行,故其传染能力也较强,而城商行和农商行的总交易规模仅占系统的 8% 左右,因此风险传染能力最低。

表 6.5　2016~2020 年网络 1 和网络 2 不同违约损失率下各银行传染银行的数目

年份	触发银行	LGD										
		0.5		0.6		0.7		0.8		0.9		1
2016	B1	0	0	0	0	0	0	**0**	**1**	0	10	0	10
	B2	0	0	**1**	0	**3**	**1**	**4**	**10**	9	9	10	14
	B3	0	0	**0**	**1**	**0**	**10**	**0**	**10**	0	13	0	13
	B4	0	0	0	0	0	0	**3**	**0**	4	1	9	15
	B5	0	0	0	0	0	0	**0**	**1**	0	10	0	14

续表

年份	触发银行	LGD											
		0.5		0.6		0.7		0.8		0.9		1	
2016	B7	0	0	0	0	0	0	**3**	**1**	**4**	**9**	9	9
	B8	0	0	0	0	0	0	0	0	0	0	**0**	**1**
	B10	0	0	0	0	0	0	0	0	0	0	**0**	**1**
2017	B1	**0**	**2**	**0**	**2**	**0**	**2**	**0**	**2**	**0**	**2**	**0**	**2**
	B2	**0**	**2**	**0**	**2**	**0**	**2**	**0**	**2**	**0**	**2**	**0**	**2**
	B3	**0**	**2**	**0**	**2**	**0**	**2**	**0**	**2**	**0**	**11**	**0**	**13**
	B4	2	2	2	2	**3**	**2**	**3**	**2**	**4**	**2**	**4**	**2**
	B5	**0**	**2**	**0**	**2**	**0**	**2**	**0**	**2**	**0**	**2**	**0**	**2**
	B7	**3**	**2**	**3**	**2**	**3**	**2**	**4**	**2**	**4**	**2**	**4**	**2**
	B8	**0**	**2**	**0**	**2**	**0**	**2**	**0**	**2**	**0**	**2**	**0**	**2**
	B9	0	0	0	0	0	0	0	0	0	0	0	0
	B10	**0**	**2**	**0**	**2**	**0**	**2**	**0**	**2**	**0**	**2**	**0**	**2**
	B11	**0**	**1**	**0**	**1**	**0**	**2**	**0**	**2**	**0**	**2**	**0**	**2**
	B12	**0**	**1**	**0**	**2**	**0**	**2**	**0**	**2**	**0**	**2**	**0**	**2**
	B13	0	0	**0**	**1**	**0**	**2**	**0**	**2**	**0**	**2**	**0**	**2**
	B17	0	0	0	0	0	0	**0**	**2**	0	0	0	0
2018	B3	0	0	0	0	0	0	0	0	**0**	**1**	**0**	**1**
	B7	0	0	0	0	0	0	0	0	0	0	**1**	**0**
2019	—												
2020	B1	0	0	0	0	0	0	0	0	0	0	**1**	**2**
	B2	0	0	0	0	0	0	0	0	0	0	**0**	**2**
	B3	0	0	0	0	**0**	**1**	**0**	**2**	**0**	**2**	**0**	**15**

注：表中仅列出了具有传染效应的银行作为触发银行的情况，各违约损失率下的传染数目中左为网络1，右为网络2，加粗表示网络1与网络2传染数目不同。

通过对网络1和网络2的传染数目比较发现，当触发银行为国有银行和股份制商业银行时，网络2中陷入困境的银行数目更多且与网络1相差较大，当触发银行为城商行和农商行时，网络2传染数目略多于网络1，这说明当国有银行和股份制商业银行存在有限理性借贷行为时，能够引发更多数目的银行陷入困境。为进一步比较网络1和网络2风险传染广度，用各违约损失率下平均受传染银行数目占比来比较两种网络的风险传染广度，各年比较结果如图6.3所示。伴随违约损失率的增加，两种网络平均传染银行数目占比有增长的趋势且增长趋势较接近,且当违约损失率为 0.8 后,网络 1 和网络 2 平均传染银行数目占比都有明显的上升趋势。在 2016 年、2017 年,网络 2 陷入困境的银行数目占比更多,而在 2018 年违约损失率超过 0.8 以后,网络 2 陷入困境的银行数目占比更多,由于 2019 年两张网络下均不发生风险传染,故陷入困境的银行数目占比均为 0,当 2020 年违约损失率超过 0.9 后,网络 2 陷入困境的银行数目占比显著多于网络 1。

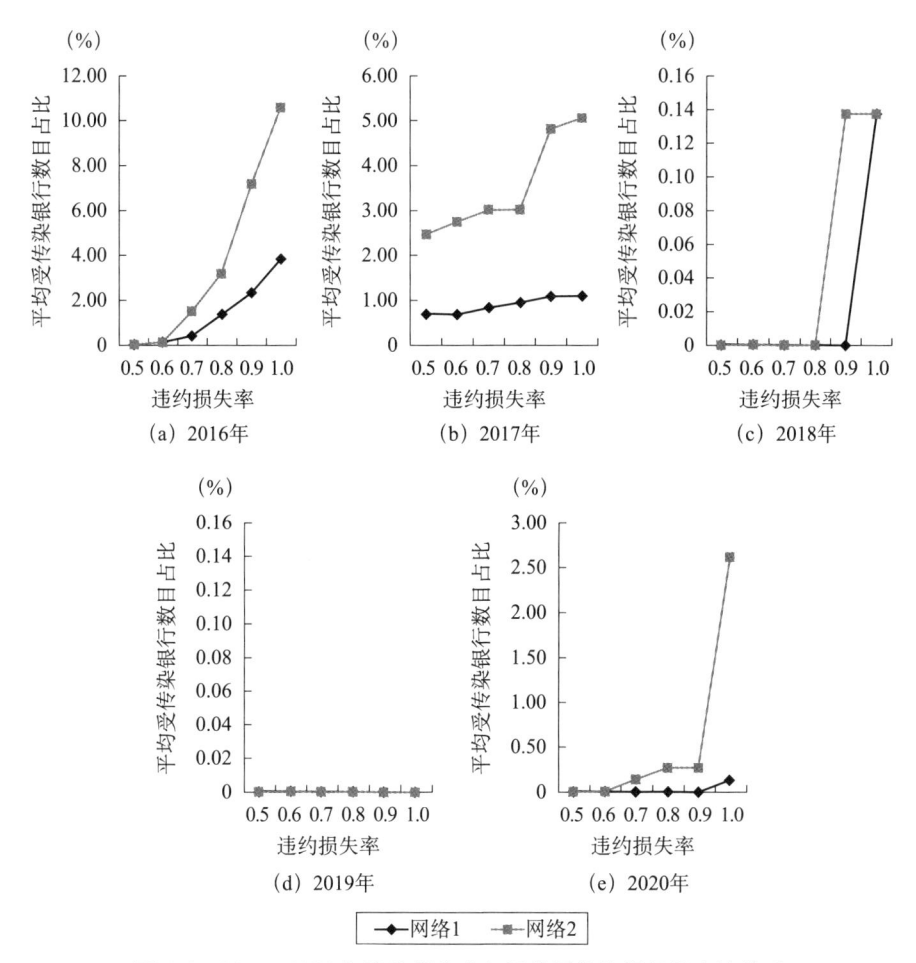

图 6.3 2016~2020 年违约损失率与平均受传染银行数占比关系

因此,在银行间风险传染广度方面,当系统内出现银行破产时,银行主体在有限理性下的借贷行为会导致更多数目的银行陷入困境,扩大了银行间风险传染的广度,假设 6.1 得到验证。

(2) 风险传染深度。

本章还分析并比较了网络 1、网络 2 在不同违约损失率下,所有触发银行造成的整个系统平均资产损失率和最高资产损失率,通过资产损失率来表示银行间风险传染的深度。图6.4、图6.5分别为2016~2020年各违约损失率下银行系统平均资产损失率、2016~2020年各违约损失率下银行系统最高资产损失率。

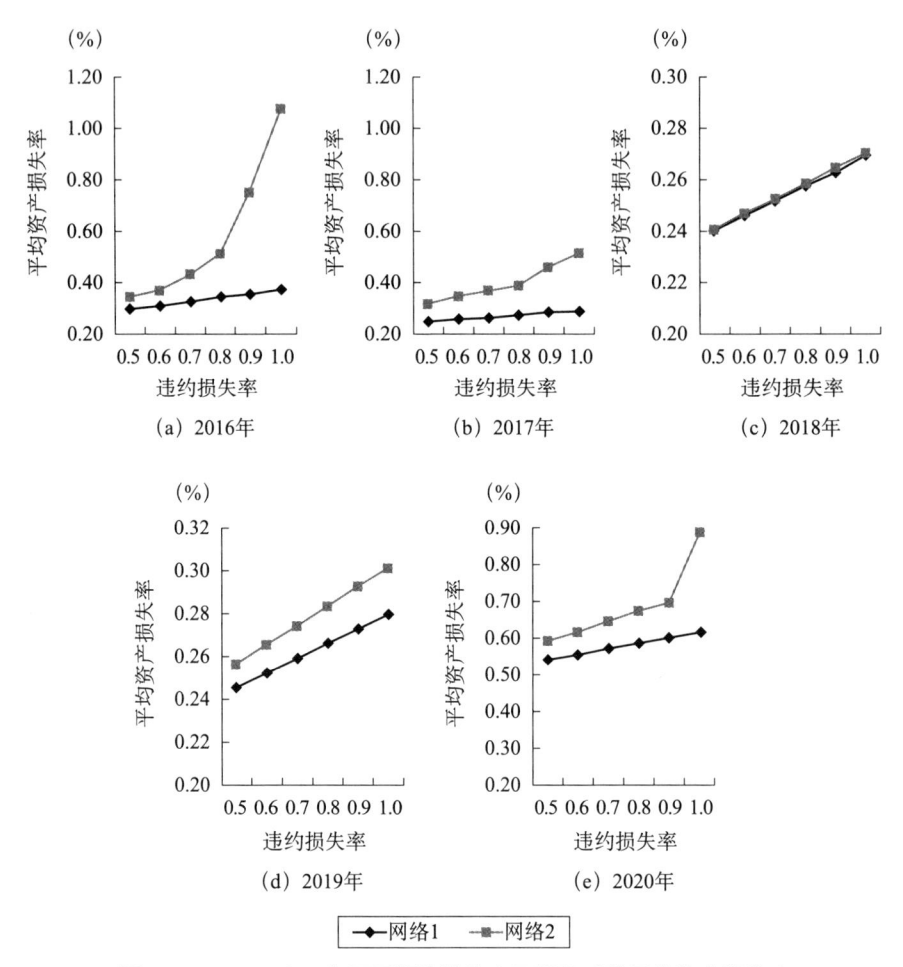

图6.4 2016~2020年不同损失违约率下银行系统平均资产损失率

整体来看,随着违约损失率的上升,传染导致的各年份平均资产损失率和最高资产损失率都在上升。2016年平均资产损失率高于其他年份,说明这一年银行间风险传染最严重,传染造成的整体损失最大。而2017年最高资产损失率仅次于2016年,主要是因为2017年中国工商银行依然具有很强的风险传染能力。2018年、2019年平均资产损失率、最高资产损失率极低。而在2020年,银行系统平均资产损失率、最高资产损失率均有上升的趋势。

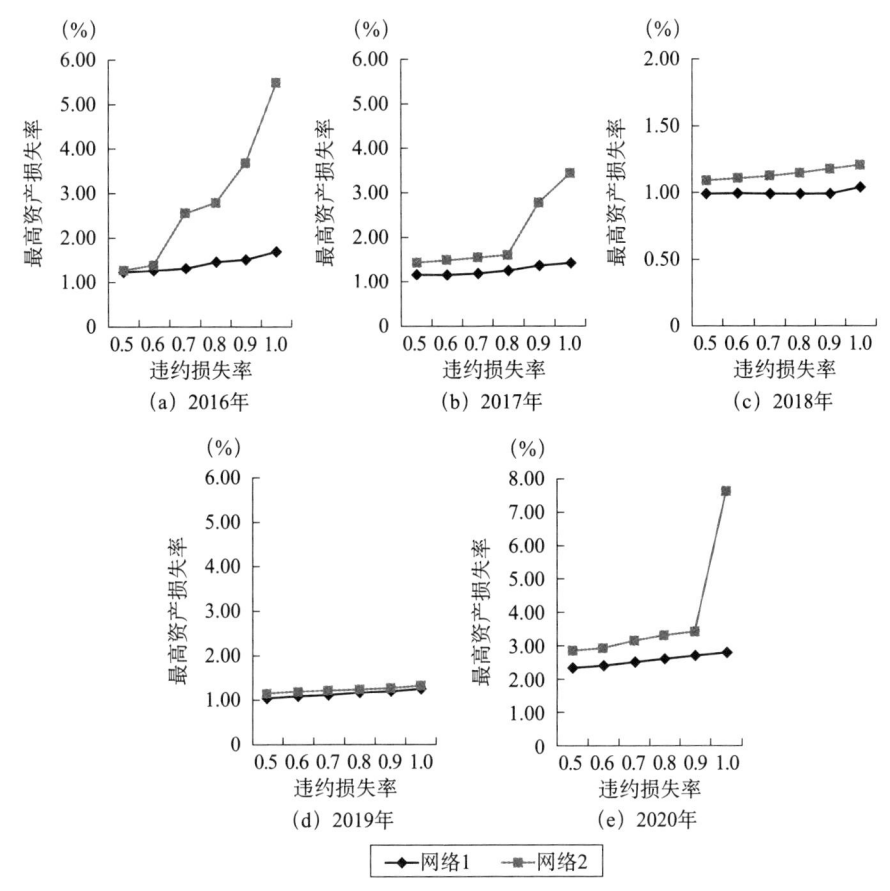

图 6.5 2016～2020 年不同损失违约率下银行系统最高资产损失率

此外，随着违约损失率的提高，网络 2 各年平均资产损失率和最高资产损失率的上升都高于网络 1，即说明从系统整体的平均资产损失和单个银行造成的最高损失来看，银行主体因有限理性借贷行为与其他银行发生同业拆借时，如果系统内银行出现破产，则更容易加深银行间风险传染的深度，假设 6.2 得到验证。

（3）风险传染速度。

银行风险传染速度为 v = S/T，S 表示整个银行网络中陷入困境的银行数目的平均值，T 表示从第一家银行破产到银行间风险传染结束所经历的风险传染轮次。单位轮次陷入困境银行数目更多则表示风险传染速度更快。图 6.6 为 2016～2020 年不同损失违约率下银行风险传染速度情况，当违约损失率增加时，网络 1、网络 2 的风险传染速度也在上升，其中 2016 年风险传染速度增长最快，2017 年风险传染速度较平稳且整体较高，而 2018 年风险传染速度极低，2019 年风险传染速度为 0，2020 年当银行系统违约损失超 0.9 后，其风险传染速度也有明显上升。且在这 5 年中，网络 2 的风险传染速度均高于网络 1。通过这 4 年风险传染速度的对比，说明随着违约率的增加银行主体有限理性下银行的借贷行为导致整个银行系统单位轮次陷入困境银行数目更多，即银行间风险传染更加迅速，假设 6.3 得到验证。

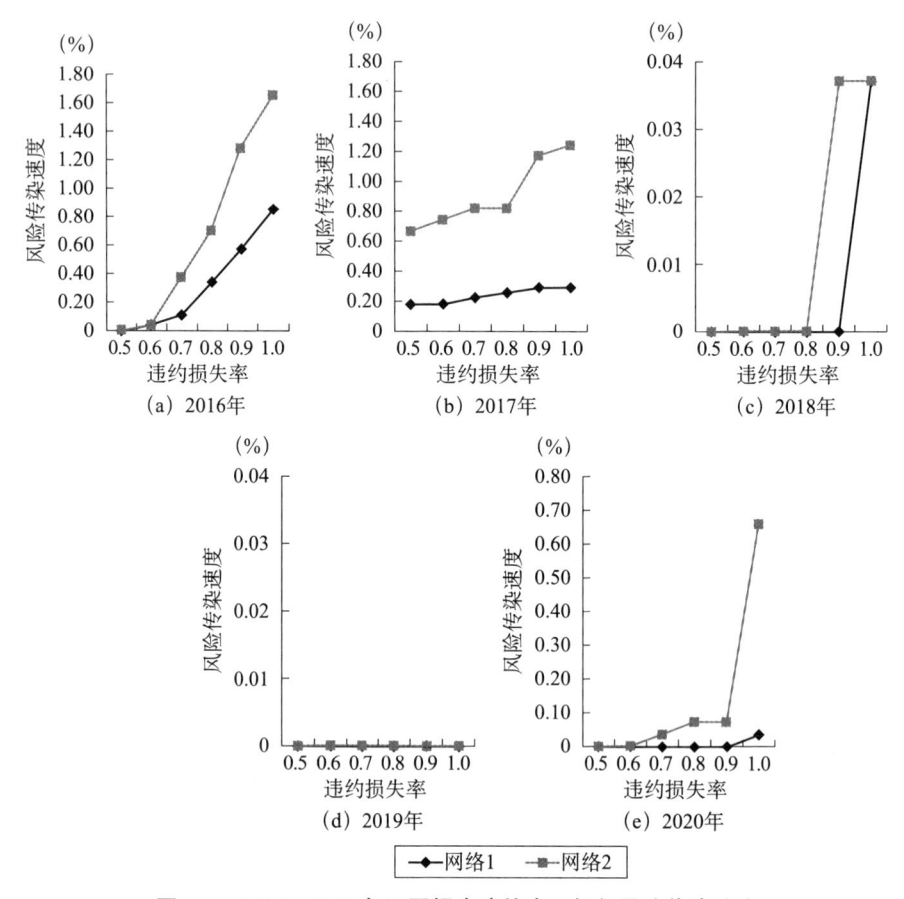

图 6.6 2016～2020 年不同损失违约率下银行风险传染速度

（4）风险传染动态分析。

为进一步探究 2016～2020 年银行间风险传染的变化，如图 6.7 所示，对比了在违约损失率在 1 以下的两类网络的风险传染状况，并用平均资产损失率来衡量传染发生的概率，平均资产损失率越高则说明对应年份银行间发生风险传染的可能性更高。

从各年风险传染的动态比较来看，银行间拆借市场风险传染呈"U"形趋势。2016 年 2 月国务院取消《银行业金融机构进入全国银行间同业拆借市场审核规则》，银行主体在市场上交易更加活跃，同时由于 2016

年、2017年银行整体资本充足率较低，加重了这两年的风险传染效应。随着2017年10月党的十九大召开后，银行体系更加重视对于系统性风险的防范，银行整体的资本充足率有所提升，2018年、2019年银行间风险得到了很好控制。而2020年银行间风险传染的概率再次提升，这主要是因为新冠疫情冲击下货币当局为刺激经济而向市场投放流动性，导致同业拆借利率大幅下跌，促使银行间拆借资金规模迅速扩张的同时也加剧了风险传染的可能性。此外，有限理性下各年的风险传染概率也整体更高，这也再次验证了本章的假设。

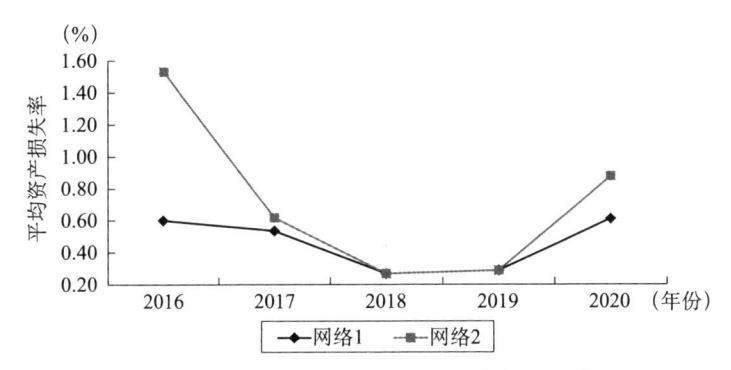

图 6.7　2016～2020年银行间风险传染状况对比

6.6　本章小结

本章基于我国银行间拆借市场2016～2020年的拆借数据，运用最大熵原理并考虑主体有限理性下的借贷行为，测算了我国银行间交易矩阵，建立银行间拆借市场网络，仿真模拟了在各违约损失率下单家银行破产时网络上的风险传染效果，得到以下结论。

第一，利用银行放贷标准指标和银行放贷意愿指标对最大熵下银行间拆借网络连边筛选后，通过分析网络结构发现，有限理性下的银行间拆借市场网络密度更大，节点间距离更紧密，说明该网络也更易引发银行间风险传染。

第二，从风险传染仿真模拟对比来看，银行主体基于有限理性下借贷行为进行拆借交易时，银行间风险传染的范围更广、资产损失更严重、传染速度更快。其中，违约损失率达到0.5后，网络上逐渐出现风险传染，而当违约损失率超过0.8后，有限理性下银行间风险传染的广度显著提高，且造成系统资产损失深度加深，风险传染速度也有明显提升。

第三，从各年银行间风险传染的动态比较来看，2016年、2017年我国银行发生风险传染的可能性较高，随着2017年末党的十九大将防范化解系统性风险作为首要使命后，银行整体资本充足率有了显著提升，此后两年发生系统性风险的可能性也越来越小，但是在2020年新冠疫情导致银行间风险传染的概率再次抬升。

第四，从银行类别来看，工农中建等系统重要性银行资本充足率高且同业资产占比小，具有较强的风险抵御能力，但由于其较大的体量，破产时引发风险传染范围最广。与此相对应的城商行、农商行的同业资产占比高、资本充足率低，故更容易遭受风险传染，但由于其资产规模较小，很难成为银行间风险传染的源头。

第7章 银行间风险传染沿信息渠道的实证研究

前文从同业拆借这一直接渠道研究了银行间风险传染的特征,本章则从间接渠道着手,由于信息关联相较于其他间接渠道而言,更为隐蔽、复杂以及传染迅速,更易爆发传染。因此,本章以我国24家上市银行2016~2021年的数据为样本,构建表现上市银行间双向非对称信息溢出关系的复杂网络,通过综合网络节点的拓扑结构与个性特征指标,计算各银行的风险传染调节因子与风险承受调节因子,分析网络结构特征,评估节点风险状况,给出信息渠道下银行间风险传染判别条件并测算传染规模。

7.1 银行间信息渠道下风险传染现状

从党的十九大强调要防范化解重大风险以来,企业、家户、政府经济三部门与金融业的风险问题在社会各界更受关注。随着新冠疫情的全球蔓延,外部宽松货币政策带来的流动性泛滥,国内以蚂蚁金服为代表的资本无序扩张,各部门的债务违约概率快速上升,经济各部门与金融业间的风险关联愈加密切,金融风险有加快积聚与叠加的趋势。在此背景下,有别于以往大多关注短期的、突发的冲击事件对金融环境所带来的影响。监管机构既要加强对金融风险的甄别和预警,从源头防范风险的累积和爆发,更要遵循宏观审慎的原则,把控住金融风险传染的渠道,防止风险在各参与主体间的不断扩散与放大。

从经济三部门聚焦至金融业的风险传染,目前大部分研究主要集中在传统的直接渠道,如资产负债渠道(马君潞等,2007;Rogers and Veraart,2013;方意,2016;唐振鹏等,2016;马若微等,2023),也有少数基于支付体系渠道(Bech and Garratt,2012;巴曙松等,2014)的金融风险传染研究。但是在信息时代下，也应重视信息等间接渠道下金融风险的传染。首先，在金融市场上，由信息关联而产生的风险传染更加隐蔽、复杂和迅速（郭娜等，2024）。市场价格的剧烈波动通常会释放出大量信息，手机银行、线上论坛及金融 App 等工具在提高金融市场信息传递效率的同时，也造成了信息质量的参差不齐，干扰市场参与者的理性决策，使信息渠道的金融风险传染特征更加突出；其次，信息溢出大大提高了金融机构成为风险爆发点的概率（李合龙等，2022）。数字技术为金融市场提供了更便捷的信息交流平台与资金交易系统，信息的快速传播使得市场参与者的羊群效应愈加明显，更易造成抛售或轧空，使金融机构成为潜在风险点；最后，对大数据信息的依赖与算法的趋同增加了市场同步性，使金融机构间的风险联系更加紧密（Zheng et al.，2022）。大量互联网金融平台同时向具有某类相同数据特征的金融消费者提供信贷支持，累积了巨大的共债风险，且这类平台通过循环发债的形式进行资本无序扩张，使自身风险与银行系统紧密关联，"多米诺骨牌"效应更加明显。因此，探寻信息溢出渠道下金融风险传染的特征是不容忽视的任务。

根据强有效市场假说，在有效市场中，一切有价值的信息均能反映在股价上。当单个金融机构的股票价格大幅波动使其在险价值低于某一特定水平时，认为该机构陷入经营困境或遭遇危机，若此种困境或危机沿股票关联网络传递至其他金融机构，使之有同样陷入困境或遭遇危机的可能性，即为信息溢出引致金融风险传染。在此关联网络中，银行始终处于核心主体地位，因此须测算其因信息溢出所引致的风险传染规模，预估其可能造成的传染后果。

为了使网络更加贴近客观现实、模拟结果更具有说服力，本章拟构建金融风险传染的非对称有向加权信息溢出网络，尽可能保留现实世界中上市银行间复杂的非对称信息溢出关系，并在此基础上综合每个上市银行的网络拓扑结构指标与个性特征数量指标度量节点的风险传染调节能力与风险承受调节能力，分别测度当不同上市银行作为风险源头时的传染规模。在内容安排上，首先，梳理相关文献，为后续研究寻找理论及方法支撑；其次，分析信息渠道下的金融风险传染机制；再次，构建出上市银行信息溢出网络的理论模型；又次，选取我国有代表性的 24 家上市银行 2016~2021 年的股票收益数据作为样本进行实证研究，并从该金融网络的结构特征、节点风险指标及传染效果等方面进行深入分析；最后，对本章进行总结，并根据研究结论提出相应政策建议与研究展望。

7.2 相关文献综述

从金融稳定的角度出发，金融风险是指由于金融资产价格波动异常或者金融中介机构资产负债结构恶化而导致金融体系的不稳定性，进而影响整个经济层面的正常表现，此定义下的金融风险更强调全局影响性（Minsky，1995）。从风险本质的角度出发，金融风险可定义为经济实体遭受损失的可能性，其本质上是一种不确定性，在经济活动中会导致资金的融通过程可能产生损失（Crowe，1967）。接下来，本章将从金融风险的关联与传染、基于复杂网络的金融风险研究和市场与机构间的信息溢出等三个方面对文献进行梳理。

7.2.1 金融风险的关联与传染

福布斯和里戈邦（Forbes and Rigobon，1999）将风险的关联性定义为市场间在长期、稳定的基本面关联下发生的协同变化，是后续学者普遍认同并引用的观点。在此基础上，由于对某一市场或机构产生独立的冲击，导致短期内市场或机构间的关联性显著提升，进而发生的一系列变化被称为传染（Allen and Gale，2000；Kristin and Rigobon，2001）。

（1）关于金融风险关联性的量化研究。

金融风险关联性的存在使得各个参与主体很容易产生风险积聚，因此基于这种关联性的金融风险测度也成为近二十年来学者们在该领域研究的焦点。早期，学者们常用的衡量金融风险的方法是"在险价值法（VaR）"，此方法的弊端是只能衡量单个金融机构的风险，而阿德里安和布鲁纳梅耶（Adrian and Brunnermeier，2008）提出的条件在险价值法（CoVaR）在 VaR 的基础上进一步考虑了金融机构间的风险溢出效应，如今被广泛应用于金融风险的研究之中（Girardi and Ergün，2013；白雪梅和石大龙，2014；刘志洋和宋玉颖，2015；方意等，2018；Banulescu-Radu et al.，2021；李成明等，2024）。除了条件在险价值法之外，学者们在 VaR 的基础上对金融风险的测度方法进行了许多改进研究。阿德里安和布鲁纳梅耶（Adrian and Brunnermeier，2016）提出使用条件在险价值之差（ΔCoVaR）来衡量系统性金融风险，而贝尔杰（Berger et al.，2021）则进一步提出了使用边际期望损失（MES）来评估单个金融机构对系统性金融风险的贡献程度。

现有对风险关联性或因关联性而产生的额外风险的测度方法还有综合指标法，其中具有代表性的有金融压力指数。金融压力指数是由伊林和刘（2003）提出的，它通常是由一系列可以反映金融体系中各个子系统压力状况的指标而合成的连续变量，其极值可以称之为金融危机。格里马尔迪（Grimaldi，2010）基于欧元区实时高频数据，通过选取能表现市场个体财务状况的16个金融变量构建出了欧洲金融压力指数，该指数可以及时发现并预警欧元区的金融压力。鲁齐斯和武尔迪斯（Louzis and Vouldis，2012）则基于资产负债表与市场数据建立了希腊的金融压力指数，并分析了不同市场的变化特征。李等（2021）基于私人信贷、国房景气指数和上证综指三个维度合成金融压力指数。同样使用金融行业指标构建金融压力指数度量金融风险的还有很多学者（李敏波和梁爽，2021；任爱华和刘玲，2022），然而有的学者认为应该更加全面地考虑金融压力的影响因素。例如，陶玲和朱迎（2016）通过考察我国的金融机构、股票市场、债券市场、货币市场、外汇市场、房地产市场以及政府部门等七个方面，建立了综合性的系统性风险指数，该指数不仅具备综合分析整体风险的能力，还可以对系统性风险进行局部研究。沈丽等（2019）从经济四部门的角度出发，分别选取了各经济部门的代表变量综合成了金融压力指数，测度了我国各省市的金融压力。张永等（2023）还借用深度学习方法，利用货币、债券、股票、外汇和银行等五个子市场的相关指标来构建金融压力指数，并且还使用长短期记忆神经网络进一步预测金融压力指数。

目前对金融压力指数的应用主要在于研究金融压力指数对宏观经济波动的影响。张晶和高晴（2015）、徐国祥和李波（2017）均构建了中国金融压力指数并使用向量自回归模型进行实证分析，前者研究了中央银行的货币政策及市场对金融压力指数的影响，并指出该金融压力指数能够较好地预测宏观经济的波动。后者研究了金融压力如何对物价、利率水平以及经济增长产生动态传导效应。此外，郭娜等（2020）使用SV-TVP-VAR模型分析了国内外货币政策对金融压力的影响。研究结果指出，国内货币政策相对于国外货币政策对我国国内系统性金融风险的影响更为重要。然而，在金融危机期间，国内外货币政策对我国系统性金融风险均产生了重要影响。

（2）金融风险传染的测度。

在对金融风险的传染进行研究时，金融行业的风险溢出效应一直是国内外学者关注的焦点议题。金融风险溢出效应指，当某个金融机构陷入困境之后会将自身的风险基于金融机构之间的关联性进行传染，从而导致其他金融机构产生"多米诺骨牌"效应，最终引起系统性金融风险（Battaglia et al.，2014）。从实证方面来看，学者们取得了丰硕的研究成果。濑尾等（1990）通过构建 GARCH 模型分析了纽约、东京以及伦敦股市之间的价格波动溢出效应，从而验证了存在风险溢出效应。安托纳卡基斯等（Antonakakis et al.，2018）认为，采用滑动窗口 VAR 的方法研究溢出效应时变性会低估一部分的溢出效应，因此在研究金融市场的风险溢出效应时，应当采用参数 VAR 的方法。阿德里安等（Adrian et al.，2008）提出了条件在险价值法之后，学者们对风险溢出的研究有了重大突破。考虑到风险的波动性和相依性，刘晓星等（2011）融合了可以有效拟合极端市场条件下金融市场间相关结构的 EVT-Copula 模型与能够有效测度尾部损失的 CoVaR 模型，建立起 EVT-Copula-CoVaR 模型研究美国股市的极端风险溢出效应。洛佩兹·埃斯皮诺萨（Lopez-Espinosa，2012）发现银行股票收益率的正负对银行和银行体系之间的溢出效应存在不对称性，因此，他提出了非对称 CoVaR，这种方法对于评估银行体系之间的系统性关联至关重要。陈九生和周孝华（2017）结合了 MSV 模型和传统 CoVaR 方法，提出了 MSV-CoVaR 模型，用于测量风险传导方向和风险溢出强度。郑红等（2023）利用最大熵法间接推断得到银行间借贷关联网络，在此基础上，利用 Debt Rank 算法分别研究了单一冲击和共同冲击情形下我国银行损失困境的传染过程，识别出系统重要性和系统脆弱性银行。

7.2.2 基于复杂网络的金融风险研究

艾伦和盖尔（Allen and Gale，2000）首次提出将风险传染过程网络特征化，他们认为银行间市场可以表示为网络，网络中的节点是各银行机构，有向连边则体现了银行间的借贷关系。在这之后国内外均有大量学者通过研究表明各国金融市场网络具有相似性质，复杂网络可以用来分析金融风险（Dahlqvist and Gnabo，2018；Shahzad et al.，2018；李政等，2020；游鸽等，2020；Christian et al.，2021）。

（1）不同性质的复杂金融网络。

目前，国内外学者基于复杂网络理论分别构建了银行间市场的随机网络、小世界网络以及无标度网络来研究风险传染的路径及特征。苏马等（2003）的研究指出，日本的银行间市场网络具有无标度特征。与此不同，博斯（Boss et al.，2004）发现奥地利的银行间市场网络呈现小世界性质。而伊奥里（Iori et al.，2008）则指出，意大利的银行间市场网络表现出随机网络的特征。李守伟和何建敏（2012）基于我国银行间信用拆借形成的资产负债关系同时构建了随机网络、小世界网络以及无标度网络研究金融风险的传染，他们发现在三种网络结构下，研究表明小世界网络对外生冲击的传染效应最为显著，而无标度网络则传染效应最小。大量研究表明，许多国家的金融体系网络都呈现无标度特征（隋聪和王宗尧，2015；刘海飞等，2018；中国人民银行广州分行课题组和彭化非，2021），胡志浩和李晓花（2017）基于 SIRS 模型对我国金融无标度网络中风险的扩散和危机救助进行研究，他们发现增加治愈率、降低传染率和免疫失效率可以抑制风险传染效应，且增加治愈率的边际效应最高。

（2）网络中不同渠道下金融风险传染。

金融风险的传染可以通过银行间资产负债关系渠道（马君潞等，2007；Rogers and Veraart，2013；方意，2016；唐振鹏等，2016，齐明和许文静，2019）、支付体系渠道（Bech and Garratt，2012；巴曙松等，2013；石大龙和白雪梅，2015；何奕等，2019）或者信息渠道（黄玮强等，2018；宫晓莉等，2020；Pichler et al.，2021）形成。对于我国系统性风险，学者们基于复杂网络模型对资产负债渠道的风险传染做了大量研究。邓晶等（2013）通过构建银行间市场网络研究我国系统性风险的传染特征，他们发现银行之间关联性存在流动性转移和风险传染两种作用，当银行体系的流动性不足时，传染作用会更加显著。王晓枫等（2015）根据银行同业业务的资产负债情况构建了银行间同业拆借复杂网络，并模拟测算了单一外来冲击以及系统性冲击下的风险传染规模和传染速度。张志刚等（2019）认为，在我国金融网络中，银行同业间资产过多时，更易引发系统性金融风险。

从支付体系渠道来看，巴曙松等（2014）通过我国大额支付系统数据构建了银行间网络，并发现这种网络同时具备"小世界"特征和"无标度"特征，这意味着我国的银行间网络比较稳定，但同时抗攻击性却比较弱。石大龙和白雪梅（2015）构建了我国大额支付系统中间资金流数据网络，并发现该网络具有无标度特征。何奕等（2019）通过构建我国支付结算网络，探究不同网络拓扑结构对系统稳健性的影响。

信息溢出渠道是金融风险传染的间接渠道，其破坏性同样不容忽视。从网络构建来看，黄玮强等（2018）、李合龙等（2022）以股票信息溢出关系作为复杂网络中的连边，通过格兰杰检验确定银行间信息溢出关系的有无及方向，构建了金融机构间有向无权网络；宫晓莉等（2020）通过方差分解的方法构建信息溢出网络，并通过网络连通性、动态系统性风险指标以及系统性风险外溢因子三条路径探索了金融机构的风险外溢效应；此外，欧阳资生等（2020）在研究金融系统性风险传染时将网络舆情指数嵌入非对称 CoVaR 中，并构建出有向加权金融网络分析了各个银行节点的风险传染能力。从溢出效应来看，刘超等（2018）发现在我国金融网络中，不同的子市场之间在金融危机期的信息溢出效应显著加强；林砚和陈志新（2018）通过构建我国金融网络得出国有控股银行的传染性最强的结论。

7.2.3　市场与机构间的信息溢出

（1）市场间的信息溢出。

股票市场间的信息溢出主要表现为各国股市之间的联动。早期学者们认为股市中资产价格的联动主要是由各国经济基本面之间的关联以及投资者进行跨国资产配置所产生的（Adler and Dumas，1983；McQueen and Roley，1993），这种联动属于信息溢出的有形机制。还有的学者认为投资者的心理预期以及行为特征会使信息在不同市场之间进行传染，如有限理性、羊群效应等特征会驱动投资者根据某一市场的变化而对其他市场作出预测，使资产价格脱离基本面变化而产生联动效应（King and Wadhwani，1990）。

相比于理论分析，学者们在实证方面取得了更加丰硕的成果。从各国股票市场间的信息溢出来看，新兴市场之间以及新兴市场与发达市场之间的信息溢出都是显著的，并在逐渐上升（Zhou et al.，2018），亚洲股市是发达国家在受到金融冲击时的风险溢出主要接受方（Chow HK，2017；Long et al.，2021），美国股市往往是信息溢出效应的主要传染源（李红权等，2011；Mensi et al.，2018；袁薇和王培辉，2020；吴筱菲等，2021）。梁琪等（2015）使用有向无环图与溢出指数的方法从收益溢出与波动溢出两方面探讨了中外股间的联动关系，发现中国与国外各股市间收益溢出指数具有上升趋势，而波动溢出指数则具有一定的不确定性。李红权等（2011）利用信息溢出检验框架，确认了美国股市、香港股市与中国 A 股市场间存在信息溢出的联系。研究结果表明，在这三个市场的相互作用中，美国股市占据主导地位，对香港股市和中国 A 股市场有着显著的金融风险溢出影响。周等（2023）在前人的基础上进一步改进风险溢出网络的构建方法，通过构建包含美国股市和其他市场的波动溢出网络，分析美国非常规货币政策对波动溢出和全球潜在系统性风险的主要影响。吴筱菲等（2021）检验了中美贸易战期间 A 股、港股与美股之间的信息溢出效应，研究发现美股对 A 股、港股的传导性较强，两国股市之间长期存在信息溢出效应。周爱民和韩菲（2017）检验了内地股市与港股之间的溢出效应，他们认为二者之间出现高水平的风险溢出主要是因为二者的互联互通，尤其是"沪港通"与"深港通"的启动推动了两地股市间的信息流动，但也使风险传染更易发生。

（2）机构间的信息溢出。

机构间的信息溢出可以衡量行业整体风险水平，并发掘重要性节点。从股票市场的不同时期来看，高波和任若恩（2013）发现熊市时金融机构之间的信息溢出要强于牛市；类似地，刘超等（2018）和李政等（2016）发现危机时期我国金融机构间的溢出效应较为强烈；李合龙等（2022）基于信息溢出网络测度了系统性风险，发现银行与证券业表现出系统性风险在危机时期极大，在平稳时期极小的特征。从金融机构不同类型来看，王耀东等（2021）发现在我国金融机构信息溢出网络中，保险机构是连接银行和证券、信托的重要媒介；任英华等（2021）发现在我国金融行业中，银行是主要信息溢出者，房地产较容易受到其他类型机构的信息冲击；王等（2021）通过构建多层信息溢出网络测度了中国24家金融机构的信息溢出情况，他们发现系统重要性机构会随着时间的推移而发生变化，但银行始终居于重要地位。

7.2.4 文献述评

纵观以上研究，可以得到以下结论：一是学者们在考察金融风险传染时往往从一个统筹的角度出发，通过测算金融机构对金融系统的溢出效应来分析溢出强度或传染程度，如VaR方法；或者直接通过选取多元指标合成综合指数的方法度量系统性风险，但这些方法对风险的传染过程不能精准刻画。二是学者们在研究金融风险传染渠道时较多关注直接渠道而较少关注间接渠道，并且在使用复杂网络研究信息传染渠道时往往选择构建有向无权或基于节点间关联性的有向加权网络，但是以上方法均使金融网络损失一部分溢出效果，从而错估金融机构的风险传染强度，不够符合客观事实。三是学者们在研究信息溢出时更加倾向于测度各机构对系统性风险的贡献，或不同股市之间的联动情况，而较少给出传染规模的测度，不能直观反映出金融风险的传染效果。

综上，本研究试图在以下方面做出边际贡献。

第一，构建一个能真实刻画金融机构间双向非对称溢出关系的非对称有向加权网络。借鉴社会网络的分析方法，不同规模的金融机构其影响力的大小也会不同，体现在本章所构建的复杂网络中就是每家上市银行对其余银行的信息溢出程度不同。为了使研究更加贴近现实情况，应当保留不同金融机构之间的非对称溢出关系，即在保留网络加权有向性质的同时，考虑两个金融机构之间出现两条方向相反、权重不同连边的情况。

第二，测算上市银行的风险传染能力及风险承受能力时，考虑不同上市银行的个性特征以及其在网络中的结构特征。在风险传染的过程中，不同上市银行的传染能力及承受水平也不同，这可以体现为每家上市银行对其余上市银行的信息溢出值不同，以及个性特征指标中的系统重要性程度、经营状况指标的不同，也可以在网络结构指标上体现为每家上市银行各种中心度的不同。

第三，测度信息溢出网络中，当每家银行成为风险源头时所导致的传染规模。以往学者对传染规模的测度大多集中于资产负债渠道，而信息溢出渠道的传染规模较少有学者进行测度。本章结合对信息渠道下风险传染的机理分析以及各上市银行间信息溢出值的测度、银行风险传染能力与承受能力的计算，设定信息渠道风险传染的判别条件，并测度传染规模。

7.3 信息溢出网络中金融风险传染的研究基础

金融风险会沿着各类关联渠道在机构间进行传播与扩散，而信息在传递过程中因其具有溢出效应为风险传染提供了可能性。因此，金融风险在信息渠道下进行的传染即为信息溢出。近年来，复杂网络法被频繁应用于金融领域，其与金融机构之间千丝万缕的联系拥有良好的适配度，常被学者们用来刻画金融风险的传染过程。本章将从理论与方法方面出发，梳理信息溢出网络构建与信息渠道下金融风险传染过程中的研究基础。

7.3.1 相关理论

（1）金融脆弱性。

金融脆弱性由明斯基于1982年提出。此理论认为金融体系本身存在不确定性，在一个较长的周期里，即使排除外部因素的干扰，金融系统内部的不确定性也会逐渐增加进而产生风险。这个过程体现了金融体系自身的脆弱性，具体的演变机制为：在金融体系的平稳时期，代理人想要实现更高的收益开始偏好风险，寻求更加激进的投资方式，银行业追逐高营利性从而不断增加杠杆率，扩大信贷规模，这会使资产价格也随之上涨，营造出金融市场异常繁荣的景象。但与此同时，这种非理性繁荣会形成资产价格泡沫，从而使金融系统变得越来越脆弱，当风险积累到一定程度后，资产价格的微小变动就会给金融系统造成巨大的冲击，导致无法挽回的破坏性后果。

如今，随着金融市场的快速发展，金融机构的业务往来愈加频繁和复杂，进一步强化了金融脆弱论的概念。从资产市场来看，股票市场的急剧下跌将会导致借款企业资产负债表的恶化，这会加剧金融市场上的信息不对称问题。米什金等（2011）指出，股票价格往往可以衡量企业净值，股票市场下跌象征着企业净值的下降，这会促使借入方企业参与高风险投资，从而使道德风险与逆向选择问题更加严重，引发金融危机。从金融机构来看，若银行等金融机构的资产负债表恶化，则会使其资本大幅收缩，甚至出现资不抵债的情况而破产。接下来，这种恐慌情绪就会从一个机构传递到另一个机构，若同时期内有大量的银行破产就会使市场损失大量信息，这会进一步加剧信贷市场上的信息不对称问题，引起银行业恐慌，进而爆发金融危机。

（2）有效市场假说。

有效市场可以分为三种形态：弱式有效市场、半强式有效市场、强式有效市场。这三种形态又对应三种不同的假说，其中弱式有效市场假说（Weak Form Market Efficiency）认为在弱式有效市场中，市场的价格可以充分反映出包括股票成交价、成交量、卖空金额在内的一系列交易价格与交易量中所隐含的历史信息；半强式有效市场假说（Semi-strong Form Market Efficiency）认为证券价格能充分反映所有已公开可用的信息，这些信息除了包括交易价格与交易量外，还包含公司的财务报告信息，经济状况和管理状况以及其他公开披露的有关公司价值的信息等；强式有效市场假说（Strong Form Market Efficiency）认为证券价格已充分反映了所有信息，包括公开信息和内部未公开的信息。

（3）信息溢出理论。

①信息溢出的原因。

第一，投资者行为因素。在金融市场，参与者体量庞大，但受自身金融素养、风险偏好等影响，并不是所有参与者对市场上的信息都能做出精准捕捉与正确分析。缺乏专业知识的参与者在金融市场进行交易时容易跟风行动，当那些他们所认可的交易者释放出交易信号时，这类交易者往往会盲目跟从，产生"羊群效应"。由于信息在传递的过程中存在被放大甚至扭曲的可能性，因此这种盲从行为往往会扰乱金融市场的正常运行，造成金融市场动荡，甚至引发系统性金融风险。

第二，数字技术的发展。在当今信息化时代，数字技术的发展与应用为信息溢出提供了良好的载体。在数字技术的支持下，市场上的信息供给呈现出爆发式增长特征，但同时这会增加市场参与者的甄别成本，并考验投资者的敏锐性与金融素养。各类金融App与金融论坛使得人们获取信息更加方便，也使信息流动更加迅速，但往往是这种便利性加剧了信息溢出，朱尼尔（Junior et al.，2015）认为信息流动可以很好地解释股票之间的联动性。

第三，信息外部性。根据公开程度可以将信息划分为公共信息与私人信息。公共信息是指市场上可以被共享的信息；私人信息是指某个市场参与者，如内幕者等，所特有的信息。公共信息与私人信息都可以影响股市波动（Fleming et al.，1998），都具有极强的外部性。从公共信息来看，当一家公司进行信息披露时，必然会间接、隐含地涉及同行业其他公司的信息，因此投资者可以通过分析该公司的披露信息而免费获得行业内其他公司的信息。而当市场参与者基于该公司的信息披露而对行业内其他公司的证券做出交易时，信息溢出便发生了。从私人信息来看，当一位投资者在对自己的投资组合进行决策时，往往倾向于在市场上搜集多种证券的信息，并通过一系列的深入研究和比较分析之后做出选择。在此过程中，尽管该投资者最后并没有选择某种证券，但其承担了搜集该证券信息的成本，这容易使得该证券的投资者产生"搭便车"行为。投资者通过分析之后做出的交易行为本身就是在资本市场上释放信息传递的信号，其余投资者可以基于他的交易行为推测该公司的前景，以及与之相对的竞争者的前景，尽管有时释放出信号的投资者判断失误，但信息溢出依旧会产生。周亮和李红权（2019）认为，负向的信息溢出会导致资产价格的普遍下跌，这会直接引起金融风险的爆发。

②信息溢出机制。

第一，有形信息。有形信息溢出通常指因公司业务、资产负债表等公开信息的外部性引起的行业内公司股价之间的关联波动。当人们捕捉到某些信息时，会在资本市场上进行相应的交易，根据有效市场理论，证券价格会正确地反映这些信息。而由于在数字技术的支持下信息流通变得更加频繁，这会导致负面信息被放大，甚至失真，从而干扰市场参与者的理性决策过程，使之产生恐慌情绪并对行业中其他企业的状况造成错误判断，导致行业内其他企业资产价格下降。有形信息的溢出效应相对便于检验，弗斯（Firth，1976）曾通过研究上市公司盈余信息来验证信息溢出过程，他认为，一家公司的盈余信息具有外部性，从而对行业内其他公司的股价造成影响。李青原和王露萌（2020）发现上市公司的业绩预告也存在此类信息溢出效应。

第二，无形信息。无形的信息溢出主要来自市场参与者的心理因素。基于"羊群效应""有限理性"等行为特征，投资者往往会根据一个市场或企业的变化而去推测其他市场或企业的变化，这种行为使参与者忽略对基本面的分析而出现资本市场的联动现象，最终使得信息像病毒一样在市场间进行传染（King and Wadhwani，1990）。因此，当某些"领头羊"投资者对市场进行错误判断时，其余参与者因盲从而同样产生了错误交易行为，从而扰乱金融市场，带来危机的可能性。

7.3.2 相关方法

复杂网络是本章所使用的主要研究方法，能够较好地刻画金融机构之间的联系。一个复杂网络通常由节点和连边组成，节点代表组成网络的基本单位或元素，连边代表节点之间的联系。节点往往是现实中某些主体的抽象形式，连边既可以有向又可以无向，既可以加权又可以无权。

复杂网络按照连边类别可以分为有向加权网络、有向无权网络、无向加权网络、无向无权网络。

图7.1中展示了四种类型的复杂网络。在网络 G =（V，E）中，V = {A，B，C，D，E} 代表节点；E = e_{ij} 为各网络中连边集合，W_{ij} 代表被赋予权重的连边。图7.1（a）中是有向加权网络，代表有连边的节点之间存在着某种关联，连边的方向说明了关联产生的发出方与接受方，而且这种关联可以被赋予权重进行量化；图7.1（b）中是有向无权网络，仅代表有连边的节点之间存在着关联关系，以及在这种关联中谁是发出方与接受方；图7.1（c）中是无向加权网络，代表有连边的节点之间存在着某种关联，而且这种关联可以被赋予权重进行量化，但不能说明存在关联的节点之间谁处于主导地位；图7.1（d）中是无向无权网络，仅仅代表有连边的节点之间存在着某种关联性，以便与独立性做出区分。

按照网络结构分类，常见的复杂网络类型有：随机网络、小世界网络、无标度网络。

在随机网络中，拥有不变的节点数 N，任意两个节点之间拥有相同的连接概率，均为 p。它的节点度服从二项式分布，同时，对于较大的 N，其节点度可以近似为泊松分布。随机网络的平均最短路径会随节点数量的增加而呈现出对数倍的速度增长。但由于其边际效应递减，即使是较大规模的随机网络依旧可能存在较小的平均最短路径。同时，因为在随机网络中任意两个节点之间的连接概率均为 p，故对于网络中的任一节点，与其相邻节点的连接概率同样也是 p，所以其网络聚集系数为 $C \approx p$，换句话说，随机网络的聚集系数较小。

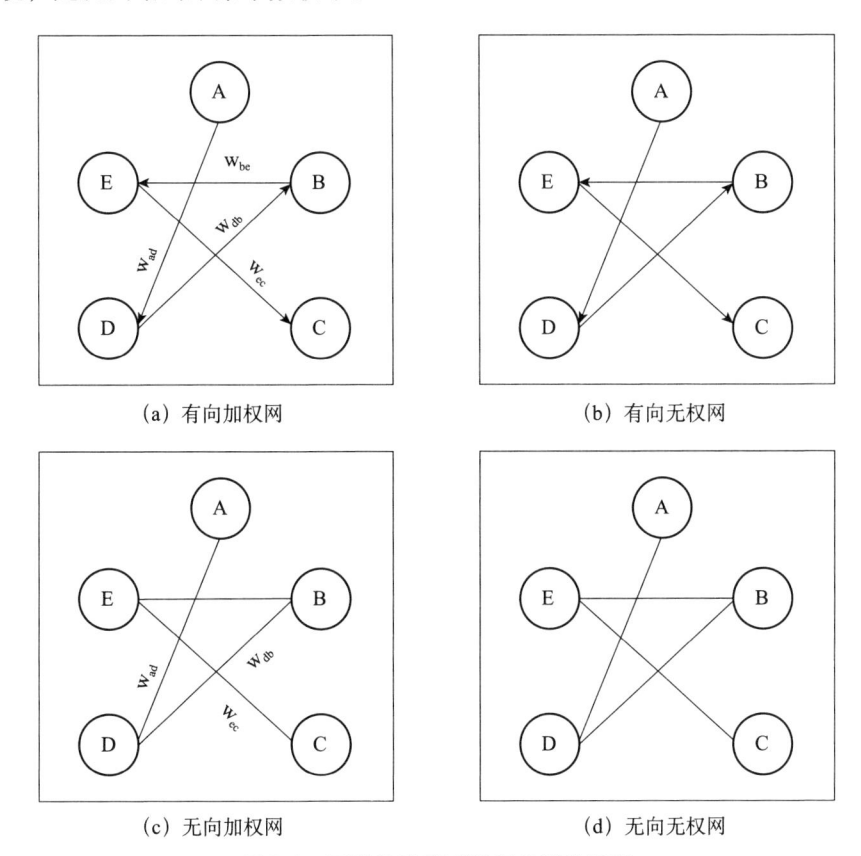

（a）有向加权网　　　　　　　　（b）有向无权网

（c）无向加权网　　　　　　　　（d）无向无权网

图7.1　四种连边类型的复杂网络示意

在小世界网络中，大部分节点之间并不能直接相连，但它们之间可以通过一些充当"中介"角色的节点而间接产生联系。小世界网络中的节点度服从指数分布或均匀分布，其中每个节点的度都大致相等。小世界网络具有较小的平均最短路径和较大的聚集系数，将其应用在金融网络中则说明金融风险能够通过比较短的路径迅速传染至整个系统。

在无标度网络中，大量节点只拥有少数的连边，而少量的节点则拥有大量的连边。无标度网络中的节点度服从幂律分布，这种稳定的分布状态使具有该结构特征的网络拥有较好的稳健性。无标度网络还具有动态增长的特征，其网络节点的个数并不是一成不变的，而是会随着时间的增加而增加，新增加的节点会与网络中之前存在的节点产生新的连边，且这种连边的发生更倾向于原有节点中节点度较大的一类节点。大部分金融网络都属于无标度网络。

7.3.3 信息渠道下金融风险传染机制分析

信息主要通过两种途径影响金融风险：一方面，米什金（Mishkin，1999）认为信息不对称会影响金融稳定。在银行与储户，银行与银行之间信息不对称客观存在的前提下，即使两个金融机构间的资产负债表关联程度较低，也有可能因为信息的传导出现"模仿行为"或"羊群效应"，从而改变银行的流动性管理行为或出现挤兑现象，引致金融风险的传染（King and Wadhwani，1990）。另一方面，根据有效市场理论，在强有效市场里，市场上所有的信息都可以反映在股票价格上。当单个金融机构的股票价格出现强烈波动并使其在险价值降低至某种水平，也即该机构陷入经营困境时，若此种困境可以通过机构间的股票关联传递出去，使其他机构有了陷入困境的可能性，那么就可以认为信息溢出造成了金融风险传染。由于金融机构之间通过业务往来与金融产品紧密地联系在一起，因此金融机构的个体风险很容易造成溢出而传染至其他金融机构，最终形成系统性风险（任英华等，2021）。

受限于数据的可得性与量化的可行性，大部分学者在假设股票价格能够完全反映信息的条件下，使用上市金融机构的股票收益溢出或波动溢出形式间接衡量信息溢出风险（欧阳红兵和康小康，2017；黄玮强等，2018；中国人民银行广州分行课题组，2021；熊艳，2022）。股票间的收益溢出是信息溢出的重要形式之一，本章拟用我国上市银行股票收益率间的溢出关系作为构建复杂网络的依据。在本网络中节点为上市银行，连边为信息溢出关系。参考金和瓦德瓦尼（King and Wadhwani，1990）的研究，在信息溢出网络中，金融风险的传染过程可以描述为：若某上市银行的负面信息被市场参与者捕捉到，那么它所产生的这种信息供给就会使市场参与者降低对该机构股票的预期，从而产生抛售，这种交易行为的变化会反映在其股票收益率上。此时若参与者通过该上市银行的负面信息对网络中其他上市银行作出了判断并发生相应的交易行为，那么可以认为该上市银行产生了信息溢出，若这种信息溢出导致其他上市银行的股票收益率也大幅下降至某一风险水平时，认为金融风险在网络中进行了传染。某家上市银行遭遇危机后，网络中其他上市银行因为与之存在信息关联而陷入同样困境的数量称为传染规模。如图7.2所示。

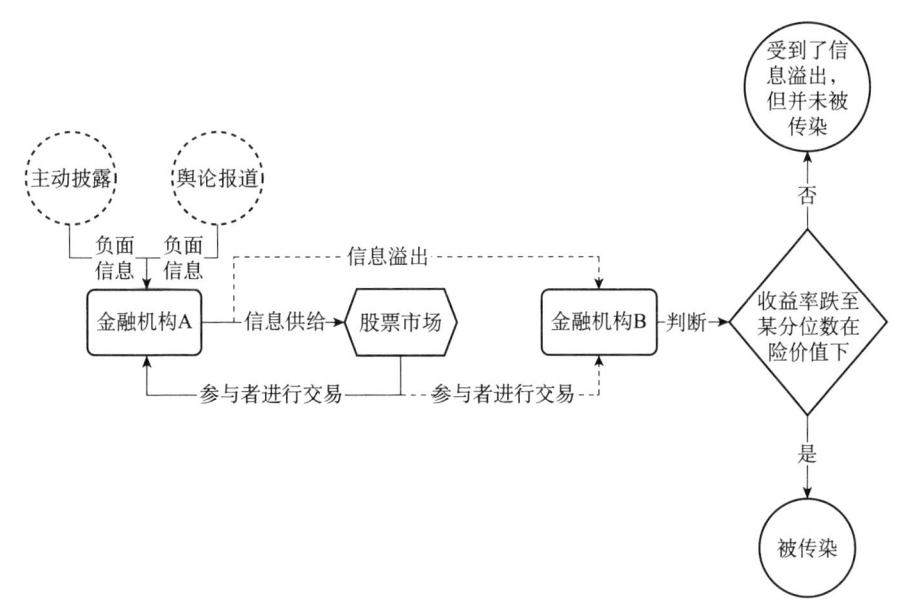

图 7.2 信息溢出渠道下金融风险传染示意

7.4 我国上市银行信息溢出网络的构建

构建能刻画我国上市银行风险传染的信息溢出网络时，首先要确定网络的节点、连边。在本章的网络 G =（V，E）中，V 代表网络中的节点集合，表示我国上市银行，V = {1，2，…，N}；E 代表连边集合，表示银行间的信息溢出关系，E = {e_{ij}，i = 1，2，…，N；j = 1，2，…，N}。本章将通过计算上市银行间的溢出效应确定网络距离矩阵，接着以距离矩阵为基础构建复杂网络，并确定网络拓扑结构特征指标，为本章进行实证研究提供理论模型基础。

7.4.1 银行间信息溢出效应的测度

（1）CoVaR 的计算。

信息溢出主要包括收益溢出与波动溢出，本章主要关注收益溢出。在构建我国上市银行信息溢出网络时，本章使用阿德里安和布鲁纳迈尔（Adrian and Brunnermeier，2016）提出的 ΔCoVaR 来测算我国银行之间的收益溢出情况。ΔCoVaR 可以衡量当某一金融机构遭遇困境，与之关联的金融机构的风险增加值。

· 151 ·

若想测度金融机构之间的信息溢出程度 ΔCoVaR，首先要知道每个金融机构的在险价值（VaR）。VaR 是金融监管者测度风险的常用工具，它可以决定金融机构留存的资本水平以应对金融风险。定义 r_{it} 为金融机构 i 在 t 时刻的收益率，则 $r_{it} = (\ln P_{t,i} - \ln P_{t,i-1}) \times 100$。因此，当置信水平为 1-q 时，金融机构 i 的 VaR 定义为：

$$\Pr(r_{it} \leq VaR_{q,t}^{i}) = q \quad (7.1)$$

其中，$VaR_{q,t}^{i}$ 是金融机构 i 在 t 时刻时收益率的 q 分位数，它测度了单个金融机构的风险，却无法度量两个金融机构之间的信息溢出。在研究某两个金融机构之间的信息溢出关系时，首先要分析这两个机构股票收益率之间的关系：

$$\widehat{X}_{q}^{j|Xi} = \widehat{\alpha}_{q}^{i} + \widehat{\beta}_{q}^{i} X^{i} \quad (7.2)$$

其中，i 与 j 分别代表不同的金融机构，X^i 代表机构 i 在一定的置信水平下遭遇风险的损失值，$\widehat{X}_{q}^{j|Xi}$ 则表示当金融机构 i 遭遇损失 X^i 时，金融机构 j 在分位数为 q 时的损失值。

根据阿德里安和布鲁纳迈尔（2008）提出的 CoVaR 的定义，它可以测度当某一金融机构陷入困境时，整个金融系统将会面临的风险。CoVaR 除了测算金融机构对整个金融系统的风险溢出之外，还可以刻画金融机构之间的风险溢出关系（陈国进等，2017）。因此，我们可以得到：

$$\Pr(r_j \leq CoVaR_q^{j|i} | r_i = VaR_q^i) = q \quad (7.3)$$

在式（7.3）中，$CoVaR_q^{j|i}$ 表示金融机构 j 在金融机构 i 处于 q 分位数时的 VaR 水平下的 VaR，其本质上是条件 VaR，既包含了无条件 VaR，又包含了风险溢出。

因此，根据式（7.2）和式（7.3）我们可以得到 $CoVaR_q^{j|Xi} = \widehat{X}_q^{j|Xi}$，由分位数回归得到的机构 j 基于机构 i 损失的条件下损失的预测值就是机构 j 在 X^i 条件下的 VaR 值。其中 $CoVaR_q^{j|Xi}$ 就是条件分位数，当 X^i 取 VaR_q^i 时，机构 j 的 CoVaR 为：

$$CoVaR_q^i = VaR_q^{j|Xi=VaR_q^i} = \widehat{\alpha}_q^i + \widehat{\beta}_q^i VaR_q^i \quad (7.4)$$

（2）ΔCoVaR 的计算。

为了计算银行之间的相互溢出程度 ΔCoVaR，本章将上市银行股票收益率处于 5% 分位数水平时的收益情况，视为该银行遭遇困境或陷入经营危机，将该银行股票收益率处于 50% 分位数水平时的收益情况视为该银行正常经营。

由阿德里安和布鲁纳迈尔（2016）提出的 ΔCoVaR 定义可知，某金融机构 i 对于另一金融机构 j 的风险溢出可以表示为当金融机构 i 陷入经营危机时，金融机构 j 的条件风险价值与金融机构 i 在收益率处于中位数水平时的收益情况下金融机构 j 的条件在险价值之差，也即：

$$\Delta CoVaR_q^i = CoVaR_q^{j|VaR_q^i} - CoVaR_q^{j|VaR_m^i} \qquad (7.5)$$

由上文可知，银行遭遇困境的分位数为 0.05，正常经营时的分位数水平为 0.5，因此，根据式（7.4）、式（7.5）我们可以得到：

$$\Delta CoVaR_{0.05}^{j|i} = \widehat{\beta}_{0.05}^{j|i}(VaR_{0.05}^i - VaR_{0.5}^i) \qquad (7.6)$$

$\Delta CoVaR_{0.05}^{j|i}$ 考察了当金融机构 i 遭遇困境时对其他金融机构 j 的负向溢出效应，度量了机构 i 对于其他机构金融风险的边际贡献。因此，其可以刻画不同银行之间的风险溢出关系，当某一金融机构陷入困境时，其自身的风险将会通过信息溢出渠道进行传染，若此机构的传染能力超过其他金融机构的风险承受能力则其他金融机构也会遭遇危机。

7.4.2 构建上市银行间信息溢出非对称有向加权复杂网络

由前文可知，金融机构 i 与 j 之间既可能存在单向溢出关系，又可能存在双向溢出关系。相应地，本章将 i 与 j 之间存在的双向溢出关系记为 i↔j，将 i 与 j 之间的单向溢出关系记为 i→j 或 i←j。

为了确定网络中 e_{ij} 的权重，本章根据矩阵 A_{ij} 构建我国上市银行复杂网络。假设网络中有 N 家银行机构，则 A_{ij} 为 N×N 的矩阵：

$$A_{ij} = \begin{bmatrix} a_{11} & a_{12} & \cdots & a_{1N} \\ a_{21} & a_{22} & \cdots & a_{2N} \\ \vdots & \vdots & \ddots & \vdots \\ a_{N1} & a_{N2} & \cdots & a_{NN} \end{bmatrix} \qquad (7.7)$$

在矩阵 A_{ij} 中，a_{ij} 表示银行 j 对银行 i 的边际信息溢出程度 $\Delta CoVaR_{0.05}^{i|j}$ 的绝对值。本章将 A_{ij} 作为距离矩阵并以此为基础构建复杂网络，此时 a_{ij} 的值就是 e_{ij} 的权重，并且 i 与 j 节点之间连边的有无及方向可通过下式确定：

$$\begin{cases} 不存在连边; 若 e_{ij} = e_{ji} = 0 \\ 存在一条连边, 且 i↔j; 若 e_{ij} = e_{ji} \\ 存在一条连边, 且 i→j 或 i←j; 若 e_{ij} ≠ 0 且 e_{ji} = 0, 或 e_{ji} ≠ 0 且 e_{ij} = 0 \\ 存在两条连边, 且 i↔j; 若 e_{ij} ≠ e_{ji} \end{cases}$$

$$(7.8)$$

由式（7.8）可知，在网络距离矩阵中，允许 $a_{ij} ≠ a_{ji}$，即保留网络中每两个节点之间的非对称溢出关系，也就是说网络中每两个节点之间允许存在两条方向相反、粗细不同的连边。如图7.3所示。

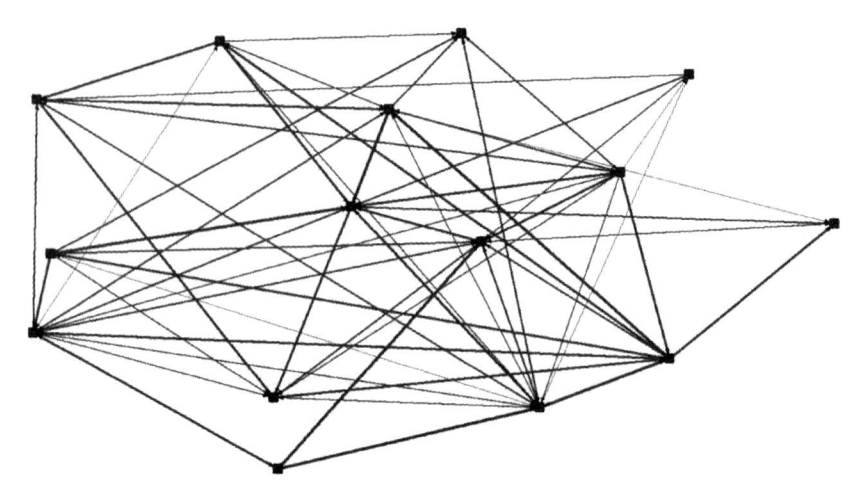

图7.3 非对称加权有向复杂网络示意

7.4.3 网络拓扑结构特征指标

在复杂网络中，各种网络拓扑结构特征指标可以从不同角度反映节点间的风险关联程度。例如，沈丽等（2019）基于金融压力指数构建了我国省际金融风险空间关联网络，并以度数中心度、接近中心度与中间中心度等指标进行了中心性和块模型展开分析；杨琳和娄嘉明（2020）、佐飞等（2020）也同样通过各种网络中心性指标量化项目风险关联性；苏臻等（2017）则指出不应忽视在宏观的信息传播过程中最小中心性节点的影响力，他们认为在初始风险传导比例升高时，最小中心性节点往往比最大中心性节点更加具备传播优势。本章借鉴刘军（2009）和黄玮强（2018）的做法，分出、入两个方向来计算各个节点的网络拓扑结构指标。

（1）节点度。

由上文可知，在网络中，连边的有无及方向就反映了上市银行间信息溢出效应的有无及溢出方向。因此，我们定义节点的出度为：

$$V_i^{To} = \sum_{\substack{1 \leqslant i \leqslant N \\ i \neq j}} e_{ij} \tag{7.9}$$

其代表机构i对其余N-1家金融机构的信息溢出。

定义节点的入度为：

$$V_i^{From} = \sum_{\substack{1 \leqslant j \leqslant N \\ j \neq i}} e_{ij} \tag{7.10}$$

节点入度代表机构 i 受到其余 N-1 家金融机构的溢出情况。在金融网络中，节点的出度越大，说明其越有能力对其余机构产生信息溢出，也因此传染能力越强；节点的入度越大，说明其越容易受到其他机构的溢出影响，也因此承受的风险会越大。

（2）接近中心性。

在网络中，节点的出度与入度能够很好地衡量节点之间的直接关系。但在现实金融网络中，风险的传染除了会受到与该节点直接相联系的其余节点的溢出外，还可能会受到另外一些与之不直接连线的金融机构的间接影响。因此，我们将其反映在网络拓扑结构指标中使用接近中心性衡量网络整体中节点之间的相互影响。

在网络 G 中，由节点 i 指向节点 j 的路径可能不止一条，节点 i 既可能与节点 j 直接相连，又可能通过其余节点与节点 j 间接相连。假设节点 i 指向节点 j 时经过了 x 个节点，则称 i 与 j 之间出路径的长度为 x（当 i 与 j 直接相连时，x=1；当 i 与 j 之间通过 1 个节点间接相连时，x=2；…）。在所有由 i 指向 j 的节点中最短的一条称之为出最短路径，其长度是出最短路径长度，记为 $x_{i,j}^{min}$。节点 i 的出接近中心性可以定义为节点 i 到其余所有节点出最短路径总和的倒数，即：

$$C_i^{To} = \frac{1}{\sum_{\substack{1 \leq j \leq N \\ j \neq i}} x_{i,j}^{min}} \quad (7.11)$$

同理，节点 i 的入接近中心性可以定义为其余所有节点到节点 i 的入最短路径总和的倒数，入最短路径记为 $x_{j,i}^{min}$，即：

$$C_i^{From} = \frac{1}{\sum_{\substack{1 \leq i \leq N \\ i \neq j}} x_{j,i}^{min}} \quad (7.12)$$

节点的出接近中心性 C_i^{To} 越大说明其对于其他节点的距离就越短，在网络中可以更加迅速地向其他节点传染风险，其传染能力也越强。节点的入接近中心性 C_i^{From} 越大说明其他节点到该节点的距离就越短，在网络中容易快速地受到风险传染，其风险承受度也就越高。

（3）居间中心性。

居间中心性同样常常被用来在网络中进行中心性测度，它是指网络中，任意两点经过某一节点并连接这两点的最短路径占这两点之间的最短路径线总数之比。居间中心性高的节点是指那些有很多条边都经过了的节点，也即充当了很多次"中介"角色的节点。节点 v 的居间中心性可以定义为：

$$B_v = \frac{nx_{(i,j|v)}^{min}}{nx_{i,j}^{min}} \quad (7.13)$$

其中，$nx_{(i,j|v)}^{min}$ 代表由节点 i 指向节点 j 的最短路径中经过节点 v 的路径数量，$nx_{(i,j)}^{min}$ 代表 i 与 j 之间的最短路径总数。居间中心性强调节点在其他节点中间的调节能力，可以筛选出能将风险传染到更远、更大范围的节点，因此，居间中心性越高的节点，其传染能力与风险承受强度都会更高。

（4）特征向量中心性。

在风险的传染过程中，一个节点如果具有较高的特征向量中心性，那么它的邻居节点往往就是节点度较大的点，因而增长了风险，也提高了自己的中心性。换句话说，节点的特征向量中心性是根据邻居节点的重要性来衡量该节点的价值，若某节点 i 的邻居节点中心性较高，则该节点的中心性也会跟着提高。节点 i 的出特征向量中心性可以定义为：

$$g_i^{to} = \lambda^{-1} \sum_{\substack{1 \leqslant j \leqslant N \\ j \neq i}} e_{ij} g_j^{to} \quad (7.14)$$

相应地，节点 i 的入特征向量中心性可以定义为：

$$g_i^{From} = \lambda^{-1} \sum_{\substack{1 \leqslant j \leqslant N \\ j \neq i}} e_{ij} g_j^{From} \quad (7.15)$$

在式（7.14）与式（7.15）中，λ 为常数。λ 的计算步骤为：第一步，将每个点的中心度都赋值为 1；第二步，根据每个点的全部邻点的中心度值的加权总和值来重新计算每个点的中心度；第三步，把每个值都除以最大值，使 λ 标准化；第四步，重复第二、第三步，直到各个 λ 的值不再变化。

7.5 实证研究与结果分析

本章使用第 6 章的推导结果构建基于我国上市银行间风险传染的非对称有向加权信息溢出网络，并同时考虑了节点的个性特征与网络拓扑结构特征计算了每个节点的风险传染调节能力与承受调节能力，将之与信息溢出强度结合构建出信息溢出渠道下风险传染的判别条件并测度传染规模。

7.5.1 数据选取及说明

本章选取样本的依据有：一是涵盖我国系统重要性银行与非系统重要性银行。二是在样本区间内的上市银行连续交易数据达到一定规模。三是数据可得。因此，本章选取了我国在 2016 年之前上市的 24 家银行作为样本银行，并将之随机编号为 $V_i(i=1,2,\cdots,24)$，编号情况见附录 2 中的附表 2-1。同时，获取这些银行 2016 年 11 月 30 日至 2021 年 9 月 30 日的股票收盘价日度数据作为样本数据，并根据 $r_{it}=(\ln P_{t,i}-\ln P_{t,i-1})\times 100$ 计算出各银行的股票收益率日度数据。数据来源于 Wind 数据库。

本章在构建我国上市银行信息距离矩阵之前先对各银行的收益率数据进行描述性统计，并利用偏度、峰度以及 Jarque-Bera 进行正态性检验。偏度是描述数据分布对称程度的指标，偏度大于 0 表示该序列的分布为右偏，重尾在右侧；偏度小于 0 则为左偏，重尾在左侧。峰度系数衡量数据中心聚集程度，当峰度系数大于 3 时在形态上表现为尖峰状态，序列数据比较集中，尾部比较短。Jarque-Bera 检验中，其 P 值小于 0.05 时认为其不服从正态分布。描述性统计结果如表 7.1 所示。

表 7.1　　　　　　　　　　描述性统计

编号	均值	最大值	最小值	标准差	偏度	峰度	Jarque-Bera	P 值	变量数
V1	-0.018	6.402	-6.763	0.989	-0.358	12.370	4283.09	0.000	1164
V2	-0.001	8.183	-5.988	1.196	0.334	8.976	1753.892	0.000	1164
V3	0.005	8.188	-9.044	1.424	0.150	9.065	1788.652	0.000	1164
V4	-0.010	6.880	-8.004	1.069	-0.054	12.004	3932.553	0.000	1164
V5	-0.028	5.809	-7.836	1.048	-0.909	15.090	7249.383	0.000	1164
V6	0.083	9.521	-6.897	1.830	0.247	4.841	176.2658	0.000	1164
V7	-0.063	8.082	-6.933	1.050	-0.122	12.165	4076.45	0.000	1164
V8	-0.040	9.385	-7.753	1.384	0.329	12.181	4109.304	0.000	1164
V9	-0.021	9.486	-7.487	1.414	0.704	9.534	2166.71	0.000	1164
V10	0.004	9.333	-8.296	1.619	0.301	6.851	737.0612	0.000	1164
V11	-0.038	8.642	-8.070	1.268	0.153	9.410	1997.266	0.000	1164
V12	0.046	9.563	-10.507	2.093	0.227	5.312	269.268	0.000	1164
V13	-0.046	9.237	-5.515	1.125	0.501	10.588	2841.111	0.000	1164

续表

编号	均值	最大值	最小值	标准差	偏度	峰度	Jarque-Bera	P值	变量数
V14	-0.056	8.750	-7.525	1.041	-0.216	13.745	5608.848	0.000	1164
V15	-0.032	7.987	-10.523	1.269	-0.381	10.720	2918.407	0.000	1164
V16	-0.050	9.591	-6.694	1.426	0.393	8.462	1477.137	0.000	1164
V17	0.005	9.562	-8.317	1.689	0.182	6.428	576.473	0.000	1164
V18	0.026	9.531	-8.059	1.884	0.626	7.075	881.5256	0.000	1164
V19	-0.046	9.555	-8.711	1.552	0.394	9.226	1910.425	0.000	1164
V20	-0.059	9.595	-10.557	2.334	0.333	8.615	1550.678	0.000	1164
V21	-0.049	9.565	-10.498	2.269	0.167	6.819	712.858	0.000	1164
V22	-0.097	9.582	-18.994	2.356	-0.342	12.562	4456.981	0.000	1164
V23	0.055	9.536	-23.843	2.150	-0.835	16.552	9043.161	0.000	1164
V24	-0.063	9.570	-25.915	2.454	-0.718	17.857	10804.92	0.000	1164

在表7.1中，24家样本银行的收益率序列在形态上都存在"尖峰厚尾"的特征，不服从正态分布。本章采用分位数回归的方法来估计每个银行的VaR和银行之间的CoVaR与ΔCoVaR。

7.5.2 基于信息渠道我国上市银行信息溢出矩阵的测算

经ADF单位根检验，本章所有样本银行的收益率序列皆是平稳序列，使用式（7.1）~式（7.6）估计出的银行间信息溢出ΔCoVaR矩阵如表7.2所示。

根据式（7.7）与式（7.8）可知，将表7.2中的ΔCoVaR矩阵进行绝对值处理便是我们构建复杂网络所需要的距离矩阵，即每两家银行之间的信息溢出的绝对值便是网络中的连边权重。此步骤结果略去。

7.5.3 我国上市银行信息溢出网络

（1）非对称有向加权网络的构建。

根据本章对节点和连边的定义以及表7.2的数据，我们构建了我国上市银行间风险传染的信息溢出非对称有向加权网络（见图7.4）。网络中箭头方向代表信息溢出方向，线条粗细代表溢出强度的不同。为了避免两个节点之间双向溢出时连边重叠的情况，本章将网络中每条连边赋予0.2的曲度。

表 7.2 银行间信息溢出 ΔCoVaR 矩阵

编号	V1	V2	V3	V4	V5	V6	V7	V8	V9	V10	V11	V12	V13	V14	V15	V16	V17	V18	V19	V20	V21	V22	V23	V24
V1	0.000	-1.319	-1.642	-1.207	-1.178	-1.341	-1.043	-1.406	-1.386	-1.260	-1.143	-1.617	-1.042	-0.995	-0.813	-1.114	-1.300	-1.259	-1.315	-1.216	-1.570	0.000	-1.314	-1.496
V2	-1.189	0.000	-1.739	-1.288	-1.140	-1.432	-0.939	-1.379	-1.326	-1.390	-1.123	-1.627	-1.042	-0.976	-0.932	-1.020	-1.380	-1.229	-1.288	-0.884	-1.423	0.000	-1.571	-1.297
V3	-1.132	-1.436	0.000	-1.188	-1.038	-1.447	-1.110	-1.313	-1.319	-1.432	-1.300	-1.799	-1.128	-0.994	-0.999	-1.099	-1.647	-1.303	-1.393	-1.275	-1.787	0.000	-1.314	-1.544
V4	-1.119	-1.323	-1.520	0.000	-1.130	-1.342	-1.014	-1.277	-1.308	-1.207	-1.125	-1.509	-1.059	-0.921	-0.907	-1.187	-1.176	-1.159	-1.231	-1.114	-1.498	0.000	-1.255	-1.296
V5	-1.033	-1.092	-1.354	-1.046	0.000	-1.305	-0.993	-1.334	-1.369	-1.294	-1.104	-1.327	-1.085	-0.938	-0.925	-0.966	-1.268	-1.116	-1.314	-1.107	-1.150	0.000	-1.075	-1.204
V6	-0.907	-1.137	-1.557	-1.019	-0.974	0.000	-1.066	-1.053	-1.274	-1.961	-1.295	-2.253	-1.044	-1.024	-1.078	-1.244	-1.580	-1.447	-1.490	-1.450	-1.291	0.000	-2.203	-1.167
V7	-1.204	-1.051	-1.627	-1.204	-1.384	-1.733	0.000	-1.598	-1.601	-1.786	-1.675	-2.015	-1.423	-1.324	-1.264	-1.288	-1.754	-1.601	-1.721	-1.880	-1.774	0.000	-1.580	-1.966
V8	-0.944	-0.973	-1.346	-0.913	-1.050	-1.358	-0.920	0.000	-1.288	-1.317	-0.994	-1.713	-1.229	-0.929	-1.002	-1.154	-1.467	-1.318	-1.541	-1.195	-1.541	0.000	-1.591	-1.380
V9	-0.887	-0.945	-1.285	-0.927	-1.012	-1.449	-0.937	-1.264	0.000	-1.441	-1.224	-1.547	-1.028	-0.887	-1.023	-1.222	-1.424	-1.421	-1.325	-1.661	-1.262	0.000	-1.444	-1.386
V10	-0.888	-1.000	-1.447	-0.937	-0.919	-1.795	-0.947	-1.182	-1.429	0.000	-1.316	-2.286	-0.994	-0.915	-1.060	-1.184	-1.682	-1.774	-1.363	-1.425	-1.602	0.000	-1.565	-1.443
V11	-0.925	-0.964	-1.438	-0.954	-1.126	-1.726	-1.185	-1.249	-1.393	-1.699	0.000	-1.852	-1.141	-1.105	-1.048	-1.130	-1.489	-1.340	-1.587	-1.623	-1.508	0.000	-1.316	-1.463
V12	-0.871	-1.013	-1.358	-0.898	-0.818	-1.809	-0.950	-1.122	-1.278	-1.740	-1.177	0.000	-1.111	-0.836	-0.911	-1.263	-1.650	-1.683	-1.355	-1.609	-1.672	0.000	-1.891	-1.463
V13	-0.960	-0.986	-1.490	-0.993	-1.128	-1.558	-1.236	-1.418	-1.543	-1.667	-1.392	-1.887	0.000	-1.191	-1.237	-1.355	-1.736	-1.607	-1.605	-1.447	-1.671	0.000	-1.666	-1.557
V14	-1.195	-1.141	-1.685	-1.119	-1.244	-1.959	-1.320	-1.637	-1.616	-1.735	-1.590	-2.095	-1.506	0.000	-1.358	-1.417	-1.751	-1.609	-1.847	-2.080	-1.832	0.000	-1.652	-2.089
V15	-0.930	-0.984	-1.383	-0.987	-1.113	-1.514	-1.064	-1.187	-1.264	-1.616	-1.303	-1.856	-1.195	-0.931	0.000	-1.527	-1.617	-1.761	-1.729	-2.090	-1.983	0.000	-1.598	-2.226
V16	-0.748	-0.778	-1.268	-0.853	-0.801	-1.440	-0.832	-0.988	-1.177	-1.154	-1.100	-1.579	-0.986	-0.887	-1.129	0.000	-1.621	-1.788	-1.667	-1.908	-2.159	0.000	-1.362	-1.937
V17	-0.861	-1.028	-1.444	-0.942	-0.801	-1.773	-1.000	-1.138	-1.175	-1.569	-1.165	-1.908	-1.096	-0.975	-1.101	-1.413	0.000	-1.700	-1.404	-1.677	-1.881	0.000	-1.830	-1.806
V18	-0.626	-0.647	-0.916	-0.744	-0.640	-1.363	-0.708	-0.829	-0.923	-1.338	-0.837	-1.600	-0.834	-0.632	-1.036	-1.230	-1.322	0.000	-1.258	-1.622	-1.922	0.000	-1.469	-1.551
V19	-0.981	-0.928	-1.435	-0.873	-1.047	-1.545	-1.066	-1.341	-1.327	-1.591	-1.278	-2.128	-1.110	-0.881	-1.462	-1.533	-1.823	-1.786	0.000	-2.158	-2.210	0.000	-1.703	-2.241
V20	-0.511	-0.446	-0.624	-0.511	-0.506	-0.790	-0.531	-0.561	-0.725	-0.723	-0.628	-0.955	-0.571	-0.528	-0.704	-0.792	-0.600	-1.215	-1.220	0.000	-1.614	0.000	-0.819	-2.153
V21	-0.680	-0.558	-0.784	-0.555	-0.612	-0.892	-0.730	-0.792	-0.804	-0.866	-0.904	-1.273	-0.790	-0.756	-1.106	-1.363	-1.119	-1.725	-1.477	-2.131	0.000	0.000	-1.091	-2.431
V22	-0.528	-0.477	-0.740	-0.507	-0.544	-0.877	-0.535	-0.585	-0.660	-0.745	-0.697	-1.041	-0.575	-0.506	-0.626	-0.758	-0.797	-1.109	-1.085	-1.947	-1.847	0.000	-0.884	-2.153
V23	-0.805	-0.996	-1.348	-0.918	-0.806	-1.862	-0.933	-1.081	-1.151	-1.683	-1.185	-2.091	-1.045	-0.760	-1.025	-1.152	-1.465	-1.704	-1.499	-1.623	-1.710	-1.570	0.000	-2.030
V24	-0.512	-0.464	-0.721	-0.500	-0.472	-0.834	-0.519	-0.655	-0.671	-0.786	-0.617	-1.091	-0.714	-0.622	-0.694	-0.790	-0.855	-1.021	-1.172	-1.809	-1.824	-1.914	-0.803	0.000

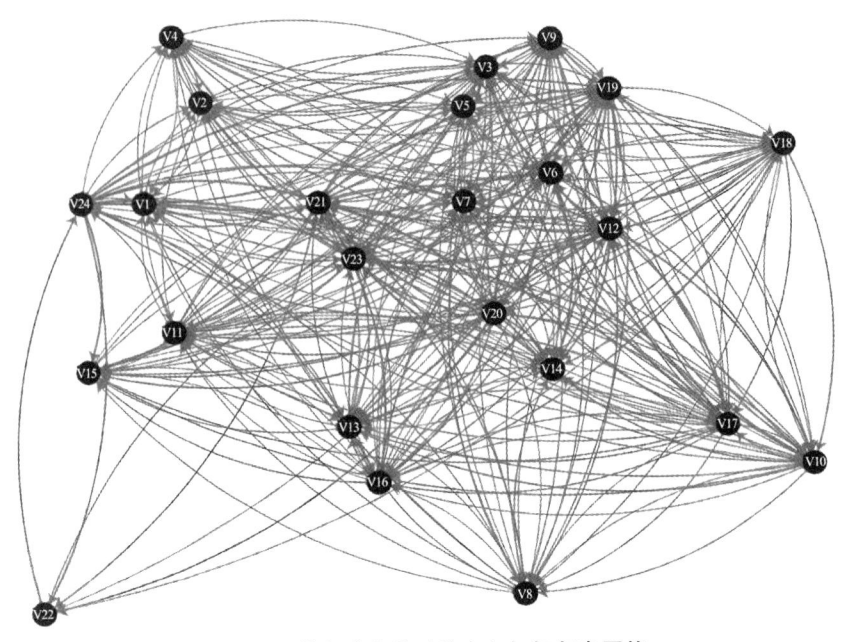

图 7.4　信息溢出非对称有向加权复杂网络

在图 7.4 中，除 V22 外，几乎每两个节点之间都有两条连线，即这 24 家银行大部分之间都存在两两溢出的关系，这显然是不符合现实的。为了解决这个问题，本章使用阈值法对网络中的连边进行筛选，参考宫晓莉等（2020）的做法，删去网络距离矩阵中数值最小的 40% 连边，这样既可以保留较为重要的连边，又更加贴近现实情况。新距离矩阵见附录 2 附表 2-2，下文对信息溢出非对称有向加权网络的分析均使用删去 40% 连边后的网络。使用阈值法对连边进行筛选之后的网络如图 7.5 所示。

为了更加清晰地说明非对称有向加权网络中不同节点的信息溢出特征，本章分别选取了节点度较大的 V3 与节点度较小的 V22 做出局部网络示意图（见图 7.6）。图 7.6（a）为 V3 在网络中的连边情况；图 7.6（b）为 V22 在网络中的连边情况。通过对比图 7.6（a）与图 7.6（b）可知，两个节点的连边都是既有双向的（如 V3 与 V9、V22 与 V24），又有单向的（如 V3 与 V18、V22 与 V19）；既有溢出程度较强的（如 V3 对 V6、V22 对 V24），又有溢出程度较弱的（如 V13 对 V3、V19 对 V22）。但总体来看 V3 节点周围的连边比 V22 密集许多。进一步地，受到 V3 传染的节点几乎囊括了所有银行类型（国有银行、城商行、股份制银行、农商行），其传染范围辐射较广，传染效应表现强烈；相较而言，受到 V22 传染的银行数量、类型都比较有限，且体量都与之较为接近。这是因为，V3 节点所对应的银行作为大型国有银行与系统重要性银行，其体量、规模、投资者的认可程度都比 V22 所对应的银行大得多，因此参与者对其信息的捕捉与反应更为敏感，使其更容易产生或受到信息溢出。

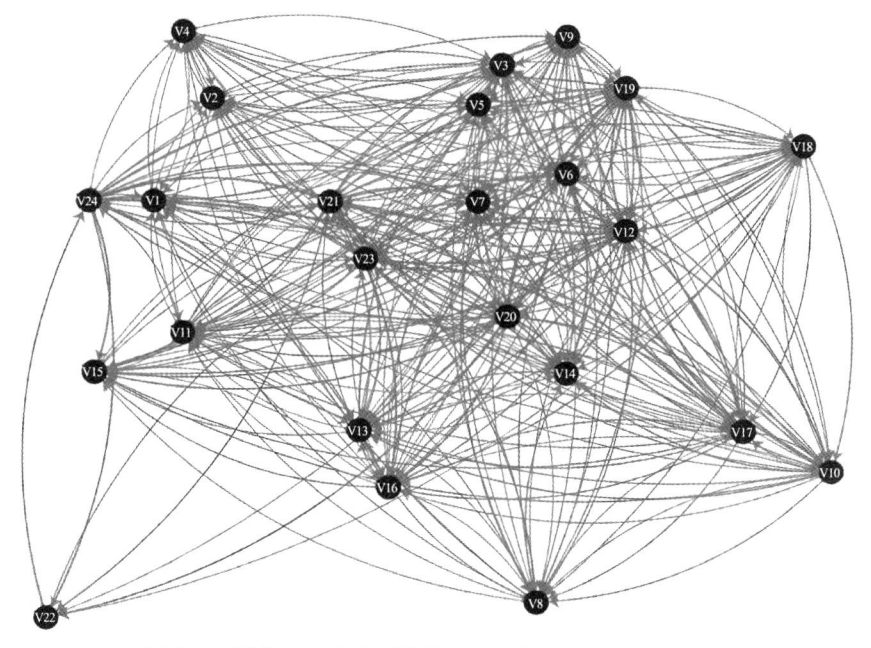

图 7.5　删去 40% 连边后的信息溢出非对称有向加权网络

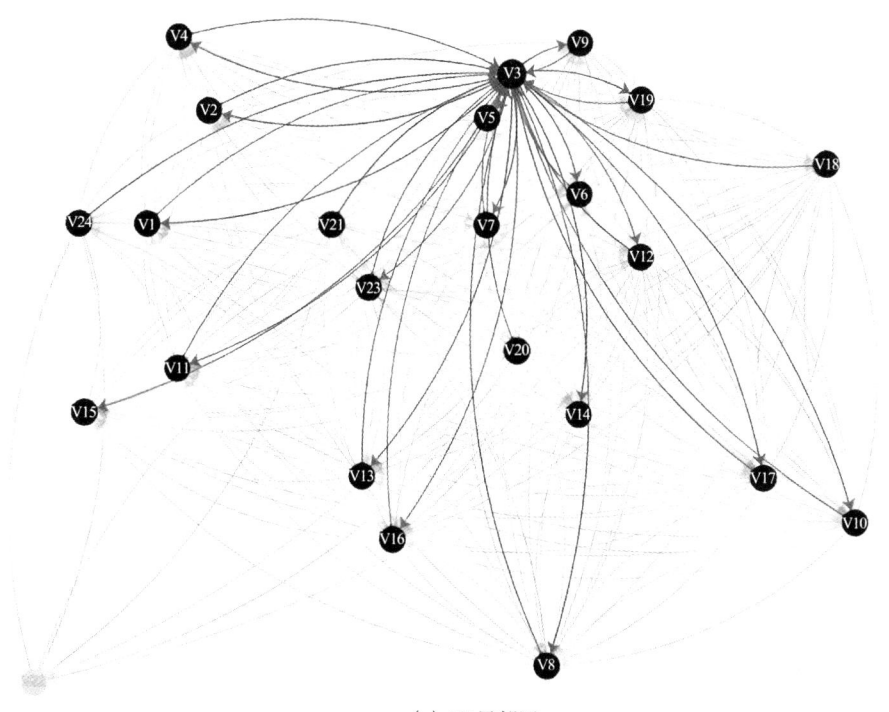

(a) V3局部图

· 161 ·

(b) V22局部图

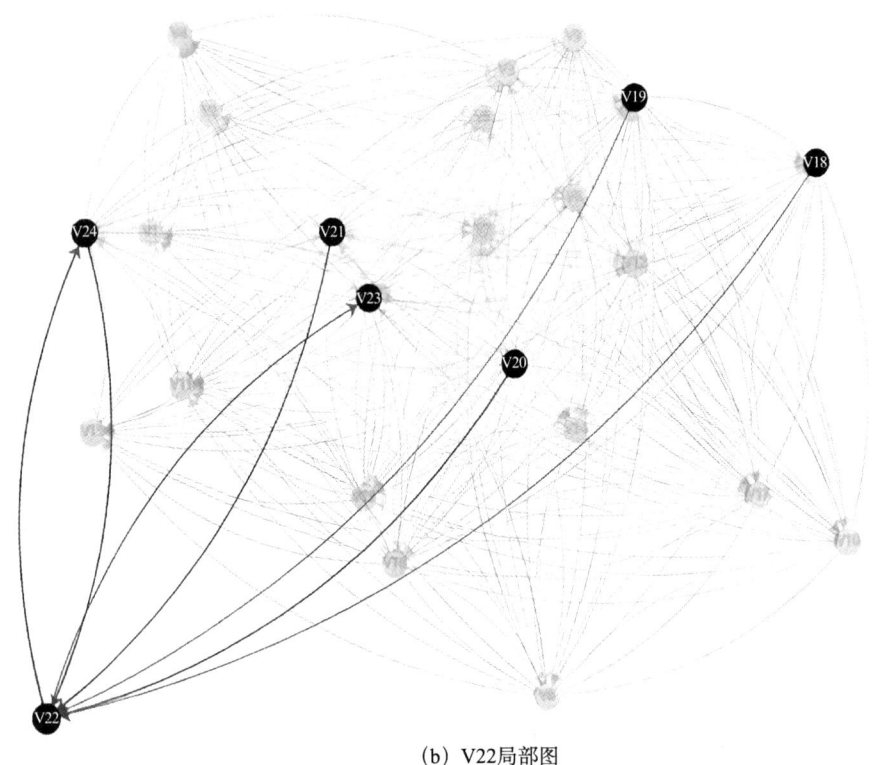

图7.6　V3与V22局部非对称有向加权网络

（2）有向加权网络的构建。

为了比较非对称有向加权网络与传统有向加权网络对信息溢出的刻画效果，本章参考黄玮强等（2013）的方法，构建了有向加权网络 $G'(V, E')$。其中，连边集合 $E' = \{e'_{ij}, i=1, 2, \cdots, N; j=1, 2, \cdots, N\}$ 的确定方法可以分为两步。

步骤一：用格兰杰因果关系检验的方法确定两个节点之间连边的有无及方向。对于不同的收益率序列 $r_{it}(i=1, 2, \cdots, N)$，有：

$$r_{it} = c_1 + \alpha_{1i}^{(1)} r_{i,t-1} + \alpha_{1i}^{(2)} r_{i,t-2} + \cdots + \alpha_{1i}^{(p)} r_{i,t-p} + \\ (\alpha_{1j}^{(1)} r_{i,t-1} + \alpha_{1j}^{(2)} r_{i,t-2} + \cdots + \alpha_{1j}^{(p)} r_{i,t-p}) + \mu_{it} \quad (7.16)$$

此时的格兰杰因果检验的原假设为：

$$\begin{cases} H_0 : \alpha_{1j}^{(1)} = \alpha_{1j}^{(2)} = \cdots = \alpha_{1j}^{(p)} = 0 \\ H_1 : 至少有一个 \alpha_{1j}^{(n)} \neq 0 \end{cases} \quad (7.17)$$

LR检验统计量渐近服从 $\chi^2(p)$，如果不拒绝原假设，则 r_{jt} 不是 r_{it} 的格兰杰原因；反之，如果拒绝原假设，则 r_{jt} 是 r_{it} 的格兰杰原因。

本章在使用格兰杰因果检验确定连边的具体做法为：对N家金融机构

的收益率序列 $r_{it}(i = 1, 2, \cdots, N)$ 两两一组做格兰杰因果关系检验，共做 $N(N-1)/2$ 次。若某家金融机构 i 的收益率 r_i 是 r_j 的格兰杰原因，则说明 r_j 会受到 r_i 的影响，即 r_i 对 r_j 有信息溢出效应，记为 i→j；同理，若金融机构 i 与 j 互为格兰杰因果，则记为 i⇔j。24 家样本银行的格兰杰因果检验结果即网络连边矩阵，每两家上市银行之间有格兰杰因果关系的记为 1，否则为 0。根据格兰杰因果检验的结果，我们可以判断出上市银行两两之间是否具有连边以及连边指向性，也就是说，上市银行之间是否具有信息溢出效应，如果有，则该溢出由哪家银行产生而被哪家银行承受。该矩阵如表 7.3 所示。

步骤二：计算不同金融机构之间的收益率关系矩阵 P。

$$P = \begin{cases} P_{ij} = \rho_{ij,t}; i \neq j \\ P_{ij} = 1; i = j \end{cases} \quad (7.18)$$

其中，$\rho_{ij,t}$ 表示 r_i 与 r_j 的相关系数，将 P 经过 $a'_{ij} = \sqrt{2(1-\rho_{ij,t})}$ 的处理生成新的距离矩阵 A'（见附录表 A3），结合信息溢出方向构建有向加权网络矩阵，如表 7.4 所示。

使用表 7.4 的数据，将其导入 UCINET 生成有向加权信息溢出网络（见图 7.7）。由图 7.7 可知，网络中少部分节点具有大量连边，如 V7、V15 等，这类节点往往相对活跃，其风险传染与承受的可能性也相对较高，而大部分节点具有少量连边，说明我国上市银行信息溢出网络具有典型的无标度网络特征。对比地看，该有向加权网络比图 7.5 中删去 40% 连边的非对称有向加权网络更为稀疏，说明有向加权网络会损失一部分的溢出效应，从而低估金融风险的传染效果。而非对称有向加权网络尽可能地保留了金融机构间的双向非对称溢出关系，更加贴近现实，也使模拟结果更具有参考性。

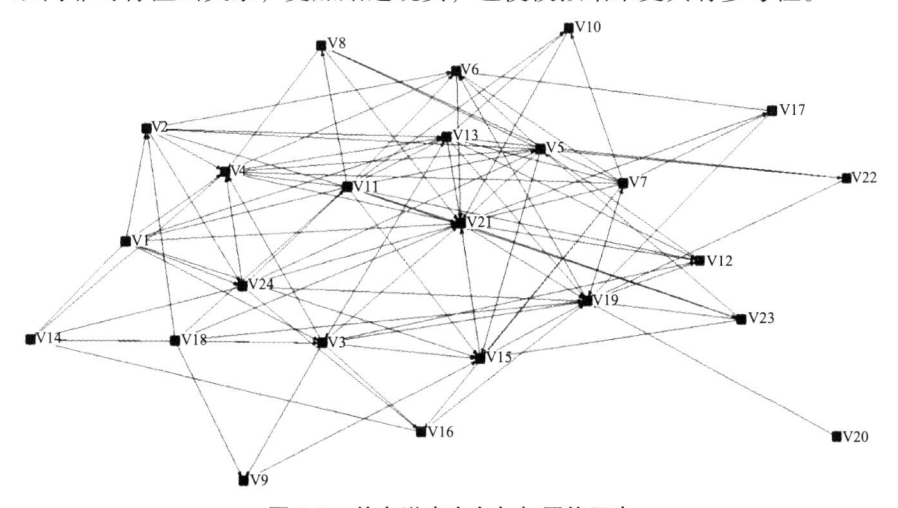

图 7.7 信息溢出有向加权网络示意

表 7.3　有向加权网络连边矩阵

编号	V1	V2	V3	V4	V5	V6	V7	V8	V9	V10	V11	V12	V13	V14	V15	V16	V17	V18	V19	V20	V21	V22	V23	V24
V1	0	1	1	1	0	0	0	0	0	0	0	0	1	1	1	1	0	0	0	0	0	0	0	1
V2	0	0	0	1	0	1	0	0	0	0	0	0	1	0	0	1	0	1	1	0	0	0	0	1
V3	0	0	0	1	0	0	0	0	1	0	0	1	1	1	1	1	0	1	1	0	1	1	0	0
V4	0	0	0	0	0	0	0	1	0	0	0	1	1	1	0	0	0	0	0	0	1	0	0	0
V5	0	1	0	1	0	1	0	0	0	0	0	0	0	0	1	0	0	0	0	0	1	1	0	1
V6	0	0	0	0	0	0	0	1	0	1	0	0	0	1	1	1	1	1	1	0	1	0	0	0
V7	0	0	0	1	0	1	0	0	0	0	0	0	0	0	0	0	0	0	0	0	1	0	0	0
V8	0	0	0	0	1	0	0	0	0	0	0	0	0	0	0	0	0	0	0	0	1	0	0	0
V9	0	0	0	0	0	0	0	1	0	0	0	0	0	1	0	0	0	0	0	0	0	0	0	0
V10	0	0	0	1	1	0	0	0	0	0	0	0	0	0	0	0	0	0	1	0	1	0	0	1
V11	1	1	0	0	0	0	0	0	0	0	0	0	0	0	0	0	0	0	0	0	0	0	0	0
V12	0	0	0	0	0	0	0	0	0	0	1	1	1	0	0	0	0	0	0	0	1	0	0	0
V13	0	0	1	0	0	0	0	0	0	0	0	0	0	0	0	0	0	0	1	0	0	0	0	0
V14	0	0	0	0	0	0	0	1	0	0	0	0	1	0	1	0	0	0	0	0	1	0	0	0
V15	0	0	0	0	0	0	0	0	0	0	1	0	0	0	0	0	0	0	0	0	0	0	0	0
V16	0	0	0	0	0	0	0	0	0	0	0	1	0	0	0	0	0	0	1	0	1	0	0	0
V17	0	0	1	0	0	1	1	0	1	0	1	0	0	1	0	0	0	0	1	0	0	0	0	0
V18	0	1	1	0	0	0	0	0	0	0	0	1	0	0	0	0	1	0	1	0	1	1	0	0
V19	0	0	0	0	0	0	0	0	0	0	1	0	1	0	1	0	0	1	0	1	0	0	0	0
V20	0	0	0	0	0	0	0	0	0	0	1	0	0	0	0	0	1	0	1	0	0	0	0	0
V21	0	0	0	0	0	1	0	0	0	0	0	0	0	0	1	0	1	0	1	1	0	0	1	0
V22	0	0	0	0	1	0	0	0	0	0	0	0	0	0	0	0	0	0	1	1	0	0	0	0
V23	0	0	0	0	0	0	0	0	0	0	0	0	0	0	0	0	0	0	0	1	1	0	0	0
V24	1	1	0	1	0	0	0	0	0	1	0	0	0	1	0	1	0	0	0	0	1	0	0	0

表 7.4

有向加权网络矩阵

编号	V1	V2	V3	V4	V5	V6	V7	V8	V9	V10	V11	V12	V13	V14	V15	V16	V17	V18	V19	V20	V21	V22	V23	V24
V1	0	0.183	0.223	0.317	0	0	0	0	0	0	0	0	0.506	0.641	0.532	0	0	0	0	0	0.696	0	0	0.239
V2	0	0	0	0.307	0	0.441	0	0	0	0	0	0	0.474	0	0	0	0	0.552	0.634	0	0	0	0	0.270
V3	0	0	0	0.310	0	0	0	0	0.431	0	0	0.433	0.489	0.691	0.504	0.539	0	0	0	0	0.662	0	0	0
V4	0	0	0	0	0	0	0	0	0	0	0	0	0.446	0.644	0	0	0	0	0	0	0.654	0	0	0.448
V5	0	0.336	0	0.419	0	0.468	0	0.378	0	0	0	0.450	0	0	0.461	0	0	0	0	0	0.680	0.350	0	0
V6	0	0	0	0.408	0	0	0	0	0	0	0	0	0	0	0	0	0	0	0.575	0	0.625	0	0	0
V7	0	0	0	0.328	0	0.428	0	0.295	0	0.442	0	0	0.446	0	0.431	0.489	0.625	0	0	0	0.649	0	0	0
V8	0	0	0	0.334	0	0	0	0	0	0	0	0	0	0	0.418	0	0	0	0	0	0.656	0	0	0
V9	0	0	0	0	0	0	0	0	0	0	0	0	0.477	0	0	0	0	0	0	0	0	0	0	0
V10	0.459	0.394	0	0.466	0.281	0.461	0	0.400	0	0.435	0	0.428	0	0	0.441	0	0	0	0	0	0.649	0	0	0.466
V11	0	0	0	0	0	0	0	0	0	0	0.487	0.415	0	0	0	0	0	0	0.572	0	0.598	0	0	0
V12	0	0	0.489	0	0	0	0	0	0	0	0	0	0	0	0	0	0	0	0	0	0.610	0	0	0
V13	0	0	0	0	0	0	0	0	0	0	0	0	0	0.702	0	0	0	0	0.429	0	0.526	0	0	0
V14	0	0	0	0	0	0.623	0	0	0	0	0.510	0	0	0	0	0	0	0	0.617	0	0	0	0	0
V15	0	0	0	0	0	0	0.575	0	0.484	0	0	0	0	0.657	0	0	0	0	0.541	0	0.663	0	0	0
V16	0	0	0.552	0	0	0	0	0	0	0	0	0.546	0	0	0	0	0.663	0	0.482	0	0.579	0	0	0
V17	0	0	0	0	0	0	0	0	0	0	0.610	0	0.568	0	0	0	0	0	0	0	0.423	0	0	0
V18	0	0.519	0.634	0	0	0.573	0	0	0	0	0	0	0	0	0	0	0	0	0.339	0	0	0	0	0
V19	0	0	0	0	0	0	0	0	0	0	0.611	0	0	0	0	0	0	0	0.423	0	0	0	0	0
V20	0	0	0	0	0	0	0	0	0	0	0	0	0	0	0.481	0	0	0	0.604	0	0	0	0.409	0
V21	0	0	0	0	0	0	0	0	0	0	0	0	0	0	0	0	0	0	0.330	0	0.409	0	0	0
V22	0	0	0	0	0.655	0	0	0	0	0	0	0	0	0.686	0	0.524	0	0	0.608	0	0.658	0	0	0
V23	0	0	0	0.286	0	0	0	0	0	0	0	0	0	0	0	0	0	0	0	0	0	0	0	0
V24	0.239	0	0	0	0	0	0	0	0	0	0	0	0	0	0	0	0	0	0	0	0	0	0	0

7.5.4 各银行传染规模测度

（1）各银行网络拓扑结构特征指标的计算。

根据上文中所列出的节点出度、入度、出接近中心性、入接近中心性、居间中心性及出特征向量中心性、入特征向量中心性等指标的计算公式，使用 UCINET 与 Python 分别计算删去 40% 连边后的非对称有向加权网络距离矩阵中的这些指标，结果如表 7.5 所示。

表 7.5　　　　　　　各银行网络拓扑结构特征指标

编号	出度	入度	出接近中心性	入接近中心性	居间中心性	出特征向量中心性	入特征向量中心性
V1	18	5	82.143	50.000	0.467	0.218	0.017
V2	16	6	76.667	52.273	3.185	0.209	0.033
V3	19	18	85.185	82.143	47.748	0.248	0.188
V4	18	5	82.143	50.000	0.467	0.208	0.018
V5	15	8	74.194	54.762	1.563	0.173	0.026
V6	14	19	71.875	85.185	10.007	0.193	0.234
V7	21	4	92.000	48.936	2.143	0.323	0.028
V8	14	15	71.875	74.194	1.056	0.175	0.124
V9	14	18	71.875	82.143	0.787	0.168	0.173
V10	14	19	71.875	85.185	2.000	0.188	0.228
V11	18	17	82.143	79.310	29.736	0.245	0.159
V12	15	21	74.194	92.000	13.570	0.197	0.311
V13	19	10	85.185	63.889	14.213	0.277	0.088
V14	22	3	95.833	47.917	2.143	0.342	0.017
V15	17	7	79.310	58.974	6.279	0.235	0.077
V16	14	18	71.875	82.143	5.076	0.180	0.207
V17	16	20	76.667	88.462	9.146	0.213	0.248
V18	10	22	56.098	95.833	5.818	0.116	0.284
V19	16	23	76.667	100.000	43.680	0.230	0.280
V20	4	22	47.917	95.833	0.200	0.036	0.332
V21	9	23	54.762	100.000	9.270	0.101	0.341
V22	5	2	48.936	52.273	0.200	0.038	0.055
V23	14	19	71.875	85.185	12.184	0.175	0.254
V24	5	23	48.936	100.000	12.063	0.043	0.340

由表7.5可知：一是V14的出度最大，说明这个节点更容易向外传染风险；V19、V21、与V24的入度最大，这说明这三个节点相对更容易受到风险的传染。二是V14的出接近中心性最大，由前文可知，如果一个节点与网络中其他节点的距离都很短，那么该节点就具有较高的接近中心性，这样的节点将在网络中迅速地将风险传染出去；同理，V19与V24的入接近中心性最大，说明这两个节点在网络中容易迅速被传染。三是V3的居间中心性最大，根据居间中心性的定义，这说明V3在网络中的"控制力"更强，即它在网络中起到的"中介"作用最大，能够将风险在网络更大更远的范围内进行传染。四是V14的出特征向量中心性最大，这说明V14的邻居节点传染能力之和最大，因而提高了V14的影响力，使其风险传染能力增强；V21的入特征向量中心性最大，这说明该节点的邻居节点的风险承受总和最大，因而也提高了它的风险承受度。

（2）各银行个性特征指标的计算。

金融风险在信息溢出渠道进行传染时，除了会受到不同机构之间的信息溢出强度的影响外，还会受到其网络"地位"与系统重要性、财务状况等因素的影响。因此本章将每个节点的网络拓扑结构指标与个性特征指标综合成风险传染调节因子（Contagion）与风险承受调节因子（Tolerance），并将之纳入模拟风险传染时的判别条件以测度传染规模。

在我国，由于上市银行的系统重要性、业务规模、业务复杂程度、机构风险程度等指标都存在较大差异，因此每个节点的风险传染能力与承受能力也会不同。本章参考宫晓莉等（2020）、宋光辉等（2016）的指标池，分别选取样本银行2016年12月31日至2021年9月30日季度数据的个性特征指标进一步说明节点的风险程度。指标选取情况及取值如表7.6所示。其中，"系统重要性银行"指标为本章设定的哑变量，根据人民银行、银保监会基于2020年数据评估认定的国内系统重要性银行，将入选银行赋值为"1"，否则为"0"，系统重要性银行的传染能力与风险承受能力都较强；资本充足率、营业利润率、不良贷款拨备覆盖率、资产收益率等指标都可以反映上市银行的经营状况，说明银行主体的抗风险能力，当银行的经营状况较好时，其消化风险的能力也越强，故这类指标与传染能力负相关，与承受能力正相关。为了使个性特征指标与网络结构特征指标的频率保持一致，本章对季度数据进行处理，分别取它们在样本时间内的均值作为最终数据。

表 7.6　　　　　　　　各银行节点个性特征指标

编号	系统重要性银行	资本充足率	营业利润率	不良贷款拨备覆盖率	资产收益率
V1	1	0.148	0.488	1.718	0.073
V2	1	0.156	0.487	1.720	0.082
V3	1	0.162	0.488	1.944	0.089
V4	1	0.149	0.444	2.393	0.083
V5	1	0.143	0.405	1.578	0.066
V6	1	0.152	0.442	3.320	0.104
V7	1	0.124	0.404	1.509	0.079
V8	1	0.122	0.353	1.681	0.069
V9	1	0.127	0.398	1.714	0.070
V10	1	0.124	0.464	2.160	0.090
V11	1	0.130	0.398	1.588	0.078
V12	1	0.123	0.286	1.858	0.068
V13	1	0.127	0.346	1.569	0.064
V14	1	0.118	0.464	2.446	0.076
V15	1	0.131	0.469	3.070	0.076
V16	1	0.125	0.407	2.167	0.076
V17	0	0.133	0.471	4.314	0.094
V18	0	0.132	0.384	2.993	0.070
V19	0	0.129	0.423	2.678	0.104
V20	0	0.147	0.431	2.744	0.069
V21	0	0.137	0.352	4.054	0.073
V22	0	0.145	0.262	2.281	0.051
V23	1	0.139	0.421	4.690	0.100
V24	0	0.138	0.350	2.506	0.060

（3）各银行传染调节因子与承受调节因子的计算。

为了综合度量各上市银行的风险传染能力与承受能力，本章使用主成分分析的方法将网络拓扑结构指标与个性特征指标进行合成。其中，对网络拓扑结构特征指标进行标准化处理。指标具体情况如表 7.7 所示。

表 7.7　　　　　　　　风险调节因子指标选取一览

指标	指标名称	风险传染调节因子	指标属性	风险承受调节因子	指标属性
网络拓扑结构指标	出度	√	正向	—	—
	入度	—	—	√	负向

续表

指标	指标名称	风险传染调节因子	指标属性	风险承受调节因子	指标属性
网络拓扑结构指标	出接近中心性	√	正向	—	—
	入接近中心性	—	—	√	负向
	中间中心度	√	正向	√	正向
	出特征向量中心性	√	正向	—	—
	入特征向量中心性	—	—	√	负向
个性特征数量指标	是否系统重要性银行	√	正向	√	正向
	资本充足率	√	负向	√	正向
	营业利润率	√	负向	√	正向
	不良贷款拨备覆盖率	√	负向	√	正向
	资产收益率	√	负向	√	正向

在使用主成分分析合成风险传染调节因子之前，本章先对数据进行了 KMO 检验与 Bartlett 球形度检验，检验结果显示数据适合进行主成分分析。9 个指标解释方差表如 7.8 所示。由表 7.8 可知，在最终获得的 3 个特征值大于 1 的因子里包含了原有 9 个指标 80.475% 的信息，解释效果比较好，可以用来进行主成分分析。

表 7.8　　　　　　风险传染调节因子解释的总方差

成分	初始特征值			提取平方和载入		
	合计	方差贡献率（%）	累积（%）	合计	方差贡献率（%）	累积（%）
1	4.171	46.346	46.346	4.171	46.346	46.346
2	1.996	22.173	68.519	1.996	22.173	68.519
3	1.076	11.956	80.475	1.076	11.956	80.475
4	0.960	10.669	91.143			
5	0.372	4.129	95.272			
6	0.280	3.106	98.378			
7	0.125	1.389	99.766			
8	0.015	0.162	99.928			
9	0.006	0.072	100.000			

同样地，本章对度量风险承受能力的数据进行了 KMO 检验与 Bartlett 球形度检验，二者的结果均显示数据比较适合进行主成分分析。如表 7.9

所示，提取出的两个特征值大于 1 的因子保留了原来 9 个指标共 70.67% 的信息，能较好地解释原有指标。

表 7.9　　　　　　　　风险承受调节因子解释的总方差

成分	初始特征值 合计	方差贡献率（%）	累积（%）	提取平方和载入 合计	方差贡献率（%）	累积（%）
1	4.125	45.835	45.835	4.125	45.835	45.835
2	2.235	24.835	70.670	2.235	24.835	70.670
3	0.912	10.128	80.798			
4	0.753	8.366	89.164			
5	0.483	5.369	94.533			
6	0.341	3.793	98.325			
7	0.128	1.427	99.752			
8	0.021	0.229	99.981			
9	0.002	0.019	100.000			

本章使用 SPSS 进行主成分分析，指标合成结果如表 7.10 所示。由表 7.10 结果可见，V7 的风险传染能力最强，V20 与 V21 的风险传染能力最差。V23 的风险承受能力最强，V12 的风险承受能力最差。由于 V20 与 V21 的风险传染调节因子均小于 0，因此，认为在信息溢出网络中其除信息溢出之外的传染能力可以忽略不计，在下文中按 0 进行计算。

表 7.10　　　　　　　　主成分分析结果

编号	风险传染调节因子	风险承受调节因子
V1	1.218	0.485
V2	1.076	0.478
V3	1.190	0.452
V4	1.088	0.596
V5	1.040	0.404
V6	0.662	0.503
V7	1.432	0.440
V8	0.970	0.256
V9	0.967	0.205
V10	0.887	0.267
V11	1.199	0.321

续表

编号	风险传染调节因子	风险承受调节因子
V12	0.972	0.145
V13	1.273	0.369
V14	1.332	0.631
V15	0.895	0.672
V16	0.871	0.290
V17	0.385	0.586
V18	0.229	0.265
V19	0.664	0.356
V20	-0.043	0.190
V21	-0.024	0.415
V22	0.085	0.463
V23	0.413	0.736
V24	0.011	0.151

（4）各银行传染规模的计算。

金融风险在我国上市银行信息溢出网络中的传染效果主要由节点间的信息溢出强度、银行正常经营状态下的收益率、风险传染调节因子与风险承受调节因子决定。当某家上市银行 i 陷入困境时，若它产生的冲击超过了上市银行 j 的风险承受阈值，则上市银行 j 会因此陷入困境。其中，上市银行 i 的冲击包含两部分：一部分是信息溢出强度，即 $|\Delta CoVaR_{ij}|$；另一部分是上市银行 i 由于网络拓扑结构与自身风险状况不同而具有的附加风险传染能力，也即 $Contagion_i$。上市银行 j 的承受能力也包含两部分：根据信息溢出的定义可知，一部分是上市银行 j 的收益率陷入困境时的阈值，即 $|VaR_{0.05}^j|$；另一部分是上市银行 j 本身由于网络"地位"、财务状况不同而额外具有的风险承受能力，也即 $Tolerance_j$。因此，信息溢出渠道下金融风险的传染判定条件可以描述为：

$$|\Delta CoVaR_{ij}| + Contagion_i > |VaR_{0.05}^j| + Tolerance_j \quad (7.19)$$

整理后可得：

$$|\Delta CoVaR_{ij}| + Contagion_i - |VaR_{0.05}^j| - Tolerance_j > 0 \quad (7.20)$$

根据式（7.20）对信息溢出网络中的金融风险传染进行模拟，测度在网络中当每家上市银行作为风险源头时会引致的风险传染规模，将被动陷入困境的节点记为1，结果如表7.11所示。在表7.11中，第一列代表风险源头，第一行代表遭受风险源头信息溢出的节点。

表 7.11 传染结果

编号	V1	V2	V3	V4	V5	V6	V7	V8	V9	V10	V11	V12	V13	V14	V15	V16	V17	V18	V19	V20	V21	V22	V23	V24
V1		1	1	1	1			1	1		1													
V2	1		1	1				1	1		1													
V3	1	1		1			1	1	1		1		1											
V4	1		1		1			1	1		1		1											
V5																								
V6																								
V7	1		1	1	1			1	1	1	1	1	1	1	1	1	1	1	1	1				1
V8									1															
V9								1			1													
V10									1		1													
V11			1		1		1	1	1	1		1	1	1										
V12									1				1											
V13			1		1		1	1	1	1	1			1	1	1	1	1	1	1				1
V14	1			1	1						1		1											
V15																								
V16																								
V17																								
V18																								
V19																								
V20																								
V21																								
V22																								
V23																								
V24																								

由表7.11结果可知，在金融风险传染的信息溢出网络中，有的银行风险传染能力较强，具有"危险性"，可能会引致多个银行的经营危机；有的银行风险隐患较高，具有"脆弱性"，很容易因为受到信息溢出而陷入困境。横向来看，当作为风险点时能引起风险传染的节点集中在V1~V15；纵向来看，因受到信息溢出而陷入困境次数较多的节点集中于V1~V13。通过对比节点编号可知，这些节点均是系统重要性银行。这说明本章的测度结果与现实相符合。

具体而言，V1~V5作为国有五大银行，它们之间更容易相互传染风险，其中，V5的传染能力最弱且脆弱性最高。这是因为，国有五大行之间无论是业务规模、经营状况还是发展前景都较为接近，代表着我国银行界最雄厚的资本与实力。因此，市场参与者在接收到其中一家的负面信息时，更容易对同类型的其他银行产生同样悲观的市场情绪，从而低估其他银行的股票价值。但同时，因为其股东性质与其他类型银行有质的区别，所以市场参与者在判断其他类型银行的股票价值时会相对有限地参考国有银行的信息，致使国有银行对其他银行的信息溢出值相对较低，反而不会在银行界通过信息渠道大范围地传播风险。

V6~V15中的大部分机构，既具有高风险性，也具有高脆弱性。换句话说，它们既容易在股票市场上通过信息溢出波及其余机构，使网络中其他机构陷入经营困境，同时，又容易受到其他机构的信息溢出而使自身陷入困境。这部分银行由城市商业银行与股份制商业银行组成，它们在金融市场上相对较为活跃，彼此之间业务关联较多，而经营稳健性又稍逊于大型国有银行，因此，这部分银行一旦由负面信息产生溢出效应，则传递出的风险与接收到的风险都较高。

V16~V24在信息溢出网络中，无风险传染性但具有一定的脆弱性。它们虽然产生了信息溢出，但最终这部分节点并没有造成其余节点被传染。可能的原因是，作为规模相对较小的银行，它们与其他银行的直接关联、间接关联都相对较低，投资者在关注到由它们所产生的负面信息时并不会产生强烈的恐慌心理而对其他银行失去信心，因此这部分银行所产生的信息溢出效应较弱，不会将自身风险辐射到整个银行系统。但是，它们却容易在市场上受到其他银行的信息冲击，尤其是当同类型银行中较大体量的银行产生信息溢出时，它们会表现出脆弱性，陷入困境。

为了更直观地比较各节点的风险情况，本章合计了每个节点遭遇危机时所会导致的陷入困境节点总数与受到其他节点信息溢出而被动陷入困境的次数，统计结果如图7.8所示。其中，图7.8（a）描述了各节点的传染规模，图 7.8（b）描述了各节点的被传染次数。

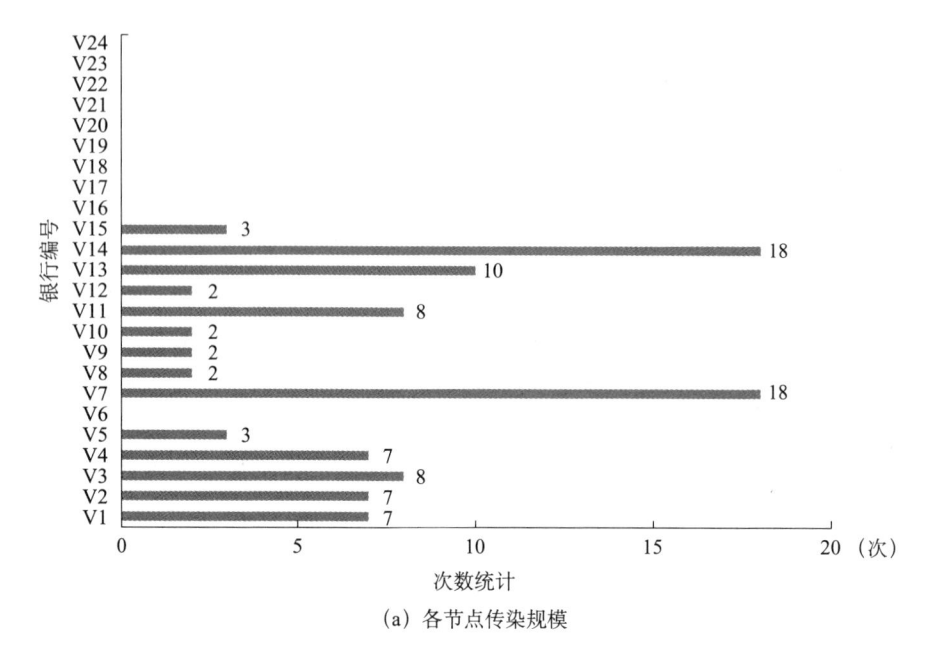

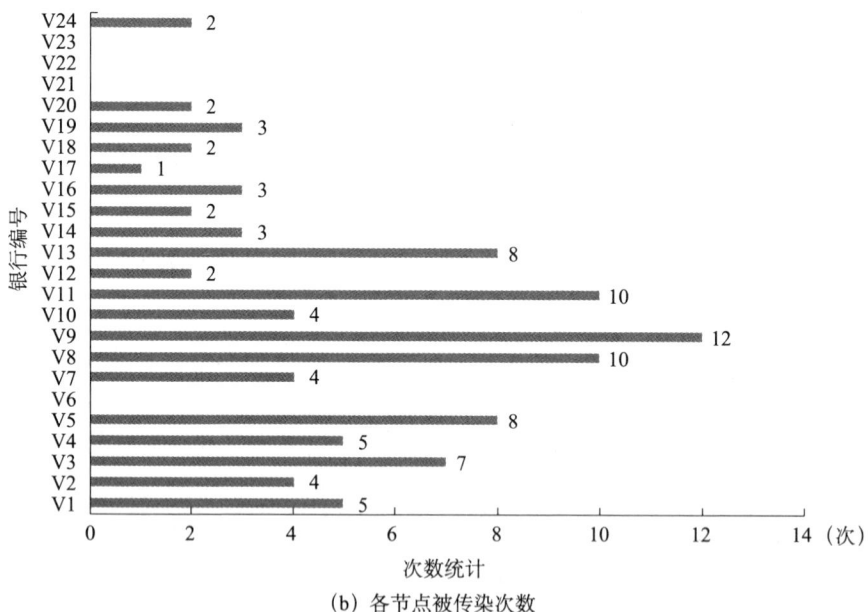

(a) 各节点传染规模

(b) 各节点被传染次数

图 7.8　各节点在信息溢出网络中传染规模与被传染次数统计

图 7.8（a）表明，V7、V14 的传染能力非常强，若这部分机构成为风险源头则会导致网络中超过半数的金融机构受到传染。根据中银协发布的《中国银行业百强榜单》，这两家银行连续多年都分别是股份制银行与

城商行中的佼佼者，因此，市场参与者可能对其信息关注较多，并且容易将其作为标杆分析行业内同类型银行的股票价值，导致它们的信息溢出效应较强。除去信息溢出值外，V7与V14的出度、出接近中心性、出特征向量中心性等网络结构指标都较大，而资本充足率、营业利润率等指标值又相对较低，这也同样会造成这两家银行拥有较强的风险传染能力。

图7.8（b）表明，V9的脆弱性较高，此节点在网络中不同机构作为风险源头时，有50%的概率会因为信息溢出而受到金融风险的传染。首先，V9受到其他银行的信息溢出值相对较大，这说明它一旦受到冲击，则陷入危机的可能性会更高；其次，通过观察V9的财务状况指标可以发现，它的经营状况并不够稳健，不足以提供较高的风险抵御能力；最后，将该银行的网络结构指标与经营状况指标进行结合后所得出的风险承受调节因子显示，它所拥有的额外风险承受能力较低。以上种种原因导致了当其他银行向V9产生信息溢出时，使其较为容易陷入困境。

总的来说，对比图7.8（a）与图7.8（b）来看，大多数机构在我国信息溢出网络中不能"独善其身"，这与现实中我国上市银行间股票价格总会出现"同涨同跌"的情况相吻合。本章认为其原因在于股票价格反映了市场参与者对银行发展前景的预期，又由于各银行之间通过同业业务、支付结算系统、持有共同资产、金融产品、交叉持股等种种原因紧密联系在一起，所以参与者很容易由获取到的第一家银行的信息而产生信息溢出，从而对行业内其他机构前景做出相似评价，因此在股票市场上所做出的交易行为往往使各银行的收益率之间存在高度相关性，也使得风险更容易沿信息渠道进行传染。

7.6 本章小结

信息溢出网络是信息渠道下金融机构之间进行风险传染的载体。本章选取了24家上市银行2016年11月30日至2021年9月30日的数据，通过计算银行间的信息溢出效应作为网络距离矩阵的基础，构建出我国上市银行金融风险传染的信息溢出网络，并测度了一系列网络拓扑结构特征指标及节点个性特征指标，接着以此为基础计算了各节点的风险传染能力及风险承受能力，最后进行了模拟传染分析，计算出各节点引致的传染规模。通过以上研究，本章主要得出了以下结论。

第一，我国上市银行之间存在双向信息溢出的关系，且这种关系可以在网络中表现为非对称有向加权形式。本章通过计算我国上市银行之间的 ΔCoVaR 矩阵确定了银行之间存在的双向溢出关系，且每两个机构之间可能溢出方向相反、大小不等。将这种特性拓扑到网络之中就是每两个节点存在两条方向相反、粗细不等的连边。为了更加符合现实情况，本章使用阈值法删去了 0.4 分位数的连边，得到了一个既存在双向溢出关系又存在单向溢出关系的非对称有向加权复杂网络。

第二，非对称有向加权网络在刻画信息溢出关系上比传统有向加权网络更加符合实际情况。本章通过分别构建非对称有向加权网络与有向加权网络，并将两者进行比较，结果发现有向加权网络更加稀疏，不能准确描述金融机构间的信息溢出，也因此会导致估计结果出现偏差，低估金融风险的传染后果。这是因为，传统的有向加权网络将两两金融机构之间的信息溢出关系抽象为一个风险相关系数，忽略了金融机构规模等异质性所带来的溢出差异，无法准确衡量不同金融机构间相互的信息溢出。

第三，不同银行的风险传染能力与风险承受能力具有较大差别。本章在计算节点的风险传染能力与风险承受能力时不仅考虑了其在网络中的拓扑结构特征指标，还保留了其个性特征指标，通过计算结果发现，不同的节点其传染能力与承受能力有较大的差别。但是，此处的风险承受能力小并不代表在网络中其就容易受到其他节点的冲击而陷入经营困境，这还要看其与其他节点的关联情况，也即连边情况。因此，若要分析节点是否容易因其他节点的金融风险传染而遭遇危机，还需要进一步地模拟测算。

第四，大部分银行陷入经营危机时都会通过信息溢出将风险进行传染或受到其他银行的信息溢出而被传染。本章依次将所有银行设置为经营困难状态，即股票收益率位于 0.05VaR 水平，然后通过银行之间的信息溢出程度、传染方的风险调节能力和承受方的承受调节能力构建出判别条件来测度网络中因第一家银行陷入危机而被传染的银行规模，最后发现大部分银行都会主动通过信息溢出传染风险或被动受到其他银行的风险传染。具体而言，国有五大行之间容易互相传染，系统重要性银行所引发的传染规模与受到传染的次数都明显高于非系统重要性银行；除了少部分机构外，大量银行在信息渠道下的金融风险传染网络中都无法独善其身，这一发现与我国上市银行在股票市场上总是表现出的"同涨同跌"特征相吻合。这说明，我国上市银行之间存在极强的信息互关互联特征，一旦某家银行发生危机，则风险会被迅速传染至整个银行系统。

第8章 银行间风险沿双渠道交叉传染实证研究

为了使银行间风险传染过程更加贴近现实情况，本章在第6章和第7章单一渠道的基础上，基于银行间同业拆借和上市银行股价高频数据，构建了银行间风险沿同业拆借直接渠道和信息溢出间接渠道交叉传染的复杂网络模型，通过仿真模拟对比单一渠道和双渠道交叉传染下银行间的风险传染效应差异，以及中心—边缘网络结构和完全连接网络结构这两种不同结构下银行风险传染的特征。

8.1 银行间双渠道下风险传染现状

党的十九大以来，防范化解金融风险，特别是防止发生系统性金融风险，是金融工作的根本性任务，也是金融工作的永恒主题。银行作为我国金融业的命脉，其风险传染情况将直接影响我国金融体系的稳定发展。我国虽然较少发生银行破产事件，但是2015年的《存款保险制度》颁布实施和2019年锦州银行和2020包商银行破产事件，不仅在法律法规和实践层面打破了人们对于银行不会破产的惯性思维，而且也在一定程度上增加了被救助银行的道德风险。因此，防范金融风险的关键是上市银行风险传染问题。

目前，学者对于银行间风险的传染主要有两个研究方向：一个是基于银行间的具体业务研究银行间风险传染，如同业拆借业务（Freixas et al.，2000；Amundsen and Arnt，2005；Elsinger et al.，2006；郑红等，2023）和支付结算业务（童牧和何翔慧，2011；巴曙松等，2014）；另一个研究方向是根据强有效市场假说，在有效市场中，一切有价值的信息都反映在股价上，基于银行股价、CDS价格等市场数据研究银行间风险传染，如信息溢出（王丹和黄玮强，2018；宫晓莉等，2020；Tian et al.，2022；Wen et al.，2023）。与支付结算业务相比，研究同业拆借业务有助于更加全面地了解金融市场的运行情况，首先，同业拆借业务在金融稳定方面更容易受到金融风险传染，因为它涉及银行之间的信用风险；其次，同业拆借市场是银行进行短期流动性管理的主要渠道，也是货币政策传导的关键环节；最后，从市场监管的角度来看，同业拆借市场更容易成为金融风险传染的源头（李宗怡和李玉海，2005）。随着互联网技术和移动通信技术的快速发展，信息传播的速度和范围得到了前所未有的提升，股价信息的传播在银行间市场中具有显著的优势。首先，股价信息可以反映银行之间的关联性；其次，互联网技术和移动通信技术使得金融信息的获取和传播变得更加方便快捷；最后，股价信息具有一定的前瞻性（欧阳红兵和刘晓东，2015；李政等，2016；Dai et al.，2022）。

基于以国内大循环为主体、国内国际双循环相互促进的新发展格局以及更加复杂的现实问题，银行风险传染的方向不仅限于单一渠道。银行间通过同业拆借业务形成了比较直接的风险传染渠道，然而随着数字技术的产生和发展，信息能够快速地传播，在强有效市场中一切信息都包含在股价中，当金融市场中出现利好或者利空的消息时，由于"羊群效应"和"模仿效应"的存在，可能会使得同种类型的股票价格出现"同涨同跌"现象，在一定程度上形成了比较间接的风险传染渠道。当银行遭遇流动性冲击或者信用违约冲击而破产时，不仅金融风险沿两个单渠道进行传染，而且市场会出现利空的消息，破产银行会通过间接渠道向关联银行传染风险，可能会导致关联银行股价大幅下跌，随着关联银行的股价大幅下跌和市场恐慌情绪，关联银行为了应对可能会出现的流动性危机（Wang et al.，2021），需要从资本金中提取一部分作为准备金以此来应对危机。随着关联银行资本金减少，关联银行信用违约风险抵抗能力下降，因为关联银行与其他银行之间会存在借贷等具体业务，当关联银行遭遇信用违约冲击时，关联银行可以通过直接渠道向其他银行传染风险。并由此金融风险沿间接渠道传染到直接渠道。

因此，本章在研究银行间的金融风险传染时，不仅考虑了银行间风险传染的双渠道，还考虑了双渠道可能存在的交叉传染现象。通过构建的同业拆借直接渠道和信息溢出间接渠道可以更加真实和立体地阐述银行间的金融风险传染，并且通过实证研究和仿真模拟清晰地刻画了在不同渠道和网络结构下单个银行破产对整个银行系统的核心损失率情况。

第一，聚焦于银行间风险传染的双渠道及其交叉传染机制。以往的金融风险传染研究主要关注单一渠道，特别是因银行间的借贷业务形成的同业拆借渠道，而较少涉及信息溢出渠道以及不同渠道间的交叉传染机制。然而，双渠道及其交叉传染机制是银行间金融风险传染的重要方面，这些渠道和机制可能在一定程度上增加或减少当单个银行破产时对整个银行系统所造成的损失，以此来帮助有关机构和监管部门识别节点银行并监测它们的风险状况，并采取措施来减少金融风险传染和溢出的可能性，从而维护金融系统的稳定和安全。

第二，构建一个能真实刻画银行间同业拆借和信息溢出关系的中心—边缘网络结构，并测度在不同网络结构中，当每家银行成为风险源头时所导致的传染规模。完全连接的银行网络结构认为所有网络节点都是完全连接的，即任意两个节点之间存在连接，这显然并不符合实际，在现实中，规模较小、管理经验不足、市场经验欠缺的中小银行与规模较大、风险抵抗能力较强的大银行之间同业拆借效应和信息溢出效应较强，而中小银行之间的同业拆借效应和信息溢出效应较弱。因此本章考虑了中心—边缘网络结构，通过最大熵原理并基于相关假设，本章构建了完全连接网络结构和中心—边缘网络结构，对比分析了在不同的网络结构中不同类型的银行破产对整个银行系统的冲击程度。

8.2 相关文献综述

瓦茨和斯特罗加茨（Watts and Strogatz，1998）以及巴拉巴西和阿尔伯特（Barabási and Albert，1999）开创性地指出，许多现实网络具有一些共同的拓扑性质，即"小世界性"和"无标度性"，自此后网络分析法开始逐渐兴起，为我们分析银行间错综复杂的关系提供了新的工具。采用网络分析法研究银行间的风险传染可分为两种方向：一种是基于银行间的直接或者间接渠道，利用网络分析法研究银行业金融风险，另一种是根据不同网络结构研究银行业金融风险，银行间网络结构是影响银行业金融风险的关键因素。所以接下来本章将从银行间风险传染的渠道和银行间网络的不同结构这两个方面面对文献进行梳理。

8.2.1 银行间风险传染渠道

针对银行体系的风险传染渠道，国内外不少学者做了大量的探讨。银行间的关联渠道主要包括同业拆借、支付结算体系等具体业务形成的直接渠道和基于银行股价、CDS价格等市场数据形成的间接渠道。

（1）银行间风险传染直接渠道。

在同业拆借方面，如李宗怡和李玉海（2005）使用矩阵法模型，对我国银行同业风险头寸的分布情况进行了模拟，并估计了银行体系内的"传染"风险。研究结果表明，银行间存在着高度互联的风险头寸，尤其是国有银行在同业市场上的占比非常高。博斯等（2004）利用奥地利银行数据，结合在险价值（VaR）方法，构建了一个银行间同业拆借网络模型。他们发现，银行投资组合的关联性对于决定银行系统性风险中的传染性起到了关键作用。马君潞等（2007）利用我国银行资产负债表数据，采用矩阵法对我国银行系统的双边风险传染进行了估算。基于这些分析，他们进一步为监管机构提供了有益的指导意见。高国华和潘英丽（2012）利用61家银行年报数据，从信用违约和流动性风险的两个角度研究了银行间风险传染的路径和资本损失。欧阳红兵和刘晓东（2015）利用MST和PMFG研究同业拆借市场，并确定系统重要性金融机构和同业拆借网络系统性风险传染机制研究。廉永辉（2016）基于最大熵方法构建我国银行的同业网络，为我国银行同业业务引致风险传染提供了证据。黄玮强（2019）基于我国银行间市场的总体借贷数据，对比分析通过最大熵方法和最小密度法构建的银行间关联网络的风险传染路径和程度。马若微等（2023）根据银行间同业拆借市场，构建了一个考虑银行主体不同借贷行为的风险传染模型。研究发现，在有限理性条件下进行的拆借交易，与完全理性相比，显著增加了银行间风险传染的广度、深度和速度。

在支付结算方面，许臻和谢群松（2003）分析和研究了全额实时支付系统和净额定时支付系统的风险特征。黄聪和贾彦东（2010）首次使用银行间支付结算数据来构建银行网络，并对网络的相关拓扑指标进行了测量。童牧和何翔慧（2012）通过模型分析和仿真模拟发现在支付网络中，风险银行的地位及其与其他银行之间的支付流关系决定了冲击的规模和分布。贝克和加勒特（Bech and Garratt，2012）揭示了银行间支付系统在大规模中断后如何变得缺乏流动性，且在这种中断中，操作问题和参与者行为的变化。巴曙松（2014）利用复杂网络理论，研究我国不同类型和不同地区的银行支付网络拓扑结构，结果显示这些网络展现出典型的"小世界网络"和"无标度网络"的特征。

（2）银行间风险传染间接渠道。

在间接渠道方面，如李志辉和王颖（2012）使用我国外汇市场、股票市场和债券市场的数据，通过HP滤波方法计算出各市场的风险指数，他们构建了一个 VEC 模型，以研究不同金融市场之间的风险传染效应，实证结果显示，我国金融市场之间存在显著的风险传染效应，而且不同金融市场间的风险传染效应和贡献值各有差异。谢志超和曾忠东（2012）通过理论分析美国金融危机对我国金融市场风险传染的三种渠道，即资本市场渠道、货币市场渠道和外汇市场渠道，利用 VAR 系统方法，发现直接传染效应在货币市场比较显著，交叉传染效应在资本市场和外汇市场比较显著。卡里马利斯和诺米科斯（Karimalis and Nomikos，2018）提出了基于 copula 函数的条件风险值（CoVaR）估计方法，以此衡量机构对系统风险的贡献程度。张瑞和刘立新（2018）使用尾部极端分位数回归方法构建非对称 CoVaR 模型，以此来研究我国上市银行对整个金融系统整体风险的溢出。王丹和黄玮强（2018）利用方差分解方法度量金融机构之间波动溢出的方向和强度，并度量机构的系统重要性和挖掘影响机构系统重要性的因素。宫晓莉（2020）也利用方差分解的方法对我国上市金融机构构建信息溢出网络，发现金融机构间信息溢出网络紧密度的增加会推高整体系统性风险水平，并应该考虑"太关联而不倒"的监管理念。

（3）银行间风险传染的双渠道。

目前，学者对于银行间风险传染的双渠道的研究较少，并且大多集中于同业拆借和持有共同资产这两种关联。王虎和李守伟（2020）基于这两条渠道，采用债务排序方法构建了系统性金融风险多渠道网络传染模型，发现在多渠道网络中的系统性金融风险要大于单一渠道网络的风险之和。姜闪闪和范宏（2020）建立了一个双渠道风险传播网络模型，涉及银行同业拆借（直接渠道）和共同持有资产（间接渠道）。他们还考虑了宏观经济波动带来的投资风险，银行可以通过贬值出售资产来弥补流动性。研究还指出，储蓄波动、投资收益率和存款准备金率等因素对银行系统的稳定性有显著影响。范宏等（2020）同样基于该双渠道模型，研究了在连接度、拆借比和杠杆等因素的作用下，银行间风险传染的变化趋势。在此基础上，李守伟等（2022）还将衍生品交易关联纳入直接风险传染渠道，使得银行间风险传染研究更加贴合现实。此外，还有学者研究了其他双渠道的风险传染问题。国外学者，科克和蒙塔尼亚（Kok and Montagna，2016）构建了短期借贷、长期借贷以及共有金融资产敞口这三个传染渠道，对于银行风险传染的研究结构更加贴合欧洲实际，提高了对风险传染评估的准确性。卡乔利等（Caccioli et al.，2012）利用同样的方法，发现单一的银行风险直接敞口对风险传染影响较小，但是将交易对手风险与重叠的投资组合风险结合后，加大了金融系统性风险爆发的可能性，因此，对于银行单一渠道的风险研究可能会低估整个金融系统的风险。另外，佩拉尔塔和克里索斯托莫斯（Peralta and Crisóstomos，2016）基于交易有无担保建立双层银行网络，研究了包含直接或间接传染渠道的金融风险传染综合模型，发现金融多层网络下的金融风险传染更为迅速。国内学者，王占浩等（2016）在资产负债表关联的基础上引入资产价格传染渠道，利用2011年75家商业银行的数据进行模拟风险传染，研究发现，双重渠道会加快银行风险传染速度。方意和荆中博（2020）在银行网络模型中同时考虑了降价抛售传染机制和破产传染机制。李江和王一鸣（2021）考察了银行间借贷资产损失和关联投资产品价格下降这两大渠道在银行破产过程中的作用，研究结果指出双渠道的叠加传染会加剧风险冲击。

8.2.2 网络结构与银行间风险传染

复杂网络结构是影响金融风险的关键因素（隋聪，2014）。学者们对于最优或最稳定的网络结构的看法尚未达成一致，分歧主要集中在网络结构的分散程度与集中程度上。早期研究，如艾伦和盖尔（Allen and Gale，2000）以及克劳斯和詹桑特（Krause and Giansante，2012）的工作，强调充分分散的银行间网络有助于降低金融风险传染效应，认为完全连接的网络结构有利于金融风险分散。然而，部分学者持相反观点，例如，德格里兹和阮（Degryse and Nguyen，2003）在研究比利时银行体系发展时发现，逐步转变为中心化结构的网络体系实际上有效降低了金融风险传染的可能性。虽然网络连通性的提高可以降低单个银行所面临的风险，类似于投资组合理论中的风险分散化，但随着银行体系间关联性的提升，金融风险的传染性也会显著增加（Natalya and Ursula，2022）。在次贷危机之后，学者们开始广泛关注系统重要性银行的中心性，并构建了中心—边缘网络结构。这种结构特点是网络中心的少数银行之间存在高度关联，而边缘银行之间没有借贷关系（Craig and Von Peter，2014）。王明亮和何建敏等（2013）利用50家银行的年度数据，对不同银行网络结构和冲击方式下的单个银行破产所引发的金融风险传染进行了模拟分析。研究结果揭示，在中心—边缘网络结构中，金融风险传染效应相对于完全连接网络结构得到了放大。鲍勤和孙艳霞（2014）运用中国银行业的数据，并采用最大熵方法来评估银行间的资产与负债关系。他们的研究发现，中心—边缘网络结构相对于完全连接网络结构，会加剧金融风险传染的强度和扩散范围。凯尔文和埃里克（Kelvin and Eric，2022）、尼古拉和乔治（Nicola and Giorgio，2022）认为中心—边缘网络结构更加关注系统性重要银行，其中处于中心位置的银行关联紧密，且更复杂的银行组织往往规模更大，会承担更多的风险。而处于边缘的银行关联较弱，如在银行发生挤兑时，挤兑风险由小银行传染至大银行的可能性较低，但由大银行传染至小银行的可能性很高（王丽珍等，2020），因此中心—边缘网络结构更加贴近现实情况（朱义鑫和杨爽，2021）。相较于完全连接网络结构，中心—边缘网络结构会放大金融风险的传染效应（Langfield et al.，2014）。

8.2.3 文献评述

纵观上文研究，我们可以得出以下结论：一是目前沿金融风险传染渠道的研究是单一的，而且是割裂的，大多没有综合考虑多渠道的传染，在一定程度上与现实并不相符，虽然姜闪闪和范宏（2020）、朱义鑫和杨爽（2021）构建了双渠道下的金融风险传染模型，但是这些模型主要基于同业拆借渠道和共同持有资产渠道，忽略了银行间基于市场数据的信息溢出渠道，然而信息溢出渠道能迅速地反映银行的关联信息且数据可得，且目前的研究在考虑双渠道甚至多渠道时，并没有考虑不同渠道的交叉传染，即直接渠道和间接渠道并不是相互独立的，风险传染可能会存在叠加作用。二是目前对于银行间网络结构的研究主要基于同业拆借渠道，然后现实中银行风险传染更加复杂，并没有考虑双渠道甚至多渠道下银行间网络结构的构建。

综上，本文试图在以下方面做出边际贡献。

第一，构建了基于双渠道下的完全连接网络结构和中心—边缘网络结构。本书准备利用最大熵原理和 ΔCoVaR，构建同业拆借直接渠道和信息溢出间接渠道的完全连接网络结构。为了更加贴近实际，根据完全连接网络结构和相关假设，以 24 家上市银行 2017～2021 年同业资产的平均值和信息溢出强度，构建同业拆借直接渠道和信息溢出间接渠道的中心—边缘网络结构。

第二，对比分析了同业拆借渠道和双渠道下，完全连接网络结构和中心—边缘网络结构的核心资本损失率。本文通过相关假设确定中心银行和边缘银行，并通过仿真模拟对比分析这些中心银行和边缘银行破产时，在同业拆借渠道和双渠道以及完全连接网络结构和中心—边缘网络结构所造成的整个银行系统的核心资本损失率情况，以此来衡量不同类型的银行的风险传染情况。

8.3 双渠道下金融风险传染的研究基础

8.3.1 相关理论

(1) 网络分析理论。

网络分析理论在 20 世纪即将结束之际发生了重要的转变,对于网络分析理论的研究不再局限于单一领域,转变的原因主要有两个方面:一方面,随着计算设备和互联网的迅速发展,人们具备了收集和整理规模庞大、种类多样的实际数据的能力;另一方面,跨学科交叉加深了研究人员对各种不同类型网络数据的广泛比较,从而揭示了网络的共性。人们越来越多的关注节点数量众多、连接结构复杂的实际网络。

两篇开创性文章的发表标志着网络分析理论迈入了新纪元。其中一篇是康奈尔大学理论和应用力学系的瓦茨(Watts)博士生与其导师斯托加茨(Strogatz)教授在 Nature 杂志上发表的《"小世界"网络的集体动力学》,另一篇是圣母(Notre Dame)大学物理系的巴拉巴西(Barabási)教授与其博士生阿尔伯特(Albert)在 Science 杂志上发表的《随机网络中标度的涌现》。这两篇文章揭示了网络分析理论中的小世界特性和无标度性质,并建立了相应的网络模型来分析这些特性的产生机理。

人们提出了多种概念和方法来描述网络分析理论中网络结构的统计特性,其中包括度分布(degree distribution)、平均路径长度(average path length)和聚类系数(clustering coefficient)等三个基本概念。事实上,瓦茨和斯托加茨(Watts and Strogatz)提出小世界网络模型的初衷是为了建立一个既具有较小平均路径长度又具有较大聚类系数的网络模型,而巴拉巴西和阿尔伯特(Barabási and Albert)提出的无标度网络模型则基于实际网络中度分布呈幂律分布的特点。

(2) 信息不对称理论。

信息不对称理论的核心思想是:在交易中存在信息拥有者和信息缺乏者之间的信息不对称,这种不对称会对交易产生影响,从而导致市场失灵或不完全竞争。在信息不对称理论的研究中,最著名的模型之一是阿克洛夫(Akerlof,1978)的"市场失灵模型"(The Market for Lemons),这个模型用汽车市场为例,阐释了信息不对称如何导致劣质商品驱逐优质商品的现象。在这个模型中,信息不对称使得买家无法辨别车辆的质量,而卖家在信息优势的情况下倾向于将低质量车辆卖给买家,从而导致市场失灵和优质车辆退出市场的情况。除了 Akerlof 的模型之外,信息不对称理论研究中还涉及许多其他的模型和理论,如斯彭斯(Spence,1978)的"信号模型"(Signaling Model)等,这些模型都从不同的视角解释了信息不对称如何影响市场和决策。

总的来说,信息不对称理论的研究使得经济学更加贴合实际,更加能够解释市场现象,不仅对学术界产生了深远的影响,也对实际经济活动有着重要的指导意义。

(3)有效市场假说。

市场有效应假说(Efficient Market Hypothesis,EMH)是由尤金·法玛于1965年提出的,认为金融市场是高度有效的,市场价格会反映出所有可得信息的价值。市场有效应假说的发展过程可以分为三个阶段:弱式有效市场假说(Weak-form EMH):弱式有效市场假说认为,市场价格已经反映了过去的所有历史信息,因此无法通过分析历史价格来获得超额利润。这一阶段的研究主要集中在技术分析和随机漫步理论等方面。半强式有效市场假说(Semi-strong form EMH):半强式有效市场假说认为,市场价格已经反映了所有的公开信息,因此无法通过分析公开信息来获得超额利润。这一阶段的研究主要集中在基本面分析和事件研究等方面。强式有效市场假说(Strong-form EMH):强式有效市场假说认为,市场价格已经反映了所有的信息,包括公开信息和非公开信息,因此无法通过任何信息来获得超额利润。这一阶段的研究主要集中在内部交易和市场操纵等方面。尽管市场有效应假说在学术界和实践中一直备受争议,但是它对金融市场的认识和理解具有重要的意义,可以帮助投资者更好地理解市场行为和投资决策,并提高投资效率。

8.3.2 双渠道下金融风险传染机制分析

银行间市场的联系在分散风险方面具有积极作用,同时也为风险传播提供了渠道。一方面,银行间市场的连接有助于风险分散。当各个银行之间进行资金往来和信贷业务时,风险可以在市场中传播和扩散。这样一来,单个银行不必承担全部风险,从而降低了整体市场风险,这种相互关联使银行能够更好地管理风险,同时也有助于提高市场的稳定性。另一方面,银行间市场的连接也可能成为风险传染的渠道。在紧密联系的银行网络中,一旦某个银行出现问题,如违约或财务危机,这些问题可能会迅速扩散至其他银行,导致系统性风险,这种风险传染可能会影响整个金融体系的稳定性,并在极端情况下引发金融危机。

依据上文，基于直接渠道中的同业拆借渠道和间接渠道的信息溢出渠道研究银行间风险传染，且两个渠道之间存在叠加作用，即同业拆借渠道与信息溢出渠道不是相互独立的，而信息主要通过两种途径影响金融风险：一种途径是基于股价上，在强有效市场中所有的信息都反映在股价上，因此银行间股票收益率的相互影响可以代表金融风险沿信息渠道的溢出效应，即一家银行的股票收益率下降，与其相关的银行会随之出现股票收益率下降。另一种途径是"信息传导效益"，即在信息不对称的前提下，由于信息的传导会出现"模仿效应"和"羊群效应"，从而使银行出现挤兑现象，引致金融风险的传染，本章在构建信息溢出渠道时，考虑了信息的第一种路径，即银行间通过股票收益率相互产生信息溢出，从而传染风险。与此同时，在风险传染中信息即银行间股票收益率也会影响资产负债表，所以本章不仅同时考虑了双渠道而且也考虑了双渠道之间的交叉传染机制。

（1）双渠道下金融风险交叉传染。

当我们在分析双渠道下风险传染的机制时，我们需要给出一个简明的风险传染的定义，即当单个银行破产时，其关联银行会遭受资本损失，如果资本损失额大于其核心资本规模，关联银行破产（唐振鹏等，2016）。基于上文可知，我们主要研究银行间市场的同业拆借直接渠道和信息溢出间接渠道，通过同业拆借渠道，当单个银行破产时，其关联银行会遭受信用违约损失和流动性损失，以此来构成关联银行的资本损失；通过信息溢出渠道，当单个银行破产时，其关联银行为应对因信息溢出造成的挤兑行为，需要拿出一部分资本金作为准备金，进而会减少其核心资本规模。

同业拆借直接渠道的风险传染是当单个银行受到冲击时，其遭受的资本损失（信用违约损失＋流动性损失＝资本损失）大于其核心资本规模，我们认为该银行破产，若此种危机沿着同业拆借网络传递给其他银行，使其有同样陷入危机的可能性，即为通过同业拆借直接渠道引致金融风险。而信息溢出间接渠道的风险传染是当单个银行的股票收益率大幅下降使其在险价值低于特定水平时，我们认为该银行破产，若此种危机沿着股票关联网络传递给其他银行，使其有同样陷入危机的可能性，即为通过信息溢出间接渠道引致金融风险。

在两个单渠道的基础上，双渠道的风险交叉传染是在强有效市场中所有信息都反映在股价上，当冲击使得银行 j 的股价下跌收益率下降，进而其在险价值低于特定水平后，银行 j 破产，由于银行间信息溢出间接渠道的存在，银行 i 和银行 k 的股价也会下跌收益率下降，可能会导致投资者抛售相关股票，进而导致股票收益率进一步下降，形成恶性循环，本章假设银行 i 的在险价值低于特定水平而银行 k 的在险价值没有低于特定水平，即信息溢出渠道银行 i 陷入危机而银行 k 没有陷入危机。在信息不对称的前提下，信息的传导会出现"模仿效应"和"羊群效应"，由于银行 i 陷入危机，因此银行 i 出现挤兑现象，因此，为了应对因为银行股票收益率下降最终导致的挤兑现象的发生，银行 i 需要从资本金中拿出一部分作为准备金，以此来应对危机。随着银行 i 资本金的减少，其风险抵抗能力变弱，脆弱性增加，由于银行间同业拆借直接渠道的存在，银行 j 和银行 k 可能会要求银行 i 提前偿还同业借款，如果银行 k 与银行 j 不能完全收回其同业借款且需要偿还银行 i 的同业贷款，则银行 i、银行 j 和银行 k 会遭受信用违约损失和流动性损失。本章假设银行 j 遭受的资本损失小于其核心资本规模，而银行 i、银行 k 遭受的资本损失大于其核心资本规模，以此银行间的风险由信息溢出间接渠道传染到同业拆借直接渠道，如图 8.1 所示。

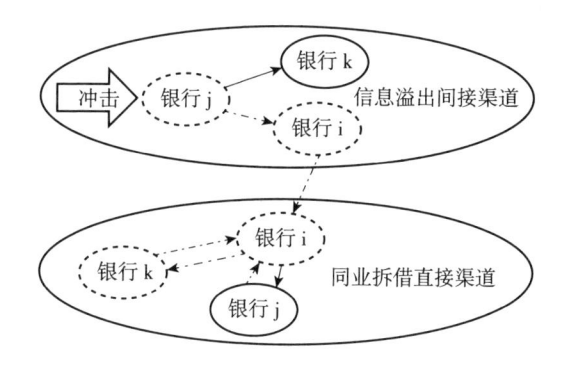

- - - -▶ 风险传染方向，被传染银行陷入危机
———▶ 风险传染方向，被传染银行正常经营

图 8.1 双渠道的风险交叉传染示意

由信息溢出间接渠道的风险传染可知，只考虑信息溢出间接渠道不会影响银行的资本损失和核心资本规模，下文给出单渠道和双渠道交叉传染的过程时，主要通过银行的资本损失与核心资本规模来判断银行是否陷入危机，为了后续研究的可行性和符合现实情况，本章主要研究同业拆借直接渠道和双渠道交叉传染的过程。

（2）银行间风险传染过程。

为了更加清晰地表示遭受冲击的银行在同业拆借渠道和双渠道下如何将风险传染给其他银行，本章通过图文的方式进行分析。首先对各银行的资产负债表进行简化，如表 8.1 所示。银行的资产包括同业资产和其他资产，负债包括同业负债和客户存款，资本净额为资产减去负债，用于吸收损失，且资本净额等于核心资本与非核心资本之和。其中，同业资产等于存放同业、拆出资金和买入返售三项之和,同业负债等于同业存放、拆入资金和卖出回购三项之和。

表 8.1　　　　　　　　　　　简化的资产负债

资产	负债
（1）同业资产 ①存放同业 ②拆出资金 ③买入返售 （2）其他资产	（1）同业负债 ①同业存放 ②拆入资金 ③卖出回购 （2）客户存款
	资本净额
	（1）核心资本 （2）非核心资本

第一,同业拆借直接渠道下银行间金融风险传染过程。

依据同业拆借直接渠道下风险传染可知,我们假设银行 j 破产,其违约损失率为 α 取值范围为 [0,1],初始状态下的核心资本规模为 c。第一轮风险传染开始,由同业拆借直接渠道的拆借额度矩阵可知,表示银行 i 对银行 j 的拆出金额,其债权银行 i 遭受的信用违约损失为 αx_{ij}。对于银行 i 来说,为了弥补流动性短缺,其需要出售部分金融资产,并由此引发金融资产的减价出售。假设危机银行 j 收回其对关联银行 i 的拆出资金的比例为 p,取值范围为 [0,11],在此过程中,银行 i 需要对资产进行减值出售,减值比例为 d,取值范围为 [0,1],表示银行 j 对银行 i 的拆出金额,其债务银行 i 遭受的流动性损失为 dpx_{ji}。图 8.2 只是给出了两家银行的情况,而实际中可能是几家银行同时破产,当然一家银行破产影响到的其他银行也不止一家。综上所述,当银行 j 破产时,其关联银行 i 所遭受的资本损失为信用违约损失和流动性损失,即,而银行 i 的核心资本规模为 c,所以我们可得在同业拆借直接渠道下银行风险传染的判别条件为:

$$\alpha x_{ij} + dpx_{ji} > c \qquad (8.1)$$

如果式（8.1）成立,银行 i 在单渠道下陷入危机;反之,银行 i 在单渠道下不陷入危机。

第二,双渠道下银行间金融风险交叉传染过程。

依据同业拆借直接渠道和双渠道下的风险交叉传染可知,我们需要对资本金进行调减,调减比例为 β,且与同业拆借直接渠道相比,双渠道下危机银行 j 收回其对关联银行 i 的拆出资金的比例会更高,我们假设其为

$p^*(p^*>p)$。由信息溢出间接渠道下的邻接矩阵可得，当银行 j 破产时，需要调减资本金和遭遇流动性损失的关联银行数目。

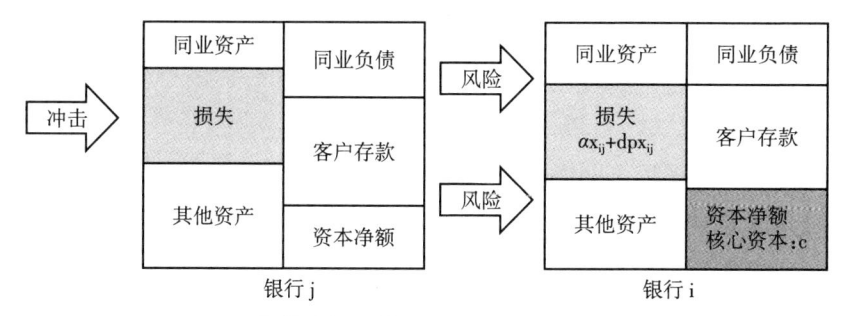

图 8.2 同业拆借直接渠道下银行间金融风险传染过程简化

综上所述，当银行 j 破产时，其关联银行 i 遭受的资本损失为信用违约损失和流动性损失，而银行 i 的核心资本规模为 $(1-\beta)c$，所以我们可得在双渠道下银行间金融风险交叉传染的判别条件为：

$$\alpha x_{ij} + dp^* x_{ji} > (1-\beta)c \quad (8.2)$$

如果式（8.2）成立，银行 i 在双渠道下陷入危机；反之，银行 i 在双渠道下不陷入危机如图 8.3 所示。

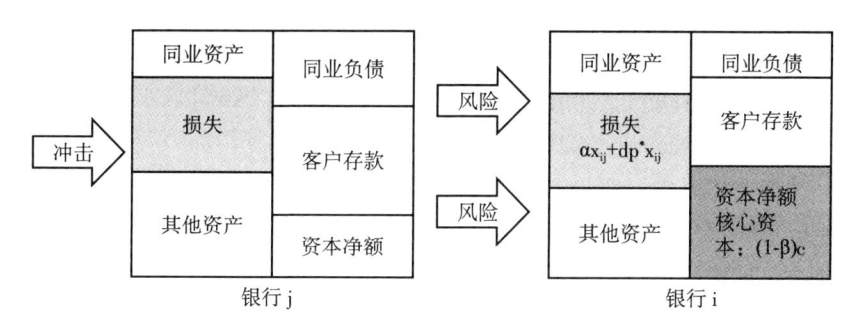

图 8.3 双渠道下银行间金融风险交叉传染过程简化

接下来的第二轮传染，银行 i 可能会传染新的银行，随着银行风险传染的进行，破产的银行规模会越来越大，速度会越来越快，进而引起多米诺骨牌效应，以此类推，直到整个银行系统没有银行陷入危机，风险传染过程结束。

8.4 双渠道下网络模型的构建

本部分首先构建了银行间风险沿同业拆借直接渠道传染的完全连接网

络结构和中心—边缘网络结构；其次构建了银行间风险沿信息溢出间接渠道传染的完全连接网络结构和中心—边缘网络结构；最后通过耦合节点，建立了银行间风险沿双渠道传染的完全连接网络结构和中心—边缘网络结构，并确定网络模型的相关拓扑指标，为后续实证分析和仿真模拟提供理论模型基础。

8.4.1 单渠道下网络模型的构建

（1）同业拆借直接渠道下网络模型的构建。

在构建银行间风险传染的同业拆借矩阵时，由于银行间的具体资金拆借额无法获得，只能通过各银行年报获得同业拆借的总额度，因此，本章借鉴王辉等（2021）等处理方法，使用最大熵原理测算银行间的具体资金拆借额，以此来构建在同业拆借直接渠道下，银行间风险传染的同业拆借矩阵。最大熵方法是由杰恩斯（Jaynes，1957）提出的一种概率模型，它是基于信息论和统计学的思想，用于推断未知的概率分布。最大熵理论假设在所有可能的分布中，熵最大的分布是最合理的分布（彭建刚和童磊，2013）。熵是指一个随机变量的不确定度，它可以用来衡量随机变量的信息量。谢尔登和莫勒（Sheldon and Maurer，1998）首先将最大熵理论引入银行间同业拆借额度矩阵的测算中，随后，大量学者逐渐开始利用最大熵原理来研究银行间同业拆借市场（马君潞等，2007；Sheldon G and Maurer，1998；Gai and Kapadia，2010；方意，2016）。

在金融体系中，假设有 N 家上市银行，它们之间任意两家银行都存在同业拆借关系。我们可以使用一个 N 阶矩阵 $X = (x_{ij})_{N \times N}$ 表示这种银行间的联系。设矩阵为 X，其中 X 的元素 x_{ij} 表示银行 i 向银行 j 拆出的金额。在矩阵 X 中，第 i 行的行和（即每一行元素的总和）表示银行 i 向其他银行拆出的资产总额，我们将其表示为 A_i。同样，矩阵 X 中第 j 列的列和（即每一列元素的总和）表示银行 j 从其他银行拆入的资产总额，我们将其表示为 L_j，即 $A_i = \sum_j^N x_{ij}$，$L_j = \sum_i^N x_{ij}$。我们可以将各个银行视为网络的节点，而银行间的债权和债务关系则构成节点之间的边。

首先，需要对矩阵 X 进行标准化，使得 $\sum_{i=1}^{N} A_i = 1$，$\sum_{j=1}^{N} L_j = 1$，将银行 i 对银行 j 的资产头寸转化为银行 i 对整个银行体系总资产的比例，将银行 j 对银行 i 的负债头寸转化为银行 j 对整个银行体系总负债的比例，即 $a_i = A_i \big/ \sum_{i=1}^{N} A_i$，$l_j = L_j \big/ \sum_{j=1}^{N} L_j$，则 N 阶矩阵 $X = (x_{ij})_{N \times N}$ 转化为 $X^* = (x_{ij}^*)_{N \times N}$。其次，为了满足主对角线元素全为 0，故当 i = j 时，$x_{ij}^* =$

0。最后运用最大熵估计矩阵。

目标函数：

$$\min_{x_{ij}, i \neq j} \sum_{i=1}^{N} \sum_{j=1}^{N} x_{ij}^* \ln\left(\frac{x_{ij}^*}{x_{ij}}\right) \qquad (8.3)$$

约束条件：

$$x_{ij} > 0 \qquad (8.4)$$

$$\sum_{j=1}^{N} x_{ij} = a_i, \forall i \in [1, N]$$

$$\sum_{i=1}^{N} x_{ij} = l_j, \forall j \in [1, N]$$

以式（8.3）和式（8.4）得到同业拆借直接渠道的拆借矩阵。但是通过最大熵原理构建的拆借矩阵是完全连接的，即任意两个银行之间存在联系，这显然并不符合实际，事实上，在同业拆借直接渠道中，中小银行更愿意与大银行进行拆借，而小银行彼此之间不愿意拆借，因为大银行具有更完善的组织架构和更强的风险抵抗能力。基于以上文献综述和李（2018）指出中国银行间市场存在"中心—边缘网络结构"，所以我们假设同业拆借渠道服从中心—边缘的网络结构，即在此网络结构中，边缘银行只与中心银行进行同业拆借，边缘银行彼此之间不进行同业拆借。

为确定同业拆借直接渠道下的中心银行和边缘银行，本节首先选取24家上市银行，为之随机编号，编号情况可见附录3附表3-1，其次计算24家上市银行2017~2021年同业资产的平均值，并且依据上文我们得到完全连接网络结构下的同业拆借矩阵，再次我们按照同业资产的平均值对样本银行降序排序，最后计算相邻银行同业资产的差值，绘制成折线图，取三个极值点作为临界点将银行分成四个档次，第一档次：B1、B2、B3、B4、B24；第二档次：B5、B6、B7、B9、B10、B11；第三档次：B8、B13、B14、B15；第四档次：B12、B16、B17、B18、B19、B20、B21、B22、B23，基于已有研究，本章对同业拆借直接渠道下的中心—边缘网络结构进行3种假设，如表8.2所示。

表8.2　　　　　同业拆借渠道下中心—边缘网络结构假设

假设	中心银行和边缘银行
假设8.1	第一档银行为中心银行，其余银行为边缘银行
假设8.2	第一、二档银行为中心银行，其余银行为边缘银行
假设8.3	第一、二、三档银行为中心银行，其余银行为边缘银行

由上文可知，我们已经构建了基于同业拆借渠道的完全连接网络结

构,在此基础上只要增加一个约束条件:边缘银行彼此间不进行拆借,即 $x_{ij}=0(i, j \in Z, Z$ 为所有边缘银行集合)。

(2)信息溢出间接渠道下网络模型的构建。

本研究采用阿德里安和布伦纳迈尔(Adrian and Brunnermeier,2014)的方法,对中国上市银行在信息溢出途径下的风险传递情况进行评估。这有助于了解当一个金融机构陷入困境时,与之相关的其他金融机构的风险扩散程度。

为了分析上市银行间的风险传递,我们计算了风险价值 VaR(风险价值),运用风险价值测度风险主要有易于理解和解释、标准化度量、灵活性和广泛接受与应用等优点,这是一种评估在给定置信水平下,未来特定时期内资产价值可能面临的最大损失的方法:

$$P(X^i \leq VaR_q^i) = q \qquad (8.5)$$

其中,X^i 表示银行 i 的收益率,在 VaR 的基础上,阿德里安和布伦纳迈尔(2014)提出了条件风险价值(CoVaR)概念,即在某银行发生极端事件时的风险值:

$$P(X^j \leq CoVaR_q^{j|i} \mid X^i = VaR_q^i) = q \qquad (8.6)$$

在本书中,我们认为当上市银行股票收益率达到5%分位数水平时,该银行可能面临破产危机。因此,$X^i = VaR_q$ 表示银行 i 遇到极端事件。$X^i = median^i$ 表示银行 i 正常运营。所以,银行 i 对银行 j 的风险传递程度可以表示为:

$$\Delta CoVaR_q^{j|i} = CoVaR_q^{j|x^i=VaR_q^i} - CoVaR_q^{j|x^i=medium^i} \qquad (8.7)$$

根据式(8.5)~式(8.7),我们可以得到银行间风险传染的 ΔCoVaR 矩阵,通过绝对值化处理,我们可以得到在信息溢出间接渠道的溢出矩阵。但是通过 ΔCoVaR 构建的溢出矩阵是完全连接的,即任意两个银行之间存在联系,这显然并不符合实际,事实上,在信息溢出间接渠道中,大银行与小银行之间信息溢出强度较大,小银行之间信息溢出强度较小,溢出效应并不明显。所以,我们需要对信息溢出间接渠道下的网络结构进一步研究,基于上文我们假设信息溢出间接渠道同样服从中心—边缘的网络结构,即在此网络结构中,边缘银行彼此之间不进行信息溢出,边缘银行只与中心银行进行信息溢出,紧接着如何确定中心银行和边缘银行成为重点。

为确定信息溢出间接渠道下的中心银行和边缘银行以及下文构建双渠道下的网络结构,本节同样选取上节的 24 家上市银行 2017~2021 年的相关数据。首先依据上文得到完全连接结构下的 ΔCoVaR 矩阵,按照每家银行对其他银行的溢出总强度降序排序，其次计算相邻银行溢出总强度的差值，绘制成折线图，取三个极值点作为临界点将银行分成四个档次，第一档次：B6、B12、B13、B18；第二档次：B1、B2、B3、B4、B7、B14、B16、B24；第三档次：B5、B8、B9、B10、B15、B22；第四档次：B11、B17、B19、B21、B23，基于已有研究和上文，本章对信息溢出渠道下的中心—边缘网络结构进3种假设，如表8.3所示。

表8.3　　　　　信息溢出渠道下中心—边缘网络结构假设

假设	中心银行和边缘银行
假设8.4	第一档银行为中心银行，其余银行为边缘银行
假设8.5	第一、二档银行为中心银行，其余银行为边缘银行
假设8.6	第一、二、三档银行为中心银行，其余银行为边缘银行

由上文可知，我们已经构建了基于信息溢出渠道的完全连接网络结构，在此基础上只要增加一个约束条件：边缘银行间的信息溢出为0，即 $\Delta CoVaR_q^{j|i}=0(i,j\in Y，Y$ 为所有边缘银行集合)。

8.4.2　双渠道下网络结构的构建

上文分别构建了基于单渠道的完全连接网络结构和中心—边缘网络结构。在现实经济活动中，金融业的参与者之间的金融风险传播渠道要复杂得多，而且不同渠道之间还存在相互作用。为了更全面、立体地描绘双渠道金融风险及其交叉传染过程及其特点，本章计划构建一个双渠道金融风险传播的网络结构进行分析。

（1）双渠道下网络模型的定义。

本部分主要基于贝林吉里奥（Berlingerio，2011）和巴蒂斯顿（Battiston，2014）研究，可用 M = (V，C) 表示双渠道下网络模型，其中 V 和 C 分别表示单渠道下网络模型集合和交叉渠道下网络模型集合，$V_\alpha = (X_\alpha, G_\alpha)$ 的集合。α 渠道下 V_α 刻画的是双渠道网络模型中，主体间某一种关联网络模型，$X_\alpha = \{x_1^\alpha, \cdots, x_N^\alpha\}$ 表示 α 渠道下网络模型 N_α 个节点集合，$G_\alpha \subseteq X_\alpha \times X_\alpha$ 为 α 渠道下网络模型 V_α 边的集合。α 渠道下网络模型的邻接矩阵可表示为：

$$\alpha_{ij}^\alpha = \begin{cases} 1, (x_i^\alpha, x_j^\alpha) \in G_\alpha \\ 0, 其他(1 \leq i,j \leq N_\alpha, 1 \leq \alpha \leq M) \end{cases} \quad (8.8)$$

$C = \{G_{\alpha\beta} \subseteq X_\alpha \times X_\beta; \alpha, \beta \in \{1, 2\}, \alpha \neq \beta\}$ 是交叉渠道下的节点关联集合，对应于 G_{12}，它的交叉渠道下的邻接矩阵 $A^{|1,2|} = (\alpha_{ij}^{12}) \in R^{N_1 \times N_2}$，其中：

$$\alpha_{ij}^{\alpha} = \begin{cases} 1, (x_i^1, x_j^2) \in G_{12} \\ 0, 其他 \end{cases} \quad (8.9)$$

(2) 双渠道下网络模型的相关拓扑指标。

第一，节点度。由于节点关联涉及跨渠道连接，因此在双渠道网络模型中，测量节点度的方法与单渠道网络模型有所不同。在双渠道网络模型中，我们采用向量形式来度量节点度：

$$k_i = (k_i^{[1]}, k_i^{[2]}) \quad (8.10)$$

其中，$k_i^{[1]}$ 是节点 i 在渠道 1 的度，$k_i^{[2]}$ 是节点 i 在渠道 2 的度且 $k_i^{[\alpha]} = \sum_{j \neq i} a_{ij}^{[\alpha]}$，$\alpha \in 1, 2$。所以，在双渠道网络模型中节点 i 总的度数为 $o_i = \sum_{\alpha} k_i^{[\alpha]}$，$\alpha \in 1, 2$。

第二，参与系数。不同的节点可能在双渠道网络模型中总的度数是一样的，但其在双渠道网络模型中的作用可能差别很大，所以我们需要利用双渠道网络模型参与系数 P_i 来衡量其异质性，其中，$P_i \in [0, 1]$：

$$P_i = \frac{M}{M-1}\left[1 - \sum_{\alpha=1}^{M}\left(\frac{k_i^{[\alpha]}}{o_i}\right)^2\right] \quad (8.11)$$

第三，聚集系数。复杂网络的聚集系数（clustering coefficient）是一个衡量网络中节点聚类程度的指标，它用于描述网络中节点之间相互连接的紧密程度，用 C(i) 来表示：

$$C_M(i) = \frac{2\sum_{\alpha=1}^{M} \overline{G}_{\alpha}(i)}{\sum_{\alpha=1}^{M} |N_{\alpha}(i)|(|N_{\alpha}(i)| - 1)} \quad (8.12)$$

8.5 实证分析

8.5.1 数据选取及说明

本章选取样本的依据有：一是涵盖我国绝大多数类型的银行，即国有商业银行、全国性股份制商业银行、城市商业银行和农村商业银行。二是数据真实可得，且在样本区间内的上市银行连续交易数据达到一定规模。三是银行规模较大和业务较为丰富。因此，本章选取了我国在 2017 年之后上市的 24 家银行作为样本银行，并将之随机编号为 Bi(i = 1, 2, …, 24)，编号情况见附录 3 附表 3 - 1。同时，获取这些银行 2017 年 1 月 1 日至 2021 年 12 月 31 日的同业拆借数据和股票收盘价日度数据作为样本数据。数据来源于国泰君安数据、Wind数据库和样本银行年报。

本章在分别构建同业拆借直接渠道和信息溢出间接渠道下的完全连接网络结构和中心—边缘网络结构之前,对各银行的同业拆借年度数据和股票收益率日度数据进行描述性统计,统计结果如表8.4和表8.5所示。

表8.4　　　　　　　　同业拆借直接渠道描述性统计

项目	均值	最大值	最小值	标准差	偏度	峰度	Jarque-Bera	P值	变量数
同业资产（百亿元）	39.55	174.60	0.16	51.59	1.49	3.93	9.80	0.01	24.00
同业负债（百亿元）	84.72	279.53	0.46	83.39	0.77	2.49	2.65	0.27	24.00
资产（百亿元）	724.36	3048.25	12.72	911.83	1.50	3.86	9.73	0.01	24.00
负债（百亿元）	665.17	2780.99	11.62	834.42	1.49	3.84	9.61	0.01	24.00
所有者权益（百亿元）	59.19	267.25	1.10	77.56	1.58	4.16	11.32	0.00	24.00

表8.5　　　　　　　　信息溢出间接渠道描述性统计

编号	均值	最大值	最小值	标准差	偏度	峰度	Jarque-Bera	P值	变量数
B1	0.00	8.65	−8.32	1.23	0.10	10.96	3133.80	0.00	1187.00
B2	0.01	7.98	−8.93	1.44	−0.07	9.71	2228.57	0.00	1187.00
B3	0.00	7.37	−7.58	1.06	−0.49	12.53	4541.54	0.00	1187.00
B4	−0.02	6.30	−9.08	1.03	−0.79	15.61	7985.03	0.00	1187.00
B5	0.09	11.71	−10.47	1.87	0.18	6.39	576.57	0.00	1187.00
B6	−0.07	8.63	−20.29	1.24	−4.20	71.93	238512.70	0.00	1187.00
B7	−0.03	8.30	−9.65	1.34	−0.08	11.93	3943.65	0.00	1187.00
B8	−0.01	14.11	−11.54	1.45	0.60	17.57	10577.04	0.00	1187.00
B9	0.01	9.81	−12.30	1.65	0.10	8.42	1453.21	0.00	1187.00
B10	−0.05	9.69	−26.92	1.55	−4.54	87.22	354915.70	0.00	1187.00
B11	0.05	11.01	−12.92	2.13	0.19	6.27	534.94	0.00	1187.00
B12	−0.06	10.00	−17.07	1.23	−1.94	40.42	70004.06	0.00	1187.00
B13	−0.07	9.39	−18.56	1.21	−3.38	58.37	153910.50	0.00	1187.00
B14	−0.10	7.94	−38.65	2.08	−9.34	151.60	1109353.00	0.00	1187.00
B15	−0.04	10.42	−11.37	1.47	0.02	11.32	3422.59	0.00	1187.00
B16	−0.02	10.82	−36.13	2.01	−4.70	91.66	393160.00	0.00	1187.00
B17	−0.04	10.37	−36.07	2.38	−5.29	87.20	356173.90	0.00	1187.00
B18	−0.08	10.30	−37.53	1.83	−7.13	152.24	1111616.00	0.00	1187.00
B19	−0.06	32.44	−13.32	2.49	2.29	33.78	47891.96	0.00	1187.00
B20	−0.04	14.55	−13.78	2.25	0.16	8.23	1359.36	0.00	1187.00

续表

编号	均值	最大值	最小值	标准差	偏度	峰度	Jarque-Bera	P值	变量数
B21	-0.09	18.22	-19.59	2.32	-0.28	17.60	10563.86	0.00	1187.00
B22	0.07	10.85	-30.19	2.26	-1.93	31.26	40234.32	0.00	1187.00
B23	-0.10	20.36	-26.01	2.38	-0.56	22.92	19691.13	0.00	1187.00
B24	-0.01	6.90	-6.53	0.99	-0.14	13.56	5521.67	0.00	1187.00

通过表8.4对同业资产、同业负债、总资产和总负债规模在整个银行业占比的计算，可以得出所选取的样本银行具有较高的代表性。具体而言，所选取的样本银行在同业资产、同业负债、总资产和总负债规模上的占比达到了87%以上，这意味着这些银行在银行业中具有相对较大的规模和影响力，能够较好地反映整个银行业的情况。因此，可以认为这些样本银行具有良好的代表性。

根据表8.5，可以得出以下结论：样本银行的收益率序列具有尖峰厚尾的特征，表现为偏度大于0，说明序列分布有长的右拖尾；同时，峰度值高于正态分布的峰度值3，说明此序列具有尖峰的特征。此外，Jarque-Bera检验结果显示，样本银行的收益率序列不服从正态分布，因为P值小于0.05，拒绝了此序列服从正态分布的假设。综合来看，这些结果表明样本银行的收益率序列在形态上都存在尖峰厚尾的特征，且不符合正态分布假设。因此，采用分位数回归的方法估计样本银行在正常经营状态下和遭遇极端情况下的CoVaR和ΔCoVaR具有一定的合理性。

8.5.2 网络拓扑指标的计算

根据上文中的出度、入度、双层参与系数、聚集系数的计算公式以及表（8.4）和表（8.5），利用UCINET（廖为鼎和陈一，2014）分别计算在完全连接网络结构下和中心—边缘网络结构下的拓扑指标（见表8.6和表8.7）。由于在完全连接网络结构下所有节点的网络拓扑指标都一样，无法区分节点的重要性，本章主要分析中心—边缘网络结构下的拓扑指标，如表8.7所示。

表8.6　　　　　　　　完全连接网络结构下的拓扑指标

编号	信息溢出渠道 出度	信息溢出渠道 入度	同业拆借渠道 出度	同业拆借渠道 入度	总出度	总入度	多层参与系数	聚集系数
B1	23.000	23.000	23.000	23.000	46.000	46.000	1.000	1.000
B2	23.000	23.000	23.000	23.000	46.000	46.000	1.000	1.000

续表

编号	信息溢出渠道 出度	信息溢出渠道 入度	同业拆借渠道 出度	同业拆借渠道 入度	总出度	总入度	多层参与系数	聚集系数
B3	23.000	23.000	23.000	23.000	46.000	46.000	1.000	1.000
B4	23.000	23.000	23.000	23.000	46.000	46.000	1.000	1.000
B5	23.000	23.000	23.000	23.000	46.000	46.000	1.000	1.000
B6	23.000	23.000	23.000	23.000	46.000	46.000	1.000	1.000
B7	23.000	23.000	23.000	23.000	46.000	46.000	1.000	1.000
B8	23.000	23.000	23.000	23.000	46.000	46.000	1.000	1.000
B9	23.000	23.000	23.000	23.000	46.000	46.000	1.000	1.000
B10	23.000	23.000	23.000	23.000	46.000	46.000	1.000	1.000
B11	23.000	23.000	23.000	23.000	46.000	46.000	1.000	1.000
B12	23.000	23.000	23.000	23.000	46.000	46.000	1.000	1.000
B13	23.000	23.000	23.000	23.000	46.000	46.000	1.000	1.000
B14	23.000	23.000	23.000	23.000	46.000	46.000	1.000	1.000
B15	23.000	23.000	23.000	23.000	46.000	46.000	1.000	1.000
B16	23.000	23.000	23.000	23.000	46.000	46.000	1.000	1.000
B17	23.000	23.000	23.000	23.000	46.000	46.000	1.000	1.000
B18	23.000	23.000	23.000	23.000	46.000	46.000	1.000	1.000
B19	23.000	23.000	23.000	23.000	46.000	46.000	1.000	1.000
B20	23.000	23.000	23.000	23.000	46.000	46.000	1.000	1.000
B21	23.000	23.000	23.000	23.000	46.000	46.000	1.000	1.000
B22	23.000	23.000	23.000	23.000	46.000	46.000	1.000	1.000
B23	23.000	23.000	23.000	23.000	46.000	46.000	1.000	1.000
B24	23.000	23.000	23.000	23.000	46.000	46.000	1.000	1.000

表8.7 中心—边缘网络结构下的拓扑指标

编号	信息溢出渠道 出度	信息溢出渠道 入度	同业拆借渠道 出度	同业拆借渠道 入度	总出度	总入度	多层参与系数	聚集系数
B1	20.000	21.000	20.000	11.000	40.000	32.000	0.998	0.712
B2	19.000	19.000	21.000	17.000	40.000	36.000	0.998	0.810
B3	19.000	19.000	21.000	10.000	40.000	29.000	0.998	0.818
B4	19.000	19.000	21.000	10.000	40.000	29.000	0.998	0.818
B5	19.000	18.000	11.000	19.000	30.000	37.000	0.999	0.829

· 197 ·

续表

编号	信息溢出渠道 出度	信息溢出渠道 入度	同业拆借渠道 出度	同业拆借渠道 入度	总出度	总入度	多层参与系数	聚集系数
B6	18.000	18.000	21.000	18.000	39.000	28.000	0.994	0.847
B7	19.000	18.000	21.000	18.000	40.000	33.000	0.998	0.814
B8	18.000	18.000	13.000	18.000	31.000	36.000	0.994	0.847
B9	19.000	19.000	10.000	19.000	29.000	38.000	0.999	0.829
B10	19.000	19.000	14.000	19.000	33.000	32.000	0.999	0.831
B11	18.000	17.000	7.000	17.000	25.000	37.000	0.994	0.854
B12	15.000	17.000	21.000	17.000	36.000	28.000	0.989	0.865
B13	18.000	17.000	21.000	17.000	39.000	28.000	0.994	0.848
B14	18.000	18.000	21.000	18.000	39.000	31.000	0.994	0.844
B15	15.000	16.000	11.000	16.000	26.000	35.000	0.982	0.874
B16	15.000	14.000	12.000	14.000	27.000	34.000	0.972	0.874
B17	16.000	14.000	0.000	14.000	16.000	14.000	0.000	0.500
B18	7.000	9.000	21.000	9.000	28.000	28.000	0.840	0.865
B19	1.000	0.000	5.000	0.000	6.000	21.000	0.174	0.381
B20	0.000	1.000	0.000	1.000	16.000	22.000	0.166	0.336
B21	0.000	0.000	0.000	0.000	7.000	17.000	0.000	0.390
B22	12.000	14.000	12.000	14.000	23.000	35.000	0.960	0.874
B23	2.000	0.000	2.000	0.000	2.000	1.000	0.889	0.500
B24	19.000	20.000	19.000	20.000	40.000	31.000	0.999	0.774

由表8.7可知，B1、B2、B3、B4、B7、B24的节点总出度较大，说明其风险传染的能力较强；B2、B5、B8、B9、B11的节点总入度较大，说明其风险抵抗的能力比较强；B5、B9、B10等节点的双层参与系数较大，说明如果移除这些节点，对所有层都会产生潜在影响，即这些节点在各层边的异质性较小；B17、B19、B20、B21等节点的双层参与系数较小，说明如果移除这些节点，只会直接对其活跃层产生影响，即这些节点在各层边的异质性较大；B12、B16、B18、B22的聚集系数较高，说明这些节点的邻接节点间相互连接的程度较高；B1、B2、B7、B14、B24具有较大的出度和入度，说明其在网络属于系统性重要银行。但较高的出度不一定具有较高的入度、参与系数和聚集系数，说明局部的"太关联而不倒"也在网络中起到重要作用。

8.5.3 双渠道下网络结构的生成

(1) 单渠道下网络结构的生成。

从上文可知,我们可以依次生成同业拆借直接渠道和信息溢出间接渠道下的完全连接网络结构,如图 8.4 所示。

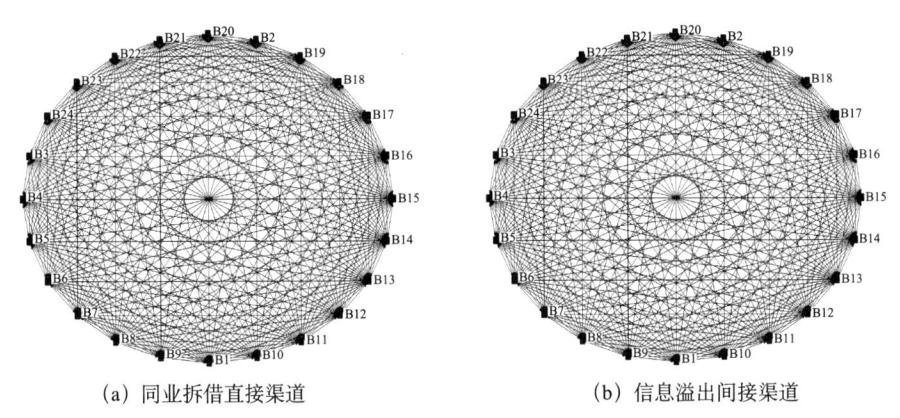

(a) 同业拆借直接渠道   (b) 信息溢出间接渠道

图 8.4 单渠道下的完全连接网络结构

因为在完全连接网络结构下,任意两个银行存在连接,所以生成的同业拆借直接渠道和信息溢出间接渠道下完全连接网络结构相同,同业拆借直接渠道和信息溢出间接渠道邻接矩阵见附录 3 中附表 3-2、附表 3-3。

从上文可知,我们可以根据不同假设依次生成同业拆借直接渠道和信息溢出间接渠道下的中心—边缘网络结构,如图 8.5 所示。

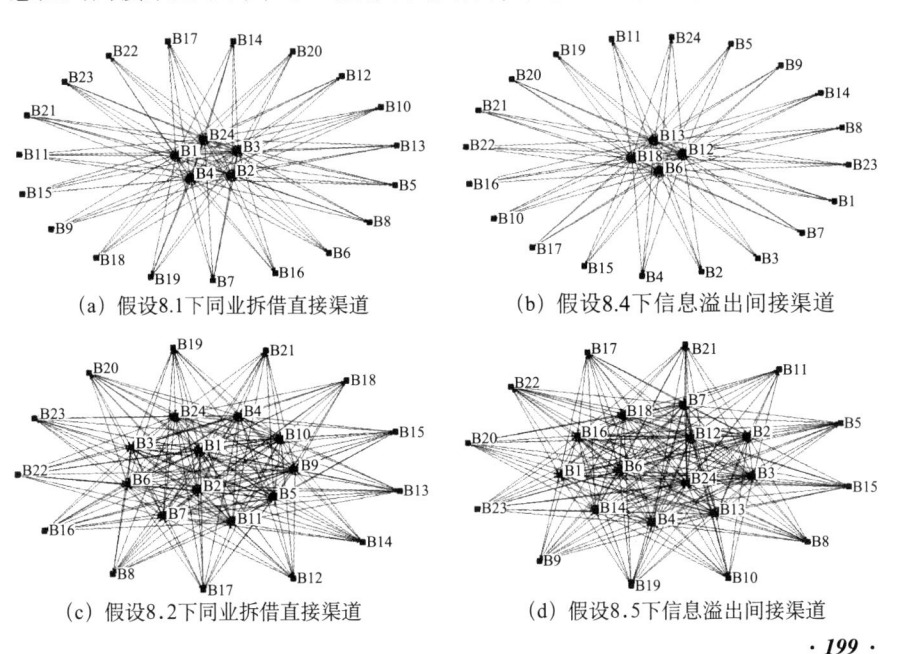

(a) 假设8.1下同业拆借直接渠道   (b) 假设8.4下信息溢出间接渠道

(c) 假设8.2下同业拆借直接渠道   (d) 假设8.5下信息溢出间接渠道

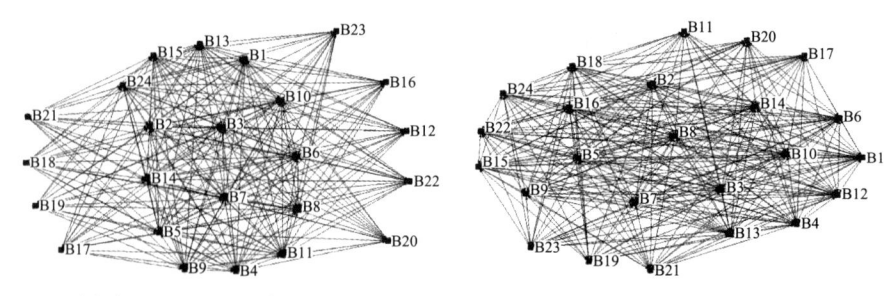

(e) 假设8.3下同业拆借直接渠道　　　　（f) 假设8.6下信息溢出间接渠道

图 8.5　不同假设和渠道下中心—边缘网络结构

由图 8.5 可知，总体上从假设 8.1 到假设 8.3，从假设 8.4 到假设 8.6，中心—边缘网络结构越来越紧密，节点的连边越来越多，这主要是因为中心银行越来越多，边缘银行越来越少，中心银行的增加增多了网络结构的连边。基于宫晓莉等（2020）的研究，传统的"大而不倒"观念正逐步向"太关联而不能倒"的观点转变，且部分股份制商业银行在金融风险传染中的影响力要大于国有商业银行，因此如果只基于假设 8.1 和假设 8.4 构建同业拆借渠道下和信息溢出渠道下的中心—边缘网络结构，会忽略一部分中心银行，可能使得仿真模拟结果出现偏差，所以本章在仿真模拟过程中基于假设 8.2 和假设 8.5 构建同业拆借直接渠道下和信息溢出间接渠道下的中心—边缘网络结构。

（2）双渠道下网络结构的生成。

由前文可知，在生成双渠道下的中心—边缘网络结构时，我们基于假设 8.2 和假设 8.5，由此可得双渠道下的完全连接网络结构和中心—边缘网络结构如图 8.6 所示。

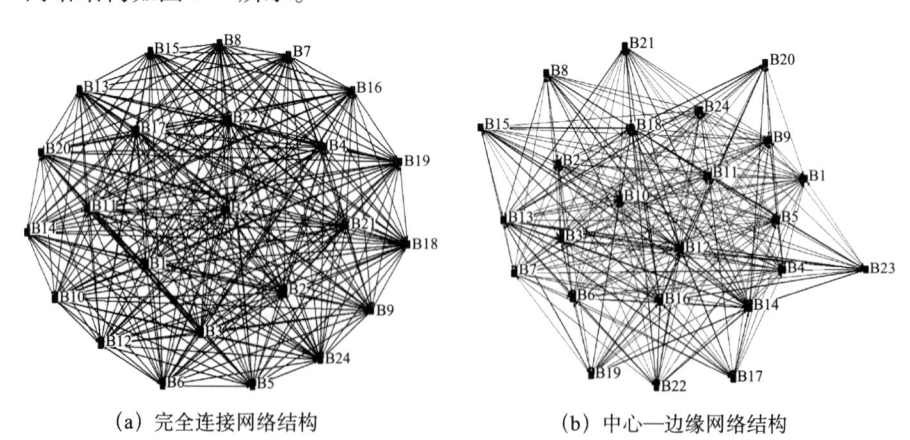

(a) 完全连接网络结构　　　　（b) 中心—边缘网络结构

图 8.6　双渠道下的网络结构

由图8.6可知，相比于完全连接网络结构，中心—边缘网络结构更加稀疏，主要是由于完全连接网络结构下，任意两个银行存在连边，而中心—边缘网络结构下，任意边缘银行不存在连边，边缘银行只与中心银行有连边。

8.6 仿真模拟

依据上文的风险传染机制和过程可知，只研究信息溢出间接渠道并不会造成银行间的风险传染，所以本章主要研究同业拆借直接渠道和双渠道交叉传染。为了更好地比较在不同的网络结构下同业拆借直接渠道和双渠道交叉的风险传染效果，本节通过仿真模拟计算出不同的网络结构下金融风险沿着同业拆借直接渠道和双渠道交叉传染时，所造成的银行系统核心资本损失率情况。

8.6.1 完全连接网络结构下金融风险

（1）同业拆借直接渠道下的金融风险。

在仿真模拟的过程中，关于流动性冲击的相关参数我们借鉴了高国华（2012）、廖为鼎（2014）的设定方法，取 $p = 50\%$，$d = 65\%$，以此来模拟参数 α 对银行间金融风险的影响。

模拟结果表明，上市银行之间的风险传染并不严重。即上市银行之间的风险并未出现大规模的扩散和传染现象。无论参数 α 为和值，同业拆借直接渠道的风险传染规模为零。虽然银行间金融风险较小，即当单个银行破产时，其关联银行并不会因此而破产，但是各个银行依然面临着信用违约冲击和流动冲击，图8.7描述了当危机银行破产时给整个样本银行系统带来的核心资本损失率的变动情况。

根据图8.7的观察结果，可以发现随着违约损失率的不断提高，各银行所受到的信用违约冲击不断加剧，同时银行系统的核心资本损失率也在不断提高。这种情况下，各个银行破产的门槛会不断降低，从而增加了整个银行系统的金融风险。总体来说，国有商业银行造成核心资本损失率较高，其次是股份制和城市商业银行，最后是农村商业银行，B1造成的核心资本损失率最高，说明如果其破产，会给整个银行系统造成较大冲击。虽然随着违约损失率的不断提高，各银行所造成的核心资本损失率也在不断提高，但是核心资本损失率的增速却不太一样，B12造成的核心资本损失率增速最快，说明如果其破产，会给整个银行系统造成越来越大的冲击。

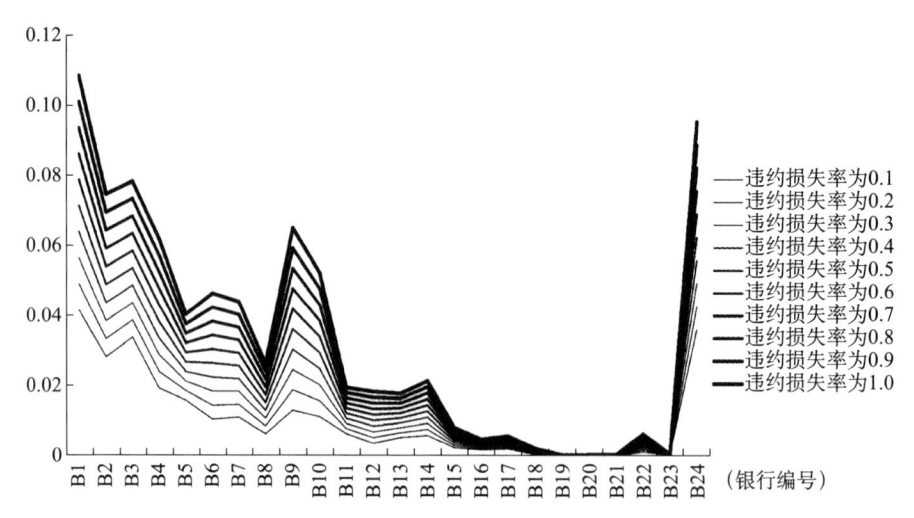

图8.7 只考虑同业拆借渠道情况下各银行破产造成的核心资本损失率变动情况

注：银行编号见附录3附表3-1。

（2）双渠道下金融风险分析。

当只考虑同业拆借直接渠道时，忽略了银行间其他渠道对样本银行系统所产生的影响，会低估银行间的金融风险，所以本章研究在银行间金融风险传染时，考虑了同业拆借直接渠道与信息溢出间接渠道，并同时考虑了双渠道的交叉传染机制。随着信息溢出间接渠道的加入，关联银行需要拿出一部分资本金作为准备金，这加大了对关联银行资本金的消耗，并进一步加大关联银行的流动性损失。由于外部冲击较为复杂，难以量化，故本章的处理方式是，根据不同情况对关联银行的核心资本规模进行调整，主要分为四种情形，极小的外部冲击，较小的外部冲击，较大的外部冲击，极大的外部冲击，这四种情况所对应的调减比例 β 分别为 10%、20%、30%、40%，在沿用上文 d=65% 的情况下，危机银行收回其对关联银行的拆出资金的比例为 p* 为 60%，分别模拟参数 α 和 β 对银行间金融风险的影响情况。

当考虑双渠道时，仿真模拟结果如图8.8所示，尽管考虑双渠道依然不会导致银行间市场出现严重的风险传导效应，但是随着信息溢出间接渠道的加入，各个银行破产所造成的银行系统核心资本损失率大幅提高。此外，双渠道的加入进一步拉大了国有商业银行、股份制银行、城市商业银行和农业商业银行所造成的核心资本损失率差距。因此，综合来看，尽管考虑双渠道不会导致严重的风险传导效应，但是会加剧银行系统的核心资本损失率，并且导致不同类型银行之间的风险差异进一步扩大。

(a) 调减比例 β 为 0.1

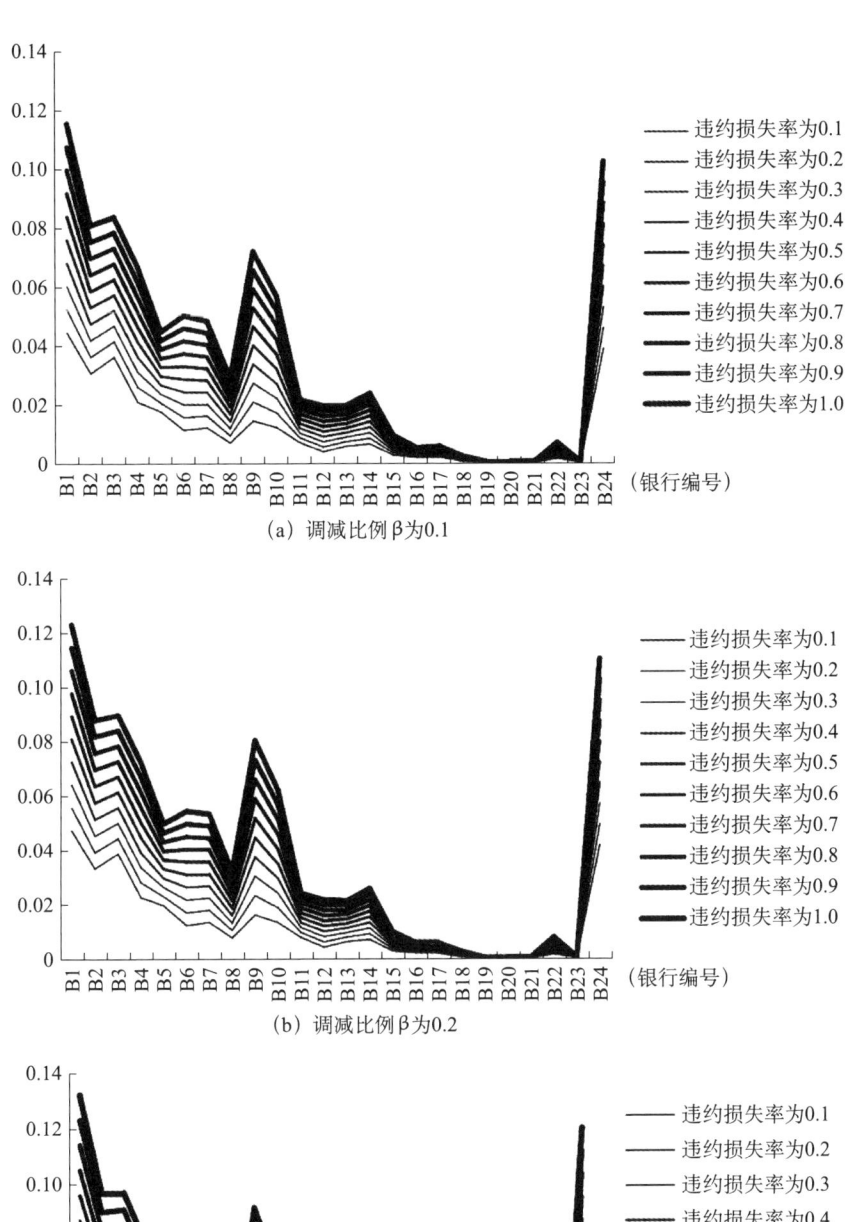

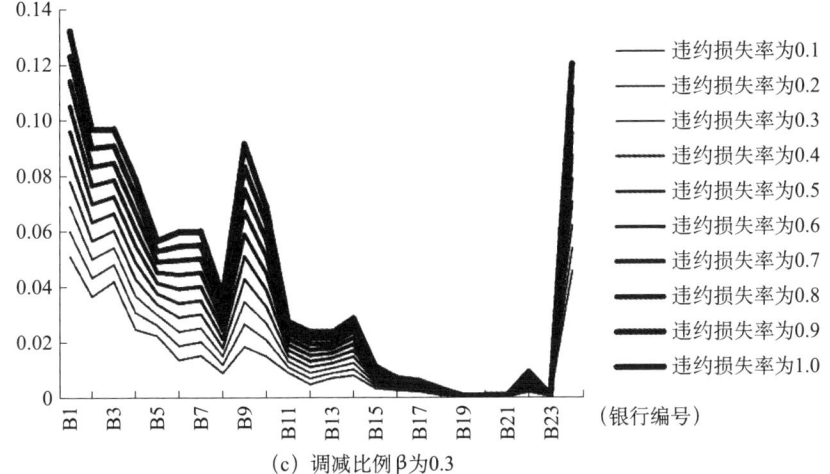

(b) 调减比例 β 为 0.2

(c) 调减比例 β 为 0.3

(d) 调减比例β为0.4

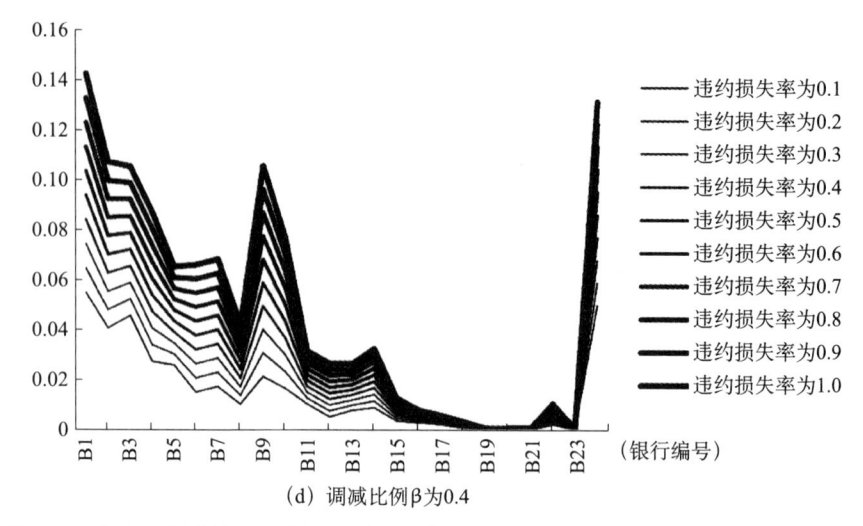

图8.8 考虑双渠道情况下各银行破产或者陷入困境造成的核心资本损失率变动情况

注：银行编号见附录3附表3-1。

8.6.2 中心—边缘网络结构下金融风险分析

此处我们沿用前文仿真模拟的参数假设，$\alpha=1$，$p=50\%$，$d=65\%$，$\beta=20\%$（$p^*=60\%$），即处在一个较小外部冲击的情况下比较在两种网络结构下风险沿着同业拆借直接渠道和双渠道交叉传染时，各银行破产所造成的样本银行系平均核心资本损失率。

从图8.9中我们可知，无论在完全连接网络结构中还是中心—边缘网络结构中，各银行破产在双渠道交叉传染时所造成的银行系统平均核心资本损失率普遍高于在同业拆借直接渠道的情况，说明如果只考虑银行间的同业拆借直接渠道往往会低估银行间的金融风险。

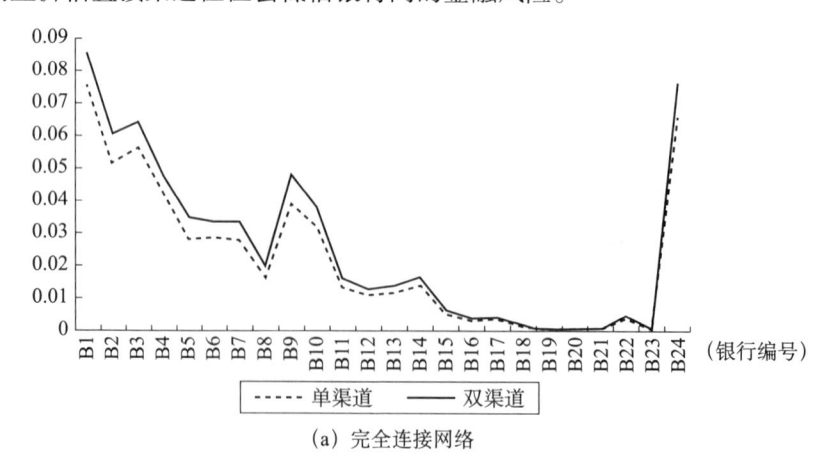

(a) 完全连接网络

(b) 中心—边缘网络

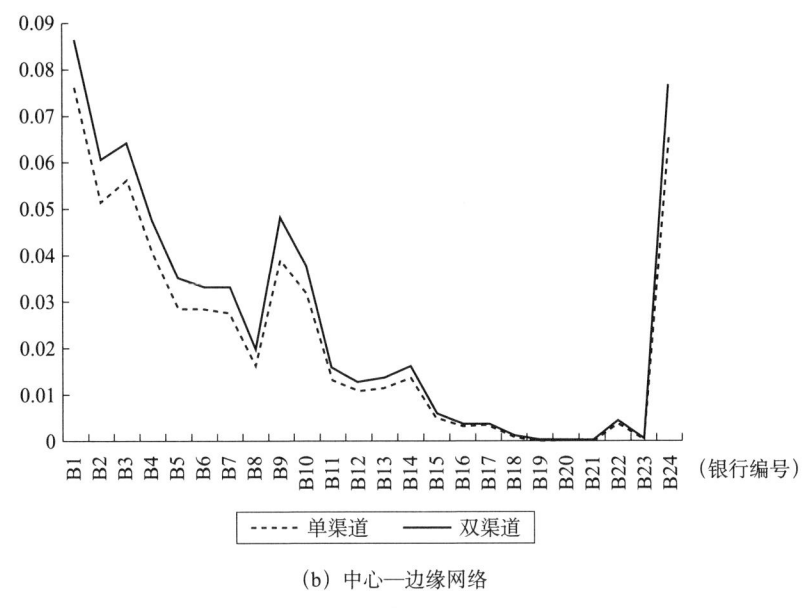

图 8.9 不同网络结构下各银行破产在单渠道和双渠道所造成的平均核心资本损失率

注：银行编号见附录3附表3-1。

为了进一步比较在完全连接网络结构和中心—边缘网络结构下，各银行单独破产在双渠道下对银行系统造成的核心资本损失率情况，我们继续沿用前文仿真模拟的参数设定，$\alpha = 1$，$p^* = 60\%$，$d = 65\%$，$\beta = 20\%$。

从图8.10我们可知，无论在完全连接网络结构还是中心—边缘网络结构中，国有商业银行和部分股份制银行都保持较高的核心资本损失率，如国有商业银行中B1和B24，股份制商业银行中B9和B10。相较于中心—边缘网络结构，完全连接网络结构中大部分银行单独破产所造成的核心资本损失率较高，因为国有商业银行在两个渠道都是中心银行，在中心—边缘网络结构中，中心银行破产所造成的核心资本损失率比完全连接网络中这些银行造成的核心资本损失率更低，但是在中心—边缘网络结构中，部分边缘银行破产所造成的核心资本损失率比完全连接网络结构中这些银行造成的核心资本损失率更高，所以我们在关注国有商业银行的同时，也应关注部分股份制商业银行和城市商业银行。

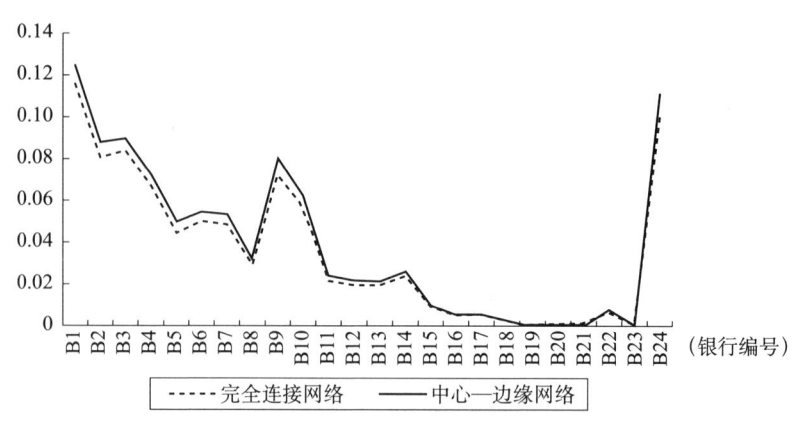

图 8.10　两种网络结构下各银行单独破产造成的核心资本损失率情况

注：银行编号见附录 3 附表 3-1。

8.7　本章小结

本章分析了双渠道下的金融风险交叉传染机理和过程，选取 24 家上市银行 2017~2021 年数据，分别构建出基于同业拆借直接渠道和信息溢出间接渠道的完全连接网络结构和中心—边缘网络结构，比较了两种不同网络结构下，金融风险沿直接渠道和双渠道交叉传染时，单个银行破产后整体银行系统的核心资本损失率情况，并进行了仿真模拟。本章主要得出以下结论。

第一，只考虑一种传染渠道会低估银行间风险传染。相较于同业拆借直接渠道，双渠道交叉传染下银行系统的核心资本损失率更高，说明现实中银行遭遇的金融风险存在被低估的情况。虽然双渠道在一定程度上会分散银行间的风险传染，但是也为银行间的风险传染提供了渠道，与此同时，在面临新冠疫情、乌克兰危机和西方国家极限宽松政策的严重"后遗症"和我国经济发展进入新常态的背景下，银行间的风险传染效应更加明显，这些造成了双渠道交叉传染下银行系统的核心损失率更高。

第二，与完全连接网络结构相比，中心位置的银行（如建设银行、民生银行等）在中心—边缘网络结构中造成的核心资本损失率更低，但部分边缘位置的银行（如光大银行、无锡银行等）在中心—边缘网络结构中造成的核心资本损失率更高。说明现实中部分股份制银行和城市商业银行遭遇的金融风险也存在被低估的情况，如 2019 年包商银行和锦州银行事件。

第9章 银行风险的识别、阻断与救助

根据第 8 章的研究内容，通过构建同业拆借渠道和信息溢出双渠道的复杂网络，发现双渠道交叉传染下银行系统的核心资本损失率更高，且处于网络边缘位置的部分股份制银行和城市商业银行在中心—边缘网络结构中造成的核心资本损失率更高。而一旦某个银行遭受损失或陷入困境，其他相关银行也可能受到牵连，形成连锁反应，最终影响整个金融系统的稳定。基于此，本研究接下来将探讨银行风险的识别和阻断方法，以及当银行处于危机时的救助选择，从而降低银行风险溢出带来的负面影响。

9.1 系统重要性银行的风险识别

金融稳定委员会（FSB）对系统重要性银行定义为具有负外部性特征，并且由于规模、复杂度与系统相关度在金融市场中承担了关键功能，其无序破产可能给金融体系造成包括核心金融功能的中断、金融服务成本急剧增加等在内的系统性风险，进而可能危及金融稳定、损害实体经济的银行。2023 年第四季度，中国人民银行、国家金融监督管理总局开展了 2023 年度我国系统重要性银行评估，认定 20 家国内系统重要性银行，并按系统重要性得分从低到高分为五组，具体如表 9.1 所示。

表 9.1　　　　　　　　　中国系统重要性银行分类

组类	银行名称
第一组	中国光大银行、中国民生银行、平安银行、华夏银行、宁波银行、江苏银行、广发银行、上海银行、南京银行、北京银行
第二组	中信银行、浦发银行、中国邮政储蓄银行
第三组	交通银行、招商银行、兴业银行
第四组	中国工商银行、中国银行、中国建设银行、中国农业银行
第五组	无

系统重要性银行在整个金融系统中具有关键地位，一旦遭受重大风险，可能对整个金融体系产生严重的连锁反应。因此，对系统重要性银行风险的识别与阻断是一项关键的金融监管和风险管理策略，旨在确保金融体系中的系统性银行不会成为潜在的风险源，并在发生金融危机时能够有效应对，维护金融系统的稳定性。

9.1.1 系统重要性银行的风险监测

基于第8章银行遭遇危机造成的核心资本损失率仿真模拟，发现系统性重要银行在面对风险时，其核心资本损失率普遍高于中小银行。这一发现引起了对系统性重要性银行在金融系统中的关键作用的关注。系统性重要银行在整个金融网络中拥有更广泛的关联和更大的交叉影响，因此其面临的风险对整个金融系统可能造成更严重的影响。系统性重要银行通常在金融网络具有核心地位，其贷款和投资涉及大量的其他金融机构。一旦系统性重要银行遭受重大损失，可能引发连锁反应，波及整个金融系统。这样的风险传播可能导致其他金融机构面临流动性困难，进而对实体经济产生负面影响。为了维护金融系统的稳定，对系统性重要银行进行严密监测显得尤为重要。监测可以涵盖多个方面，包括财务审计、实时监测和合规性审查等。及时发现系统性重要银行可能面临的风险，有助于采取相应的措施，防范潜在的金融危机。

首先，财务审计是对系统重要性银行进行监测的基础。通过定期进行财务审计，监管机构可以深入了解银行的财务状况、风险资本水平和资产负债表的结构。这有助于确保银行具备足够的资本来覆盖潜在的损失，防范系统性风险。财务审计还可以揭示银行是否存在不良资产和潜在的贷款违约风险，为监管机构提供及时的干预机会。其次，监控资产负债表是监测系统重要性银行的关键步骤之一。监管机构需要关注银行的资产和负债情况，确保其具备足够的流动性和抵御潜在风险的能力。对不良资产和负债的精确监测有助于预测银行可能面临的风险，并采取相应的应对措施。此外，监管机构还应关注银行的风险管理体系，确保其能够有效地识别、评估和管理各类风险，包括信用风险、市场风险和操作风险等。

实时监测交易活动是监测系统重要性银行的另一个关键方面。系统重要性银行的交易活动可能包括大额交易、复杂的金融工具和不寻常的交易模式。监管机构需要使用先进的交易监测系统，实时监测这些交易活动，以便及时识别潜在的风险。这包括采用机器学习算法来分析大量的交易数据，识别可能的异常行为和风险模式。实施自动报警机制可以确保在发现异常交易时能够立即采取行动。除了关注交易活动外，监管机构还应对系统重要性银行的管理层进行评估。管理层的经验、决策能力和风险意识对于银行的稳健经营至关重要。监管机构需要评估管理层的能力，确保其具备足够的资质来有效地应对各类风险，包括对管理层的背景调查、领导层的变动情况和公司治理结构的审查。

合规性审查也是监测系统重要性银行的重要环节。首先，确保银行遵守所有适用的法规和合规要求，是防范风险和保障金融体系稳定的关键一环。监管机构需要定期审查银行的合规性程序和内部控制体系，确保其符合法规，并采取纠正措施，以防范潜在的合规风险。在监管系统重要性银行时，建立紧急应对计划是不可或缺的。这包括制定清理程序、资产处置计划和危机管理计划等。这些计划的制定有助于在出现紧急情况时能够迅速而有效地应对，减缓潜在的金融市场冲击。其次，建立与其他监管机构和国际组织的合作关系也是监测系统重要性银行的重要手段。信息的共享和合作有助于加强监管力量，提高监管的效率和准确性。通过与其他监管机构的合作，可以更好地跟踪跨国银行的行为，避免监管漏洞，加强对全球金融体系的稳定性的保障。最后，透明度和信息披露对于监管工作至关重要。监管机构应要求系统重要性银行提供定期报告，向监管机构和投资者提供关键信息。透明度有助于市场更好地了解银行的经营状况，促使银行更加谨慎和稳健地经营。

9.1.2 系统重要性银行的风险预警

银行风险预警能够确保银行能够及时识别、评估和应对潜在的金融风险，以维护金融体系的稳定性和客户信任。通过建立有效的风险预警机制，银行可以及早发现信用风险、市场风险、操作风险等各类潜在威胁，预防金融危机的发生。这种预警系统不仅有助于保护银行自身的资产和利益，还能提高监管机构和市场对银行稳健经营的信心，促使金融体系更为健康和可持续地发展。因此，银行风险预警不仅是一种管理手段，更是维护金融系统稳定运行和促进经济可持续发展的重要保障。

随着我国金融系统和实体经济风险的逐步增加，国内外学者也对金融风险的监测及预警机制研究甚多，现有研究通常采取的方法包含以下两种：第一种是指数法，即运用概率统计的定理或科学原则构建相关指标，并设置合理的阈值。当超过这一阈值时则识别为需要预警区域，反之则视为安全区域（许涤龙和陈双莲，2015）。伊林和刘（2003）首次提出了金融压力的概念并构建了金融压力指数，其超过特定阈值时，将发出系统性风险的预警信号。这一方法作为一种有效的系统性金融风险监测手段，为国际金融监管体系的建设提供了有益的参考。通过对金融压力的及时监测，国家可以更好地保护其金融体系的稳定性，提高对金融危机的抵御能力。何青、钱宗鑫等（2018）构造中国的系统性金融风险指数时使用的是主成分分析和分位数回归的方法，其研究结果表明该指数对未来宏观经济冲击所导致的金融风险预警颇为有效。指数法清晰简单，操作性和灵活性很强，这是其主要优点，然而却不能感知金融风险的传染效应、关联性、负外部性。阿列克谢·波诺马连科和斯塔斯·塔塔里采夫（Alexey Ponomarenko and Stas Tatarintsev，2023）在采用传统的预测指标的基础上，加入了金融发展指标。结果表明，将金融失衡与金融发展指标相结合有助于提高预警系统的样本外准确性。科斯昆·塔尔科钦和穆拉特·东杜兰（Coskun Tarkocin and Murat Donduran，2024）通过使用监督机器学习模型为银行提供基于市场指标的流动性压力预警，为银行流动性风险管理作出了贡献。陈庭萱等（2022）比较了流动性比率、流动性创造和净稳定资金差这三个流动性指标在为陷入困境的银行发出预警信号方面的表现，发现流动性比率似乎无法衡量银行的流动性状况，并且流动性创造和净稳定资金差尚未得到充分的检验。

第二种方法是构建风险预警模型，对于亚洲金融危机爆发前金融风险的预警模型主要包括 STV 模型（Sachs et al.，1996）、FR 模型（Frankel and Rose，1996）、KLR 模型（Kaminsky et al.，1998）、综合指数法、人工神经网络模型等，此外还包括有一些较为成熟的金融风险监测预警方法，比如马尔科夫状态转换法和 Simple Logit 模型。国内学者通过构建预警模型分析了我国的金融风险，如任碧云等（2015）从宏观、微观和中观三个角度出发来构建金融风险的预警指标体系，为了减小由于人为因素造成的影响，运用 DEA 方法来验证其有效性。得到的研究结论是运用 AHP-DEA 方法构建的金融风险预警指标体系是有效的，在预警中国金融系统性风险上具有较好的效果。吴文洋等（2022）将金融创新因素纳入系统性金融风险预警指标，这一举措使得预警信号更具前瞻性和警示性，为金融风险监测与预警提供了更为精准的工具。在此基础上，李红权和周亮提（2023）出了一个基于机器学习技术的系统性金融风险监测预警体系，引入了 Lasso 模型、SVM 模型以及 PDP 模型等。研究发现，不同模型在预测能力上有所差异：Lasso 模型在向前一期预测时表现最佳，而 SVM 模型在向前多期预测时则表现更为出色，同时，PDP 模型在识别特征的非线性性和重要性方面具备有效性。另外，覃小兵等（2022）则构建了基于四类不同核函数的 ADASYN-SVM 预警模型。他们的研究结果显示，这一模型不仅在预警准确性上优于普通 SVM 模型，还胜过了基于 BP 神经网络和 Logit 的预警模型，为预测系统性金融风险提供了新的思路。与此同时，张品一和薛京京（2022）提出了一种结合 SMOTEENN 采样算法与 SVM 模型的互联网金融风险预警模型。他们的研究结果显示，这一模型显著提高了 SVM 模型的预测精度，并展现出较优的预测性能，为应对互联网金融风险提供了一种有效的预警机制。阿莱和桑费利奇（Allaj and Sanfelici, 2023）采用不同的早期预警系统来预测资产价格。研究发现，虽然方差在预测给定时间序列的未来价格损失方面很重要，但采用价格波动反馈率的早期预警系统效果更好。潘唐等（2024）利用 RNN 和 LSTM 等递归神经网络模型预测了风险溢出网络的演化。研究结果表明，风险溢出网络会随着风险事件的变化而迅速变化，在危机时期，总波动率溢出会增加，而银行和证券是最重要的风险传播和接收部门。LSTM 模型可以实现对多维网络更有效的动态预测，预测的网络与实际网络基本一致。彼得扎克（Pietrzak, 2022）使用不同的统计方法，从与各国金融体系的财务健康和稳健性有关的跨国数据中提取早期预警信号，认为应提前很长时间就未来的困境发出准确的警告信号，并对金融脆弱性的来源进行密切监测。本书认为，在银行风险发生之前可以使用 SIRS 模型并结合构建出的同业拆借渠道复杂网络筛选出关键节点，分析关键节点之间可能会存在的替代关系，据此设计事前的监测及预警机制。

9.2 系统重要性银行的风险阻断

系统重要性银行在面对外部冲击时，往往会产生更高的核心资本损失率，因此应当采取一系列措施，防患于未然，确保其银行风险得到有效的阻断。银行风险阻断的核心是通过严密监控、识别和管理信用、市场、操作等多种潜在风险，采用建立健全的内部控制体系、强化合规性监管、实施风险评估模型等手段，提前发现并有效应对可能对银行稳定性和经济系统造成负面影响的因素。系统重要性银行在风险阻断工作中的目标是确保金融机构可持续经营，防范潜在银行风险对整个金融体系的冲击，从而维护资金的安全流通，保障市场信心和金融系统的稳定。因此，对于系统重要性银行而言，严密监控和重视风险预警工作是至关重要的。

本书的第6、第7、第8章分别讨论了银行风险传染的同业拆借渠道、信息溢出渠道和双渠道交叉传染，因此，为了对系统重要性银行风险进行阻断，本章对同业拆借渠道采用传染病模型进行风险阻断，对信息溢出渠道采用防火墙模型进行阻断，对双渠道交叉传染采用调整网络结构的方法进行风险阻断。

9.2.1 判断系统重要性银行的风险感染程度

随着科技的不断发展和金融市场的全球化，银行面临的风险也在不断演变。传统的金融风险管理方法已经不能完全满足当今复杂多变的金融环境。在这个背景下，一种新颖而引人注目的思路是将传染病模型引入银行风险管理中，通过类比传染病的传播方式，来理解和阻断银行风险的蔓延。传染病模型在生物医学领域广泛应用，其基本理念是通过研究病原体的传播路径、速度和影响程度，来预测疾病的传播趋势。将这一模型引入银行风险管理，可以类比银行风险的传播过程。银行风险犹如传染病，通过复杂的金融网络迅速传播，对整个金融体系产生深远的影响。

在复杂金融网络初始状态下，任意节点都表现为易感状态，当我们设定一个风险源头并开始传染后，这类节点有一定的概率（传染率）转变为感染状态，已经感染的节点可以通过"治愈"暂时转变为免疫状态，而这种免疫状态失效后节点又会重新回到易感状态。在此基础上，通过仿真模拟可以观察到当不同的节点作为风险源头时会引致的风险传染规模及速度，并判断节点的风险程度及重要程度：容易被其他节点传染至破产的节点往往风险程度较高，而能引发较大规模传染的节点通常其重要程度较高。具体来说，假设复杂网络中有 n 个节点，在初始状态下随机选择某节点 i 设置为感染状态，并开始在网络内传染风险。由于传染率、免疫率、免疫失效率的改变只会影响传染效果而不会影响网络结构，因此，α、β 与 λ 的具体数值可以根据实际需要自由设定。在本章中，依托前文测度出的节点风险承受能力与风险传染能力可以确定出 SIRS 模型中的每个节点的传染率、免疫率以及免疫失效率并不相同。将 α、β 与 λ 代入网络进行仿真模拟之后可以确定出节点的风险程度及重要程度。容易被其他节点传染至破产的节点往往风险程度较高，容易引发较大规模传染的节点通常其重要程度较高。

由第 8 章可知，工商银行、建设银行、农业银行、交通银行、中信银行和中国银行的节点总出度较大，风险传染的能力较强；建设银行、招商银行、光大银行、兴业银行和平安银行的节点总入度较大，其风险抵抗的能力比较强。工商银行、建设银行、中信银行、上海银行、中国银行具有较大的出度和入度,在银行业中属于系统性重要银行。在进行风险阻断时,应该高度关注这些系统重要性银行,判断其感染程度。

9.2.2 同业拆借渠道的风险阻断

在建立完成一套强大而灵活的风险监测系统后,金融市场的波动、交易活动的异常以及其他与风险相关的指标便受到了实时的监控。通过这样的监测系统,银行可以更早地发现潜在的风险事件,就像传染病监测系统可以提前发现疾病暴发的迹象。在采用传染病模型进行阻断时,本书认为在某一时间点上,银行系统内可以被划分为三个不同的类型:感染银行、易感染银行和风险免疫银行。感染银行通常有能力传播给易感染银行,在系统性风险传染过程中起主导作用。易感染银行具有被感染的潜在可能性,可以被感染银行传染并转变为感染银行。风险免疫银行不易受到系统性风险的传染。在资金异常流动的监测机制中,异常交易会使得传染病网络中的常规节点转变为关键节点,一旦发生这种转变就会触发网络进行关注与追踪,该笔资金将进入被监控范围。根据金融监控准则,沿着发生异变的节点追踪异常资金的流动链条,达到强化资金账户管理和异常交易的监控,实现对金融机构的预警效果以阻断金融风险的传染。

一旦监测系统发现异常,银行就需要迅速制定并执行防控策略,这可以类比传染病暴发时的隔离措施。银行可以采取措施,如冻结可疑账户、暂停特定交易或者提高担保要求,以最小化风险的蔓延,这需要快速而灵活的决策机制,以应对不断变化的金融环境。传染病的传播离不开人际关系网络,而银行风险也离不开金融网络的相互联系。在应用传染病模型阻断银行风险时,强化网络安全措施是至关重要的一环。银行应该通过加强身份验证、加密通信以及建立防火墙等手段来确保金融网络的安全。这相当于提高个体的免疫系统以抵御传染病。类比传染病的疫苗概念,银行可以制定一套强化的风险管理措施,以提高整个金融系统的抵御能力,这包括建立更为严格的风险评估标准、制定更为灵活的风险管理政策,并投入更多资源来培训银行从业人员,提高其风险意识和处理能力。

9.2.3 信息溢出渠道的风险阻断

银行风险在信息渠道的传递体现在金融体系中各个关联方之间风险信息的传播过程。这包括信用、市场、操作等多种风险形式。一方面,银行机构之间的交互和相互依赖使得风险能够通过借款、投资和交易等渠道传递。另一方面,信息技术的高度发展也使得风险可以迅速在全球范围内传播，例如，网络攻击、市场波动等。这种信息渠道的传递不仅强调了金融机构间的联动性，也凸显了及时而准确的风险监测和管理的重要性，以便在风险事件发生时迅速做出反应，降低潜在的负面影响。

相较于同业拆借渠道，信息溢出渠道常常需要以计算机为载体进行传递。因此，针对信息传导渠道的风险阻断，可以在传染病模型的基础上，构建防火墙机制以期阻断银行风险在该渠道的传染。要通过防火墙来阻断银行风险，首先需要建立一套严密的网络安全策略。通过配置防火墙规则，限制网络访问并确保只有授权的用户和系统可以访问关键银行系统。防火墙应该严格控制外部和内部网络流量，特别是那些涉及敏感银行数据的通信。在防火墙设置中，强调使用访问控制列表（ACL）和应用层过滤规则，以过滤恶意流量和防止未经授权的访问。使用最新的威胁情报，及时更新防火墙规则，以适应不断变化的网络威胁环境。其次，建议实施深度数据包检测和入侵检测系统（IDS）来监测异常活动和潜在的网络攻击。通过与防火墙集成，及时识别并阻止潜在风险，提高网络安全性。当冲击来临时，系统重要性银行通过信息披露来生产更多的信息，并通过防火墙机制选择性地向公众提供更多的正面信息，阻断负面信息的进一步扩散，通过改变在信息渠道下关键节点向其他节点传染风险的概率达到阻断金融风险传染的效果。

9.2.4 基于调整网络结构的阻断机制设计

基于调整网络结构的银行风险传染阻断机制设计是指在金融体系中，通过调整银行间关系的网络结构来限制潜在的风险传染来降低金融系统的脆弱性，即对银行系统内部或银行之间的关系网络进行调整，包括改变银行间的贷款关系、担保关系、合作关系等，以影响整个系统的连接和相互依赖关系，进而最小化或阻断潜在的风险传染，提高整个银行体系的稳定性。这一机制的设计目的是通过改变银行之间的相互联系，减缓并最小化金融市场中可能的冲击扩散。对于前文所描述的银行风险传染网络，一是基于同业拆借渠道构建的，网络中节点代表银行（政策性银行、国有商业银行、股份制商业银行、城市商业银行和农村商业银行），连边表示银行间的同业拆借关系；二是基于信息渠道构建的复杂金融网络，在此复杂金融网络中，节点代表上市银行，连边代表信息溢出关系。不管是在同业拆借渠道还是在信息渠道，基于改变节点和连边来调整网络结构，以期在阻断银行风险传染，其原理具有一定的相通性。因此，本节基于在同业拆借渠道构建的银行风险传染复杂网络，通过调整节点和连边，即调整网络结构来阻断银行风险的传染。

（1）调整网络节点方式下的风险传染阻断。

在银行风险传染阻断机制的设计中，调整节点方法是一项关键的网络调节手段。通过对银行节点的调整，可以有效地改变网络的拓扑结构，从而减缓风险的传播速度。这种方法的核心在于识别系统中关键性质的银行，并采取有针对性的措施，以增强金融系统的稳定性。总体而言，调整节点方法下的网络调节是一项复杂而精细的工作。它要求在深入理解银行之间相互关系的基础上，科学合理地选择调整目标，确保调节措施既能够降低系统脆弱性，又不引发新的风险点。通过这一方法，可以在金融体系中建立更为可靠和可持续的银行风险传染阻断机制，为金融市场的稳定和可持续发展提供更为可靠的保障。在复杂网络 G 中，假设由节点 $i(i=1,\cdots,n)$ 引发的风险传染最终所用的时间为 T，则在风险传染过程中，传染率的边际效应为 $\frac{\partial(T)}{\partial \alpha}$，免疫率的边际效应为 $\frac{\partial(T)}{\partial \beta}$，免疫失效率的边际效应为 $\frac{\partial(T)}{\partial \lambda}$。参考胡志浩等（2017）中通过参数分析之后得到的性质，可以得出：$\frac{\partial(T)}{\partial \alpha}<0$，$\frac{\partial(T)}{\partial \beta}>0$，$\frac{\partial(T)}{\partial \lambda}<0$，即降低传染率、加强免疫率和降低免疫失效率可以减小风险的传染效果。

当一个关键节点陷入感染状态时，一种有效的应对措施是采用隔离机制，将其从银行风险传染复杂网络中剔除，即切断其与其他易感态节点的传染渠道，有效地降低传染率，从而达到阻断金融风险传染的目的。这一措施的核心目标在于切断关键节点与其他银行之间的传染渠道，遏制风险的进一步扩散。为实施这一隔离策略，监管部门的介入至关重要，可通过实施暂时性的停业、整顿措施，或通过强化监管要求，确保关键节点采取切实有效的风险控制措施。在实际操作中，监管部门可以发挥关键作用，通过及时干预，保障金融系统的整体稳定，包括制定和实施紧急停业计划，规范关键节点的运营，或者通过强制性的整顿措施，确保其采取适当的风险管理和防范措施。此外，监管部门还可以强化监管要求，确保关键节点遵守相关法规和政策，以促使其迅速有效地应对金融风险。总的来说，关键节点感染状态下的隔离机制是一种迅速干预的手段，需要监管部门的协调和支持。通过实施一系列紧急措施，可确保关键节点采取适当的行动，最大程度地防止金融风险的传播和扩散。这种协同行动是维护整个金融系统的健康和稳定性的重要一环。

此外，为了维持金融系统的正常运营，还可采用引入新节点的方式，将易感态节点与感染态节点之间的业务往来转移至新加入的节点，从而有效防止金融风险的大规模爆发。在实际操作中，这一措施可以通过引入新的金融机构、设立新的交易平台等手段来具体实现。通过引入新节点，实现业务流向的重新分配，使原有的关键节点能够在不影响整个系统正常运转的情况下进行整顿和风险控制。在引入新的金融机构方面，可以考虑扩大系统的多样性和韧性，引入具有稳健经营策略的新参与者，以分散系统内的业务风险。同时，设立新的交易平台也是一个有效的手段，通过将原有业务迁移到新平台，不仅可以有效降低关键节点的业务风险，还能促使金融系统更加灵活和抗风险。总体而言，引入新节点的策略是一种有效的金融风险管理手段，有助于降低系统性风险，增强金融系统的韧性。在实际操作中，需要综合考虑监管政策、市场情况以及金融机构的实际需求，以确保引入新节点的过程既能维护整个系统的稳定性，又能够促使金融市场的健康发展。

（2）断边重连方式下的风险传染阻断。

由于现实的风险传染复杂网络中新增一个银行节点或者减少一个银行节点，需要考虑到现实各个方面的因素，其实现具有很大难度。于是，考虑改变连边来调节网络结构，以实现银行风险的阻断。在银行风险传染复杂网络中，与处于感染状态银行合作的易感状态银行为了规避风险可能会中断彼此之间的合作关系，然后处于易感状态的银行会选择其他的合作伙伴，并与其建立新的业务往来，这就是银行考虑到自适应行为下进行的风险传染的阻断。断边重连策略是自适应行为中最重要的策略，也就是选择什么样的连边断开，以及选择什么样的连边建立新的连接。在自适应断边重连原则下，为了更有效地阻断金融风险在复杂网络中的传播，本书对网络结构调节进行了优化。在关键节点感染状态时，中断其与易感节点的借贷往来，并寻找其他易感节点来接管与该感染节点的业务合作，是一种有力的风险传染阻断策略。

为了使断边重连更加有针对性，本书认为断边重连应当有目的地选择与原节点相似度较高的节点重新建立连边。这是因为自适应断边重连可能在被连接节点取代原感染节点时，由于风险程度、重要程度等因素与原节点存在较大差异，可能导致网络的不稳定性。因此，选择与原感染节点相似的节点进行重连，有助于维持网络的结构相似性，降低系统不稳定性的风险。具体而言，易感银行在断开与感染节点的连接后，应该寻找那些在业务特性、风险承受能力、资产负债状况等方面与原感染节点相似的银行进行重新连接。这种相似性的选择可以通过综合考虑各种指标和因素来实现，确保新连接的节点能够更好地承担原感染节点的业务，并在一定程度上维持网络的稳定性。

这一优化的自适应断边重连原则下的网络结构调节方法，旨在阻断金融风险传染的同时，最小化对网络整体稳定性的干扰。通过在断边重连过程中注重节点相似性，可以更加精准地调整网络结构，提高系统的抗风险能力，为金融体系的稳定运行提供更为可靠的保障。因此，本书认为断边重连的参与主体应当有一定的相似性，即被断掉连边的节点应当与被重连的节点相似。根据本书第8章的内容，选择银行间同业资产的差值相近的银行来进行重连银行的选择，具体如表9.2所示。

表9.2　　　　　　银行间同业资产的差值相近的银行集合

集合	银行名称
集合一	建设银行、工商银行、交通银行、中国银行、农业银行
集合二	招商银行、兴业银行、浦发银行、平安银行、民生银行、中信银行
集合三	北京银行、光大银行、江苏银行、上海银行
集合四	南京银行、杭州银行、贵阳银行、无锡银行、常熟银行、江阴银行、宁波银行、苏农银行、华夏银行

在银行风险开始传染之后，易感态节点与感染节点之间的正常业务合作受到影响，节点间连边断开。然而在现实生活中，若直接将感染节点的连边"一刀切"，则它的债权银行可能会陷入流动性紧张的局面，在同业拆借渠道爆发更大的危机。因此在网络中寻找与受到冲击的关键节点相似度较高的节点来代替该关键节点，接管其与常规节点之间的借贷往来，利用这种隔离机制断开被冲击的关键节点与网络中其他节点之间连接的边，将感染态的节点隔离起来，避免与易感态节点接触，这样相对加强了阈值关联节点的免疫率，阻断金融风险在网络中的传染过程。

综上得出，通过增减节点、自适应断边重连原则下以及基于SIRS模型和节点相似性下断开易感态节点和感染态节点的连边，使易感态节点与同样处于易感态的节点重新建立连边，即在金融风险开始传染后，通过改变节点、连边调整网络结构来阻断其在复杂网络中的传染过程。

9.3　中小银行风险防控与阻断

根据央行发布的《中国货币政策执行报告》，中小银行包括中资中小型银行和小型农村金融机构,其中中资中小型银行是指本外币资产总量小于2万亿元的银行(以2008年末各金融机构本外币资产总额为参考标准),小型农村金融机构包括农村商业银行、农村合作银行、农村信用社。随着金融市场的不断发展,中小银行在推动地方经济、服务小微企业等方面发挥着越发重要的作用。然而,通过第8章的分析发现,与完全连接网络结构相比,部分边缘位置的银行(如光大银行、无锡银行等)在中心—边缘网络结构中造成的核心资本损失率更高。这表明现实中处于网络边缘位置的银行(中小银行)其风险传染存在被低估的情况。

9.3.1 中小银行面临的风险

根据本书第6、第7、第8章的分析,与其规模相对较大的同行相比,中小银行面临着更多的风险挑战。中小银行风险较高的原因主要包括信贷风险、资本水平不足以及资金流动性风险。其中,一些中小银行可能在贷款审查和监管方面存在不足,导致信贷风险积累,进而面临贷款违约和不良资产增加的问题。此外,资本水平相对不足可能限制了这些银行的业务扩张和风险抵御能力,而资金流动性风险也是一个潜在问题,特别是在应对突发性资金需求时可能面临压力。这些因素共同作用,使得中小银行整体上面临较高的风险水平。

根据2023年第二季度中国人民银行发布的全国银行业金融机构评级结果显示,在参加评级的2992家银行中,有337家银行被归为高风险金融机构,而这些高风险机构均为中小银行。评级结果按风险由低到高划分为11级,分别为1~10级和D级,D级表示机构已倒闭、被接管或撤销。其中,评级结果1~5级用白色表示、6~7级用灰色表示,白色和灰色区域的机构可视为在安全边界内;评级结果8~10级和D级用黑色表示,表示机构处于高风险状态。具体评级结果分布如图9.1所示。根据结果可以看出,外资银行、直销银行和民营银行的评级结果较好,不存在高风险银行;城市商业银行的评级结果次之,有11.5%的机构为高风险银行;农合机构和村镇银行高风险银行资产规模占参评银行的0.84%。这表明尽管监管力度在加强,中小银行仍然面临较为严重的风险问题。

(1)政策风险。

在中小银行成立初期,它们往往被明确定位为本地区中小微实体经济的主要服务提供者。这种定位是基于它们对当地经济情况更为敏感,能够更有效地满足小微企业和个体经营者的融资需求。然而,与大型银行相比,中小银行更容易受到宏观政策变化的影响,这意味着它们的政策风险通常更为显著。尽管中小银行在服务本地经济方面有着独特的优势，但监管政策却并未对其特殊性予以充分考量。监管部门通常采取与大型银行相同的"一刀切"监管政策，这种做法在很大程度上削弱了中小银行在市场中的竞争力，并加重了它们的政策风险。这种现象进一步受到了国有大型银行的影响。国有大型银行迅速进入小微企业和"三农"贷款领域，这主要是为了应对监管部门对普惠金融的指标要求。利用其庞大的资金规模和低成本优势，这些大型银行很快就在县域内获得了有限但高质量的客户资源。这种行为导致了一种掐尖式的竞争局面，中小银行的市场份额受到了挤压，同时也面临着更多资产质量较差和信用风险较高的客户。

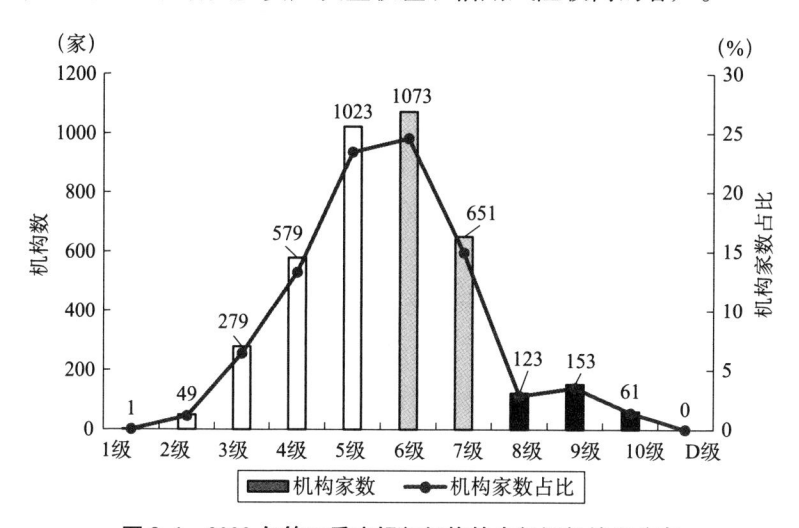

图9.1 2023年第二季度银行机构的央行评级结果分布

资料来源：中国人民银行发布的《中国金融稳定报告2023》。

尽管中小银行在服务本地经济、支持小微企业方面发挥着重要作用，但它们的竞争力受到了严重挑战。面对这一局面，监管部门需要重新审视其监管政策，更好地照顾中小银行的特殊定位和服务对象，以促进金融市场的健康发展。同时，中小银行也需要加强自身能力，通过创新产品和服务，提升竞争力，更好地应对市场挑战。这对中小银行整体资产质量构成了进一步的挑战。这种不同规模银行面对监管政策的不平等待遇，不仅在市场竞争中造成了明显的不公平，而且加大了中小银行在政策层面的不确定性。当前的监管制度似乎未能充分考虑中小银行的特殊性和服务定位，这可能导致它们在面对竞争和风险时受到不必要的限制。

因此，有必要对监管政策进行调整，更加差异化地对待中小银行。这不仅有助于促进中小银行更为健康和可持续的发展，还能确保它们更好地履行为地方经济提供服务的职责。监管政策应更全面地考虑中小银行的经营特点和风险状况，采取差异化的监管措施，以更好地平衡金融市场的公平性和中小银行的可持续发展。在调整监管政策的同时，监管部门还应该鼓励中小银行加强内部管理，提升风险识别和应对能力。这有助于确保中小银行在面对市场竞争和政策变化时更为灵活和有韧性。差异化监管不仅能够推动中小银行更好地服务实体经济，也有助于整个金融体系的稳健运行，为国家的经济可持续发展提供更有力的支持。

（2）市场风险。

中小银行面临多方面的市场风险，由于相对较小的规模和业务范围，它们更容易受到市场波动和经济不确定性的冲击。首先，宏观经济变化、利率波动以及行业竞争的加剧都可能对中小银行的盈利能力和资产质量构成威胁。其次，中小银行在市场上的竞争压力较大，尤其是在与大型国有银行和股份制银行的竞争中，往往面临着规模和资源上的劣势。这可能导致中小银行难以获得高质量客户资源，增加了其业务的不确定性和风险。另外，中小银行的资产负债结构相对较为简单，过度依赖传统的利差业务，如存款和贷款，而缺乏多元化的收入来源。这使得它们更为敏感于市场利率的波动，从而增加了资产和负债匹配的难度，存在着利率风险。

虽然监管力度不断在加强，中小银行在应对市场变化时依旧采取了一些不当手段，将风险传播至不同领域，增加了金融系统整体的不稳定性。例如，通过规避信贷投向规模管制、降低资本消耗、减少拨备计提，甚至掩盖不良资产，从而涉足了信托、证券资管等领域，从事明投实融类业务。对于中小银行而言，这种违规行为可能会在短期内获得一定的收益，但其长期影响却可能十分严重。这些非法操作不仅暴露了中小银行在风险管理方面的薄弱之处，也严重损害了其声誉和可持续发展的能力。更为严重的是，这些行为还可能给整个金融体系带来系统性风险，一旦出现风险事件，将对整个金融市场产生严重的冲击。

因此，金融监管部门需要进一步加强对中小银行的监管力度，特别是加强对其资产管理业务的监管和审查。中小银行也需要自我反思，加强内部风险管理和合规意识，避免因为短期利益而忽视了长远发展的稳健性。只有通过合规经营和风险管理，中小银行才能够真正地为实体经济服务，为金融市场的稳定和可持续发展作出积极贡献。

（3）信用风险。

自2020年起，中国实施了一系列总量宽松的货币政策，以缓解金融体系的压力。在此政策背景下，中小银行相继推出了一系列应对措施并不断加强对信用类贷款的投放力度，试图通过这些手段来维持金融体系的稳定。然而，需要认识到的是，虽然延期还本付息等操作在表面上似乎能够减轻一时的还款压力，但实际上只是将风险迁至未来，中小银行资产质量依旧存在较大的潜在风险。盲目追求规模可能导致贷款审查不严谨，进而增加了信贷违约和不良资产的风险。更为严峻的是，一些中小银行为了应对监管压力或美化财务报表，采取了一系列不正当手段，例如人为调整资产五级分类、以贷收贷、虚假转让不良资产等。这种行为虽然在短期内可能为其带来一定的表面优势，但实际上是在掩盖不良资产和隐匿信用风险，为未来埋下了更深层次的金融隐患。由于这些问题，中小银行的信用风险并未得到充分揭示和解决，依然是一个相当严峻的问题。为了维护金融系统的稳定和健康发展，需要加强对中小银行的监管力度，促使其加强内部管理和风险控制机制，以确保金融体系的安全性和稳定性。同时，银行自身也应审慎经营，注重贷款审查，规避激进增长，以更好地应对潜在的风险挑战。

　　根据中国人民银行披露的数据，截至2023年6月末，我国城商行不良贷款余额为5292亿元，不良贷款率1.90%，农商行不良贷款余额为8202亿元，不良贷款率3.25%。从图9.2可以看出，商业银行的不良贷款率相较其他类型的银行是最高的，其次是城市商业银行。面对这一局面，监管部门需要更加紧密监测中小银行的业务运作，采取有效措施确保中小银行在信用风险管理和披露方面遵循规范。此外，中小银行自身也需审慎经营，避免过度追求规模而忽视风险管控，确保业务的稳健性和可持续性。只有在规范经营、强化监管的共同努力下，才能有效应对中小银行面临的信用风险挑战。

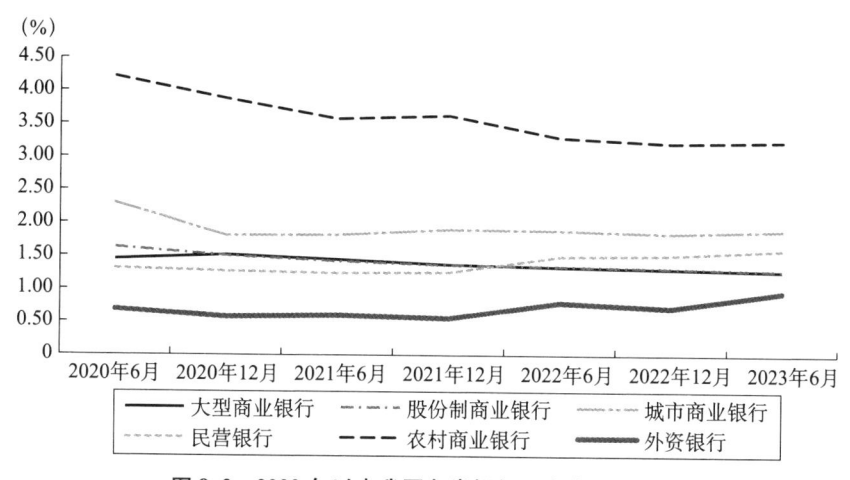

图9.2　2020年以来我国各类银行不良贷款率情况

资料来源：根据国家金融监督管理总局发布的"商业银行主要监管指标情况表（季度）"整理所得。

9.3.2 中小银行风险防范策略

根据本书第6、第7、第8章的内容，发现中小银行的核心资本损失率较高，且存在被低估的情况。基于此，本书认为，中小银行在风险防范方面采取综合策略，可以通过同业拆借和信息溢出两方面进行防范。首先在同业拆借层面，通过精准的风险定价和定量分析确保同业交易的合理性和可控性，制定严格的同业风险管理政策以规范交易行为，并通过与多元化的同业客户和合作伙伴建立合作关系，分散同业风险。在信息层面，中小银行注重建立高效的信息共享和内部沟通机制，以提升监管层面的信息优势，同时利用先进技术保障数据安全，加强对客户隐私的保护。这种综合的风险管理策略有助于中小银行在同业拆借和信息层面上更加稳健地运营，确保经营的可持续性和安全性。

（1）加强对中小银行同业拆借的监管。

中小银行在同业市场中扮演着积极的角色，以获取更多资金和提升盈利能力。然而，由于规模相对较小，它们在应对市场波动和变化时的灵活性较差，从而更容易受到资本流动、信贷质量波动等方面的挑战。相对较小的规模也使得中小银行更难以分散风险，一旦同业拆借中出现风险事件，其对整体业务的冲击可能比规模更大的同行更为显著。这种单一性和脆弱性可能使中小银行更容易成为金融系统中的"薄弱环节"。

为了有效防范中小银行的风险，监管部门已经明确表示要加强对中小银行的监管，重点关注它们是否存在通过多层嵌套等方式违规投向限制性领域的行为。此外，监管部门还将审查中小银行是否通过与信托、证券等方式将票据和信贷资产打包成虚假产品，例如，信托收益权、理财产品、资管产品等，以便使中小银行实际承担的风险未能真实反映和合理计量。加强监管的同时，监管部门还需关注中小银行的授信管理制度的建立和执行情况。这意味着监管部门要确保中小银行的同业拆借全面纳入统一授信管理范围，并核查交易对手的集中度，以确保同业客户的风险暴露未超过监管要求。在实施这些监管措施时，监管部门需要充分了解中小银行的业务模式和风险管理情况，以确保监管的针对性和有效性。特别是在识别违规行为时，监管部门应当加强监测和审查机制，及时发现并处置违规行为，以防止金融风险进一步扩大。

这样的监管措施有助于提高中小银行的风险防范能力，降低系统性金融风险的发生可能性，维护金融体系的整体稳定性。在制定监管政策时，监管部门应该充分认识到中小银行的独特性和挑战性。针对中小银行的特殊情况，监管部门可以采取以下措施：一是制定差异化的监管政策。针对中小银行的规模和经营特点，制定差异化的监管政策，充分考虑其灵活性和业务模式的特殊性，以更好地满足其经营需求。二是强化信息披露和透明度。中小银行应当加强信息披露和透明度，及时向监管部门和投资者公开关键信息，以减少信息不对称，增加市场信心。三是提供专业培训支持。监管部门可以提供专业培训支持，帮助中小银行提升风险管理和内部控制水平，增强其应对市场波动的能力。四是鼓励技术创新和数字化转型。鼓励中小银行通过技术创新和数字化转型，提升业务效率，降低运营成本，增强自身的竞争力。五是建立协作机制。监管部门可以与中小银行建立协作机制，加强信息共享和沟通，及时了解其经营状况，为制定更为精准的监管政策提供支持。六是完善金融创新监管。针对中小银行在金融创新方面的特殊需求，监管部门可以建立灵活的监管框架，促进金融创新的同时保障风险可控。通过以上综合性的措施，监管部门能够更好地引导和支持中小银行在同业拆借方面的风险防范工作，促进其健康稳健的发展，并确保金融系统整体的稳定性和安全性。

（2）加强对中小银行信息渠道的监管。

中小银行与其他非银小微金融机构相较于大型银行更为相似，都有着规模相对较小、经营范围有限的特点。从中央监管层的视角来看，这些机构的被监管主体核心部门分布较为分散，形成了信息劣势。这一劣势在金融业务运营和风险管理中显得尤为突出。相反地，地方相应层级政府与地方银行之间建立了紧密的联系，不仅源自深厚的历史渊源，也体现在治理现状上，为地方银行带来了相对的信息优势。在这种背景下，监管权责的下放被认为是一种可行的策略，旨在促进对应层级部门之间的信息共享。例如，通过打通地方金融监管局与工信、商务等部门的数据，监管机构可以更全面地核实金融机构的资产质量与企业端的资金状况，从而进一步加强监管体系的信息优势。这种信息共享的模式有助于及时发现并应对潜在的风险，提高金融监管的效能。

然而，地方银行在资金规模与系统重要性上存在与其他非银小微金融机构不同的特征。若将监管权责完全交给地方而没有上层监督，可能会出现一些潜在的问题。其中，最主要的风险是，地方出于经济目的可能会让事前监督流于形式，甚至忽视银行贷款结构风险。为了防范这一情况的发生，必须在地方银行金融监管权力下放的同时，加强权力制约与责任落实。这包括制定可识别的监管尽职评价标准和建立可追责的问责制度，确保地方金融监管既能够有效推进，又能够得到必要的上层监督与支持。在加强权责制约的同时，对地方银行进行监管的评价标准也至关重要。这不仅有助于确保地方监管的规范与有效，还能够为监管机构提供科学依据，使其能够更好地理解和评估地方金融机构的经营状况。因此，建立可识别的监管尽职评价标准是提高监管体系效能的一项关键措施。

同时，为了实现责任的有效落实，建立可追责的问责制度也显得至关重要。问责制度不仅需要明确责任人的职责和义务，还应该设立合理的激励和惩戒机制，以确保监管人员履行职责的积极性和有效性。这种追责机制有助于形成监管的内在动力，使其更加专注于预防和化解金融风险，为整个金融体系的稳定做出贡献。总体而言，中小银行和非银小微金融机构面临着一系列的挑战，而加强对信息溢出的防范则是确保金融系统稳定运行的关键一环。通过权责制约、评价标准的建立以及问责制度的设立，可以有效提升监管效能，从而更好地维护金融体系的安全与稳定。在这个过程中，各级监管机构需要在保持信息优势的同时，确保监管的全面性和公正性，以促进金融行业的健康发展，为经济可持续增长提供有力支持。

9.4 危机银行的救助选择

近年来，我国同业业务规模不断扩张，带来了各银行间的紧密联系，使得某家银行因遭遇危机而产生的损失会向其关联银行进行扩散，甚至引发系统性风险。因此，研究银行间市场危机时的风险管理问题显得尤为重要。在分别研究了系统重要性银行和中小银行在风险防控关键环节的基础上，我们再重点研究危机银行的救助选择。首先，通过比较危机银行的处置方式，发现接管模式治理效果显著。其次，接管银行的选择成为整个体系发生金融风险概率最小化的关键。根据国内外银行接管案例，发现在银行接管方案中，主要有两种思路：一种思路是选择那些在银行间市场上与其他机构关联紧密的银行作为接管银行。这些银行通常具有较强的综合实力，经营管理规范，拥有完善的网点和客户服务体系。由于它们与其他机构的紧密关系，使得它们成为接管银行的优选。另一种思路则是选择在银行间市场上与危机银行可能有共同交易对手的银行作为接管银行。这些银行与危机银行或地理位置相近，或资产规模相当。此外，若这些银行与危机银行有共同的交易对手，且这些对手从危机银行拆入资金，又向接管银行拆出资金，则三者间资产负债关联将产生连锁效应。在实施接管方案后，通过对债权债务的对冲，可以最大化接管银行的利益。接下来本书构建出银行间同业拆借网络的理论模型，并基于该视角分析现实中对于危机银行的两种接管模式，收集我国2021年具有代表性的23家银行的同业交易数据与核心资本数据作为实证研究的样本，并从复杂网络的生成、风险管理的效果等方面对现实中两种不同的银行接管模式进行了深入分析。

9.4.1 危机银行的处置方式

（1）注资。

注资是指为了帮助陷入财务困境或流动性危机的企业或机构，通过注入资金，包括股本金或提供贷款等方式，以改善其资产负债结构和缓解经济压力的行为。在银行业的背景下，注资通常指的是外部实体，如央行、政府机构、存款保险机构或私人投资者，向面临困境的商业银行提供额外的资金支持。

注资的方式包括：一是注入股本金。外部投资者购买商业银行的股票，成为其股东之一，从而为银行增加资本。这有助于提高银行的资本充足率，增强其经济实力。二是提供贷款。外部实体可以向商业银行提供贷款，帮助其渡过短期的流动性危机。这样的贷款可以用于弥补银行可能面临的资金缺口。三是其他金融支持。外部实体还可以通过提供其他金融支持，如再贴现、短期拆借等方式，向银行提供所需的流动性支持。

注资的优点在于商业银行能够在短期内得到迅速的资金支持，有助于缓解资本充足率不足和流动性问题。然而，注资也存在一些潜在的问题。例如，如果商业银行的经营状况长期恶化，注资可能无法从根本上解决问题。此外，股东和管理层可能会利用注资的机会进行过度扩张或投资高风险项目，从而引发道德风险。因此，在选择注资作为危机处理手段时，需要权衡各种利弊，并确保该举措是可持续的，有助于银行长期的稳健经营。

（2）收购或合并。

收购或合并是指两个或更多的公司或实体通过协商一致或监管机构的协调，合并成一个新的实体或者由其中一个实体收购另一个实体的全部或部分股权、资产和业务的过程。在监管机构的协调下，其他经营良好的机构可以收购或与危机商业银行合并，以保护存款客户的利益和维护金融市场稳定。这种方式成本较低，能够防止市场波动，同时可以实现规模经济，扩大市场份额，促进技术升级和创新共享。然而，收购或合并也可能面临一些挑战，例如，在短时间内达成协议困难较大、银行间的整合问题和文化差异、法规合规性等。成功的收购或合并通常需要仔细的规划、有效的执行和对合并后业务的深刻理解。

（3）国有化。

国有化是指政府通过法律手段，将某个行业、企业或资产的私人所有权转变为国家或政府所有的过程。在国有化过程中，私人企业的股权、资产、经营权等被转移到政府或国家的所有权下。这种措施通常是政府为了实现特定的经济、社会或政治目标而采取的。国有化的实施通常需要合法程序和赔偿机制，以保护私人产权并确保过程的公正和透明。国有化的影响取决于其实施的方式、领域和具体的政策背景。

对于规模较大的银行，当其他救助方案成本过高或难以实施时，为了避免其破产给经济带来巨大损失，政府会对危机银行股权进行国有化，以防止挤兑现象的发生。但这种方式可能会诱发道德风险，加大其他银行的冒险行为。

（4）债权人机构购买承接。

债权人机构购买承接是一种复杂而策略性的金融行为，通常在危机商业银行面临财务困境时出现。这一过程不仅涉及资产和股权的交易，还包括了对企业整体管理结构的介入，以促使危机商业银行重新找回经营稳定和良好的财务状况。具体过程如下：债权人机构通过购买危机商业银行的一部分或全部资产或股权，完成对该银行的承接，其中包括购买危机商业银行的负债部分，进而形成一个全面的交易，最大限度地实现危机商业银行的市场公允价值。危机商业银行在这一过程中将其资产、负债以及股东权益进行打包出售。这一步骤旨在提供一个透明、清晰的交易框架，方便债权人机构更准确地评估资产的价值，确定可能的风险和收益。

同时，债权人还可以成为危机商业银行的管理层及董事会，因此可以直接参与危机商业银行的治理，监控经营状况，提出建议并推动实施改进措施。通过这种方式，债权人能够在企业内部施加积极的影响，促使危机商业银行改善管理体系，重塑企业战略，重新建立市场信心。

然而，这一方式也面临一些挑战。首先，需要找到具有优质资金和经验的债权人机构，这需要一定时间和努力。其次，危机商业银行原有的债权人机构需要为此过程承担一定的损失，这可能包括未收回的贷款和可能的降低债权价值。因此，协商双方需要迅速达成协议，同时确保整个过程在法规框架内进行，以保护各方的权益。这一过程不仅对于危机商业银行而言是一种挑战，也是一次为整个金融生态系统带来稳定和改进的机会。

（5）破产清算。

破产清算是指当一家企业或机构无法偿还其债务，资不抵债，或者无法继续经营时，由法院或监管机构介入，对其进行清理、处置和解散的过程。破产清算旨在有序地处理企业的债务，保护债权人的权益，并最终实现企业的法律解散。

破产清算的目标是以最大程度地保护债权人的权益，按照法定程序处理企业的财务问题，并在清理过程中最大限度地实现资产的价值。虽然破产清算对于企业来说通常是一种痛苦的经历，但它也为债权人提供了一种有序和法律规范的方式来解决债务问题。

（6）接管。

接管是指在一家企业或机构陷入财务困境、经营不善或面临其他严重问题时，由有关监管机构或法庭指定一位专业的管理人（又称为接管人）来接手企业的管理和经营。接管的目的是通过专业管理来重组、调整或改进企业的状况，以实现其持续经营或有序清算。

接管的主要特点和步骤包括：一是指定接管人。通常由监管机构或法庭指定一位有资质、有经验的专业管理人来负责接管。这个接管人通常具有特定领域的专业知识，能够有效管理和改进企业的状况。二是全面审查和评估。接管人会对企业的财务状况、经营策略、人员组织结构等进行全面审查和评估，以了解问题的根源和制定改进计划。三是制定改进计划。基于审查和评估的结果，接管人会制定一个详细的改进计划，其中可能包括财务重组、成本削减、业务调整等方面的措施，以使企业能够渡过难关并重回正轨。四是实施改进措施。接管人会积极实施改进计划中的各项措施，可能涉及企业内部的重组、业务战略的调整、人员的优化等。五是监督和报告。接管人负责对企业的整个经营进行监督，并定期向监管机构或法庭提交进展报告。这有助于确保改进计划的顺利执行，并让相关方了解企业的变化和进展情况。六是结束接管。一旦企业的状况得到改善，接管人的任务就可能结束。在某些情况下，接管人可能推荐其他形式的处理，如出售企业、合并等。

接管的目标是通过专业管理和有序的改进，使企业渡过难关，实现经营的正常化。这种措施通常是在企业面临严重问题时为了避免破产而采取的，旨在保护企业的价值和各方的权益。在处理商业银行风险的问题上，无论是在国外还是国内，都显得异常谨慎。商业银行以其庞大的资产规模、高度负债的经营模式以及相对较低的自有资本占比而备受关注。由于各个金融机构之间存在着密切的相互依存关系，一旦风险处理不当，很容易引发系统性风险。在这种背景下，各国普遍采取救助措施来处理危机商业银行，这也导致了公众普遍形成了"大而不倒"的错误观念。

直接采用单一的处置措施对危机商业银行进行处理可能会带来各种不利的影响，例如，储户可能因存款风险而发生挤兑，资本市场的股票价格可能急剧下跌进而波及其他行业，引发系统性金融危机。因此，为危机商业银行选择一种适用的、可行的处理方式尤为关键。一个被广泛认可的方法是采用缓和的、软着陆的方式，即接管。通过对危机银行进行接管，进行行政干预和救助，为缓解银行危机、阻断风险传染提供了一个缓冲的时间窗口。

9.4.2 银行风险传染机制

风险在银行间市场进行传染扩散时，包括传染源、被传染对象、传染载体、传染渠道和传染后果五个因素。对此，本节首先作出基本假设，设置条件判定银行是否陷入困境，然后在此基础上梳理风险传染过程，分析风险传染机制。

（1）风险传染基本假设与判定条件。

为确保风险传染分析的可行性以及结果的合理性，本节作出以下假设。

第一，传染源，顾名思义是产生传染的根源。由于本节中的风险传染是指某家银行受到冲击而遭遇危机后，基于银行同业间借贷关联而引发其他银行接连陷入困境的事件，重点在于研究风险传染的过程及结果，因此不考虑传染源即初始冲击的类型。

第二，传染载体承载着不确定性，可以是有形的也可以是无形的。初始危机银行在银行间市场上既为债务银行也为债权银行，本节仅考虑以信用作为传染载体，即仅考虑初始危机银行因无法全部偿还其债权银行的同业资产而产生信用违约的情形。

第三，为充分考察我国银行间市场渠道的风险传染效应，忽略金融安全网的作用，即相关部门对金融机构不存在隐性担保、注入资金等行为。此外，银行同业拆借系统中各银行不存在增加资本金的情形，且同业资产及同业负债规模不变。

在本节中被传染对象为危机银行的债权银行，受危机银行影响，接下来将进一步判定其是否陷入困境。《巴塞尔协议Ⅲ》规定当银行资本充足率达到或高于8%时，该银行才能达到可持续健康经营的标准。因此本文借鉴《巴塞尔协议Ⅲ》对银行资本充足率的要求，若银行 j 陷入困境，则有：

$$CAR_i = \frac{E_i - \sum_{j=1}^{N}(LGD \times e_{ij} \times R_j)}{RWA_i - \alpha \sum_{j=1}^{N}(e_{ij} \times R_j)} < 8\% \quad (9.1)$$

式（9.1）中，银行 i 为被传染对象，CAR_i、E_i 和 RWA_i 分别表示其资本充足率、资本净额和加权风险资产总额；LGD 即 Loss Given Default，表示违约损失率，参考高国华等（2012）的研究，LGD 取 100%；α 为同业资产风险权重系数，参照《巴塞尔协议Ⅲ》标准，α 值取 0.25；e_{ij} 为权重矩阵 E_{ij} 中元素，表示银行 i 对 j 的债权；R_j 为虚拟变量，银行陷入困境时被赋值为 1，否则为 0。若银行 j 遭遇危机，根据式（9.1）可判定其债权银行 i 是否会受风险传染而陷入困境。

（2）风险传染过程。

为了更加清晰地表示遭受冲击的银行在银行间市场上如何将风险传染给其他银行，本节通过图文的方式进行分析。首先对各银行的资产负债表进行简化，如表 9.3 所示。银行的资产包括同业资产和其他资产，负债包括同业负债和客户存款，资本净额为资产减去负债，用于吸收损失。其中，同业资产等于存放同业、拆出资金和买入返售三项之和，同业负债等于同业存放、拆入资金和卖出回购三项之和。

表 9.3　　　　　　　　　　　简化的资产负债

资产	负债
（1）同业资产 ①存放同业 ②拆出资金 ③买入返售 （2）其他资产	（1）同业负债 ①同业存放 ②拆入资金 ③卖出回购 （2）客户存款
	资本净额

其次，用图 9.3 表示简化的风险传染过程。银行同业拆借系统中存在 5 家银行（A、P、Q、U、V），A 是 P、Q、V 的债务银行，Q 是 V 的债务银行，U 是 P、Q 的债权银行，银行的损失 A、损失 Q 分别表示该银行的同业资产因 A、Q 遭遇危机而受到的损失。若银行 A 受到冲击致其资产受到严重损失，导致对其债权银行 P、Q、V 产生信用违约，此为风险传染过程的第一轮。违约损失率为 LGD，则银行 P 存放在银行 A 的同业资产将损失 $LGD \times a_{PA}$，银行 Q 存放在银行 A 的同业资产将损失 $LGD \times a_{QA}$，银行 V 存放在银行 A 的同业资产将损失 $LGD \times a_{VA}$。银行 P、Q、V 所遭受的这部分损失分别用自身的资本净额来吸收，假设吸收后银行 P、V 仍满足最低监管要求，即 $\frac{E_P - LGD \times a_{PA}}{RWA_P - \alpha \times a_{PA}} \geq 8\%$，$\frac{E_V - LGD \times a_{VA}}{RWA_V - \alpha \times a_{VA}} \geq 8\%$，则银行 P、

V 继续正常经营，且资本净额分别变为 $E_P - LGD \times a_{PA}$，$E_V - LGD \times a_{VA}$；而银行 Q 不能满足最低监管要求，即 $\dfrac{E_Q - LGD \times a_{QA}}{RWA_Q - \alpha \times a_{QA}} < 8\%$，则 Q 被风险传染至陷入困境。接下来被传染银行 Q 将对其债权银行 U、V 继续产生违约行为，此为风险传染过程的第二轮。假设银行 U 的资本净额吸收损失后，能够满足最低监管要求，即 $\dfrac{E_U - LGD \times a_{UQ}}{RWA_U - \alpha \times a_{UQ}} \geqslant 8\%$，则银行 U 不受风险传染；银行 V 将受到来自银行 A、Q 风险的叠加，其同业资产共损失 $LGD \times (a_{VA} + a_{VQ})$，资本净额不能够完全吸收该损失，即不能满足最低监管要求，$\dfrac{E_V - LGD \times (a_{VA} + a_{VQ})}{RWA_V - \alpha (a_{VA} + a_{VQ})} < 8\%$，则银行 V 也会遭受风险传染。此时系统中不再出现新的银行遭遇困境，由银行 A 遭遇危机引致的风险传染过程结束。

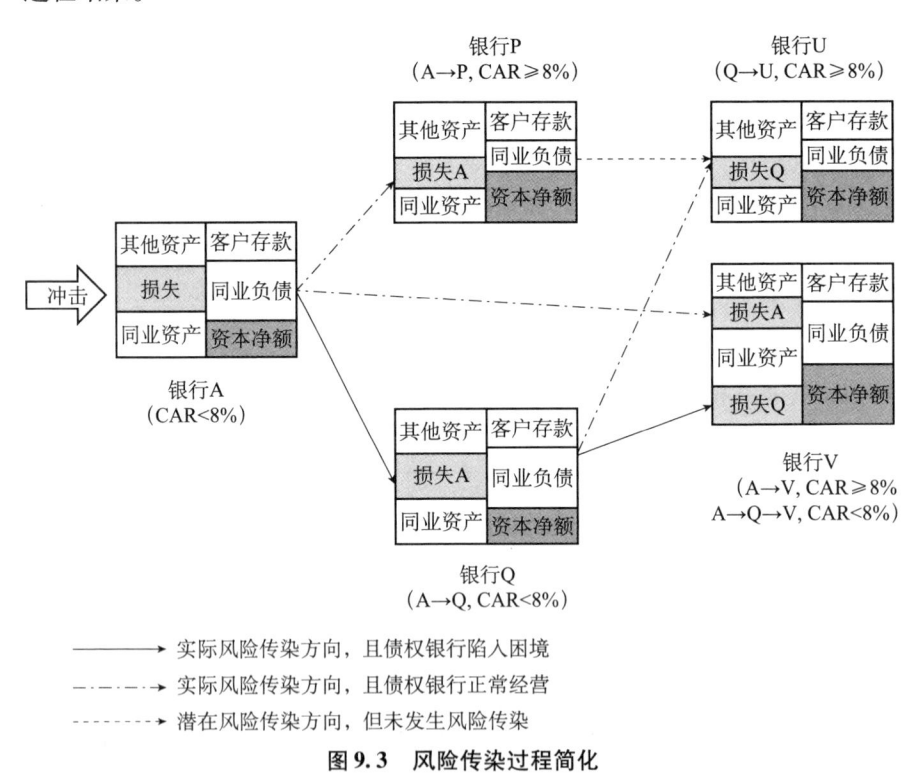

图 9.3　风险传染过程简化

9.4.3　银行间市场风险传染的复杂网络与接管模式分析

银行间市场上的银行数量庞大、交易频繁、关联紧密，一家银行遭遇危机发生违约，风险会通过债权债务关系向外传染，产生"多米诺骨牌效应"而引起银行大规模陷入困境,其网络特征尽显。本节据此构建有向加权复杂网络,并基于网络视角分析两种银行接管模式。

(1) 银行间同业拆借网络的构建。

复杂网络是由数量巨大的节点以及节点之间错综复杂的连边共同组成的网络结构,用 G 来表示。其中,节点代表真实系统的个体,记为 V;连边则代表不同个体间的关系,记为 E。若两个节点之间存在某种特定的关系则进行连边,否则不连边。在实际网络构建中,不同节点之间的连边可能具有方向之分,也可能具有不同的权重。

由于银行同业间的拆借关系具有不同的方向,且拆借额度也不尽相同,本节将构建一个有向加权的复杂网络 G(V, E) 来刻画我国银行间市场的风险传染。其中节点 V 代表银行,连边 E 代表其同业拆借关系,i→j 箭头所指方向代表债权银行 i 向债务银行 j 拆出资金的方向,且本节计算的是同业间净拆借数据,即两银行间只有单向箭头。连边的粗细代表连边权重 e_{ij} 的大小,边越粗,则两银行间连边的权重越大。但是由于我国银行间市场仅发布一段时期内的总量信息,却无法获得具体的双边交易数据,即不能直接得到网络的连边方向和权重,为此,本节按照国际上对该领域研究的惯例,借助最大熵原理根据资产负债表中的同业资产和同业负债数据估算拆借矩阵 A_{ij} 和权重矩阵 E_{ij}。

最大化熵原理是指在部分已知条件下,通过对符合已知信息最随机的推断来估计未知信息的分布。因此,本节假设我国的银行间市场为完全市场结构,借助该原理对银行间的具体拆借额度矩阵进行估计,使得该矩阵与反映已知信息矩阵之间的差别最小,并在此基础上进行处理得到更加贴近现实的拆借矩阵和权重矩阵。具体计算过程如下:首先,假设银行间市场的拆借关系可以用 N×N 阶矩阵 X 表示,其中 N 为银行数目,元素 x_{ij} 为债权银行 i 对债务银行 j 的同业资产。用 a_i 表示银行 i 的同业资产,l_j 表示银行 j 的同业负债,则有 $a_i = \sum_j x_{ij}$,$l_j = \sum_i x_{ij}$。并借鉴大多数学者的处理方法,添加一个虚拟银行,赋予其拆借数据以满足网络中银行间总的同业资产等于总的同业负债,但该虚拟银行不参与风险传染过程。

$$X = \begin{bmatrix} x_{11} & \cdots & x_{1j} & \cdots & x_{1N} \\ \vdots & & \vdots & & \vdots \\ x_{i1} & \cdots & x_{ij} & \cdots & x_{iN} \\ \vdots & & \vdots & & \vdots \\ x_{N1} & \cdots & x_{Nj} & \cdots & x_{NN} \end{bmatrix} \begin{matrix} a_1 \\ \vdots \\ l_1 \cdots l_j \cdots l_N \end{matrix} \begin{matrix} a_i \\ \vdots \\ a_N \end{matrix} \quad (9.2)$$

其次，对矩阵 X 进行标准化，使得 $\sum_{i=1}^{N} a_i = 1$，$\sum_{j=1}^{N} l_j = 1$，并将 a 和 l 分别视为边际分布函数 f(a) 和 f(l) 的实现值，将 X 视为分布函数 f(a, l) 的实现值。由于完全市场结构下 f(a) 和 f(l) 相互独立，则有 $x_{ij} = a_i \times l_j$，同时由于矩阵 X 对角线上的元素非零，即银行与其自身进行交易，这与实际不符，于是本节令矩阵 X 对角线元素均为 0，构造矩阵 X^0 对其进行修正，则有：

$$X^0 = \begin{cases} 0, i = j \\ a_i \times l_j, i \neq j \end{cases} \quad (9.3)$$

对修正后矩阵 $\boldsymbol{X}^*$ 中元素的估算如下：

$$\min \sum_{i=1}^{N} \sum_{j=1}^{N} x_{ij}^* \ln\left(\frac{x_{ij}^*}{x_{ij}^0}\right) \quad (9.4)$$

$$a_i = \sum_{j=1}^{N} x_{ij}^*, l_j = \sum_{i=1}^{N} x_{ij}^*, x_{ij}^* \geq 0 \quad (9.5)$$

式（9.4）为目标函数，式（9.5）为约束条件。其中，当 $x_{ij}^0 = 0$ 时，$x_{ij}^* = 0$，且 $0\ln\left(\frac{0}{0}\right) = 0$。运用 RAS 算法进行迭代计算，可以得到银行间的具体拆借额度矩阵 $\boldsymbol{X}^{**}$。

然而，上述独立性假定下的银行间市场为完全市场结构，即任意两银行间均存在拆借关系，显然这并不符合实际。为此，本节参考宫晓莉等（2020）的做法，选取矩阵 $\boldsymbol{X}^{**}$ 中所有拆借额度的 0.4 分位数作为阈值，大于阈值的数据留下，小于阈值的则删去，得到更接近现实的拆借额度矩阵。最后对该矩阵的拆出拆入作差，继而得到反映银行同业间关联的拆借矩阵 $\boldsymbol{E}_{ij}$。在确定权重矩阵之后，我们依此可以进一步得到拆借矩阵 $\boldsymbol{A}_{ij}$，且有：

$$\begin{cases} 不存在连边, 即 a_{ij} = a_{ji} = 0; 若 e_{ij} = e_{ji} = 0 \\ 存在一条连边, 且 i \rightarrow j, 即 a_{ij} = 1; 若 e_{ij} \neq 0 且 e_{ji} = 0 \\ 存在一条连边, 且 i \leftarrow j, 即 a_{ji} = 1; 若 e_{ij} = 0 且 e_{ji} \neq 0 \end{cases} \quad (9.6)$$

（2）网络拓扑结构特征指标的计算。

网络拓扑结构特征指标可以用来反映复杂网络中节点间的风险关联程度。沈丽等（2016）在构建我国省际金融风险空间关联网络的基础上，使用度数中心度和接近中心度等指标进行了中心性和块模型展开分析；黄玮强等（2018）从出、入两个方向计算各个节点的网络拓扑结构指标，刻画了金融机构的风险传染强度及风险承受强度。基于此，本节使用节点度、接近中心性两个指标，并从出、入两个方向衡量节点间的直接与间接关系，分析网络的结构特征。

第一，度数中心性。在复杂网络中，连边的有无及方向反映了银行间市场上金融机构间拆借关系的有无及拆借方向。于是，定义节点的出度为 $V_i^{to} = \sum_{1 \leqslant i \leqslant N}^{i \neq j} a_{ij}$，代表银行 i 对其他 N-1 家银行的风险传染情况；定义节点的入度为 $V_i^{in} = \sum_{1 \leqslant j \leqslant N}^{j \neq i} a_{ij}$，代表银行 i 受到来自其他 N-1 家银行的风险传染情况；定义节点度为出度与入度之和，代表其在网络中的活跃度。银行间同业拆借网络中，节点的出度越大，其风险的传染能力也越强；节点的入度越大，其承受的风险也越大；节点度越大，其与其他银行间借贷关联越紧密，在网络中也就越活跃。

第二，接近中心性。在网络 G(V, E) 中，节点 i 既可能与节点 j 直接相连，又可能通过其余节点与节点 j 间接相连。假设节点 i 指向节点 j 时经过了 x 个节点，则称 i 与 j 之间出路径的长度为 x（当 i 与 j 直接相连时，x=1；当 i 与 j 之间通过 1 个节点间接相连时，x=2；…）。在所有由 i 指向 j 的路径中最短的一条称之为出最短路径，其长度是出最短路径长度，记为 $x_{i,j}^{min}$。节点 i 的出接近中心性可以定义为节点 i 到其余所有节点出最短路径总和的倒数，即 $C_i^{to} = \dfrac{1}{\sum_{1 \leqslant j \leqslant N}^{j \neq i} x_{i,j}^{min}}$。同理，节点 i 的入接近中心性可以定义为其余所有节点到节点 i 的入最短路径总和的倒数，记为 $x_{i,j}^{min}$，有 $C_i^{in} = \dfrac{1}{\sum_{1 \leqslant i \leqslant N}^{i \neq j} x_{j,i}^{min}}$。网络中节点的出接近中心性越大，则其到其他节点的距离越短，向其他节点传染风险的速度越快，传染能力也越强。同理，节点的入接近中心性越大，则其风险承受能力也就越高。

（3）基于复杂网络视角的接管模式分析。

我国银行风险暴露事件频发，2019 年 ×× 银行因出现严重信用风险导致同业拆借被中国建设银行承接，×× 银行也因出现风险被工商银行接管。建设银行、工商银行作为接管银行，综合实力强，资产规模庞大，经营管理规范，网点和客户服务体系完善，与其他银行间关联紧密，在银行间同业拆借网络中通常也是节点度最大的一类银行，即最为活跃的一类银行。某家银行遭遇危机后，则选取银行间市场上最活跃的银行作为接管银行，本节将这种"就强救助"的接管模式称作基于银行活跃度的接管模式（以下简称 C1 模式）。

2020 年美国第一州立银行（The First State Bank）宣布破产，其同业拆借被转至 MVB Bank 旗下。同年我国继续处置 ×× 银行风险，总行及内蒙古自治区内外各分支机构的资产负债业务分别由蒙商银行、徽商银行承接。这种接管模式下接管银行与危机银行或地理位置相近，或资产规模相当，在银行间同业拆借网络中拥有大量共同交易对手，可以有效降低接管成本。进一步地，若接管银行从共同交易对手拆入资金，且共同交易对手从危机银行拆入资金，本节则认为接管银行与危机银行拥有连锁债务关系。实施接管后作为接管方的银行与共同交易对手间债权债务对冲，甚至可能由原来的债务关系转为债权关系。基于此，在银行间市场上各银行均追求实现利益最大化的情况下，与危机银行间拥有最多连锁债务关系的银行便会对其同业拆借进行接管，本节将此"就近救助"的接管模式称作基于银行间连锁债务关系的接管模式（以下简称 C2 模式）。

C2 模式下接管银行、危机银行以及共同交易对手三者间借贷关联如图 9.4 所示，箭头方向表示由债权方指向债务方，两个实线圆分别表示危机银行和接管银行，中间的矩形表示共同交易对手，并根据三者间资金拆借方向的不同将其分别记为集合 Ⅰ、Ⅱ、Ⅲ、Ⅳ。用阴影部分标出的集合 Ⅰ 中共同交易对手既是危机银行的债务方又是接管银行的债权方，即债权债务关系具有连锁效应。若集合 Ⅰ 中元素最多，则认为接管银行与危机银行在银行间市场上拥有的连锁债务关系最多。

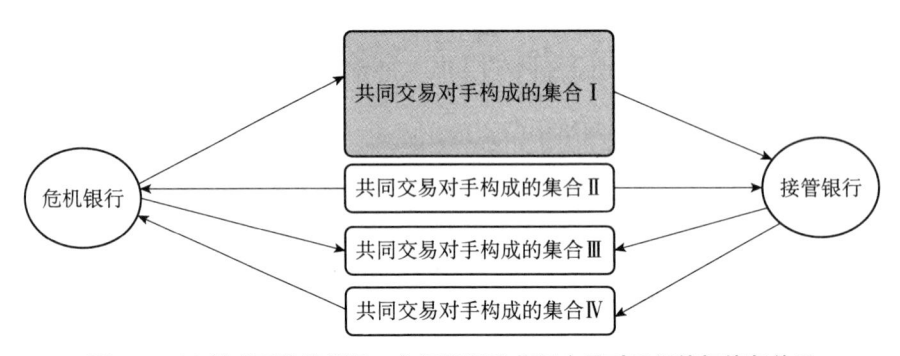

图 9.4 C2 模式下接管银行、危机银行及共同交易对手间债权债务关系

图 9.5 为简化的 C2 模式，在银行间同业拆借网络中存在相互关联的 A、B、C、D 4 家银行，箭头所指方向为银行拆出资金的方向。B 为危机银行，由于 C、B 均相对于 D 有同业往来，且 D 不仅是 B 的债务方，也是 C 的债权方，则认为 C 与 B 拥有连锁债务关系，因此选取 C 银行作为接管银行。类比来看，若中间银行，即起始银行与终点银行的共同交易对手，从起始银行拆入资金，向最终银行拆出资金，则认为最终银行与起始银行拥有连锁债务关系。在同业拆借网络中，若某银行作为最终债务方，与作为起始债权方的危机银行拥有最多的连锁债务关系，则选取该银行作为

C2 模式下的接管银行。当接管行为发生后，网络中各银行间借贷关联也随之发生改变，然后对各银行间的拆出拆入业务作差可以得到银行同业间的净拆借关系。其中，②表示可能出现的最优情况，即接管银行同业间的债务由于实施接管而转为债权。

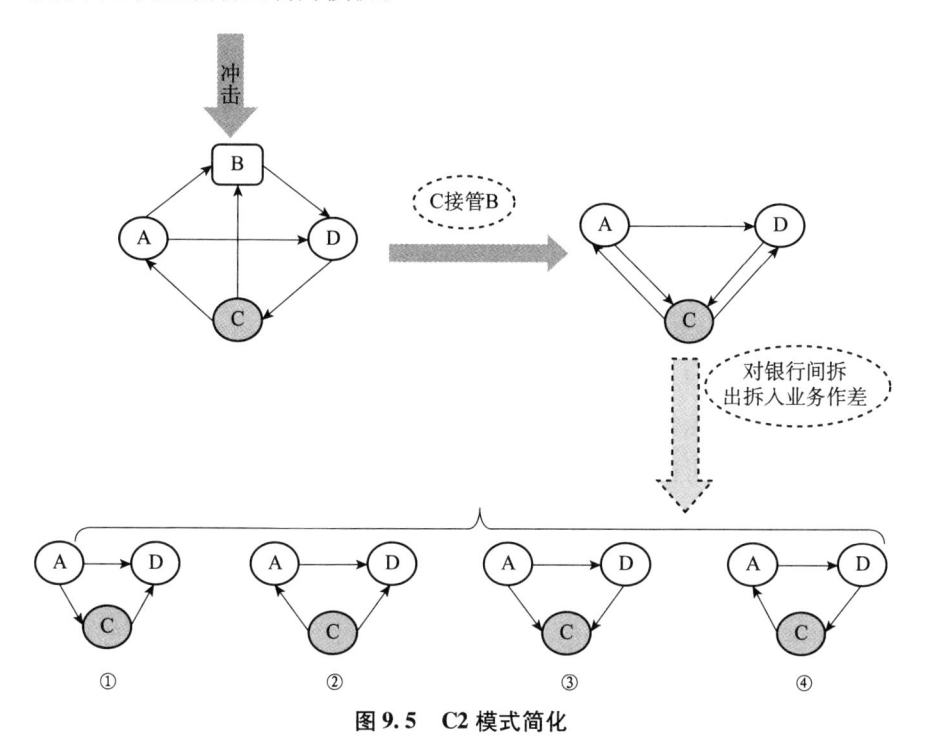

图 9.5　C2 模式简化

9.4.4　实证结果与分析

本节将利用我国银行间市场的真实交易数据，计算用以表示银行间风险溢出的拆借矩阵、权重矩阵以及不同接管模式下的网络拓扑结构指标，生成不同接管模式下的复杂网络，并通过仿真模拟比较其风险管理效果。

（1）样本及数据选取。

根据国泰安数据库以及各银行年报公布情况，本节收集了我国 23 家银行 2021 年的同业数据与核心资本数据，其中包括 19 家由央行和银保监会评估认定的国内系统重要性银行，即 6 家国有商业银行、9 家股份制商业银行和 4 家城市商业银行，还包括总资产规模排名前 4 的农村商业银行。根据数据计算得到，2021 年这 23 家银行的总资产规模占我国商业银行资产总额的 82.7%，具有较好的代表性。本节将其随机标号，具体情况如表 9.4 所示。

表9.4 样本银行名称及编号

编号	银行名称	编号	银行名称	编号	银行名称
B1	中国银行	B9	中国民生银行	B17	宁波银行
B2	中国建设银行	B10	招商银行	B18	江苏银行
B3	中国工商银行	B11	中信银行	B19	中国邮政储蓄银行
B4	中国农业银行	B12	光大银行	B20	上海农村商业银行
B5	兴业银行	B13	华夏银行	B21	重庆农村商业银行
B6	交通银行	B14	广发银行	B22	北京农村商业银行
B7	浦发银行	B15	北京银行	B23	成都农村商业银行
B8	平安银行	B16	上海银行		

由于风险传染效应与银行的资产规模有关，本节对23家样本银行的资产规模排序并将其分为大、中、小三档（见表9.5），然后从这三档中分别随机选取一家银行K(K = {B3，B8，B18})作为代表，研究其遭遇危机后的银行接管模式。

表9.5 样本银行分类

资产规模相对情况	大	中	小
银行编号	B3、B2、B4、B1、B19、B6、B10	B5、B7、B11、B9、B12、B8、B13、B14	B15、B16、B18、B17、B21、B20、B22、B23

（2）不同模式下的网络构建。

在C1模式下，选取银行间市场上最活跃的银行对危机银行的债权债务进行接管。为衡量我国银行间同业拆借网络中各银行的活跃程度，本节使用Ucinet计算其节点度。将银行按照节点度大小排序，如表9.6所示。

表9.6 银行节点度

编号	节点度	编号	节点度	编号	节点度
B1	22	B10	20	B22	15
B3	22	B11	20	B8	13
B2	21	B19	18	B18	11
B4	21	B12	17	B20	10
B5	21	B13	17	B21	9
B6	21	B16	16	B17	8
B7	20	B14	15	B23	3
B9	20	B15	15		

由表9.6可知，B1和B3的节点度均为最大，这些银行资产规模大、资金充足，且公众信赖度高，在我国银行间同业拆借网络中其债权债务银行数目最多，即最为活跃。当一家银行遭遇危机后，若银行间市场上最活跃的银行不止一家，本节从中选择资产规模最大的那家银行来接管危机银行的同业拆借业务，这样可以在降低风险传染效应的同时，最大程度上保障接管银行各项业务的正常运行。至此可得C1模式下K遭遇危机后的接管银行分别为B1和B3。

在C2模式下，选取的接管银行在银行间市场上与危机银行拥有最多的连锁债务关系。在我国银行间同业拆借网络的权重矩阵E_{ij}中，假设银行i遭遇危机，其所在的行表示i的债务银行，即i对其他银行拆出资金。通过筛选得到其债务银行所在的行，表示危机银行i对其债务银行拆出资金，其债务银行又向其他银行拆出资金。本节认为其债务银行为共同交易对手，且形成连锁债务关系。进一步地，在筛选出的这些行中寻找出现次数最多的银行，即认为其与危机银行i拥有最多的连锁债务关系，并选择该银行作为接管银行。C2模式下进行的接管，会出现危机银行的债权恰好为接管银行的债务的情况，使其不仅能够降低接管银行重新与其他银行建立业务往来所产生的成本，还有利于实现接管银行的利益最大化。至此可得C2模式下K遭遇危机后的接管银行分别为B9、B11和B13。

因此，当银行K遭遇危机后，对于其同业间的债权债务，C1模式下选取银行W（W = {B1, B3}）进行接管，而C2模式下选取银行Z（Z = {B9, B11, B13}）进行接管。权重矩阵E_{ij}中，危机银行的行和列被转移至接管银行，由于危机银行与其他银行间的业务往来全部中断，矩阵中表示其拆出拆入的行和列全部变为零。同时，接管银行在原来自身同业拆借的基础上增加了所接管危机银行的那部分，在矩阵中其行和列所代表的拆出拆入额度会随之增加，对其作差后得到接管银行与网络中其他银行同业间的净拆借额度，于是C1和C2模式下的权重矩阵得以计算，并根据拆借关系的有无可以进一步得到拆借矩阵。

（3）复杂网络的生成与结构特征比较。

我国银行同业拆借系统中，一旦某家银行受到冲击致其资产受到严重损失，可能会直接导致其债权银行的坏账，继而导致债权银行的交易对手同步衰退或违约共振，引发金融风险。本节将某家银行遭遇危机后其产生的风险在网络中进行传染的情形称作初始状态，在文中主要起对比作用。

以银行K（K = {B3, B8, B18}）为代表，假设其分别遭遇危机，通过计算可以得到初始状态和两种接管模式下的拆借矩阵和权重矩阵，将其导入 Ucinet 则可以生成复杂网络。通过计算可以得到网络拓扑结构特征指标，具体结果如表 9.7 所示。

表 9.7　　　　　　　　不同接管模式下网络拓扑结构特征

编号	出度			入度			出接近中心性			入接近中心性		
	C0	C1	C2	C0	C1	C2	C0	C1	C2	C0	C1	C2
K = B3	30	15	22	34	25	20	28.156	20.004	22.126	45.753	35.317	20.598
K = B8	23	15	17	32	25	23	22.123	19.11	19.611	38.972	30.835	25.209
K = B18	18	13	15	32	25	23	21.001	18.696	19.11	60.709	42.899	30.484

表 9.7 中第一列指的是危机银行 K 分别取 B3、B8 和 B18，第一行分别表示上述局部网络中银行 K 与其在 C1 模式下的接管银行 W、与其在 C2 模式下的接管银行 Z 的出度、入度、出接近中心性和入接近中心性之和，第二行代表的是将进一步比较这些网络拓扑结构特征指标在 C0、C1 和 C2 三种状态下的不同。从表中不难发现，无论 K 取 B3、B8 还是 B18，C1 和 C2 模式均可以降低节点的出度、出接近中心性以及入度、入接近中心性，即对危机银行实施的接管能够减少网络中的传染与被传染情况。对 C1、C2 两种接管模式进行更深一步的比较发现，C1 模式可以在更大程度上降低节点的出度和出接近中心性，即降低节点向外传染风险的能力，而 C2 模式可以更大程度上降低节点的入度和入接近中心性，即降低节点被其他银行传染风险的可能性。

为了更方便地观察危机时可能引致的风险传染效应，仅保留危机银行、接管银行从其他银行拆入资金的情况，展示局部复杂网络结构，如图 9.6 所示。

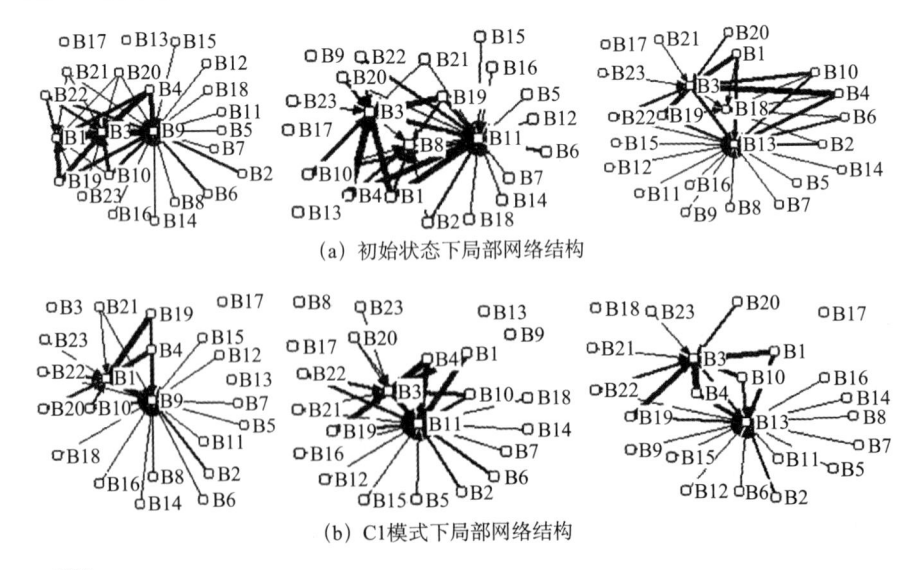

(a) 初始状态下局部网络结构

(b) C1模式下局部网络结构

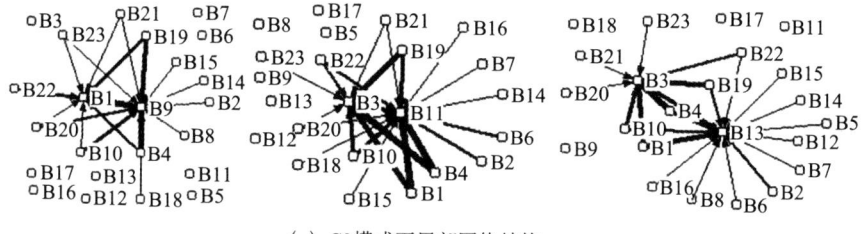

(c) C2模式下局部网络结构

图9.6 初始状态和两种接管模式下的局部网络结构

图9.6 三种状态下从左至右表示银行 K 依此取 B3、B8 和 B18，从中可以直观地发现初始状态和 C1、C2 两种不同银行接管模式下的我国银行间同业拆借网络具有显著差异。与初始状态相比，C1 和 C2 模式下实施接管后原来遭遇危机的银行成为网络中一个孤立的节点，原因是对某家遭遇危机的银行实施接管后，其他银行将与危机银行同业间的业务合作转移至接管银行，使得危机银行退出银行间市场。同时 C1 和 C2 模式下实施接管的银行不同，导致银行间的拆借关系与拆借额度均变化明显，在网络中表现为 C1 和 C2 模式下两家不同的接管银行与同业间其他银行之间的连边有所差异，具体包括是否具有连边以及连边的粗细两方面。

（4）接管模式的仿真模拟与效果比较。

本节使用样本银行2021年的同业数据，通过 Matlab 编程仿真模拟了各银行遭遇危机后，受风险传染而陷入困境的银行数目，这能够直观反映银行间的风险传染效应。模拟结果显示我国银行间市场上单个银行遭遇经营危机后所造成的风险传染效应较小，虽然不至于导致其债权银行的经营困境，但仍对其造成冲击损失。高国华（2012）在基于资产负债表关联对银行间市场双边风险传染的研究过程中发现银行的破产概率很低，但尽管如此，若单个银行倒闭，其仍会给整个银行体系的核心资本带来巨大损失，于是其通过模拟风险引致的不同核心资本损失程度下的银行数量来估算风险传染效应。本节在此基础上，从各样本银行发布的2021年年报获取核心资本数据，并计算我国银行遭遇经营危机后给银行体系造成的核心资本损失率。

初始状态下，银行 k、w、z 均因受到冲击而遭遇危机，给银行系统造成的核心资本损失率本节将其记为 y_0；C1 模式下，银行 w 接管银行 k 后，与银行 z 共同遭遇危机所带来的核心资本损失率记为 y_1；C2 模式下，银行 z 接管银行 k 后，同银行 w 一起遭遇危机所造成的核心资本损失率记为 y_2。本节通过 y_0、y_1 和 y_2 数据的大小对不同接管模式进行对比，具体结果如表9.8所示。

表9.8　不同接管模式下银行遭遇危机带来的系统核心资本损失率

编号	y_0	y_1	y_2
K = B3	0.0497	0.0460	0.0406
K = B8	0.0394	0.0391	0.0389
K = B18	0.0330	0.0327	0.0326

表9.8中第一列中代表本节所选取的3家代表性样本银行K分别取B3、B8和B18，第一行代表初始状态以及C1、C2两种不同的银行接管模式下危机银行与接管银行共同遭遇危机时所造成的系统核心资本损失率。由此可知，与初始状态相比，K取B3时，C1模式下的系统核心资本率减少约0.37%，而C2模式使其下降约0.9%；K分别取B8和B18时，C1模式下的系统核心资本率仅减少0.03%，而C2模式下该数值分别减少0.05%、0.04%。由此可得，相比于C1模式，C2模式可以更大程度上减少银行系统中的核心资本损失，即风险管理效果更好。原因可能是C1模式下选取银行间同业拆借网络中最活跃的银行实施接管时成本较高，网络中该节点与其他节点重新建立连接的同时可能会由于其资产规模、风险传染能力、风险抵御能力等与原来节点有较大差异而加剧接管银行的财务负担与风险水平，甚至破坏银行间同业拆借网络的稳定性，继而降低风险管理效果。而C2模式下实施接管时接管银行与危机银行在银行间市场上拥有大量共同交易对手，可以大大降低C1模式中因重新建立业务往来而产生的接管成本，且接管银行的债务被对冲后可能转为债权，更有可能实现利益最大化。

9.5　本章小结

本章主要得出了以下结论。

第一，对于系统重要性银行的风险管理，重在尽早识别和及时阻断风险传染。针对银行风险在同业拆借渠道和信息溢出渠道出现的情况，可分别采用传染病模型和防火墙机制进行风险阻断。针对整个银行复杂网络，可通过调整节点和连边，调整网络结构，降低传染率、加强免疫率和降低免疫失效率，以减小银行风险的传染效果。此外，还可以采用增减节点或改变连边的方法调节网络结构，以期减小风险传染的效果，防止大规模金融风险爆发。

第二，对于中小银行的风险管理，重在规范交易行为和实施有效的监管。在同业拆借方面，中小银行可通过风险定价和定量分析确保同业交易的合理性，制定严格的同业风险管理政策。在信息层面，中小银行需建立高效的信息共享和内部沟通机制，以提升监管层面的信息优势，同时确保数据安全和客户隐私的保护。为了有效应对中小银行面临的多重风险挑战，监管部门和中小银行自身都需要采取积极的措施，以促进中小银行的健康发展，并确保整个金融体系的稳健运行。

第三，当监测及预警机制和网络调节机制均不能有效阻断银行风险时，有必要启动救助机制进一步阻断银行风险。当某家银行遭遇危机后，基于银行活跃度的接管模式与基于银行间连锁债务关系的接管模式均可以降低整个系统发生金融风险传染的概率。其中，第一种模式下选择的接管银行同银行间市场上的其他机构关联最为紧密，同业交易最为频繁。若接管银行与危机银行在银行间市场上拥有大量共同交易对手，且共同交易对手对前者拆出资金、由后者拆入资金，则形成连锁债务关系。于是选择与危机银行在银行间市场上拥有最多连锁债务关系的银行进行接管，是本节的第二种接管模式。两种模式下实施接管后均可以减少整个银行体系面临的核心资本损失，降低银行间市场风险。当某家银行遭遇危机后，同基于银行活跃度的接管模式相比较，基于银行间连锁债务关系的接管模式风险管理效果更优。原因可能是该模式下选择的接管银行与危机银行在银行间市场上拥有共同的交易对手，可以有效降低接管成本。进一步地，若危机银行向共同交易对手拆出资金，接管银行由共同交易对手拆入资金，实施接管后作为接管方的银行债权债务产生对冲，债务有可能转为债权，因此可以更大程度上减少银行间市场上的核心资本损失，有效控制风险的进一步传染，提高风险处置和管理水平。

第 10 章　研究结论、政策建议及展望

本章将对上述章节的研究内容进行进一步整体梳理，对新发展格局下经济三部门与金融业风险传染特征、传导路径以及有效防范金融风险的措施进行概括和总结，并分别提出相应的政策建议，在此基础上分析目前研究的不足以及对未来研究的展望。

10.1　研究结论

本书按照研究视角的不同，以经济三部门与金融业为主线建立了三类金融风险传染理论框架，分别分析并论证了其在新发展格局下金融风险传染的新特点及防范风险的思路。首先，构建内循环指数，采用面板模型及调节效应模型考察经济三部门风险向金融部门风险的溢出；其次，分别构建金融市场间、金融机构间风险溢出模型，探讨金融市场、金融机构风险溢出特征；最后，运用复杂网络模型对银行间的金融风险关联及影响进行深入研究。本书所得到的具体结论如下。

10.1.1　以内循环为主的新发展格局下经济三部门与金融业间的联系更加紧密

企业部门与金融业的风险关联与传导渠道主要为借贷联系与投融资联系。一方面，企业部门受到经济状态影响，可能会产生行业性风险，导致企业盈利状况大幅下滑，或由于企业经营管理不善、资本结构等非系统性因素，发生偿债困难甚至破产，然后通过贷款业务将风险直接关联至相关金融机构；另一方面，机构投资者倾向于对区域内企业进行投资，当企业部门发生流动性危机甚至违约问题时，会增加相关机构的不良资产，导致源于企业部门的金融风险直接关联至金融业。在政府部门中，由于对城投公司的担保，使得政府部门面临潜在的隐性债务风险，需要承担相关城投

公司的违约损失，并且地方政府往往对区域性经营的金融机构有一定的控制力，包括城商行、农商行和信用社在内的金融机构受制于区域性的政策压力，为政府提供长期与低息的贷款支持，基于政府的信誉和强制力构建起的借贷渠道将政府部门的风险直接关联至区域性金融机构。家户部门与金融业以借贷业务建立联系，以债务人和投资者双重身份参与到金融活动中，涉及房地产和汽车消费贷款、传统的储蓄存款业务以及理财和结构化存款等创新金融产品，尤其在消费性贷款活动中，家户部门的风险甄别能力有限，极易在互联网金融高速发展下暴露信用风险，并关联至金融业。

本书基于中国省级面板数据，构建地方金融业压力指数衡量各省市金融业的风险程度，同时采用耦合协调度模型对各地区的内循环发展水平进行测度，首先采用面板固定效应模型考察了政府、企业、家户部门对金融业风险传染的作用，然后重点检验了内循环发展水平在风险传染过程汇总所发挥的调节作用，得到的主要结论为：一是经济三部门与金融业间存在着政府部门—金融业、企业部门—金融业、家户部门—金融业的风险传染路径，即政府、企业、家户部门都对金融业风险有显著传染效应。二是随着内循环水平的提升，部门间风险传染上的联系也越发紧密，风险溢出效应更明显。具体而言，本书的实证结果表明内循环水平在政府、企业、家户部门对金融业风险传递中起着正向调节作用，即内循环水平的提高在一定程度上会放大同一区域内政府、企业、家户部门对金融业风险传染的效应。三是对于不同地区由于外贸发展程度的不同，内循环发展水平的调节效应也有较大差异，具有异质性特点。

10.1.2　金融市场风险溢出呈现出明显的跨市场特征

随着利率市场化改革的不断深化、金融工具的不断创新以及信息技术的飞速发展，金融市场间的关联性也不断增强，风险传染呈现出明显的跨市场特征。本书采用货币市场、资本市场、外汇市场、房地产市场、黄金市场以及大宗商品交易市场的数据，通过构建金融市场间风险溢出复杂网络模型模拟分析了各个市场之间的风险传染过程，得到的主要结论有：一是金融市场风险溢出具有非对称性以及随机性。就市场间风险溢出方向来看，货币市场、黄金市场、金属市场、能源市场对其他市场的风险溢出效应较大，而股票市场、债券市场、外汇市场以及房地产市场更易受到其他金融市场风险传染。二是金融市场间的风险溢出具有明显的时变特征，突发事件会影响市场间的风险溢出关系和溢出强度。同时，各个金融市场间的风险溢出强度与风险承受强度之间呈现出反向变动趋势。三是观察金融市场间风险溢出动态效应，发现在不同时期经济金融事件的影响下，金融市场间的风险溢出效应具有明显差异。

10.1.3 金融机构间风险关联愈加紧密

现代金融体系的不断完善使金融机构与其他市场之间的相关性日益增强，金融机构内部的直接和间接关系也更加紧密，金融机构资产重叠效应更加显著。同时，在新发展格局下，金融科技和金融创新已成为推动中国金融市场转型升级的新动力，然而，金融科技的快速更新也为金融机构内部风险的累积和传播提供了更多渠道。此外，我国金融体系建设尚不完善，与发达国家相比，金融发展程度仍有不足，银行仍然处于我国金融机构的主导地位，银行业与实体经济机构的债务债权关系更加紧密，债务债权规模稳步增长。本书通过构建保险、信托、证券、银行等金融机构间的风险传染网络模型，得到的主要结论有：一是从整体来看，金融机构总体关联度在样本期间呈现了周期性的变化，从金融机构总体关联度的变化趋势来看，我国金融系统的总体关联水平具有明显的时变特征，金融机构之间的关联度显著增强，系统性风险在各机构间不断累积集聚。二是从金融机构各部门关联性来看，银行部门对其他金融机构的风险溢出效应最大，同时，银行部门和证券部门受到其他金融机构风险输入的效应最大。同时，需要注意的是，对于规模较小的金融机构，在与其他机构间的强关联性下也有可能引发系统性金融风险。

10.1.4 银行间基于拆借市场的风险具有明显的传染性

现如今，我国商业银行金融资产总额占我国金融机构资产的80%以上。20世纪末以来，我国银行间拆借市场不断发展壮大，各银行为补足流动性频繁拆借资金，使得各银行基于同业业务的资产负债关联越发紧密。一旦银行间市场成员遭受外部冲击而破产，风险可能会因这种同业拆借渠道传播至其他银行，最终可能导致大规模银行陷入困境并形成银行系统性风险。本研究利用银行间拆借额度数据采用最大熵原理构建了银行间拆借市场网络，并进一步仿真模拟了不同违约损失率下银行破产时的风险传染效果，得到的主要结论如下：一是分别采用银行放贷标准指标和银行放贷意愿指标对拆借市场网络连边进行筛选，发现相比完全理性，有限理性下的网络关联度更为紧密，该网络更易引发银行间的风险传染。二是就风险传染模拟结果来看，有限理性下的银行主体借贷行为会使得银行间风险传染范围更广、速度更快、资产损失更为严重。三是对银行间风险传染进行动态维度的分析发现，自党的十九大强调防范化解金融风险的重要性后，银行系统性风险发生的概率大大降低，但是新冠疫情暴发后导致银行间风险传染概率再次上升。四是就银行类别来看，系统重要性银行诸如中农工建等银行由于资产体量较大，具有较强的风险抵御能力，但是一旦破产，风险传染范围也较广，而对于中小型银行更容易受到风险的传染，因其体量较小对其他银行风险冲击相对较小，即成为风险源头的概率较低。

10.1.5 银行间基于信息渠道的风险溢出具有复杂性、隐蔽性

随着数字技术的发展，信息传递变得更加便捷、迅速，这加剧了银行之间基于信息渠道的风险溢出，金融风险可以沿着信息关联渠道向更远、更大的范围传播。相比于传统直接传染渠道，信息渠道更加隐蔽、复杂、快速，研究信息溢出所引致的金融风险传染是刻不容缓的任务。

本书使用复杂网络模型对我国金融机构进行拓扑，构建信息渠道下金融风险传染网络，并分析该网络的结构特征、节点风险指标、传染效果等。具体而言，选取我国上市银行的股票收益率时序数据作为样本，使用分位数回归计算各机构之间的风险溢出值，并转换为距离矩阵构建网络。将各机构的节点个性指标与网络结构指标通过主成分分析形成综合指标，度量节点的传染能力及承受能力，最终使用仿真模拟分析传染效果。通过数值变量与结构变量相结合，全面考虑我国各金融机构的风险传染能力及承受能力，并将网络模型进行优化，为研究金融风险的传染提供新思路。最终仿真模拟各风险源头所引致的传染效果，所得结论为：一是我国上市银行之间存在双向信息溢出的关系，且这种关系可以在网络中表现为非对称有向加权形式，即两个机构之间可能溢出方向相反、大小不等。二是非对称有向加权网络在刻画信息溢出关系上比传统有向加权网络更加符合实际情况。原因主要在于传统的有向加权网络将两两金融机构之间的信息溢出关系抽象为一个风险相关系数，忽略了金融机构规模等异质性所带来的溢出差异，无法准确衡量不同金融机构间相互的信息溢出。三是不同银行的风险传染能力与风险承受能力具有较大差别。四是大部分银行陷入经营危机时都会通过信息溢出将风险进行传染或受到其他银行的信息溢出而被传染。

10.1.6 银行风险双渠道交叉传染提高局部风险转变为系统性风险的可能性

在以内循环为主体的新发展格局下，我国银行主体间借贷往来更加频

繁，数字技术的发展又加快了信息的传递速度。正向信息的传导可能促成借贷交易，交易的达成也往往向外界传出当前经济繁荣、金融稳定的正向信号；反之，负向信息的传导可能会阻碍借贷交易，交易的终止则会表现为当下经济低迷、金融振荡的负向信号。同业拆借渠道与信息渠道之间的相互影响使得银行风险跨网络传染成为可能。

同业拆借渠道与信息渠道因存在相同银行节点（耦合节点）而导致网络相互连接，形成双渠道复杂网络。银行风险除了在同业拆借渠道、信息渠道下分别传染，也会因为耦合节点而导致渠道间交叉传染，这会放大风险传染效果，提高局部风险转变为系统性风险的可能性。本书贴近现实分析风险传染机理，构建包含两种传染渠道的复杂网络模型。基于耦合节点所构建出的网络，其耦合节点不仅仅起到了将网络进行结构上连接的作用，而且具有将金融风险进行跨网络传播的意义。由前文可知，本模块中，双渠道网络里的耦合节点指的是上市银行。对于同业拆借渠道而言，若风险源头为非上市银行，则该风险源头若可以通过同业拆借渠道将金融风险传染至上市银行，则风险可以通过两渠道之间的耦合节点的特性实现跨网、跨渠道的传染，从而成倍地放大金融风险传染的后果。对于信息渠道而言，由于该层网络内所有的节点均是耦合节点，所以当某个节点的风险暴露时，其既可以通过与其他节点之间的信息溢出关系传染风险，又可以通过与其他节点的同业拆借业务将风险传染至同业拆借渠道的非上市银行。银行风险不仅可以通过某种关联渠道在网络中进行传染，而且可以在不同的渠道中进行交叉传染。本书选取上市银行数据，分别构建出基于同业拆借直接渠道和信息溢出间接渠道的完全连接网络结构和中心—边缘网络结构，比较了两种不同网络结构下，金融风险沿直接渠道和双渠道交叉传染时，单个银行破产后整体银行系统的核心资本损失率情况，并进行了仿真模拟。得到的主要结论为：一是只考虑一种传染渠道会低估银行间风险传染。相较于同业拆借直接渠道，双渠道交叉传染下银行系统的核心资本损失率更高，说明现实中银行遭遇的金融风险存在被低估的情况。二是与完全连接网络结构相比，中心位置的银行（如建设银行、民生银行等）在中心—边缘网络结构中造成的核心资本损失率更低，但部分边缘位置的银行（如光大银行、无锡银行等）在中心—边缘网络结构中造成的核心资本损失率更高。说明现实中部分股份制银行和城市商业银行遭遇的金融风险也存在被低估的情况，如2019年包商银行和锦州银行事件。

10.1.7 差异化的银行风险防控机制可有效阻断风险传染

银行在我国金融体系中占据重要地位，对银行风险的识别与防控是一项关键的金融监管和风险管理策略，旨在确保金融体系中的银行不会成为潜在的风险源，并在风险发生时能够进行有效应对，以维护金融系统的稳定性。鉴于我国的银行包括系统重要性银行和中小银行，不同类型的银行风险对于我国金融稳定会产生不同的影响，因此本书针对系统重要性银行、中小银行制定了差异化的风险防控措施，并进一步针对危机银行提出了不同的救助策略。得到的主要结论为：一是对于系统重要性银行，应建立有效的预警机制来识别风险。若银行风险出现在同业拆借渠道，可以通过传染病模型进行风险阻断；若银行风险出现在信息溢出渠道，可以通过防火墙机制进行阻断。对于银行整个复杂网络而言，可以通过调整网络的节点和连边等方式来阻断风险的传染。二是对于中小银行，由于其规模相对较小、资源有限，因此更容易受到市场波动和经济不确定性的冲击。在对中小银行进行风险时，应采取综合策略，即在同业拆借渠道和信息溢出渠道两方面进行风险防范。在同业拆借方面，中小银行可通过风险定价和定量分析确保同业交易的合理性，制定严格的同业风险管理政策，以规范交易行为。在信息层面，中小银行需建立高效的信息共享和内部沟通机制，以提升监管层面的信息优势，同时确保数据安全和客户隐私的保护。三是当监测及预警机制和网络调节机制均不能有效阻断银行风险时，有必要启动救助机制进一步阻断银行风险。当某家银行遭遇危机后，基于银行活跃度的接管模式与基于银行间连锁债务关系的接管模式均可以降低整个系统发生金融风险传染的概率，且同基于银行活跃度的接管模式相比较，基于银行间连锁债务关系的接管模式风险管理效果更优。

10.2 政策建议

本书分别对经济三部门与金融业中的风险传染问题进行分析，并相应进行金融风险传染模型的构建得出相关研究成果，在此基础上本书将对新发展格局下我国经济三部门及金融业的风险传染防控提出以下政策建议。

10.2.1 强调部门联动，重视对政府、企业、家户部门风险的防范

在以内循环为主的新发展格局下，政府、企业、家户三部门及金融业之间资金流、要素、收入、支付等循环路径变得更加紧密，在扩大我国内需的同时也加强了各部门之间的关联性，可能导致各部门风险的积聚与传

递。面对全球经济下行，政府部门为拉动内需扩大投资规模，而金融业在利润驱使下更加倾向于向地方政府放贷，这就提升了政府部门与金融业之间的风险关联，一旦地方政府因财政赤字而无法偿还贷款，债务风险极有可能传导至金融业；为促进高质量发展，鼓励企业发展与创新，企业与金融业将加大投资及信贷力度，加强了企业部门与金融业的风险关联，企业经营不善将提升金融业的不良贷款率，加大金融风险；随着居民收入的上升，家户部门与金融业以存贷款为主的业务联系更加频繁，其风险关联也更加紧密，居民高杠杆消费也加大了金融风险由家户部门向金融业传递的可能。总体来看，在当前新发展格局背景下，三部门与金融业的联系更加紧密，三部门向金融业的风险溢出极易引发区域金融风险的爆发，因此，在对区域金融风险进行防控的过程中，应首先加强对企业部门、政府部门、家户部门风险的防范和监管，从而使得监管者能够在第一时间识别区域金融风险的可能源头，尽早采取相应措施对风险进行控制和管理，防止风险在部门之间的进一步集聚传递，最终形成区域金融风险。

10.2.2 加强重点市场监管，完善金融市场间风险传染防控体系

新发展格局下，我国金融市场风险溢出呈现出明显的不稳定性、方向非对称性、随机性，并具有时变特征，新冠疫情的暴发进一步加强了金融系统间风险传染网络的紧密度，风险溢出效应更为明显。为有效防控金融市场间的风险传染，提出以下建议。

第一，完善风险防控体系与风险预警体系。研究结果表明，我国金融风险溢出网络愈加紧密，金融机构和金融市场各主体间的关联度不断增强，风险极易在网络中迅速扩散传染。基于此，政府部门一方面应加强宏观审慎监管，对整个宏观经济和金融体系进行审慎监管。另一方面，应结合各个微观金融主体的不同特征，制定差异化的微观审慎监管机制，有效弱化风险传染强度，维护金融市场的稳定。与此同时，监管部门还应与时俱进，采用先进的风险识别、度量方式，及时识别、监测、处置金融风险，避免系统性金融风险的发生。

第二，完善对重点市场的监管机制，抑制金融资产泡沫。货币市场在整个金融系统复杂网络中处于核心地位，货币市场的波动对其他市场都会带来冲击，因此，应进一步强化对货币市场中资金异常流动的监管，完善风险评估机制，避免货币市场引发系统性金融风险。

鉴于股票市场和房地产市场与其他市场间的风险关联关系都较为紧密，也应重点加强对房地产市场和股票市场的风险监管。具体而言，就房

地产市场来说，应注意加强对房地产金融业务的监管，将房地产业资金控制在合理适度范围内，防止资金脱实向虚过度金融化，以避免房地产业剧烈波动对其他金融市场所带来的风险冲击。就股票市场来说，首先，应抑制股票市场的泡沫，建立健全风险监测体系，积极识别有效防范市场风险；其次，应提高股票市场的信息透明度，完善信息披露制度，加强对内幕交易、市场操作等行为的处罚力度；最后，引导股票市场投资者的投资行为趋于理性化，避免羊群效应的不理性投资行为对股市带来的震荡。此外，也应加强对期货市场的风险监管，实时关注期货市场的异常波动，积极发挥期货市场对冲风险的功能。

第三，坚持市场化改革，稳序推进金融开放。研究结果发现，我国货币市场与外汇市场之间存在较强的风险联动性，风险极易在市场间交叉传染，引发系统性风险。为此，政府部门在着力推动我国金融对外开放、人民币国际化的同时，应加强对利率和汇率市场化变动机制的不断完善，优化货币市场与外汇市场的微观机制，同时，要注意加强对风险的识别和检测，在促进贸易投资国际化的同时谨防跨境资金的流动性风险。

10.2.3 实施差异化监管机制，健全金融机构间风险传染防控体系

新发展格局下，从金融机构总体关联度的变化趋势来看，我国金融系统的总体关联水平具有明显的时变特征，金融机构总体的关联性显著增强，针对金融机构风险溢出特征，提出以下建议。

第一，限制机构间关联业务的过度扩张。随着影子银行业务规模的扩大，金融机构间的业务往来不断增多，机构间的关联性和依赖性逐渐增强，提高了通过机构关联网络形成跨机构、跨部门风险传染的可能性。针对我国金融业存在的"太关联而不能倒"问题，金融监管部门要适度限制金融机构间的业务往来，建立针对机构过度关联预警机制。一方面，根据金融机构业务的风险等级，设定不同的风险评估指标，依据评估结果及时调整高风险业务的占比，将单一金融机构的风险控制在合理范围内；另一方面，还需加强对包括同业业务在内的影子银行业务的监测，设置影子银行业务规模阈值，健全和完善风险隔离机制，降低由金融机构间业务关联引起的风险溢出。

第二，实施差异化监管措施。系统性风险溢出效应在不同类型金融机构以及不同周期下呈现出较大差异，且同一金融机构在长期和短期风险溢出中所扮演的角色也可能发生改变，因此有必要根据金融机构在风险传染中所扮演的角色，实施差异化的监管措施。从行业层面来看，银行业和证

券业是主要的风险溢出者，尤其应关注银行业的短期风险溢出以及证券业的长期风险溢出。从机构层面来看，除了对大型金融机构实施更加严格的监管措施外，还应重点关注华夏银行、中信证券和光大证券等具有较强风险溢出效应的中小金融机构，定期监测其关联网络结构。监管部门应把握好防范金融机构风险溢出的时机，防止金融机构内部风险通过各种渠道形成对其他机构的风险溢出，甚至演变为金融体系整体的系统性风险。

第三，健全金融监管协调机制。目前，我国金融监管模式依然是以分业监管模式为主，在混业经营趋势日益发展的环境下，难以对不同类型金融机构间的交叉业务进行有效监管，使得潜在风险无法得到及时解决，为机构间的风险溢出埋下隐患。为加强监管协调，提高监管效率，银保监会、证监会等金融监管机构应考虑不同类型金融机构的风险溢出特征，建立金融监管信息共享平台，加强监管部门间的合作，以实现跨机构、跨行业、跨市场的风险管控。同时，要健全宏观审慎管理框架，在宏观层面实现对系统性金融风险的整体把控。

10.2.4 防微杜渐，控制银行间风险传染效应

（1）加强对银行间拆借市场风险传染源头的管控。

现如今，我国商业银行金融资产总额占我国金融机构资产的80%以上。20世纪末以来，我国银行间拆借市场不断发展壮大，各银行为补足流动性频繁拆借资金，使得各银行基于同业业务的资产负债关联越发紧密。经过本书的研究，触发银行作为风险传染的源头能够引发银行间风险传染并最终形银行系统性风险。因此，若能在风险传染事件发生前，加强对风险源头的管控将能最直接有效地控制银行间风险的传染，极大程度地降低风险传染过程所造成的资产损失，反之，放松对风险源头的监管将造成更加严重的经济代价。在本书的实证过程中发现，由于资金拆借而建立起银行间债权债务关系，使得风险源头能够更好地将风险传递至其他银行，故有必要对有可能成为风险源头的银行采取如下措施。

第一，提高商业银行的风险防范意识。对于国有商业银行、股份制商业银行等系统重要性银行来说，应当加强对于潜在风险的预防，评估自身风险状况及存在的安全隐患，及时优化资产负债结构，既能从源头上遏制风险的产生，又可降低其自身的资产损失并避免进一步将风险传染给其他银行，同时应增加核心资本，增强自身的风险抵御能力，降低破产的风险以控制传染的源头；对于规模较小的城商行、农商行而言，虽较难引发银行间风险传染，但也应同上述系统重要性银行一样，注重风险预防，以

避免成为传染源头的可能。

第二,加强对银行的风险监测。一方面,中央银行应当加强对个体银行的监管力度,对于经营不良、风险较大的个体银行应允许其合理退出市场,以防止个体风险通过关联渠道外溢至整个银行系统。另一方面,应当加强银行间拆借市场交易的规范性,实施监督市场中银行的借贷行为,加强对交易信息的采集,提升市场透明度,监管银行拆借交易的规模与对象,并要求银行及时披露各项风险指标,全面掌控银行系统的风险状况,以便能在第一时间遏制风险的突发。

第三,促进银行间拆借市场交易主体的多元化发展。当前,银行间拆借市场主体以大型商业银行为主,小规模银行占据拆借市场的资金比例较小,资金占比的不均可能影响城商行、农商行等小规模银行的流动性,提升风险爆发的可能性。因此,中央银行应当鼓励并支持资产负债状况良好的中小银行提高在拆借市场中的活跃度,助力银行间拆借市场多元化、健康化发展。

(2)降低银行间信息渠道下金融风险溢出的概率。

数字技术为金融市场提供了更便捷的信息交流平台与资金交易系统,信息的快速传播使得市场参与者的羊群效应愈加明显,更易造成抛售或轧空,提高了金融机构成为风险爆发点的概率;对大数据信息的依赖与算法的趋同增加了市场同步性,使金融机构间的风险联系更加紧密。大量互联网金融平台同时向具有某类相同数据特征的金融消费者提供信贷支持,累积了巨大的共债风险,且这类平台通过循环发债的形式进行资本无序扩张,使自身风险与银行系统紧密关联,"多米诺骨牌"效应更加明显。因此,探寻信息溢出渠道下金融风险传染的特征是刻不容缓的任务。本书通过设定非对称有向加权结构将网络模型进行优化,并将银行间的溢出强度、是否为全球系统重要性银行等数值变量以及节点度、接近中心性、居间中心性、特征向量中心性等结构变量相结合,综合、全面地考虑了我国各银行的风险传染能力及承受能力,为学者们后续研究金融风险传染特征提供了新思路,最终仿真模拟了各银行作为风险源头时所引致的传染效果。在我国银行风险传染复杂网络中,不同节点作为传染源头时所引发的传染规模也并不相同。因此,监管部门应根据不同银行的传染规模与传染速度制定针对性的监管措施,防范金融风险由局部性向系统性演变,保证金融环境的稳定。

第一,监管部门应对可以引致较大金融风险传染规模的银行加强监管力度。在我国金融风险传染的信息溢出网络中,不同上市银行作为传染源头时所引发的传染规模也并不相同。监管部门应根据不同银行的传染规模制定针对性的监管措施，防范金融风险由局部性向系统性演变，保证金融环境的稳定。

第二，各银行应根据自身在金融风险信息溢出网络中的表现提高自身避险能力。根据本书研究结果，在我国上市银行风险传染复杂网络中，部分银行较容易因受到其他银行的信息溢出而陷入困境。这部分银行应当提高风险管理能力，避免当某家银行遭遇危机时由于"多米诺骨牌"效应而带来的严重不良后果，共同维护金融安全。

第三，相关部门应通过举办金融知识讲座等提升投资者金融素养，缓解信息溢出的发生。多数市场参与者没有能力准确分析获取到的市场信息，使得他们更容易产生"盲从"行为，跟随"领头羊"的行动，这种现象会加剧市场上的信息溢出程度，使得部分上市银行的股票价值被错估，或被市场操纵者利用，从而扰乱金融市场的运行，抬升系统性风险水平。

具体而言，提高资产收益率、不良贷款拨备覆盖率、营业利润率与资本充足率对降低银行的"危险性"、增加抵御风险的能力有帮助。上市银行，尤其是会引致较大风险传染规模与较容易受到传染的银行，应主动提高这些指标，降低成为风险爆发点以及信息溢出的概率，监管部门可以较多关注"高危"机构的上述指标。此外，上市银行可以通过多向外界传递正向信息的方式，增强大众的信任与认可度，从而使银行股票价格在资本市场上更加稳健，风险承受能力得到加强，在信息溢出网络中保有较高的避险能力。最后，相关机构或部门可以通过举办金融知识讲座等方式开展一系列金融宣讲活动，提高市场参与者的金融素养，促使他们在面对信息时减少信息噪声的干扰，作出更加独立、正确的判断，从而缓解市场上的信息溢出程度，维护金融市场的稳定运行。

（3）构建银行间双渠道网络模型风险传染阻断机制。

通过使用复杂网络对我国银行机构传染特征进行刻画，构建基于复杂网络的银行风险事前的监测与预警机制、事后的网络调节和救助机制，可以实现对金融风险传染效果的控制。

同时引入传染病模型，在金融风险开始传染前后设计金融风险传染的阻断机制，阻断金融风险的大规模传播。

在银行风险开始传染前，通过关键节点的测度，针对银行节点设计基于资金异常流动和构建信息防火墙机制的风险监测机制。此外，在网络技术快速发展的条件下，网络充斥着现实金融领域的各个环节。在金融风险传染的复杂网络环境下，要充分利用网络爬虫技术，对资产负债渠道中异常的资产负债业务以及信息渠道中银行间往来的负向信息等进行采集识别以及分析研判，进而发布各级别的预警信息，依此构建基于复杂网络的网络预警机制。本书基于金融风险传染复杂网络，在金融风险开始传染发生前构建出包括异常的跟踪监测、预测分析、预警系统及处理系统在内的网络预警机制。

在银行风险开始传染后，基于在资产负债渠道构建的银行间金融风险传染复杂网络，通过调整节点和连边，即调整网络结构来阻断金融风险的传染。考虑增减节点在现实中可行性较低，本书进一步采用改变连边的方法来调节网络结构以期减小风险传染的效果。进一步地，考虑节点相似性的断边重连方法实现了对调整网络结构方法的优化，相对于自适应行为下进行断边重连可以进一步降低风险传染结束后感染状态节点在网络节点中的占比，使得在金融风险开始传染之后对金融风险传染的阻断效果更好。当监测及预警机制和网络调节机制均不能有效阻断金融风险时，有必要启动救助机制进一步阻断银行风险。

（4）建立全面的银行风险预警体系。

为防范银行风险，建议银行监管部门制定一系列全面而有效的预警体系，以及时监测银行风险。政府应加强监管科技建设，引入先进技术如人工智能和大数据分析，以提高监管机构对银行业务的实时监测和风险评估的能力。同时，建议政府机构建立全面的风险信息披露制度，要求银行及时公开关键风险指标，以提升金融市场的透明度，让投资者和监管机构更清晰地了解银行的风险状况。

建议政府部门制定健全的法规和政策，强调风险管理的重要性，规范银行业务操作，防范潜在风险。加强对银行从业人员的培训，提高其风险识别和防范意识，以及适应不断发展的金融市场的能力。同时政府应要求银行建立金融机构信息共享平台，促使银行间更加主动地分享风险信息，形成全行业的风险监测机制。

建议政府部门优化金融体系治理。习近平总书记强调，对金融风险要科学防范，早识别、早预警、早发现、早处置，要下好先手棋、打好主动仗，有效防范化解各类风险挑战。[①]"四早"要求是对我国长期以来成功有效防范化解金融风险的经验总结，在贯彻"四早"原则的过程中，金融

---

① 中国人民银行宏观审慎管理局. 央行：完善中国特色宏观审慎政策框架 筑牢系统性金融风险防线［EB/OL］. https://baijiahao.baidu.com/s?id=1744681026663615520&wfr=spider&for=pc.

监管部门应当加强对风险的防范意识，采用专业化、技术化的手段，在风险显现之初及时对其进行干预和治理，将潜在风险扼杀在摇篮中。具体而言，监管部门还应制定全面、系统的风险预警、阻断、救助机制，比如通过构建风险预警模型对风险进行有效识别，在风险已经显现后及时进行阻断，当风险已无法有效阻断必要时应采取救助策略。

10.3 不足与展望

本书通过梳理国内外现有文献，在现阶段研究的基础上，结合以国内大循环为主体、国内国际双循环的新发展格局背景，就经济三部门及金融业视角下风险传染问题进行分析，并针对相关问题完成了金融风险传染模型设计及风险阻断机制研究，取得的研究成果具有一定的理论意义和现实意义。但是由于当前金融市场各参与主体的关联方式更加隐蔽、复杂，风险传染渠道也更趋多元化，囿于数据采集的难度和项目组成员的水平有限，本书存在以下问题。

第一，由于以内循环为主的新发展格局理念提出的时间比较近，且受新冠疫情的影响，各省市经济统计数据的更新速度受限，政策提出后的数据期限较短，个别数据获取不到。一方面，随着未来对内循环发展水平测度的更深一步的研究，可以借鉴采用更加精准的测量方法评价内循环发展水平，变换评价指标，使结果更全面具体。另一方面，未来研究需要补足数据获取的不足，在更新数据的基础上，验证发展趋势是否和未来一致，使得对新发展格局背景下风险传染的研究更加接近现实情形。

第二，在银行间基于同业拆借渠道金融风险传染的分析中，由于数据的可得性本项目无法获取银行间拆借交易市场具体的拆借额度，采用最大熵估计的拆借额度数据可能会在一定程度上高估或者低估风险传染，在未来的研究中需要采用更为精确的数据，从而使得对银行间风险传染的分析更加贴近现实。

第三，在银行间基于信息渠道金融风险传染分析中，一方面，在实证部分只考虑了上市银行，并没有将其他金融机构纳入研究范围，样本有限，从整体来看，不完全具有金融业的代表性。另一方面，信息的溢出方式是多种多样的，本部分从有效市场的角度出发描述信息溢出，不能全面概述信息溢出的效果及特征，其更多样、深层的定义方式还有待进一步探究。

第四，在银行间双渠道风险传染的分析中，本书选取了直接渠道中的同业拆借渠道以及间接渠道中的信息溢出渠道构建网络，事实上，直接渠道除了同业拆借外，还有支付结算等渠道，而间接渠道除了信息溢出外，也包含社会网络等其他渠道，银行间的复杂网络如果可以包含更多渠道，那么此网络将更加贴近实际，仿真模拟结果可能会更加准确。另外，本书所构建的双渠道银行风险网络是静态网络，并没有考虑银行主体行为，随着资本市场的变化，可能会影响银行主体在银行间市场中的业务行为，并且随着时间的变化，银行间网络并不是一成不变的，可能会出现新的节点和连边，所以，可以构建基于银行主体行为的动态银行风险网络，以此来使得仿真模拟结果更加贴近实际。

附 录

附录1

附表1-1　　　　2016~2020年各银行放贷标准指标状况

银行编号	2016年	2017年	2018年	2019年	2020年
B1	12.958	12.769	12.831	13.035	15.221
B2	13.408	13.039	13.099	13.271	12.881
B3	12.965	12.297	12.211	12.214	12.376
B4	14.841	14.082	13.801	13.547	13.312
B5	11.168	12.148	12.048	11.928	11.008
B6	13.738	14.928	14.394	13.550	11.962
B7	13.868	13.593	13.583	13.389	14.076
B8	11.155	11.673	12.005	11.442	11.262
B9	12.251	13.045	13.308	13.329	12.427
B10	13.302	13.247	12.937	12.060	11.826
B11	13.490	14.030	14.233	14.651	14.953
B12	12.253	12.732	12.981	12.329	11.655
B13	12.395	13.452	12.525	12.457	11.864
B14	14.565	13.639	13.889	13.409	12.271
B15	15.225	14.504	14.038	13.313	12.932
B16	11.602	11.963	11.654	11.090	10.267
B17	11.261	11.262	10.180	10.083	9.427
B18	12.462	13.053	12.461	12.091	11.433
B19	14.232	13.894	14.306	11.938	11.778
B20	11.236	12.181	12.208	12.065	12.608
B21	11.485	15.104	14.242	13.878	14.025
B22	15.551	14.998	14.082	17.096	15.516
B23	14.004	13.820	13.978	14.173	14.681
B24	22.694	21.030	20.317	20.300	20.076

续表

银行编号	2016年	2017年	2018年	2019年	2020年
B25	12.585	12.245	12.158	11.424	10.603
B26	13.896	14.416	14.618	13.548	17.118
B27	13.105	13.269	12.114	11.742	11.198
均值	13.396	13.571	13.341	13.087	12.917

附表1-2　2016~2020年各银行放贷偏好指标状况

银行编号	2016年	2017年	2018年	2019年	2020年
B1	81.345	83.481	85.354	107.498	89.290
B2	84.657	85.116	83.001	86.684	91.015
B3	81.378	82.221	82.343	83.029	86.674
B4	71.813	74.485	80.196	84.110	83.166
B5	80.713	82.007	94.438	94.410	98.776
B6	83.432	88.671	104.710	97.898	96.174
B7	85.143	86.818	85.016	87.931	88.897
B8	95.902	100.361	104.010	104.221	106.734
B9	82.180	83.828	93.832	94.130	96.575
B10	84.893	91.041	90.694	95.649	99.630
B11	86.888	85.400	89.503	94.627	90.613
B12	79.696	88.172	97.210	94.134	94.517
B13	85.768	87.246	111.805	84.234	87.463
B14	86.350	92.627	104.466	108.732	104.779
B15	64.602	65.015	67.783	73.195	76.568
B16	79.367	87.277	107.370	84.690	87.115
B17	60.766	79.022	93.527	76.089	82.810
B18	79.990	101.499	99.448	93.707	91.148
B19	83.499	91.048	96.643	112.888	116.609
B20	71.939	62.452	75.154	74.499	78.132
B21	69.554	58.450	63.574	73.930	77.227
B22	48.639	49.273	63.605	57.566	57.760
B23	66.634	66.302	79.861	79.727	79.850
B24	57.639	63.237	64.769	65.997	66.231
B25	73.430	75.870	85.974	89.304	91.816
B26	66.722	66.862	69.691	73.343	77.190
B27	68.093	77.101	80.581	86.843	89.566
均值	76.334	79.810	87.206	87.373	88.382

附录 2

附表 2-1　24 家上市银行编号

编号	名称	编号	名称	编号	名称
V1	中国银行	V9	光大银行	V17	南京银行
V2	工商银行	V10	兴业银行	V18	杭州银行
V3	建设银行	V11	浦发银行	V19	贵阳银行
V4	农业银行	V12	平安银行	V20	无锡银行
V5	交通银行	V13	华夏银行	V21	常熟银行
V6	招商银行	V14	北京银行	V22	江阴银行
V7	民生银行	V15	上海银行	V23	宁波银行
V8	中信银行	V16	江苏银行	V24	苏农银行

附表 2-2　删去 40% 连边后的非对称有向加权网络距离矩阵

编号	V1	V2	V3	V4	V5	V6	V7	V8	V9	V10	V11	V12	V13	V14	V15	V16	V17	V18	V19	V20	V21	V22	V23	V24
V1	0.000	1.319	1.642	1.207	1.178	1.341	0.000	1.406	1.386	1.260	1.143	1.617	0.000	0.000	0.000	1.114	1.300	1.259	1.315	1.216	1.570	0.000	1.314	1.496
V2	1.189	0.000	1.739	1.288	1.140	1.432	0.000	1.379	1.326	1.390	1.123	1.627	0.000	0.000	0.000	0.000	1.380	1.229	1.288	0.000	1.423	0.000	1.571	1.297
V3	1.132	1.436	0.000	1.188	0.000	1.447	1.110	1.313	1.319	1.432	1.300	1.799	1.128	0.000	0.000	1.099	1.647	1.303	1.393	1.275	1.787	0.000	1.314	1.544
V4	1.119	1.323	1.520	0.000	1.130	1.342	0.000	1.277	1.308	1.207	1.125	1.509	0.000	0.000	0.000	1.187	1.176	1.159	1.231	1.114	1.498	0.000	1.255	1.296
V5	0.000	1.092	1.354	0.000	0.000	1.305	0.000	1.334	1.369	1.294	1.104	1.327	1.085	0.000	0.000	0.000	1.268	1.116	1.314	1.107	1.150	0.000	0.000	1.204
V6	0.000	1.137	1.557	0.000	0.000	0.000	0.000	0.000	1.274	1.295	1.295	2.253	0.000	0.000	0.000	1.244	1.580	1.447	1.490	1.450	1.291	0.000	2.203	1.167
V7	1.204	0.000	1.627	1.204	1.384	1.733	0.000	1.598	1.601	1.786	1.675	2.015	1.423	1.324	1.264	1.288	1.754	1.601	1.721	1.880	1.774	0.000	1.580	1.966
V8	0.000	0.000	1.346	0.000	0.000	1.358	0.000	0.000	1.288	1.317	0.000	1.713	1.229	0.000	0.000	1.154	1.467	1.318	1.541	1.195	1.541	0.000	1.591	1.380
V9	0.000	0.000	1.285	0.000	0.000	1.449	0.000	1.264	0.000	1.441	1.224	1.547	0.000	0.000	0.000	1.222	1.424	1.421	1.325	1.661	1.262	0.000	1.444	1.386
V10	0.000	0.000	1.447	0.000	0.000	1.795	0.000	1.182	1.429	0.000	1.316	2.286	0.000	0.000	0.000	1.184	1.682	1.774	1.363	1.425	1.602	0.000	1.565	1.443
V11	0.000	0.000	1.438	0.000	1.126	1.726	1.185	1.249	1.393	1.699	0.000	1.852	1.141	1.105	0.000	1.130	1.489	1.340	1.587	1.623	1.508	0.000	1.316	1.463
V12	0.000	0.000	1.358	0.000	0.000	1.809	0.000	1.122	1.278	1.740	1.177	0.000	1.111	0.000	0.000	1.263	1.650	1.683	1.355	1.609	1.672	0.000	1.891	1.463
V13	0.000	0.000	1.490	0.000	1.128	1.558	1.236	1.418	1.543	1.667	1.392	1.887	0.000	1.191	1.237	1.355	1.736	1.607	1.605	1.447	1.671	0.000	1.666	1.557
V14	1.195	1.141	1.685	1.119	1.244	1.959	1.320	1.637	1.616	1.735	1.590	2.095	1.506	0.000	1.358	1.417	1.751	1.609	1.847	2.080	1.832	0.000	1.652	2.089
V15	0.000	0.000	1.383	0.000	1.113	1.514	0.000	1.187	1.264	1.616	1.303	1.856	1.195	0.000	0.000	1.527	1.617	1.761	1.729	2.090	1.983	0.000	1.598	2.226
V16	0.000	0.000	1.268	0.000	0.000	1.440	0.000	0.000	1.177	1.154	1.100	1.579	0.000	0.000	1.129	0.000	1.621	1.788	1.667	1.908	2.159	0.000	1.362	1.937
V17	0.000	0.000	1.444	0.000	0.000	1.773	0.000	1.138	1.175	1.569	1.165	1.908	1.096	0.000	1.101	1.413	0.000	1.700	1.404	1.677	1.881	0.000	1.830	1.806
V18	0.000	0.000	0.000	0.000	0.000	1.363	0.000	0.000	0.000	1.338	0.000	1.600	0.000	0.000	0.000	1.230	1.322	0.000	1.258	1.622	1.922	0.000	1.469	1.551
V19	0.000	0.000	1.435	0.000	0.000	1.545	0.000	1.341	1.327	1.591	1.278	2.128	1.110	0.000	1.462	1.533	1.823	1.786	0.000	2.158	2.210	0.000	1.703	2.241
V20	0.000	0.000	0.000	0.000	0.000	0.000	0.000	0.000	0.000	0.000	0.000	0.000	0.000	0.000	1.106	1.363	0.000	1.215	1.220	0.000	1.614	0.000	0.000	2.153
V21	0.000	0.000	0.000	0.000	0.000	0.000	0.000	0.000	0.000	0.000	1.273	0.000	0.000	0.000	0.000	1.119	1.322	1.725	1.477	2.131	0.000	0.000	1.091	2.431
V22	0.000	0.000	0.000	0.000	0.000	0.000	0.000	0.000	1.151	1.683	1.185	2.091	0.000	0.000	0.000	1.152	1.465	1.109	1.085	1.947	1.847	0.000	0.000	2.030
V23	0.000	0.000	1.348	0.000	0.000	1.862	0.000	0.000	0.000	0.000	0.000	0.000	0.000	0.000	0.000	0.000	0.000	1.704	1.499	1.623	1.710	1.570	0.000	1.409
V24	0.000	0.000	0.000	0.000	0.000	0.000	0.000	0.000	0.000	0.000	0.000	1.091	0.000	0.000	0.000	0.000	0.000	0.000	1.172	1.809	1.824	1.914	0.000	0.000

附表 2-3 24家上市银行相关系数矩阵

编号	V1	V2	V3	V4	V5	V6	V7	V8	V9	V10	V11	V12	V13	V14	V15	V16	V17	V18	V19	V20	V21	V22	V23	V24
V1	1.000	0.817	0.777	0.683	0.614	0.522	0.635	0.619	0.573	0.552	0.541	0.541	0.494	0.359	0.468	0.495	0.316	0.450	0.341	0.356	0.304	0.527	0.318	0.761
V2	0.817	1.000	0.773	0.693	0.664	0.559	0.654	0.663	0.639	0.583	0.606	0.598	0.526	0.396	0.521	0.545	0.369	0.481	0.391	0.409	0.356	0.537	0.368	0.730
V3	0.777	0.773	1.000	0.690	0.580	0.548	0.647	0.626	0.569	0.576	0.532	0.567	0.511	0.309	0.496	0.461	0.332	0.448	0.366	0.381	0.338	0.449	0.352	0.744
V4	0.683	0.693	0.690	1.000	0.581	0.592	0.672	0.666	0.609	0.616	0.534	0.629	0.554	0.356	0.512	0.472	0.344	0.490	0.405	0.389	0.346	0.452	0.374	0.714
V5	0.614	0.664	0.580	0.581	1.000	0.532	0.568	0.622	0.727	0.574	0.719	0.550	0.512	0.344	0.539	0.558	0.419	0.484	0.387	0.386	0.320	0.650	0.345	0.552
V6	0.522	0.559	0.548	0.592	0.532	1.000	0.572	0.568	0.547	0.564	0.539	0.609	0.573	0.310	0.519	0.464	0.377	0.460	0.427	0.418	0.375	0.443	0.392	0.549
V7	0.635	0.654	0.647	0.672	0.568	0.572	1.000	0.705	0.617	0.558	0.568	0.652	0.554	0.348	0.569	0.511	0.375	0.522	0.425	0.427	0.351	0.503	0.389	0.672
V8	0.619	0.663	0.626	0.666	0.622	0.568	0.705	1.000	0.673	0.599	0.600	0.616	0.546	0.330	0.586	0.514	0.422	0.503	0.444	0.443	0.344	0.530	0.380	0.627
V9	0.573	0.639	0.569	0.609	0.727	0.547	0.617	0.673	1.000	0.631	0.733	0.587	0.545	0.356	0.582	0.569	0.481	0.516	0.421	0.438	0.333	0.600	0.361	0.573
V10	0.552	0.583	0.576	0.616	0.574	0.564	0.558	0.599	0.631	1.000	0.565	0.576	0.523	0.327	0.519	0.466	0.381	0.480	0.418	0.387	0.351	0.454	0.341	0.549
V11	0.541	0.606	0.532	0.534	0.719	0.539	0.568	0.600	0.733	0.565	1.000	0.572	0.513	0.339	0.559	0.525	0.449	0.490	0.446	0.448	0.390	0.631	0.389	0.534
V12	0.541	0.598	0.567	0.629	0.550	0.609	0.652	0.616	0.587	0.576	0.572	1.000	0.585	0.349	0.576	0.537	0.409	0.512	0.454	0.443	0.402	0.481	0.406	0.586
V13	0.494	0.526	0.511	0.554	0.512	0.573	0.554	0.546	0.545	0.523	0.513	0.585	1.000	0.299	0.514	0.466	0.343	0.459	0.428	0.422	0.390	0.432	0.398	0.550
V14	0.359	0.396	0.309	0.356	0.344	0.310	0.348	0.330	0.356	0.327	0.339	0.349	0.299	1.000	0.392	0.298	0.294	0.343	0.327	0.329	0.262	0.305	0.291	0.314
V15	0.468	0.521	0.496	0.512	0.539	0.519	0.569	0.586	0.582	0.519	0.559	0.576	0.514	0.392	1.000	0.538	0.544	0.574	0.571	0.606	0.474	0.499	0.519	0.495
V16	0.495	0.545	0.461	0.472	0.558	0.464	0.511	0.514	0.569	0.466	0.525	0.537	0.466	0.298	0.538	1.000	0.395	0.464	0.383	0.435	0.323	0.500	0.353	0.476
V17	0.316	0.369	0.332	0.344	0.419	0.377	0.375	0.422	0.481	0.381	0.449	0.409	0.343	0.294	0.544	0.395	1.000	0.414	0.459	0.475	0.337	0.435	0.405	0.329
V18	0.450	0.481	0.448	0.490	0.484	0.460	0.522	0.503	0.516	0.480	0.490	0.512	0.459	0.343	0.574	0.464	0.414	1.000	0.518	0.503	0.421	0.444	0.450	0.475
V19	0.341	0.391	0.366	0.405	0.387	0.427	0.425	0.444	0.421	0.418	0.446	0.454	0.428	0.327	0.571	0.383	0.459	0.518	1.000	0.661	0.577	0.396	0.670	0.392
V20	0.356	0.409	0.381	0.389	0.386	0.418	0.427	0.443	0.438	0.387	0.448	0.443	0.422	0.329	0.606	0.435	0.475	0.503	0.661	1.000	0.585	0.418	0.652	0.400
V21	0.304	0.356	0.338	0.346	0.320	0.375	0.351	0.344	0.333	0.351	0.390	0.402	0.390	0.262	0.474	0.323	0.337	0.421	0.577	0.585	1.000	0.327	0.591	0.342
V22	0.527	0.537	0.449	0.452	0.650	0.443	0.503	0.530	0.600	0.454	0.631	0.481	0.432	0.305	0.499	0.500	0.435	0.444	0.396	0.418	0.327	1.000	0.342	0.473
V23	0.318	0.368	0.352	0.374	0.345	0.392	0.389	0.380	0.361	0.341	0.389	0.406	0.398	0.291	0.519	0.353	0.405	0.450	0.670	0.652	0.591	0.342	1.000	0.379
V24	0.761	0.730	0.744	0.714	0.552	0.549	0.672	0.627	0.573	0.549	0.534	0.586	0.550	0.314	0.495	0.476	0.329	0.475	0.392	0.400	0.342	0.473	0.379	1.000

附录 3

附表 3-1　24 家上市银行编号

编号	银行名称	编号	银行名称	编号	银行名称
B1	工商银行	B9	兴业银行	B17	杭州银行
B2	建设银行	B10	浦发银行	B18	贵阳银行
B3	农业银行	B11	平安银行	B19	无锡银行
B4	交通银行	B12	华夏银行	B20	常熟银行
B5	招商银行	B13	北京银行	B21	江阴银行
B6	民生银行	B14	上海银行	B22	宁波银行
B7	中信银行	B15	江苏银行	B23	苏农银行
B8	光大银行	B16	南京银行	B24	中国银行

附表 3-2　完全连接网络结构下同业拆借渠道邻接矩阵

编号	B1	B2	B3	B4	B5	B6	B7	B8	B9	B10	B11	B12	B13	B14	B15	B16	B17	B18	B19	B20	B21	B22	B23	B24
B1	0	1	1	1	1	1	1	1	1	1	1	1	1	1	1	1	1	1	1	1	1	1	1	1
B2	1	0	1	1	1	1	1	1	1	1	1	1	1	1	1	1	1	1	1	1	1	1	1	1
B3	1	1	0	1	1	1	1	1	1	1	1	1	1	1	1	1	1	1	1	1	1	1	1	1
B4	1	1	1	0	1	1	1	1	1	1	1	1	1	1	1	1	1	1	1	1	1	1	1	1
B5	1	1	1	1	0	1	1	1	1	1	1	1	1	1	1	1	1	1	1	1	1	1	1	1
B6	1	1	1	1	1	0	1	1	1	1	1	1	1	1	1	1	1	1	1	1	1	1	1	1
B7	1	1	1	1	1	1	0	1	1	1	1	1	1	1	1	1	1	1	1	1	1	1	1	1
B8	1	1	1	1	1	1	1	0	1	1	1	1	1	1	1	1	1	1	1	1	1	1	1	1
B9	1	1	1	1	1	1	1	1	0	1	1	1	1	1	1	1	1	1	1	1	1	1	1	1
B10	1	1	1	1	1	1	1	1	1	0	1	1	1	1	1	1	1	1	1	1	1	1	1	1
B11	1	1	1	1	1	1	1	1	1	1	0	1	1	1	1	1	1	1	1	1	1	1	1	1
B12	1	1	1	1	1	1	1	1	1	1	1	0	1	1	1	1	1	1	1	1	1	1	1	1
B13	1	1	1	1	1	1	1	1	1	1	1	1	0	1	1	1	1	1	1	1	1	1	1	1
B14	1	1	1	1	1	1	1	1	1	1	1	1	1	0	1	1	1	1	1	1	1	1	1	1
B15	1	1	1	1	1	1	1	1	1	1	1	1	1	1	0	1	1	1	1	1	1	1	1	1
B16	1	1	1	1	1	1	1	1	1	1	1	1	1	1	1	0	1	1	1	1	1	1	1	1
B17	1	1	1	1	1	1	1	1	1	1	1	1	1	1	1	1	0	1	1	1	1	1	1	1
B18	1	1	1	1	1	1	1	1	1	1	1	1	1	1	1	1	1	0	1	1	1	1	1	1
B19	1	1	1	1	1	1	1	1	1	1	1	1	1	1	1	1	1	1	0	1	1	1	1	1
B20	1	1	1	1	1	1	1	1	1	1	1	1	1	1	1	1	1	1	1	0	1	1	1	1
B21	1	1	1	1	1	1	1	1	1	1	1	1	1	1	1	1	1	1	1	1	0	1	1	1
B22	1	1	1	1	1	1	1	1	1	1	1	1	1	1	1	1	1	1	1	1	1	0	1	1
B23	1	1	1	1	1	1	1	1	1	1	1	1	1	1	1	1	1	1	1	1	1	1	0	1
B24	1	1	1	1	1	1	1	1	1	1	1	1	1	1	1	1	1	1	1	1	1	1	1	0

附表 3-3 完全连接网络结构下信息溢出渠道邻接矩阵

编号	B1	B2	B3	B4	B5	B6	B7	B8	B9	B10	B11	B12	B13	B14	B15	B16	B17	B18	B19	B20	B21	B22	B23	B24
B1	0	1	1	1	1	1	1	1	1	1	1	1	1	1	1	1	1	1	1	1	1	1	1	1
B2	1	0	1	1	1	1	1	1	1	1	1	1	1	1	1	1	1	1	1	1	1	1	1	1
B3	1	1	0	1	1	1	1	1	1	1	1	1	1	1	1	1	1	1	1	1	1	1	1	1
B4	1	1	1	0	1	1	1	1	1	1	1	1	1	1	1	1	1	1	1	1	1	1	1	1
B5	1	0	1	1	0	1	1	1	1	1	1	1	1	1	1	1	1	1	1	1	1	1	1	1
B6	1	1	1	1	1	0	1	1	1	1	1	1	1	1	1	1	1	1	1	1	1	1	1	1
B7	1	1	1	1	1	1	0	1	1	1	1	1	1	1	1	1	1	1	1	1	1	1	1	1
B8	1	1	1	1	1	1	1	0	1	1	1	1	1	1	1	1	1	1	1	1	1	1	1	1
B9	1	1	1	1	1	1	1	1	0	1	1	1	1	1	1	1	1	1	1	1	1	1	1	1
B10	1	1	1	1	1	1	1	1	1	0	1	1	1	1	1	1	1	1	1	1	1	1	1	1
B11	1	1	1	1	1	1	1	1	1	1	0	1	1	1	1	1	1	1	1	1	1	1	1	1
B12	1	1	1	1	1	1	1	1	1	1	0	0	1	1	1	1	1	1	1	1	1	1	1	1
B13	1	1	1	1	1	1	1	1	1	1	1	0	0	1	1	1	1	1	1	1	1	1	1	1
B14	1	1	1	1	1	1	1	1	1	1	1	1	1	0	1	1	1	1	1	1	1	1	1	1
B15	1	1	1	1	1	1	1	1	1	1	1	1	1	1	0	1	1	1	1	1	1	1	1	1
B16	1	1	1	1	1	1	1	1	1	1	1	1	1	1	1	0	1	1	1	1	1	1	1	1
B17	1	1	1	1	1	1	1	1	1	1	1	1	1	1	1	1	0	1	1	1	1	1	1	1
B18	1	1	1	1	1	1	1	1	1	1	1	1	1	1	1	1	1	0	1	1	1	1	1	1
B19	1	1	1	1	1	1	1	1	1	1	1	1	1	1	1	1	1	1	0	1	1	1	1	1
B20	1	1	1	1	1	1	1	1	1	1	1	1	1	1	1	1	1	1	1	0	1	1	1	1
B21	1	1	1	1	1	1	1	1	1	1	1	1	1	1	1	1	1	1	1	1	0	1	1	1
B22	1	1	1	1	1	1	1	1	1	1	1	1	1	1	1	1	1	1	1	1	0	0	1	1
B23	1	1	1	1	1	1	1	1	1	1	1	1	1	1	1	1	1	1	1	1	1	1	0	1
B24	1	1	1	1	0	1	1	1	1	1	1	1	1	1	1	1	1	1	1	1	1	1	1	0

附表 3-4　基于假设 1 中心——边缘网络结构下同业拆借渠道邻接矩阵

编号	B1	B2	B3	B4	B5	B6	B7	B8	B9	B10	B11	B12	B13	B14	B15	B16	B17	B18	B19	B20	B21	B22	B23	B24
B1	0	1	1	1	1	1	1	1	1	1	1	1	1	1	1	1	1	1	1	1	1	1	1	1
B2	1	0	1	1	1	1	1	1	1	1	1	1	1	1	1	1	1	1	1	1	1	1	1	1
B3	1	1	0	1	1	1	1	1	1	1	1	1	1	1	1	1	1	1	1	1	1	1	1	1
B4	1	1	1	0	1	1	1	1	1	1	1	1	1	1	1	1	1	1	1	1	1	1	1	1
B5	1	1	1	1	0	0	0	0	0	0	0	0	0	0	0	0	0	0	0	0	0	0	0	1
B6	1	1	1	1	0	0	0	0	0	0	0	0	0	0	0	0	0	0	0	0	0	0	0	1
B7	1	1	1	1	0	0	0	0	0	0	0	0	0	0	0	0	0	0	0	0	0	0	0	1
B8	1	1	1	1	0	0	0	0	0	0	0	0	0	0	0	0	0	0	0	0	0	0	0	1
B9	1	1	1	1	0	0	0	0	0	0	0	0	0	0	0	0	0	0	0	0	0	0	0	1
B10	1	1	1	1	0	0	0	0	0	0	0	0	0	0	0	0	0	0	0	0	0	0	0	1
B11	1	1	1	1	0	0	0	0	0	0	0	0	0	0	0	0	0	0	0	0	0	0	0	1
B12	1	1	1	1	0	0	0	0	0	0	0	0	0	0	0	0	0	0	0	0	0	0	0	1
B13	1	1	1	1	0	0	0	0	0	0	0	0	0	0	0	0	0	0	0	0	0	0	0	1
B14	1	1	1	1	0	0	0	0	0	0	0	0	0	0	0	0	0	0	0	0	0	0	0	1
B15	1	1	1	1	0	0	0	0	0	0	0	0	0	0	0	0	0	0	0	0	0	0	0	1
B16	1	1	1	1	0	0	0	0	0	0	0	0	0	0	0	0	0	0	0	0	0	0	0	1
B17	1	1	1	1	0	0	0	0	0	0	0	0	0	0	0	0	0	0	0	0	0	0	0	1
B18	1	1	1	1	0	0	0	0	0	0	0	0	0	0	0	0	0	0	0	0	0	0	0	1
B19	1	1	1	1	0	0	0	0	0	0	0	0	0	0	0	0	0	0	0	0	0	0	0	1
B20	1	1	1	1	0	0	0	0	0	0	0	0	0	0	0	0	0	0	0	0	0	0	0	1
B21	1	1	1	1	0	0	0	0	0	0	0	0	0	0	0	0	0	0	0	0	0	0	0	1
B22	1	1	1	1	0	0	0	0	0	0	0	0	0	0	0	0	0	0	0	0	0	0	0	1
B23	1	1	1	1	0	0	0	0	0	0	0	0	0	0	0	0	0	0	0	0	0	0	0	1
B24	1	1	1	1	1	1	1	1	1	1	1	1	1	1	1	1	1	1	1	1	1	1	1	0

附表 3-5　基于假设 2 中心——边缘网络结构下同业拆借渠道邻接矩阵

编号	B1	B2	B3	B4	B5	B6	B7	B8	B9	B10	B11	B12	B13	B14	B15	B16	B17	B18	B19	B20	B21	B22	B23	B24
B1	0	1	1	1	1	1	1	1	1	1	1	1	1	1	1	1	1	1	1	1	1	1	1	1
B2	1	0	1	1	1	1	1	1	1	1	1	1	1	1	1	1	1	1	1	1	1	1	1	1
B3	1	1	0	1	1	1	1	1	1	1	1	1	1	1	1	1	1	1	1	1	1	1	1	1
B4	1	1	1	0	1	1	1	1	1	1	1	1	1	1	1	1	1	1	1	1	1	1	1	1
B5	1	1	1	1	0	1	1	1	1	1	1	1	1	1	1	1	1	1	1	1	1	1	1	1
B6	1	1	1	1	1	0	1	1	1	1	1	1	1	1	1	1	1	1	1	1	1	1	1	1
B7	1	1	1	1	1	1	0	1	1	1	1	1	1	1	1	1	1	1	1	1	1	1	1	1
B8	1	1	1	1	1	1	1	0	1	1	1	1	0	0	0	0	0	0	0	0	0	0	0	1
B9	1	1	1	1	1	1	1	1	0	1	1	1	1	1	1	1	1	1	1	1	1	1	1	1
B10	1	1	1	1	1	1	1	1	0	0	1	1	0	0	0	0	0	0	0	0	0	0	0	1
B11	1	1	1	1	1	1	1	1	1	1	0	1	0	0	0	0	0	0	0	0	0	0	0	1
B12	1	1	1	1	1	1	1	0	1	1	1	0	0	0	0	0	0	0	0	0	0	0	0	1
B13	1	1	1	1	1	1	1	0	1	1	1	0	0	0	0	0	0	0	0	0	0	0	0	1
B14	1	1	1	1	1	1	1	0	1	1	1	0	0	0	0	0	0	0	0	0	0	0	0	1
B15	1	1	1	1	1	1	1	0	1	1	1	0	0	0	0	0	0	0	0	0	0	0	0	1
B16	1	1	1	1	1	1	1	0	1	1	1	0	0	0	0	0	0	0	0	0	0	0	0	1
B17	1	1	1	1	1	1	1	0	1	1	1	0	0	0	0	0	0	0	0	0	0	0	0	1
B18	1	1	1	1	1	1	1	0	1	1	1	0	0	0	0	0	0	0	0	0	0	0	0	1
B19	1	1	1	1	1	1	1	0	1	1	1	0	0	0	0	0	0	0	0	0	0	0	0	1
B20	1	1	1	1	1	1	1	0	1	1	1	0	0	0	0	0	0	0	0	0	0	0	0	1
B21	1	1	1	1	1	1	1	0	1	1	1	0	0	0	0	0	0	0	1	0	0	0	0	1
B22	1	1	1	1	1	1	1	0	1	1	1	0	0	0	0	0	0	0	0	0	0	0	0	1
B23	1	1	1	1	1	1	1	0	1	1	1	0	0	0	0	0	0	0	1	0	1	0	0	1
B24	1	1	1	1	1	1	1	1	1	1	1	1	1	1	1	1	1	1	1	1	1	1	1	0

附表 3-6 基于假设 3 中心—边缘网络结构下同业拆借渠道邻接矩阵

编号	B1	B2	B3	B4	B5	B6	B7	B8	B9	B10	B11	B12	B13	B14	B15	B16	B17	B18	B19	B20	B21	B22	B23	B24
B1	0	1	1	1	1	1	1	1	1	1	1	1	1	1	1	1	1	1	1	1	1	1	1	1
B2	1	0	1	1	1	1	1	1	1	1	1	1	1	1	1	1	1	1	1	1	1	1	1	1
B3	1	1	0	1	1	1	1	1	1	1	1	1	1	1	1	1	1	1	1	1	1	1	1	1
B4	1	1	1	0	1	1	1	1	1	1	1	1	1	1	1	1	1	1	1	1	1	1	1	1
B5	1	1	1	1	0	1	1	1	1	1	1	1	1	1	1	1	1	1	1	1	1	1	1	1
B6	1	1	1	1	1	0	1	1	1	1	1	1	1	1	1	1	1	1	1	1	1	1	1	1
B7	1	1	1	1	1	1	0	1	1	1	1	1	1	1	1	1	1	1	1	1	1	1	1	1
B8	1	1	1	1	1	1	1	0	1	1	1	1	1	1	1	1	1	1	1	1	1	1	1	1
B9	1	1	1	1	1	1	1	1	0	1	1	1	1	1	1	1	1	1	1	1	1	1	1	1
B10	1	1	1	1	1	1	1	1	1	0	1	1	1	1	1	1	1	1	1	1	1	1	1	1
B11	1	1	1	1	1	1	1	1	1	1	0	1	1	1	1	1	1	1	1	1	1	1	1	1
B12	1	1	1	1	1	1	1	1	1	1	1	0	1	1	1	1	1	1	1	1	1	1	1	1
B13	1	1	1	1	1	1	1	1	1	1	1	1	0	1	1	1	1	1	1	1	1	1	1	1
B14	1	1	1	1	1	1	1	1	1	1	1	1	1	0	1	1	1	1	1	1	1	1	1	1
B15	1	1	1	1	1	1	1	1	1	1	1	1	1	1	0	1	1	1	1	1	1	1	1	1
B16	1	1	1	1	1	1	1	1	1	1	1	1	1	1	1	0	1	1	0	0	0	0	0	1
B17	1	1	1	1	1	1	1	1	1	1	1	1	1	1	1	1	0	1	0	0	0	0	0	1
B18	1	1	1	1	1	1	1	1	1	1	1	1	1	1	1	1	1	0	0	0	0	0	0	1
B19	1	1	1	1	1	1	1	1	1	1	1	1	1	1	1	0	0	0	0	1	0	0	0	1
B20	1	1	1	1	1	1	1	1	1	1	1	1	1	1	1	0	0	0	1	0	0	0	0	1
B21	1	1	1	1	1	1	1	1	1	1	1	1	1	1	1	0	0	0	0	0	0	1	0	1
B22	1	1	1	1	1	1	1	1	1	1	1	1	1	1	1	0	0	0	0	0	1	0	0	1
B23	1	1	1	1	1	1	1	1	1	1	1	1	1	1	1	0	0	0	0	0	0	0	0	1
B24	1	1	1	1	1	1	1	1	1	1	1	1	1	1	1	1	1	1	1	1	1	1	1	0

附表 3-7 基于假设 4 中心—边缘网络结构下信息溢出渠道出渠道邻接矩阵

编号	B1	B2	B3	B4	B5	B6	B7	B8	B9	B10	B11	B12	B13	B14	B15	B16	B17	B18	B19	B20	B21	B22	B23	B24
B1	0	0	0	0	0	1	0	0	0	0	0	1	1	0	0	0	0	1	0	0	0	0	0	0
B2	0	0	0	0	0	1	0	0	0	0	0	1	1	0	0	0	0	1	0	0	0	0	0	0
B3	0	0	0	0	0	1	0	0	0	0	0	1	1	0	0	0	0	1	0	0	0	0	0	0
B4	0	0	0	0	0	1	0	1	0	0	0	1	1	0	0	0	0	1	0	0	0	0	0	0
B5	0	0	0	1	0	1	0	0	0	0	0	1	1	0	0	0	0	1	0	0	0	0	0	1
B6	1	1	1	0	1	0	0	0	0	0	1	1	1	1	0	1	0	1	1	1	0	1	0	0
B7	0	0	0	0	0	0	0	0	0	0	0	1	1	0	0	0	0	1	0	0	0	0	0	0
B8	0	0	0	0	0	0	0	0	0	0	0	1	1	0	0	0	0	1	0	0	0	0	0	0
B9	0	0	0	0	0	1	0	0	0	0	0	1	0	0	0	0	0	1	1	0	0	0	0	0
B10	0	0	0	0	0	1	1	1	1	0	0	1	1	0	0	0	0	1	1	0	0	0	0	1
B11	0	0	0	0	0	1	0	0	0	0	0	1	1	0	0	0	1	1	1	0	0	0	1	1
B12	1	1	1	1	1	1	1	1	1	1	1	0	1	1	1	1	1	1	1	1	0	1	1	0
B13	1	1	1	1	1	1	1	1	1	1	1	0	0	0	0	0	1	1	1	1	0	1	1	0
B14	0	0	0	0	0	1	0	0	0	0	0	1	1	0	1	0	1	1	0	0	0	0	0	0
B15	0	0	0	0	0	1	0	0	0	0	0	1	1	0	0	0	0	1	1	0	0	0	0	0
B16	0	0	0	0	0	1	0	0	0	0	0	1	1	0	0	0	0	1	0	0	0	0	0	0
B17	0	0	0	0	0	0	0	0	0	0	1	1	1	1	0	0	0	1	1	0	0	0	0	0
B18	1	1	1	1	1	1	1	1	1	1	1	1	1	1	1	1	1	0	1	1	0	1	1	1
B19	0	0	0	0	0	1	0	0	0	1	1	1	1	0	1	0	1	1	0	0	0	0	0	0
B20	0	0	0	0	0	1	0	0	0	0	0	1	1	0	0	0	0	1	0	0	0	0	0	0
B21	0	0	0	0	0	1	0	0	0	0	0	1	1	0	0	0	0	1	0	0	0	0	0	0
B22	0	0	0	0	0	1	0	0	0	0	0	1	1	0	0	0	0	1	0	0	0	0	0	0
B23	0	0	0	0	0	1	0	0	0	0	0	1	1	0	0	0	0	1	0	0	0	0	0	0
B24	0	0	0	0	0	1	0	0	0	0	0	0	1	0	0	0	0	1	0	0	0	0	0	0

附表 3-8　基于假设 5 中心——边缘网络结构下信息溢出渠道邻接矩阵

编号	B1	B2	B3	B4	B5	B6	B7	B8	B9	B10	B11	B12	B13	B14	B15	B16	B17	B18	B19	B20	B21	B22	B23	B24
B1	0	1	1	1	1	1	1	1	1	1	1	1	1	1	1	1	0	1	1	1	1	1	0	1
B2	1	0	1	1	1	1	1	1	1	1	1	1	1	1	1	1	0	1	1	1	0	1	0	1
B3	1	1	0	1	1	1	1	1	1	1	1	1	1	1	1	1	0	1	1	1	1	1	0	1
B4	1	1	1	0	1	1	1	1	1	1	1	1	1	1	1	1	0	1	1	1	0	1	0	1
B5	0	1	0	0	0	0	1	1	1	1	1	0	0	1	0	1	0	1	1	1	1	1	0	0
B6	1	1	1	0	0	0	0	0	1	1	1	1	1	1	1	1	0	1	1	1	0	1	0	1
B7	1	1	0	1	1	1	0	1	1	1	1	1	0	1	1	1	0	1	1	1	0	1	0	1
B8	0	1	0	0	0	0	1	0	0	1	1	0	0	0	0	1	0	0	1	1	1	1	0	0
B9	0	0	0	1	0	0	0	1	0	1	0	1	1	0	1	1	0	1	1	1	1	1	0	0
B10	0	0	0	0	0	0	0	0	0	0	0	0	0	0	0	1	0	1	1	1	0	1	0	1
B11	1	1	1	0	0	0	0	1	1	1	0	1	1	1	1	1	0	1	1	1	0	1	0	0
B12	1	1	1	0	0	0	0	1	0	1	1	0	0	0	1	1	0	1	1	1	1	1	0	1
B13	1	1	0	0	0	0	0	0	0	0	0	0	0	0	1	1	0	1	1	1	0	0	0	0
B14	1	1	1	0	0	0	0	1	1	0	1	1	1	0	1	1	0	1	1	1	0	0	0	0
B15	0	1	0	0	0	0	1	0	0	0	0	0	1	1	0	0	0	0	0	0	0	0	0	1
B16	1	1	1	0	0	0	1	1	1	0	0	1	0	0	0	0	0	1	1	1	0	0	0	0
B17	1	0	0	1	0	0	0	1	0	0	0	0	0	1	0	1	0	0	0	0	0	0	0	0
B18	1	1	1	0	0	0	0	1	0	0	0	1	0	0	0	0	0	0	0	0	0	0	0	1
B19	0	0	0	0	0	0	0	0	1	0	0	0	1	1	0	0	0	0	0	1	0	0	1	0
B20	0	1	1	0	0	0	0	1	0	0	0	0	0	1	0	0	0	0	1	0	1	0	0	0
B21	0	0	0	0	0	0	0	0	0	0	0	0	0	0	0	0	0	0	1	0	0	1	0	0
B22	0	1	0	0	0	0	0	1	0	0	0	0	0	0	0	0	0	0	1	1	1	0	0	0
B23	0	0	0	0	0	0	0	0	0	0	0	0	0	0	0	0	0	0	0	0	0	0	0	0
B24	1	1	1	1	1	1	1	1	1	1	0	1	1	1	0	0	0	0	0	1	1	1	0	0

附表 3-9　基于假设 6 中心——边缘网络结构下信息溢出渠道邻接矩阵

编号	B1	B2	B3	B4	B5	B6	B7	B8	B9	B10	B11	B12	B13	B14	B15	B16	B17	B18	B19	B20	B21	B22	B23	B24
B1	0	1	1	1	1	1	1	1	1	1	1	1	1	1	1	1	1	1	1	1	1	1	1	1
B2	1	0	1	1	1	1	1	1	1	1	1	1	1	1	1	1	1	1	1	1	1	1	1	1
B3	1	1	0	1	1	1	1	1	1	1	1	1	1	1	1	1	1	1	1	1	1	1	1	1
B4	1	1	1	0	1	1	1	1	1	1	1	1	1	1	1	1	1	1	1	1	1	1	1	1
B5	1	1	1	1	0	1	1	1	1	1	1	1	1	1	1	1	1	1	1	1	1	1	1	1
B6	1	1	1	1	1	0	1	1	1	1	1	1	1	1	1	1	1	1	1	1	1	1	1	1
B7	1	1	1	1	1	1	0	1	1	1	1	1	1	1	1	1	1	1	1	1	1	1	1	1
B8	1	1	1	1	1	1	1	0	1	1	1	1	1	1	1	1	1	1	1	1	1	1	1	1
B9	1	1	1	1	1	1	1	1	0	1	1	1	1	1	1	1	1	1	1	1	1	1	1	1
B10	1	1	1	1	1	1	1	1	1	0	1	1	1	1	1	1	1	1	1	1	1	1	1	1
B11	1	1	1	1	1	1	1	1	1	1	0	1	1	1	1	1	0	1	0	1	1	1	1	1
B12	1	1	1	1	1	1	1	1	1	1	1	0	1	1	1	1	1	1	1	1	1	1	1	1
B13	1	1	1	1	1	1	1	1	1	1	1	1	0	1	1	1	1	1	1	1	1	1	1	1
B14	1	1	1	1	1	1	1	1	1	1	1	1	1	0	1	1	1	1	0	1	1	1	1	1
B15	1	1	1	1	1	1	1	1	1	1	1	1	1	1	0	1	1	1	1	1	1	1	1	1
B16	1	1	1	1	1	1	1	1	1	1	1	1	1	1	1	0	1	1	0	1	1	1	1	1
B17	1	1	1	1	1	1	1	1	1	1	1	1	1	1	1	1	0	1	1	1	1	1	1	1
B18	1	1	1	1	1	1	1	1	1	1	1	1	1	1	1	1	1	0	0	1	1	1	1	1
B19	1	1	1	1	1	1	1	1	1	1	0	1	1	1	1	1	1	1	0	1	0	1	0	1
B20	1	1	1	1	1	1	1	1	1	1	1	1	1	1	1	1	0	1	0	0	0	1	1	1
B21	1	1	1	1	1	1	1	1	1	1	0	1	1	1	1	1	1	0	0	0	0	1	0	1
B22	1	1	1	1	1	1	1	1	1	1	1	1	1	1	1	1	0	1	1	0	0	0	1	1
B23	1	1	1	1	1	1	1	1	1	1	1	1	1	1	1	1	1	1	0	1	0	1	0	1
B24	1	1	1	1	0	1	1	1	1	1	1	1	1	1	1	1	1	1	1	1	0	1	1	0

参考文献

[1] 巴曙松,左伟,朱元倩. 中国银行间支付网络及其结构特征[J]. 系统工程,2014,32(11):1-10.

[2] 巴曙松. 巴曙松:居民杠杆率逼近美国次贷危机水平[J]. 房地产导刊,2016(9):22-23.

[3] 白俊,连立帅. 信贷资金配置差异:所有制歧视抑或禀赋差异?[J]. 管理世界,2012(6):30-42+73.

[4] 白兰,魏宇. 投资者公共卫生事件关注度与我国行业股票市场信息溢出效应研究——来自 TVP-VAR 模型的经验证据[J]. 中国管理科学,2024,32(1):54-64.

[5] 白雪梅,石大龙. 中国金融体系的系统性风险度量[J]. 国际金融研究,2014(6):75-85.

[6] 鲍勤,孙艳霞. 网络视角下的金融结构与金融风险传染[J]. 系统工程理论与实践,2014,34(9):2202-2211.

[7] 卞志村,仝玉超,沈雨田. 全球股票市场系统性风险测度与非线性演变[J]. 经济问题,2021(2):12-21.

[8] 曹伟,冯颖姣,余晨阳等. 人民币汇率变动、企业创新与制造业全要素生产率[J]. 经济研究,2022,57(3):65-82.

[9] 陈国进,钟灵,张宇. 我国银行体系的系统性关联度分析:基于不对称 CoVaR[J]. 系统工程理论与实践,2017,37(1):61-79.

[10] 陈冀,陈典发,宋敏. 复杂网络结构下异质性银行系统稳定性研究[J]. 系统工程学报,2014,29(2):171-181.

[11] 陈九生,周孝华. 基于单因子 MSV-CoVaR 模型的金融市场风险溢出度量研究[J]. 中国管理科学,2017,25(1):21-26.

[12] 陈暮紫,汤婧,张小溪等. 信用和流动风险冲击下的中国银行业传染分析[J]. 系统工程理论与实践,2021,41(6):1412-1427.

[13] 陈守东,李卓,林思涵. 地方政府债务风险对区域性金融风险

的空间溢出效应［J］. 西安交通大学学报（社会科学版），2020，40（6）：33-44.

［14］陈庭强，周文静，童毛弟等. 融合CDS网络的银行间信用风险传染模型研究［J］. 中国管理科学，2020，28（6）：24-37.

［15］陈伟平，冯宗宪，张娜. 资本缓冲对中国商业银行行为的影响——基于审慎监管视角［J］. 中央财经大学学报，2015（4）：35-42.

［16］陈燕，廖冠民，吴育新. 关联交易、会计信息有用性与债务契约：基于贷款担保的实证分析［J］. 经济科学，2012（6）：91-102.

［17］陈宇峰，吴金旺，吴忠睿. 金融科技发展会提升金融稳定性吗？——基于宏观审慎监管有效性的视角［J］. 浙江学刊，2024（2）：117-128+240.

［18］陈晓莉，成硕. 宏观审慎政策对银行间风险传染的影响——基于中国银行业数据的实证研究［J］. 金融论坛，2021，26（12）：29-38+78.

［19］戴国强，徐龙炳，陆蓉. VaR方法对我国金融风险管理的借鉴及应用［J］. 金融研究，2000（7）：45-51.

［20］邓晶，曹诗男，潘焕学等. 基于银行间市场网络的系统性风险传染研究［J］. 复杂系统与复杂性科学，2013，10（4）：76-85.

［21］邓晶，张加发，李红刚. 银行系统性风险研究综述［J］. 系统科学学报，2013，21（2）：34-38.

［22］丁述军，庄须娟，李文君. 区域金融风险部门间传染机理与实证分析［J］. 经济经纬，2019，36（3）：1-8.

［23］范宏，汪惠云，刘春垚. 双渠道复杂金融系统的系统性风险传染研究［J］. 系统科学学报，2020，28（3）：90-95.

［24］方意，陈敏，杨嬿平. 金融市场对银行业系统性风险的溢出效应及渠道识别研究［J］. 南开经济研究，2018（5）：58-75.

［25］方意，荆中博. 外部冲击下系统性金融风险的生成机制［J］. 管理世界，2022，38（5）：19-35+102+36-46.

［26］方意. 系统性风险的传染渠道与度量研究——兼论宏观审慎政策实施［J］. 管理世界，2016（8）：32-57.

［27］高波，任若恩. 基于Granger因果网络模型的金融机构系统重要性评估［J］. 管理评论，2013，25（6）：3-10.

［28］高国华，潘英丽. 基于资产负债表关联的银行系统性风险研究［J］. 管理工程学报，2012，26（4）：162-168.

[29] 高磊, 魏鹏飞. 商业银行债务网络估计和系统性风险度量研究——基于贝叶斯方法 [J]. 北方金融, 2020 (7): 87-94.

[30] 宫小琳, 卞江. 中国宏观金融中的国民经济部门间传染机制 [J]. 经济研究, 2010, 45 (7): 79-90.

[31] 宫晓莉, 熊熊, 张维. 我国金融机构系统性风险度量与外溢效应研究 [J]. 管理世界, 2020, 36 (8): 65-83.

[32] 宫晓莉, 熊熊. 波动传染网络视角的金融风险传染研究 [J]. 金融研究, 2020 (5): 39-58.

[33] 顾海峰, 于家珺. 中国经济政策不确定性与银行风险承担 [J]. 世界经济, 2019, 42 (11): 148-171.

[34] 郭晨, 吴君民, 宋清华. 银行系统性风险多渠道形成机制及测度研究 [J]. 系统工程理论与实践, 2022 (5): 1-17.

[35] 郭娜, 胡丽宁, 田青. 经济政策不确定性、共同信息溢出与股市行业极端风险共振 [J]. 经济体制改革, 2024 (1): 151-159.

[36] 郭娜, 祁帆, 李金胜. 中国系统性金融风险度量与货币政策影响机制分析 [J]. 金融论坛, 2020, 25 (4): 49-60.

[37] 郭树清. 完善现代金融监管体系 [J]. 中国金融家, 2020 (12): 19-21+24.

[38] 郝毅, 梁琪, 李政. 境内外人民币外汇市场极端风险传染研究 [J]. 国际金融研究, 2017 (9): 76-85.

[39] 何青, 钱宗鑫, 刘伟. 中国系统性金融风险的度量——基于实体经济的视角 [J]. 金融研究, 2018 (4): 53-70.

[40] 何奕, 童牧, 吴珊等. 复杂金融网络中的系统性风险与流动性救助: 基于不同网络拓扑结构的研究 [J]. 系统工程理论与实践, 2019, 39 (6): 1385-1393.

[41] 胡志浩, 李晓花. 复杂金融网络中的风险传染与救助策略——基于中国金融无标度网络上的SIRS模型 [J]. 财贸经济, 2017, 38 (4): 101-114.

[42] 黄聪, 贾彦东. 金融网络视角下的宏观审慎管理——基于银行间支付结算数据的实证分析 [J]. 金融研究, 2010 (4): 1-14.

[43] 黄隽, 章艳红. 商业银行的风险: 规模和非利息收入——以美国为例 [J]. 金融研究, 2010 (6): 75-90.

[44] 黄玮强, 范铭杰, 庄新田. 基于借贷关联网络的我国银行间市场风险传染 [J]. 系统管理学报, 2019, 28 (5): 899-906.

［45］黄玮强，庄新田，姚爽．基于信息溢出网络的金融机构风险传染研究［J］．系统管理学报，2018，27（2）：235-243.

［46］黄宪，熊启跃．银行资本缓冲、信贷行为与宏观经济波动——来自中国银行业的经验证据［J］．国际金融研究，2013（1）：52-65.

［47］姜闪闪，范宏．双渠道风险传染下银行系统稳定性分析［J］．中国管理科学，2020，28（11）：51-60.

［48］李成明，刘璐，陈方元．“双支柱"调控对银行系统性风险的异质性作用：基于CoVaR模型的实证分析［J］．宏观经济研究，2024（2）：4-16.

［49］李程，杨盈，祝诗梦．基于风险传染效应的银行杠杆监管差异化研究［J］．西安财经大学学报，2020，33（5）：15-26.

［50］李合龙，欧阳瑞玲，张卫国．金融市场系统性风险预警与监管研究——基于信息溢出网络的视角［J］．金融发展研究，2022（2）：13-23.

［51］李红权，洪永淼，汪寿阳．我国A股市场与美股、港股的互动关系研究：基于信息溢出视角［J］．经济研究，2011，46（8）15-25.

［52］李红权，周亮．基于机器学习技术的系统性金融风险监测预警［J］．运筹与管理，2023，32（11）：212-219.

［53］李江，王一鸣．银行同业及投资资产关联的风险传染［J］．技术经济与管理研究，2021（10）：48-53.

［54］李敏波，梁爽．监测系统性金融风险——中国金融市场压力指数构建和状态识别［J］．金融研究，2021（6）：21-38.

［55］李青原，王露萌．会计信息可比性与上市公司业绩预告外溢效应［J］．经济管理，2020，42（5）：173-194.

［56］李守伟，何建敏，庄亚明等．银行同业拆借市场的网络模型构建及稳定性［J］．系统工程，2010，28（5）：20-24.

［57］李守伟，何建敏．不同网络结构下银行间传染风险研究［J］．管理工程学报，2012，26（4）：71-76.

［58］李守伟，王虎，刘晓星．基于银行动态多层网络的系统性风险防控政策效果研究［J］．管理工程学报，2022，36（4）：164-176.

［59］李愚泰，史番．我国金融风险的成因与应对策略［J］．市场论坛，2019（11）：1-5.

［60］李政，梁琪，涂晓枫．我国上市金融机构关联性研究——基于网络分析法［J］．金融研究，2016（8）：95-110.

［61］李政，刘淇，温博慧．中国系统性风险度量防范研究——基于

高低波动两阶段的视角[J]. 南开学报（哲学社会科学版），2020（5）：146-158.

［62］李政，李丽雯，刘淇. 我国行业间尾部风险溢出的测度及时空驱动因素研究[J]. 统计研究，2024，41（2）：64-76.

［63］李政，梁琪，方意. 中国金融业间系统性风险传染的监测预警研究——基于下行和上行 ΔCoES 指标的实现与优化[J]. 金融研究，2019（2）：40-58.

［64］李志辉，王颖. 中国金融市场间风险传染效应分析——基于 VEC 模型分析的视角[J]. 现代财经（天津财经大学学报），2012，32（7）：20-27+36.

［65］李宗怡，李玉海. 我国银行同业拆借市场"传染"风险的实证研究[J]. 财贸研究，2005（6）：51-58.

［66］廉永辉. 同业网络中的风险传染——基于中国银行业的实证研究[J]. 财经研究，2016，42（9）：63-74.

［67］梁琪，李政，郝项超. 中国股票市场国际化研究：基于信息溢出的视角[J]. 经济研究，2015，50（4）：150-164.

［68］廖为鼎，陈一非. 基于网络分析法的我国银行间风险传染效应研究[J]. 金融监管研究，2014，34（10）：59-76.

［69］林砚，陈志新. 基于复杂网络理论的金融网络风险传染性评估模型[J]. 南方金融，2018（5）：16-26.

［70］刘场，李政，刘浩杰. 中国金融市场间极端风险传染的监测预警研究——基于 MVMQ-CAViaR 方法的实现[J]. 经济与管理研究，2020，41（2）：19-29.

［71］刘超，郝丹辉，唐孝文等. 基于复杂网络的金融风险跨市场传导机制研究——以金融危机时期（2007～2009年）数据为例[J]. 运筹与管理，2018，27（8）：155-161.

［72］刘超，高凤凤，张梦婉等. 中国金融市场风险溢出效应、冲击效应与风险预警研究[J/OL]. 中国管理科学，2024：1-14.

［73］刘超，徐君慧，周文文. 中国金融市场的风险传染效应研究——基于传染指数和复杂网络方法[J]. 系统工程理论与实践，2017，37（4）：831-842.

［74］刘海飞，柏巍，李冬昕等. 沪港通交易制度能提升中国股票市场稳定性吗？——基于复杂网络的视角[J]. 管理科学学报，2018，21（1）：97-110.

[75] 刘海云, 吕龙. 城市房价泡沫及其传染的"波纹"效应 [J]. 中国工业经济, 2018 (12): 42-59.

[76] 刘军. 整体网分析讲义: UCINET 软件实用指南 [M]. 上海: 上海人民出版社, 2009.

[77] 刘晓星, 段斌, 谢福座. 股票市场风险溢出效应研究: 基于 EVT-Copula-CoVaR 模型的分析 [J]. 世界经济, 2011 (11): 145-159.

[78] 刘勇, 白小滢. 部门杠杆率、部门储蓄与我国宏观金融系统传染性 [J]. 国际金融研究, 2017 (10): 3-13.

[79] 刘志洋, 宋玉颖. 商业银行流动性风险与系统性风险贡献度 [J]. 南开经济研究, 2015 (1): 131-143.

[80] 刘忠璐. 互联网金融对商业银行风险承担的影响研究 [J]. 财贸经济, 2016 (4): 71-85+115.

[81] 鲁存珍. 住户部门杠杆率快速上升成因及影响研究 [J]. 西南金融, 2019 (1): 64-71.

[82] 陆岷峰, 周军煜. 数字货币背景下商业银行业务未来发展前景、变革与重构 [J]. 西南金融, 2020 (9): 3-13.

[83] 罗旸洋, 李存金. 银行违约风险传染效应的实证分析 [J]. 统计与决策, 2020, 36 (5): 153-156.

[84] 罗正英, 周中胜, 王志斌. 金融生态环境、银行结构与银企关系的贷款效应——基于中小企业的实证研究 [J]. 金融评论, 2011, 3 (2): 64-81+125.

[85] 吕勇斌, 陈自雅. 区域金融风险部门间传递的空间效应——2005~2012 年 [J]. 财政研究, 2014 (8): 46-48.

[86] 马君潞, 范小云, 曹元涛. 中国银行间市场双边传染的风险估测及其系统性特征分析 [J]. 经济研究, 2007 (1): 68-78+142.

[87] 马若微, 王立辰, 丁鑫. 有限理性下银行间拆借市场网络的风险传染 [J]. 系统工程, 2023, 41 (1): 113-126.

[88] 马树才, 华夏, 韩云虹. 地方政府债务影响金融风险的传导机制——基于房地产市场和商业银行视角的研究 [J]. 金融论坛, 2020, 25 (4): 70-80.

[89] 马万里. 中国地方政府隐性债务扩张的行为逻辑——兼论规范地方政府举债行为的路径转换与对策建议 [J]. 财政研究, 2020 (8): 60-71+128.

[90] 孟浩, 张蕾, 程烨. 中国金融市场风险传染效应研究 [J]. 统

计与信息论坛，2021，36（11）：63-75.

[91] 米什金，郑艳文，荆国勇. 货币金融学（第九版）[M]. 北京：中国人民大学出版社，2011.

[92] 欧阳红兵，康小康. 我国上市银行关联性分析及网络结构的动态演变[J]. 南方金融，2017（7）：14-26.

[93] 欧阳红兵，刘晓东. 中国金融机构的系统重要性及系统性风险传染机制分析——基于复杂网络的视角[J]. 中国管理科学，2015，23（10）：30-37.

[94] 欧阳资生，杨希特，黄颖. 嵌入网络舆情指数的中国金融机构系统性风险传染效应研究[J]. 中国管理科学，2022，30（4）：1-12.

[95] 潘小玉. 基于同业拆借的我国银行间市场系统风险传染研究[D]. 南宁：广西大学，2016.

[96] 庞念伟，郭琪. 稳增长和防风险双目标下的逆风货币政策规则研究[J]. 金融理论与实践，2020（8）：1-9.

[97] 裴棕伟，顾伟忠. 关于区域金融风险传导机制及其防范研究[J]. 价格理论与实践，2019，422（8）：8-11.

[98] 彭建刚，童磊. 同业拆借视角下银行业流动性风险传染效应研究[J]. 湖南社会科学，2013（5）：141-145.

[99] 彭攀，张杰. 马克思资本循环理论视角下的我国"内循环"经济发展路径[J]. 武汉理工大学学报（社会科学版），2021，34（4）：111-116.

[100] 蒲清平，杨聪林. 构建"双循环"新发展格局的现实逻辑、实施路径与时代价值[J]. 重庆大学学报（社会科学版），2020，26（6）：24-34.

[101] 齐明，许文静. 复杂网络下金融机构的系统性风险研究[J]. 技术经济与管理研究，2019（8）：79-84.

[102] 任爱华，刘玲. 中国"动态"金融压力指数构建与时变性宏观经济效应研究[J]. 现代财经（天津财经大学学报），2022（3）：17-32.

[103] 任碧云，武毅. 基于AHP-DEA的中国金融系统性风险预警指标体系研究[J]. 经济问题，2015（1）：45-49.

[104] 任英华，刘洋，彭庆雪等. 中国系统性金融风险信息溢出者是谁——来自SRISK模型及网络分析法的经验证据[J]. 湖南大学学报（社会科学版），2021，35（3）：49-59.

[105] 沈坤荣, 赵倩. 以双循环新发展格局推动"十四五"时期经济高质量发展 [J]. 经济纵横, 2020 (10): 18-25.

[106] 沈丽, 刘媛, 李文君. 中国地方金融风险空间关联网络及区域传染效应: 2009-2016 [J]. 管理评论, 2019, 31 (8): 35-48.

[107] 沈丽, 张影, 李文君. 我国区域金融风险的空间传染路径研究 [J]. 当代经济学, 2019, 41 (5): 62-73.

[108] 沈悦, 戴士伟. 罗希·中国金融业系统性风险传染效应测度——基于 GARCH-Copula CoVaR 模型的研究 [J]. 当代经济科学, 2014, 36 (6): 30-38.

[109] 石大龙, 白雪梅. 网络结构、危机传染与系统性风险 [J]. 财经问题研究, 2015 (4): 31-39.

[110] 宋光辉, 钱崇秀, 许林. 商业银行"三性"对其风险承担能力的影响——基于 16 家上市银行非平衡面板数据的实证检验 [J]. 经济管理, 2016, 38 (9): 135-148.

[111] 宋凌峰, 王治强. 风险传染下的银行业系统性风险防范与资本配置结构化应对 [J]. 现代财经 (天津财经大学学报), 2020, 40 (1): 71-83.

[112] 宋凌峰, 叶永刚. 中国区域金融风险部门间传递研究 [J]. 管理世界, 2011 (9): 172-173.

[113] 苏臻, 高超, 李向华. 节点中心性对复杂网络传播模式的影响分析 [J]. 物理学报, 2017, 66 (12): 12-37.

[114] 苏明政, 张庆君. 关联性视阈下我国金融行业间系统性风险传染效应研究 [J]. 会计与经济研究, 2015, 29 (6): 111-124.

[115] 隋聪, 迟国泰, 王宗尧. 网络结构与银行系统性风险 [J]. 管理科学学报, 2014, 17 (4): 57-70.

[116] 隋聪, 邓爽玲, 王宗尧. 银行资产负债结构对金融风险传染的影响 [J]. 系统工程理论与实践, 2017, 37 (8): 1973-1981.

[117] 隋聪, 王宪峰, 王宗尧. 银行间债务网络流动性差异对风险传染的影响 [J]. 管理科学学报, 2020, 23 (3): 66-73.

[118] 隋聪, 王宗尧. 银行间网络的无标度特征 [J]. 管理科学学报, 2015, 18 (12): 18-26.

[119] 覃小兵, 罗美娟, 黄迅等. 我国系统性金融风险预警研究——基于时变 CRITIC 赋权法和 ADASYN-SVM 方法 [J]. 金融监管研究, 2022 (9): 93-114.

[120] 汤铎铎，刘学良，倪红福等．全球经济大变局、中国潜在增长率与后疫情时期高质量发展［J］．经济研究，2020，55（8）：4-23．

[121] 唐勇，朱鹏飞，林玉婷．中国金融市场间波动传染效应研究［J］．浙江金融，2018（1）：9-16．

[122] 唐振鹏，谢智超，冉梦等．网络视角下我国上市银行间市场系统性风险实证研究［J］．中国管理科学，2016，24（S1）：489-494．

[123] 陶玲，朱迎．系统性金融风险的监测和度量——基于中国金融体系的研究［J］．金融研究，2016（6）：18-36．

[124] 童牧，何翔慧．大额支付系统中的系统风险及其决定因素研究［J］．吉林大学学报（信息科学版），2012，30（3）：297-305．

[125] 王丹，黄玮强．基于波动溢出网络的我国金融机构系统重要性［J］．系统工程，2018，36（8）：27-36．

[126] 王皓晔，杨坤．基于EVT Copula-CoVaR模型的"一带一路"沿线国家股市风险传染效应研究［J］．金融发展研究，2019（9）：79-85．

[127] 王虎，李守伟．系统性金融风险多层网络传染与控制研究［J］．大连理工大学学报（社会科学版），2020，41（5）：29-41．

[128] 王辉，朱家雲，陈旭．银行间市场网络稳定性与系统性金融风险最优应对策略：政府控股视角［J］．经济研究，2021，56（11）：100-118．

[129] 王丽娅，余江．银行与公共部门间的风险分担与转移研究——基于CCA方法的分析［J］．中国投资，2008（3）：112-116．

[130] 王丽珍，张简荻，陈华．信息透明度、银行挤兑与风险传染——基于实验经济学的实证研究［J］．中央财经大学学报，2020，40（10）：26-35．

[131] 王璐，张迎春，余丽霞．经济不确定、银行管理者乐观主义与银行风险承担［J］．经济理论与经济管理，2020（1）：69-81．

[132] 王明亮，何建敏，李守伟等．基于拆借偏好的银行系统性风险测度研究［J］．中国管理科学，2013，21（S1）：237-243．

[133] 王擎，田娇．银行资本监管与系统性金融风险传递——基于DSGE模型的分析［J］．中国社会科学，2016（3）：99-122+206-207．

[134] 王嵩，范斐，卢飞．国内大循环、国际大循环与区域高质量发展［J］．统计与决策，2021，37（19）：88-92．

[135] 王文清．不良资产对商业银行稳定性的影响——基于中国大型商业银行面板数据的研究［J］．技术经济与管理研究，2021（6）：73-77．

[136] 王晓枫，廖凯亮，徐金池．复杂网络视角下银行同业间市场风

险传染效应研究 [J]. 经济学动态, 2015 (3): 71-81.

[137] 王秀丽, 鲍明明, 张龙天. 金融发展、信贷行为与信贷效率——基于我国城市商业银行的实证研究 [J]. 金融研究, 2014 (7): 94-108.

[138] 王耀东, 冯燕, 周桦. 保险业在金融系统性风险传染路径中起到"媒介"作用吗？——基于金融市场尾部风险传染路径的实证分析 [J]. 中国管理科学, 2021, 29 (5): 14-24.

[139] 王营, 曹廷求. 中国区域性金融风险的空间关联及其传染效应——基于社会网络分析法 [J]. 金融经济学研究, 2017, 32 (3): 46-55.

[140] 王元龙. 关于金融安全的若干理论问题 [J]. 国际金融研究, 2004 (5): 11-18.

[141] 王蓉. 金融系统性风险的双向溢出效应及其 CoVaR 模型估计 [J]. 统计与决策, 2016 (2): 146-148.

[142] 闻岳春, 唐学敏. 系统性金融风险的影响因素研究——基于金融机构关联性的视角 [J]. 江西社会科学, 2015, 35 (7): 72-79.

[143] 吴成颂, 郭开春, 邵许生. 利率市场化、外部环境与银行信贷配置和风险——基于40家城市商业银行的实证检验与分析 [J]. 当代经济管理, 2017, 39 (8): 76-84.

[144] 吴玮. 资本约束对商业银行资产配置行为的影响——基于175家商业银行数据的经验研究 [J]. 金融研究, 2011 (4): 65-81.

[145] 吴文洋, 蒋海, 卢翠平. 系统性金融风险预警指标重构及有效性研究——基于金融创新的视角 [J]. 金融论坛, 2022, 27 (10): 23-32.

[146] 吴筱菲, 朱淑珍, 王苏雪. 基于 DAG-SEM 模型的中美股票市场间信息溢出研究 [J]. 运筹与管理, 2021, 30 (9): 172-179.

[147] 伍山林. "双循环"新发展格局的战略涵义 [J]. 求索, 2020 (6): 90-99.

[148] 武素云. 畅通苏北经济内循环中的产业结构优化升级探究 [J]. 市场周刊, 2021, 34 (3): 43-46.

[149] 谢志超, 曾忠东. 美国金融危机对我国金融市场传染效应研究——基于 VAR 系统方法的检验 [J]. 四川大学学报（哲学社会科学版）, 2012, 178 (1): 113-124.

[150] 熊琛, 金昊. 地方政府债务风险与金融部门风险的"双螺旋"结构——基于非线性 DSGE 模型的分析 [J]. 中国工业经济, 2018 (12):

23-41.

[151] 熊艳. 论坛发帖与股价行为: 情绪宣泄还是信息传递? [J]. 中央财经大学学报, 2022 (5): 29-45.

[152] 熊启跃, 初晓. 全球非银行金融机构脆弱性特征、根源及启示 [J]. 国际经济评论, 2024: 1-29.

[153] 邢洋, 马千惠. 资本监管、经济政策不确定性与银行风险承担 [J]. 征信, 2022, 40 (12): 78-84.

[154] 徐国祥, 李波. 中国金融压力指数的构建及动态传导效应研究 [J]. 统计研究, 2017, 34 (4): 59-71.

[155] 徐奇渊. 双循环新发展格局: 如何理解和构建 [J]. 金融论坛, 2020, 25 (9): 3-9.

[156] 许涤龙, 陈双莲. 基于金融压力指数的系统性金融风险测度研究 [J]. 经济学动态, 2015 (4): 69-78.

[157] 许臻, 谢群松. 漫议支付系统风险管理 [J]. 银行家, 2003 (2): 94-97.

[158] 杨科, 郭亚飞, 田凤平. 经济政策不确定性冲击下全球系统性金融风险的跨市场传染——基于TVP-FAVAR和TVP-VAR模型的研究 [J]. 统计研究, 2023, 40 (7): 70-84.

[159] 杨科, 王健辰, 田凤平. 银行网络结构与系统性金融风险传染 [J/OL]. 系统工程理论与实践, 2024: 1-28.

[160] 杨琳, 娄嘉明. 复杂项目组织的风险关联性——基于网络视角的实证分析 [J]. 土木工程与管理学报, 2020, 37 (4): 52-59.

[161] 杨子晖, 周颖刚. 全球系统性金融风险传染与外部冲击 [J]. 中国社会科学, 2018 (12): 69-90+200-201.

[162] 姚雯, 唐爱迪. 金融一体化与经济周期的跨国传导 [J]. 经济学报, 2020, 7 (2): 61-85.

[163] 叶李伟, 李建建. 市场结构、信贷行为与银行稳定 [J]. 经济学动态, 2008 (5): 59-64.

[164] 叶莉, 王远哲, 陈勇勇. 基于尾部风险关联网络的中国金融机构间风险传染效应研究 [J]. 统计与信息论坛, 2019, 34 (3): 55-64.

[165] 易纲. 银行不良资产率呈地域特征 [J]. 市场周刊 (研究版), 2005 (3): 35.

[166] 游鸽, 郭昊, 刘向. 复杂网络视角下的金融市场结构演化与风险传染 [J]. 金融发展研究, 2020 (1): 30-39.

[167] 余明桂,潘红波. 金融发展、商业信用与产品市场竞争 [J]. 管理世界, 2010 (8): 117-129.

[168] 袁薇,王培辉. 中美金融市场信息溢出效应检验 [J]. 金融论坛, 2020, 25 (7): 43-52.

[169] 张艾莲,靳雨佳. 金融子市场的系统性风险传染效应 [J]. 财经科学, 2018 (10): 1-11.

[170] 张斌,何晓贝,邓欢. 不一样的杠杆——从国际比较看杠杆上升的现象、原因与影响 [J]. 金融研究, 2018 (2): 15-29.

[171] 张江涛. 中国居民部门加杠杆的逻辑和潜在风险 [J]. 国际金融, 2018 (7): 64-72.

[172] 张晶,高晴. 中国金融系统压力指数的设计及其应用 [J]. 数量经济技术经济研究, 2015, 32 (11): 41-57.

[173] 张品一,薛京京. 多分形互联网金融市场的风险预警模型研究 [J]. 数量经济技术经济研究, 2022, 39 (8): 162-180.

[174] 张强,乔煜峰,张宝. 中国货币政策的银行风险承担渠道存在吗? [J]. 金融研究, 2013 (8): 84-97.

[175] 张瑞,刘立新. 中国上市银行系统性风险溢出效应研究——基于极端分位数回归的非对称 CoVaR 模型 [J]. 数量经济研究, 2018, 9 (2): 152-166.

[176] 张旭,袁旭梅,魏福丽. 生态绿色化与经济高质量耦合协调的时空演化 [J]. 统计与决策, 2021, 37 (3): 112-116.

[177] 张永,郑锋淇,杨兴雨等. 基于长短期记忆神经网络的金融压力指数预测 [J]. 系统工程, 2023, 41 (5): 115-123.

[178] 张志刚,黄解宇,孙维峰. 中国银行业系统性风险演进及影响因素研究 [J]. 数理统计与管理, 2019, 38 (5): 908-918.

[179] 张宗新,陈莹. 系统性金融风险动态测度与跨部门网络溢出效应研究 [J]. 国际金融研究, 2022 (1): 72-84.

[180] 赵林海,陈名智. 金融机构系统性风险溢出和系统性风险贡献——基于滚动窗口动态 Copula 模型双时变相依视角 [J]. 中国管理科学, 2021, 29 (7): 71-83.

[181] 赵云泽,薛婷予. 多重突发事件下的群体恐慌情绪传播与风险治理 [J]. 苏州大学学报（哲学社会科学版）, 2023, 44 (3): 162-169.

[182] 郑红,包芮,黄玮强. 银行间困境传染及系统重要性与脆弱性识别——基于 DebtRank 算法 [J]. 东北大学学报（自然科学版）, 2023,

44（9）：1349－1358＋1368.

［183］中国人民银行广州分行课题组，彭化非. 基于复杂网络传染病模型的金融风险防控研究［J］. 南方金融，2021（7）：29－39.

［184］钟莉，唐勇，朱鹏飞. 我国金融市场间联动效应研究——基于混频 Copula 模型［J］. 系统科学与数学，2019（5）：755－772.

［185］仲彬，刘念，毕顺荣. 区域金融风险预警系统的理论与实践探讨［J］. 金融研究，2002（7）：105－111.

［186］周爱民，韩菲. 股票市场和外汇市场间风险溢出效应研究——基于 GARCH－时变 Copula-CoVaR 模型的分析［J］. 国际金融研究，2017（11）：54－64.

［187］周亮，李红权. 金融业系统性风险溢出的非对称性研究［J］. 北京工商大学学报（社会科学版），2019，34（6）：64－75.

［188］朱义鑫，杨爽. 商业银行流动性风险的传染机制及防范研究——基于 100 家商业银行的模拟测算［J］. 价格理论与实践，2021，440（2）：100－104＋157.

［189］邹伟，凌江怀，赵小军. 互联网金融、银行竞争与流动性创造［J］. 经济与管理，2018，32（3）：44－50.

［190］邹小芄，牛嘉，汪娟. 对地方金融风险的研究：文献综述视角［J］. 技术经济与管理研究，2008（4）：85－87.

［191］佐飞，杨畅，闫萍. 基于社会网络分析和离差最大化法的项目风险关联程度分析方法［J］. 建筑经济，2020，41（S1）：342－347.

［192］Acharya, V. V., Pedersen, L. H., Philippon, T. Measuring systemic risk［J］. The Review of Financial Studies，2017，30（1）：2－47.

［193］Adler, M., Dumas, B. International portfolio choice and corporation finance：A synthesis［J］. The Journal of Finance，1983，38（3）：925－984.

［194］Adrian, T., Brunnermeier, M. K. CoVaR：A method for macro-prudential regulation［Z］. Federal Reserve Bank of New York Staff Reports，2008：348.

［195］Akerlof G A. The market for "lemons"：Quality uncertainty and the market mechanism［M］. Uncertainty in Economics. Academic Press，1978：235－251.

［196］Aleksiejuk A, Hołyst J A. A simple model of bank bankruptcies［J］. Physica A：Statistical Mechanics and its Applications，2001，299（1－2）：198－204.

[197] Alexey Ponomarenko, Stas Tatarintsev. Incorporating financial development indicators into early warning systems [J]. The Journal of Economic Asymmetries, 2023, 27.

[198] Allen F, Gale D. Financial contagion [J]. Journal of Political Economy, 2000, 108 (1): 1 - 33.

[199] Allen M, Rosenberg C B, Keller C, et al. A balance sheet approach to financial crisis [Z]. IMF Working Paper, 2002.

[200] Allen F, Gale D. Financial fragility, liquidity, and asset prices [J]. Journal of the European Economic Association, 2004, 2 (6): 1015 - 1048.

[201] Allen, F., Babus, A. Networks in Finance [J]. Social Science Electronic Publishing, 2009, 6 (1): 383 - 419.

[202] Amundsen E, Arnt H. Contagion risk in the Danish interbank market [R]. Danmarks Nationalbank Working Papers, 2005.

[203] Anand K, Craig B, Peter G W. Filling in the blanks: Network structure and interbank contagion [J]. Quantitative Finance, 2015, 15 (4): 1 - 12.

[204] Angilella S, Doumpos M, Mazzù S, et al. The relationship between the risk of failure and the global systemic importance of banks: A multicriteria evaluation approach [J]. Journal of the Operational Research Society, 2022, 74 (12): 2109 - 2123.

[205] Antonakakis, N., Cunado, J., Filis, G. Oil volatility, oil and gas firms and portfolio diversification [J]. Energy Economics, 2018, 70: 499 - 515.

[206] Baele L, Jonghe O D, Vennet R V. Does the stock market value bank diversification? [J]. Journal of Banking& Finance, 2007, 31 (7): 1999.

[207] Banulescu-Radu D, Hurlin C, Leymarie J, et al. Backtesting marginal expected shortfall and related systemic risk measures [J]. Management Science, 2021, 67 (9): 5730 - 5754.

[208] Barabási AL, Albert R. Emergence of scaling in random networks [J]. Science, 1999, 286: 509 - 512.

[209] Barigozzi M, Hallin M, Soccorsi S, et al. Time-varying general dynamic factor models and the measurement of financial connectedness [J]. Journal of Econometrics, 2021, 222 (1): 324 - 343.

[210] Barth J M, Todd B, McCallum D M, et al. Effects of engaging classroom strategies and teacher support on student outcomes over school transitions [C]. Proceedings of the American Society for Engineering Education, 2011, 22 (541): 1-13.

[211] Battaglia, F., Gallo, A., Mazzuca, M. Securitized banking and the Euro financial crisis: Evidence from the Italian banks risk-taking [J]. Journal of Economics and Business, 2014, 76: 85-100.

[212] Battiston F, Nicosia V, Latora V. Structural measures for multiplex networks [J]. Physical Review E, 2014, 89 (3): 032804.

[213] Battiston S, Puliga M, Kaushik R, et al. Debtrank: Too central to fail? financial networks, the fed and systemic risk [J]. Scientific Reports, 2012, 2 (1): 1-6.

[214] Bech M L, Garratt R J. Illiquidity in the interbank payment system following wide-scale disruptions [J]. Journal of Money, Credit and Banking, 2012, 44 (5): 903-929.

[215] BergerA N, Cai J, Roman R A, et al. Supervisory enforcement actions against banks and systemic risk [J]. Journal of Banking &amp, Finance, 2021: 106222.

[216] Berlingerio M, Coscia M, Giannotti F, et al. Foundations of multidimensional network analysis [C]. International Conference on Advances in Social Networks Analysis and Mining. IEEE, 2011: 485-489.

[217] Billio M, Getmansky M, Lo A W, et al. Econometric measures of connectedness and systemic risk in the finance and insurance sectors [J]. Journal of Financial Economics, 2012, 104 (3): 535-559.

[218] Boss M, et al. Network topology of the interbank market [J]. Quantitative Finance, 2004, 4 (6): 677-684.

[219] Boss M, Summer M, Thurner S. Contagion flow through banking networks [C]. Computational Science-ICCS 2004: 4th International Conference, Kraków, Poland, June 6-9, 2004, Proceedings, Part III 4. Springer Berlin Heidelberg, 2004: 1070-1077.

[220] Boss, M., Elsinger, H., Summer, M. The network topology of the interbank market [J]. Quantitative Finance, 2004, 4 (6): 677-684.

[221] Boyd, J. H., G. De Nicolo. Bank risk-taking and competition revisited [Z]. Working Paper, Carlson School of Management, University of

Minnesota, 2003.

[222] Boyd, J. H., G. De Nicolo, B. D. Smith. Crises in competitive versus monopolistic banking system [J]. Journal of Money, 2004 (36): 487 – 506.

[223] Brunnermeier M K. Deciphering the liquidity and credit crunch 2007—2008 [J]. Journal of Economic Perspectives, 2009 (1): 77 – 100.

[224] Buch C M, DeLong G. Do weak supervisory systems encourage bank risk-taking? [J]. Journal of Financial Stability, 2008, 4 (1): 23 – 39.

[225] Caballero, R., A. Simsek. Fire Sales in a Model 43 of Complexity [J]. Journal of Finance, American Finance, 2013.

[226] Caballero R J, Hoshi T, Kashyap A K. Zombie lending and depressed restructuring in Japan [J]. American Economic Review, 2008, 98 (5): 1943 – 1977.

[227] Caccioli F, Catanach T A, Farmer J D. Heterogeneity, correlations and financial contagion [J]. Advances in Complex Systems, 2012, 15 (2): 1250058.

[228] Cajueir D O., Tabak B M. The role of banks in the Brazilian interbank market: does bank type matter? [J]. Physica A: Statistical Mechanics and Its Applications, 2008, 387 (27): 6825 – 6836.

[229] Cao H, Y Li, Chen W, et al. Systemic Risk in China's Interbank Lending Market [J]. Journal of Mathematical Finance, 2017, 7 (1): 188 – 198.

[230] Carlos, Caón, Paula, et al. Correlated bank runs, interbank markets and reserve requirements [J]. Journal of Banking & Finance, 2014, 49 (10): 515 – 533.

[231] Castiglionesi F, Navarro N. Optimal fragile financial networks [C]. Second Singapore International Conference on Finance, 2008.

[232] Casyiglionesi F, Feriozzi F, Lorenzoni G. Financial Integration and Liquidity Crises [J]. NBER Working Papers, 2017, 37 (12): 373 – 382.

[233] Chang G D, Cheng P C. Evidence of cross-asset contagion in US markets [J]. Economic Modelling, 2016, 58: 219 – 226.

[234] Cheng, M., Dhaliwal, D., Neamtiu, M. Asset Securitization, Securitization Recourse and Information Uncertainty [J]. The Accounting Review, 2011 (86): 541 – 568.

[235] Chow, H. K. Volatility spillovers and linkages in Asian stock markets [J]. Emerging Markets Finance and Trade, 2017, 53 (12): 2770 – 2781.

[236] Christian Brownlees, Christina Hans, Eulalia Nualart. Bank Credit Risk Networks: Evidence from the Eurozone [J]. Journal of Monetary Economics, 2021, 117 (3): 585 – 599.

[237] Coskun Tarkocin, Murat Donduran. Constructing early warning indicators for banks using machine learning models [J]. The North American Journal of Economics and Finance, 2024, 69: 102018.

[238] Craig B, Von Peter G. Interbank tiering and money center banks [J]. Journal of Financial Intermediation, 2014, 23 (3): 322 – 347.

[239] Crockett A. The theory and practice of financial stability [J]. De Economist, 1996, 144 (4): 531 – 568.

[240] Crowe R M, Horn R C. The meaning of risk [J]. The Journal of Risk and Insurance, 1967, 34 (3): 459 – 474.

[241] Cui Y. Research on the Risk Contagion Effect in China's Interbank Market from the Perspective of Debt [C]. International Conference on Computational Finance and Business Analytics. Cham: Springer Nature Switzerland, 2023: 287 – 299.

[242] Dahlqvist, C., Gnabo, J. Effective network inference through multivariate information transfer estimation [J]. Physica A: Statistical Mechanics and its Applications, 2018, 499: 376 – 394.

[243] Dai Z, Li T, Yang M. Forecasting Stock Return Volatility: The Role of Shrinkage Approaches in a Data - Rich environment [J]. Journal of Forecasting, 2022, 41 (05): 980 – 996.

[244] Davidovic S, Kothiyal A, Galesic M. Liquidity hoarding in financial networks: the role of structure uncertainty [J]. Complexity, Hindawi, 2019 (1): 1 – 16.

[245] Davydov D, Vhmaa S, Yasar S. Bank liquidity creation and systemic risk [J]. Journal of Banking & Finance, 2021, 123: 106031.

[246] De Bandt, O., Hartmann, P. Systemic risk: a survey [Z]. Available at SSRN No. 258430, 2000.

[247] Degryse H, Nguyen G. Interbank exposures: An empirical examination of systematic risk in the Belgian banking system [J]. Social Science

Electronic Publishing, 2003, 43: 1 -61.

[248] Diamond D W, Dybvig P H. Bank runs, deposit insurance, and liquidity [J]. Journal of Political Economy, 1983, 91 (3): 401 -419.

[249] Diebold F X, Yilmaz K. Better to Give than to Receive: Predictive Directional Measurement of VolatilitySpillovers [J]. International Journal of Forecasting, 2012, 28 (1): 57 -66.

[250] Diebold F X, Yilmaz. On the Network Topology of Variance Decompositions: Measuring the Connectedness of Financial Firms [J]. Journal of Econometrics, 2014, 182 (1): 119 -134.

[251] Ding Z, Yan H, Chen Y. Risk Contagion in Interbank Lending Networks: A Multi-Agent-Based Modeling and Simulation Perspective [J]. Available at SSRN 4694095, 2024.

[252] Dong-hai Zhou, Xiao-xing Liu, Chun Tang, et al. Time-varying risk spillovers in Chinese stock market-New evidence from high-frequency data [J]. The North American Journal of Economics and Finance, Volume 64, 2023, 101870, ISSN 1062 -9408.

[253] Edson B, Cont R. The Brazilian Interbank Network Structure and Systemic Risk [R]. Brazil: Central Bank of Brazil, 2010: 219.

[254] Eisenbach T M, Schmalz M C. Anxiety, Overconfidence and Excessive Risk Taking [J]. SSRN Electronic Journal, 2015 (2): 1 -37.

[255] Ellul. A. , Yerramilli. V. Lower risk, Stronger risk controls: evidence from US bank holding companies [J]. Journal of Finance, 2013 (68): 1757 -1803.

[256] Elsinger H, Lehar A, Summer M. Risk assessment for banking systems [J]. Management Science, 2006, 52 (9): 1301 -1314.

[257] Engle R F, Manganelli S. CAViaR: Conditional Autoregressive Value at Risk by Regression Quantiles LJJ [J]. Journal of Business & Economic Statistics, 2004, 22 (4): 367 -381.

[258] Erindi Allaj, Simona Sanfelici. Early Warning Systems for identifying financial instability [J]. International Journal of Forecasting, 2023, 39 (4): 1777 -1803.

[259] Fang Y, Wang Q, Wang Y, et al. Media sentiment, deposit stability and bank systemic risk: Evidence from China [J]. International Review of Economics and Finance, 2024, 91: 1150 -1172.

[260] Faulkender M, Flannery M J, Hankins K W, et al. Cash flows and leverage adjustments [J]. Journal of Financial Economics, 2012, 103 (3): 632-646.

[261] Feinstein Z, Rudloff B, Weber S. Measures of systemic risk [J]. SIAM Journal on Financial Mathematics, 2017, 8 (1): 672-708.

[262] Firth, M. The impact of earnings announcements on the share price behaviour of similar type firms [J]. The Economic Journal, 1976, 86 (342): 296-306.

[263] Fleming, J., Kirby, C., Ostdiek, B. Information and volatility linkages in the stock, bond, and money markets [J]. Journal of Financial Economics, 1998, 49 (1): 111-137.

[264] Forbes, K. J., Rigobon, R. No contagion, only interdependence: measuring stock market co-movements [Z]. NBER Working Papers, No. 7885, 1999.

[265] Frankel, Jeffrey A., Andrew K. Rose. Currency Crashes in Emerging Markets: An Empirical Treatment [J]. Journal of International Economics, 1996, 3: 351-366.

[266] Freixas X, Giannini C, Hoggarth G, et al. Lender of last resort: what have we learned since Bagehot? [J]. Journal of Financial Services Research, 2000, 18: 63-84.

[267] Freixas X, Parigi B, Rochet J C. Systemicrisk, inter bank relations and liquidity provision by the Central Bank [J]. Journal of Money Credit and Banking, 2000 (3): 611-638.

[268] Furfine C. Bank Portfolio Allocation: The Impact of Capital Requirements, Regulatory Monitoring, and Economic Conditions [J]. Journal of Financial Services Research, 2001, 20 (1): 33-56.

[269] Gai P, Kapadia S. Contagion in financial networks [Z]. Bank of England Working Paper, 2008.

[270] Gai P, Kapadia S. Contagion in Financial Networks' Proceedings of the Royal Society of London A: Mathematical, Physical and Engineering Sciences [J]. The Royal Society, 2010, 466: 2401-2423.

[271] Gao Q, Lv D, J X. Systemic risk of multi-layer financial network system under macroeconomic fluctuations [J]. Frontiers in Physics, 2022, 10: 943520.

[272] Gambacorta L. , P. Mistrulli. Does Bank Capital Affect Lending Behavior [J]. Journal of Financial Intermediation, 2004 (13): 436 – 457.

[273] Girardi, G. , Ergün, A. T. Systemic risk measurement: Multivariate GARCH estimation of CoVaR [J]. Journal of Banking & Finance, 2013, 37 (8): 3169 – 3180.

[274] Grill R. , Tedeschi G. , Gallegati M. Markets Connectivity and Financial Contagion [J]. Journal of Economic Interaction & Coordination, 2015, 10 (2): 287 – 304.

[275] Grimaldi, M. B. Detecting and interpreting financial stress in the Euro Area [Z]. European Central Bank Working Papers, No. 1214, 2010.

[276] Hall, R. E. The Long Slump [J]. American Economic Review, 2011, 101 (2), 431 – 469.

[277] Hamao Y. , Masulis R. W. , Ng V. Correlations in price changes and volatility across international stock markets [J]. The Review of Financial Studies, 1990, 3 (2): 281 – 307.

[278] Hanif W, Ko H U, Pham L, et al. Dynamic connectedness and network in the high moments of cryptocurrency, stock, and commodity markets [J]. Financial Innovation, 2023, 9 (1): 84.

[279] Harris M. , A. Raviv. How to Get Banks to Take Less Risk and Disclose Bad News [J]. Journal of Financial Intermediation, 2014, 23 (4): 437 – 470.

[280] Hart O, Zingales L. How to avoid a new financial crisis [R]. University of Chicago Booth School, Business Research Paper, 2009.

[281] Heba A, Rana S. Bank competition, regulatory capital, and risk taking: international evidence [J]. Managerial Finance, 2023, 49 (10): 1614 – 1640.

[282] Horvath R, Seidler J, Weill L. How bank competition influences liquidity creation [J]. Ssrn Electronic Journal, 2016 (52): 155 – 161.

[283] Hu D, Zhao J L, Hua Z, et al. Network-based modeling and analysis of systemic risk in banking systems [J]. MIS quarterly, 2012: 1269 – 1291.

[284] Illing, M. , Liu, Y. An index of financial stress for Canada [R]. Bank of Canada, 2003.

[285] Iori G, et al. A network analysis of the Italian overnight money

market [J]. Journal of Economic Dynamics and Control, 2008, 32 (1): 259 -278.

[286] Iori G., Jafarey S. Criticality in a model of banking crises [J]. Physic A Statistical Mechanics & Its Applications, 2001, 299 (1): 205 - 212.

[287] Jaworski P, Durante F, Wolfgang Karl Härdle. Copulae in Mathematical and Quantitative Finance [J]. Lecture Notes in Statistics, 2013 (2): 213 -232.

[288] Jin Q, Sun L, Chen Y, et al. Financial risk contagion based on dynamic multi - layer network between banks and firms [J]. Physica A: Statistical Mechanics and its Applications, 2024: 129624.

[289] Junior L. S., Mullokandov A., Kenett, D. Y. Dependency relations among international stock market indices [J]. Journal of Risk and Financial Management, 2015, 8 (2): 227 -265.

[290] Kaminsky, Graciela, Saul Lizondo, et al. Leading Indicators of Currency Crises [R]. Staff Papers of International Monetary Fund, 1998.

[291] Kanno M. Assessing systemic risk using interbank exposures in the global banking system [J]. Journal of Financial Stability, 2015, 20: 105 - 130.

[292] Karimalis E N, Nomikos N K. Measuring systemic risk in the European banking sector: a copula CoVaR approach [J]. The European Journal of Finance, 2018, 24 (11): 944 -975.

[293] Kaufman G G, Scott K E. What is systemic risk, and do bank regulators retard or contribute to it? [J]. The Independent Review, 2003, 7 (3): 371 -391.

[294] Kelvin Ho, Eric Wong, Edward Tan. Complexity of Global Banks and the Implications for Bank Risk: Evidence from Foreign Banks in Hong Kong [J]. Journal of Banking and Finance, 2022, 134 (106034).

[295] King, M. A., Wadhwani, S. Transmission of volatility between stock markets [J]. The Review of Financial Studies, 1990, 3 (1): 5 -33.

[296] Kok C, Montagna M. Multi-layered interbank model for assessing systemic risk [R]. Kiel Working Papers, 2016.

[297] Krause A, Giansante S. Interbank lending and the spread of bank failures: A network model of systemic risk [J]. Journal of Economic Behavior

& Organization, 2012, 83 (3): 583-608.

[298] Kristin, F., Rigobon, R. Contagion in Latin America: definition, measurement, and policy implications [Z]. NBER Working Paper, No. 7885, 2001.

[299] Laeven L, Levine R. Bankgovernance, regulation and risk taking [J]. Journal of Financial Economics, 2009, 93 (2): 259-275.

[300] Langfield S, Liu Z, Ota T. Mapping the UK interbank system [J]. Journal of Banking & Finance, 2014, 45: 288-303.

[301] Li L, Ma Q, He J, et al. Co-loan network of Chinese banking system based on listed companies' loan data [J]. Discrete Dynamics in Nature and Society, 2018, 2018: 1-7.

[302] Li Xi, Yan J, Wei X. Dynamic Connectedness Among Monetary Policy Cycle, Financial Cycle and Business Cycle in China [J]. Economic Analysis and Policy, 2021, 69: 640-652.

[303] Liedorp F. R. Bank contagion: causes, consequences and solutions [Z]. Netherlands: Tilburg University, 2003.

[304] Liu Chao, Zheng Ying, Zhao Qi, et al. Financial stability and real estate price fluctuation in China [J]. Physica A: Statistical Mechanics and its Applications, 2020, 540: 122980.

[305] Long, W., Guo, Y., Wang, Y. Information spillover features in global financial markets: A systematic analysis [J]. Research in International Business and Finance, 2021, 57: 101395.

[306] Longmiao Q, Chao W, Jing M, et al. Dynamic Contagion of Systemic Risk in an Endogenous Banking System [J]. Mathematical Problems in Engineering, 2022.

[307] López-Espinosa, G., Moreno, A., Rubia, A. Short-term wholesale funding and systemic risk: A global CoVaR approach [J]. Journal of Banking & Finance, 2012, 36 (12): 3150-3162.

[308] Louzis D. P., Vouldis A. T. A methodology for constructing a financial systemic stress index: An application to Greece [J]. Economic Modelling, 2012, 29 (4): 1228-1241.

[309] Marcin Pietrzak. Can financial sector distress be detected early? [J]. Borsa Istanbul Review, 2022, 22 (6): 1132-1144.

[310] Martínez-Jaramillo S, Pérez O P, Embriz F A, et al. Systemic

risk, financial contagion and financial fragility [J]. Journal of Economic Dynamics & Control, 2010, 34 (11): 2358 - 2374.

[311] Mcqueen G. , Roley V. V. Stock prices, news, and business conditions [J]. The Review of Financial Studies, 1993, 6 (3): 683 - 707.

[312] Mengle D L. Regulatory solutions to payment system risk: lessons from privately negotiated derivatives [J]. Journal of Financial Services Research, 1995, 9 (5): 381 - 391.

[313] Mensi W. , Boubaker F. Z. , Al-Yahyaee K. H. , et al. Dynamic volatility spillovers and connectedness between global, regional, and GIPSI stock markets [J]. Finance Research Letters, 2018, 25: 230 - 238.

[314] Minsky H. P. Longer waves in financial relations: financial factors in the more severe depressions Ⅱ [J]. Journal of Economic Issues, 1995, 29 (1): 83 - 96.

[315] Minsky, Hyman P. Monetary Systems and Accelerator Models [J]. The American Economic Review, 1957 (6): 860 - 883.

[316] Mishkin F. S. Financial consolidation: Dangers and opportunities [J]. Journal of Banking & Finance, 1999, 23 (2 - 4): 675 - 691.

[317] Mistrulli P. E. Assessing Financial Contagion in the Interbank Market: Maximum Entropy Versus Observed Interbank Lending Patterns [J]. Social Science Electronic Publishing, 2011 (5): 1114 - 1127.

[318] Mitchell W C. The making and using of index numbers [M]. New York, NY, USA: AM Kelley, 1965.

[319] Mok Junghwan, Tsuruga Tomohiro. Commercial Real Estate and Macrofinancial Stability During COVID - 19 [R]. Washington D. C. : International Monetary Fund, 2021.

[320] Naeem M A, Karim S, Tiwari A K. Quantifying systemic risk in US industries using neural network quantile regression [J]. Research in International Business and Finance, 2022, 61: 101648.

[321] Natalya Martynova, Ursula Vogel. Banks' Complexity-Risk Nexus and the Role of Regulation [J]. Journal of Banking and Finance, 2022, 134 (03): 106 - 120.

[322] Ngene G M. What drives dynamic connectedness of the US equity sectors during different business cycles? [J]. The North American Journal of Economics and Finance, 2021, 58: 101493.

[323] Nguyen L H, Nguyen L X D, Tan L. Tail risk connectedness between US industries [J]. International Journal of Finance & Economics, 2021, 26 (3): 3624-3650.

[324] Nicola Borri, Giorgio di Giorgio. Systemic Risk and the COVID Challenge in the European Banking Sector [J]. Journal of Banking and Finance, 2022, 140 (106073).

[325] Nier E, et al. Network models and financial stability [J]. Journal of Economic Dynamics and Control, 2007 (6): 2033-2060.

[326] Okamoto K, Kondo-Okamoto N, Ohsumi Y. Mitochondria-anchored receptor Atg32 mediates degradation of mitochondria via selective autophagy [J]. Developmental Cell, 2009, 17 (1): 87-97.

[327] Pan Tang, Wei Xu, Haosen Wang. Network-Based prediction of financial cross-sector risk spillover in China: A deep learning approach [J]. The North American Journal of Economics and Finance, 2024, 72: 102151.

[328] Pavlidis E, Paya I, Skouralis A. House prices, (un) affordability and systemic risk [J]. New Zealand Economic Papers, 2020, 55 (2): 105-123.

[329] Peralta G, Crisóstomo R. Financial Contagion with Collateralized Transactions: A Multiplex Network Approach [R]. ESRB Working Paper, 2016.

[330] Peura S, Jokivuolle E. Simulation-based stress testing of banks' regulatory capital adequacy [J]. Finance, 2004, 28 (8): 1801-1824.

[331] Pichler A., Poledna. S., Thurner. S. Systemic Risk-efficient Asset Allocations: Minimization of Systemic Risk as a Network Optimization Problem [J]. Journal of Financial Stability, 2021, 52: 100809.

[332] Rajan R G. Why Bank Credit Policies Fluctuate: A Theory and Some Evidence [J]. The Quarterly Journal of Economics, 1994 (5): 399-441.

[333] Rime. Capital Requirements and Bank Behaviors: Empirical Evidence for Switzerland [J]. Journal of Banking and Finance, 2001, 25: 789-805.

[334] Rogers L C G, Veraart L A M. Failure and rescue in an interbank network [J]. Management Science, 2013, 59 (4): 882-898.

[335] Sachs, Jeffrey, Aaron Tornell. Andres Velasco Financial Crises in Emerging Markets: The Lessons from 1995 [R]. NBER Working Paper, 1996.

[336] Shahzad, S. J. H., Hernandez, J. A., Rehman, M. U. A global net-

work topology of stock markets: Transmitters and receivers of spillover effects [J]. Physica a: Statistical Mechanics and its Applications, 2018, 492: 2136 -2153.

[337] Sheldon G, Maurer M. Interbank Lending and Systemic Risk: An Empirical Analysis for Switzerland [J]. Swiss Journal of Economics and Statistics, 1998 (4): 685 -704.

[338] SilviaA, Michalis D, Sebastiano M, et al. The relationship between the risk of failure and the global systemic importance of banks: A multicriteria evaluation approach [J]. Journal of the Operational Research Society, 2023, 74 (10): 2109 -2123.

[339] Sinkey M. Bank asset structure, real-estate lending and risk-taking [J]. The Quarterly Review of Economics and Finance, 2006, 46 (1): 53 -81.

[340] Soramaki K, Bech M, Arnold J, et al. The topology of interbank payment flows [J]. Physica A: Statistical Mechanics and its Applications, 2007, 379 (1): 317 -333.

[341] Souma, W. , Fujiwara, Y. , Aoyama, H. Complex networks and economics [J]. Physica a: Statistical Mechanics and its Applications, 2003, 324 (1 -2): 396 -401.

[342] Spence JT, Helmreich R, Stapp J. A short version of the Attitudes toward Women Scale (AWS) [J]. Bulletin of the Psychonomic Society, 1973, 2 (4): 219 -220.

[343] Stiglitz JE. Monopoly and the rate ofextraction of exhaustible resources [J]. The American Economic Review. 1976, 66 (4): 655 -661.

[344] Stiglitz, J. , Weiss, A. Credit Rationing in Markets with Imperfect Information [J]. The American Economic Review, 1981 (71): 393 -410.

[345] Tian M, Alshater M M, Yoon S. Dynamic risk spillovers from oil to stock markets: Fresh evidence from GARCH copula quantile regression-based CoVaR model [J]. Energy Economics, 2022, 115: 106341.

[346] Ting-Hsuan Chen, Chien-Chiang Lee, Chung-Hua Shen. Liquidity indicators, early warning signals in banks, and financial crises [J]. The North American Journal of Economics and Finance, 2022, 62: 101732.

[347] Upper C, Worms A. Estimating bil: ateral exposures in the German interbank market: Is there a danger of contation [J]. European Economic Review, 2004, 48 (4): 827 -849.

[348] Vivier-Lirimont S. Interbanking networks: towards a small financial

world? [R]. Université Panthéon-Sorbonne (Paris 1), 2004.

[349] Wang L, Shang K, Wang X. A Study on Macro Measurement Methods and Volatility Characteristics of Interest Rate Risk of Commercial Banks under the New LPR Mechanism [J]. Applied Mathematics and Nonlinear Sciences, 2024, 9 (1).

[350] Wang L, Li S, Wang W, et al. A bank liquidity multilayer network based on media emotion [J]. European Physical Journal B, 2021, 94 (2): 1-23.

[351] Wang, G., Yi, S., Xie, C. Multilayer information spillover networks: measuring interconnectedness of financial institutions [J]. Quantitative Finance, 2021, 21 (7): 1163-1185.

[352] Wang, L., Li, S., Chen, T., et al. The rescue strategy of interbank liquidity risk contagion: The cross perspective of multilayer network and media sentiment [J]. System Engineering Theory and Practice, 2022, 42 (3), 678-700.

[353] Watts D J, Strogatz S H. Collective dynamics of "small-world" networks [J]. Nature, 1998, 393 (6684): 440-442.

[354] Wells S. UK Interbank Exposures: Systemic Risk Implications [J]. Financial Stability Review, 2002, 11 (6): 175-182.

[355] Wen S, Li J, Huang C, et al. Extreme risk spillovers among traditional financial and FinTech institutions: A complex network perspective [J]. The Quarterly Review of Economics and Finance, 2023, 88: 190-202.

[356] White H, Kim T H, Manganelli S. VAR for VaR: Measuring Tail Dependence Using Multivariate Regression Quantiles [J]. Journal of Econometrics, 2015, 187 (1): 169-188.

[357] William A. Barnett, Xue Wang, Hai-Chuan Xu, et al. Hierarchical contagions in the interdependent financial network, Journal of Financial Stability, Volume 61, 2022, 101037, ISSN 1572-3089.

[358] Yang Z, Zhou Y. Quantitative Easing and Volatility Spillovers Across Countries and Asset Classes [J]. Management Science, 2017, 63 (2): 333-354.

[359] Zhang X. Application of SIR Model on Bank Risk Contagion [C]. Proceedings of the 8th International Conference on e-Society, e-Learning and e-Technologies, 2022: 112-116.

[360] Zheng Z, He J, Yang Y, et al. Does financial leverage volatility induce systemic financial risk? Empirical insight based on the Chinese fintech sector [J]. Managerial and Decision Economics, 2022, 11 (9): 1-20.

[361] Zhou, Z., Lin, L., Li, S. International stock market contagion: A CEEMDAN wavelet analysis [J]. Economic Modelling, 2018, 72: 333-352.

图书在版编目（CIP）数据

新发展格局下金融风险传染特征与机理研究 / 马若微著．
北京：经济科学出版社，2025.4． -- ISBN 978 - 7 - 5218 - 6934 - 7

Ⅰ．F830.9
中国国家版本馆 CIP 数据核字第 2025PC9780 号

责任编辑：张　蕾
责任校对：郑淑艳
责任印制：邱　天

新发展格局下金融风险传染特征与机理研究
XINFAZHAN GEJU XIA JINRONG FENGXIAN CHUANRAN
TEZHENG YU JILI YANJIU
马若微　著
经济科学出版社出版、发行　新华书店经销
社址：北京市海淀区阜成路甲 28 号　邮编：100142
应用经济分社电话：010 - 88191375　发行部电话：010 - 88191522
网址：www.esp.com.cn
电子邮箱：esp@esp.com.cn
天猫网店：经济科学出版社旗舰店
网址：http://jjkxcbs.tmall.com
固安华明印业有限公司印装
710×1000　16 开　19.25 印张　360000 字
2025 年 4 月第 1 版　2025 年 4 月第 1 次印刷
ISBN 978 - 7 - 5218 - 6934 - 7　定价：118.00 元
(图书出现印装问题，本社负责调换。电话：010 - 88191545)
(版权所有　侵权必究　打击盗版　举报热线：010 - 88191661
　QQ：2242791300　营销中心电话：010 - 88191537
　电子邮箱：dbts@esp.com.cn)